LES GRANDES AFFAIRES DE LA Ve RÉPUBLIQUE

Philippe Broussard
Jean-Marie Pontaut

LES GRANDES AFFAIRES DE LA Ve RÉPUBLIQUE

L'EXPRESS

DOCUMENTS

PRESSES DE LA CITÉ

Une première édition de cet ouvrage a paru en 2010 (Express Roularta Editions).

ISBN 978-2-258-11634-4

Presses de la Cité un département **place des éditeurs**

place des éditeurs

« Il faut dire la vérité telle que nous la voyons. »

Jean-Jacques Servan-Schreiber,
fondateur de *L'Express*

Les auteurs remercient chaleureusement
le service documentation
de *L'Express*.

Sommaire

Noires archives

Le pouvoir aime le secret. De droite ou de gauche, à l'ère technologique comme au temps des lettres de cachet, les puissants essaient de cacher ces desseins que le peuple ne saurait voir. Et les plus ardents partisans, dans l'opposition, de la transparence deviennent les zélateurs de l'édredon dès qu'ils entrent dans les palais de la République.

Alors, l'investigation prend tout son sens. *L'Express* installa ce genre journalistique majeur en France, avec le pionnier Jacques Derogy, et en poursuit, inlassable, les missions, grâce à Philippe Broussard et son équipe. D'une génération l'autre, Jean-Marie Pontaut, comme il le raconte plus loin, incarne la continuité de cette lutte contre l'omerta étatique, combat indispensable pour la démocratie. « Le journaliste est celui qui lève le voile », définissait Françoise Giroud. « Dire la vérité telle que nous la voyons », professait Jean-Jacques Servan-Schreiber. Cet ouvrage montre combien *L'Express* a été, et demeure, fidèle aux préceptes de ses fondateurs.

Les « affaires » évoquaient jadis les dossiers diplomatiques ; puis ce fut le synonyme de business ; depuis des années désormais, c'est un vocable qui désigne les turpitudes que le pouvoir tente d'escamoter avant de s'y enliser. De Gaulle, Pompidou, Giscard, Mitterrand, Chirac, Sarkozy puis Hollande : les présidents passent, l'Elysée demeure le chaudron bouillant où mijote le ragoût des affaires. Barbouzes par-ci, diamants par-là, écoutes téléphoniques illégales chez l'un ou Légions d'honneur douteuses pour l'autre, chaque président a ses dossiers.

C'est donc à un édifiant voyage dans les archives noires de la Ve République que cet ouvrage invite. Les réputations vacillent, les ministres chutent, les élections basculent. Près de nous, l'affaire Clearstream, avec ses fichiers frelatés, puis les dossiers Bettencourt ou Karachi ont répandu une odeur de soufre sur le quinquennat de Nicolas Sarkozy – jusqu'à une campagne présidentielle de 2012 qui a enfanté l'ahurissant scandale Bygmalion.

Quant à François Hollande, qui devait être le président normal d'une République exemplaire, il a vu son quinquennat gâché par Jérôme Cahuzac et Thomas Thévenoud, entre autres ministres démissionnés, sans oublier quelques conseillers indélicats aux chaussures trop bien cirées ou à l'entregent trop gênant.

Pas de doute : les « affaires » continuent, le journalisme d'investigation est plus que jamais nécessaire.

Christophe Barbier,
directeur de la rédaction de *L'Express*

Avant-propos

Au centre des choses

Comment traiter en un seul livre toutes les « affaires » de la Ve République ? Comment résumer en quelques centaines de pages un demi-siècle d'intrigues, de coups tordus, parfois de drames ? C'est le défi que nous avons tenté de relever à travers cet ouvrage en deux parties.

Dans la première, nous avons choisi de faire appel à la mémoire de Jean-Marie Pontaut, rédacteur en chef au service enquêtes de *L'Express*. Avec quarante ans d'expérience dans l'investigation journalistique, il connaît mieux que personne les coulisses du métier, et dévoile avec gourmandise quelques secrets de fabrication.

Dans la seconde partie, c'est la documentation du journal qui a été mise à contribution. Charge à elle de puiser dans son trésor mémoriel les affaires incontournables. Au total, nous en avons retenu une trentaine. Chacune d'elles fait l'objet d'une présentation, suivie d'au moins un article d'époque. Autant dire qu'une telle sélection oblige à se plonger dans une masse énorme de documents. Un exemple : le dossier Ben Barka. A lui seul, il est plus épais que ceux des Irlandais de Vincennes, du *Rainbow Warrior* et de Bygmalion réunis !

Choisir, donc. Aller à l'essentiel, retenir en priorité les textes accessibles au lecteur de 2015, ceux qui ont résisté à l'usure du temps et donnent du sens aux faits. Les archives de *L'Express* n'en manquent pas : il est même fascinant de constater à quel point les journalistes de l'hebdomadaire, toutes générations confondues, ont toujours eu l'art de synthétiser des histoires parfois complexes, et de s'adresser au plus grand nombre.

L'autre critère de sélection tient aux affaires elles-mêmes : ne sont abordées ici que celles concernant, de près ou de loin, les plus hautes autorités de l'Etat (ministres, chefs de gouvernement, présidents) et mettant ainsi en cause le fonctionnement des institutions. Les scandales ayant impliqué uniquement des maires (Jean-Michel Boucheron à Angoulême, Michel Noir à Lyon...) ou des patrons (Bernard Tapie à l'Olympique de Marseille...) ne sont donc pas évoqués, ou alors de manière succincte. La matière est déjà bien assez riche ainsi...

Des impôts de Jacques Chaban-Delmas aux diamants africains de Valéry Giscard d'Estaing, de l'espionnage mitterrandien aux arrière-boutiques de la « Sarkozie », c'est l'histoire qui défile ici. *L'Express* en a tenu la chronique aussi fidèlement que possible. Avec le souci d'être toujours, selon l'expression d'Albert Camus dans *Les Justes,* « au centre des choses ».

Philippe Broussard

Quarante ans de journalisme

Jean-Marie Pontaut

Jean-Marie Pontaut, rédacteur en chef à L'Express *de 1996 à 2014, est une figure du journalisme d'investigation en France. A l'exception d'un bref passage à* Paris Match *(1970-1972) et de neuf mois passés à Europe 1 (1995-1996), il a effectué l'essentiel de sa carrière dans deux « news magazines » :* L'Express *et* Le Point *(créé en 1972). En quarante ans de carrière, il a travaillé sur la plupart des grandes affaires des dernières décennies. Il évoque l'excitation de l'enquête, les pressions, les relations avec les « sources »...*

Aux racines de l'investigation

L'investigation a commencé à se développer en France grâce au travail de notre confrère Jacques Derogy, à *L'Express*, dans les années 1960. Il est le père de cette forme de journalisme dans notre pays, dans la tradition du Zola de l'affaire Dreyfus. Une tradition qui s'était bien perdue depuis le fameux « J'accuse ».

Reste à définir le journalisme d'investigation... A l'origine, cela signifie que des journalistes se permettent d'enquêter sur le pouvoir politique ou sur des puissances réputées jusque-là « intouchables », lorsque, par exemple, le président de la République, un ministre ou un haut fonctionnaire commettent un acte illégal, quand un responsable du pouvoir se met lui-même hors la loi, à titre personnel ou au nom de la raison d'Etat. Le journaliste constitue alors un contre-pouvoir, fonction cruciale dans une démocratie. Citons le célèbre exemple du Watergate, en 1974, aux Etats-Unis. L'enquête de deux journalistes du *Washington Post* a contraint le président Nixon à démissionner.

Mais Jacques Derogy n'a pas attendu le Watergate pour faire son travail. Dès 1965, il révélait dans *L'Express* que des policiers et des membres des services spéciaux français avaient participé, en plein Paris, à l'enlèvement du leader de l'opposition marocaine, Mehdi Ben Barka.

Au début de ma carrière, alors que je travaillais au *Point* et lui à *L'Express*, il a eu un rôle décisif dans mon parcours et ma formation. Il m'a pris sous son aile au lieu de voir en moi un rival à éliminer. J'étais une sorte de jeune chien fou qui débarquait dans son domaine avec beaucoup d'énergie, mais peu d'expérience. Jacques Derogy pouvait m'écraser ou m'aider. Il a choisi de m'aider en me guidant dans le métier. Nous avons même rapidement écrit des livres ensemble, sur les affaires des septennats de Giscard et de Mitterrand. Certes, nos médias respectifs étaient concurrents, mais les mentalités de l'époque autorisaient une telle cohabitation.

Les relations entre confrères étaient différentes de ce qu'elles sont aujourd'hui. Quand un journal autre que le nôtre publiait un scoop, nous pensions : « L'auteur est un bon, s'il sort cette info, c'est qu'elle est vraie. A nous de rebondir, d'aller plus loin, de découvrir d'autres choses. » En somme, nous avions confiance les uns dans les autres. Au risque de faire ancien combattant, je crois que nous respections davantage le travail de nos prédécesseurs. Nous étions dans la tradition « maître à élève », nous admirions les anciens. La légende était encore très présente des grands journalistes écrivains : Albert Londres, Ernest Hemingway, Joseph Kessel.

Jacques Derogy pensait qu'il fallait passer le relais aux plus jeunes, former les nouveaux appelés à le remplacer. Je le crois aussi et j'ai moi-même tenté, modestement, d'aider des jeunes qui ont fait leur chemin depuis. D'une certaine manière, il était un homme d'une autre époque. Juif, il s'était caché pendant la guerre. Fils de résistant, il s'était très vite engagé politiquement, du côté du Parti communiste, mais en préservant sa liberté intellectuelle. Après la guerre, il avait été mis à l'index par le parti pour avoir écrit un livre en faveur du planning familial – le PC considérait alors que la démarche privilégiait les bourgeoises ! C'est à la suite de cette publication que Françoise Giroud l'a engagé à *L'Express*.

Une fois au journal, il s'est beaucoup battu, en prenant des risques, contre la guerre d'Algérie. Il défendait aussi, farouchement, l'Etat d'Israël. Jacques Derogy appartenait à une catégorie de journalistes qui n'existe pratiquement plus. On estimait alors qu'étant donné leur tempérament et leur talent, certains grands reporters étaient capables d'écrire sur tous les sujets. C'était des vedettes de la presse écrite. Lui, par exemple, avait suivi la guerre du Kippour. Il en avait tiré, avec Jean-Noël Gurgand, un livre remarquable intitulé *Israël, la mort en face* (Robert Laffont, 1975). Mais cela ne l'empêchait pas de traiter des faits divers ou des scandales politiques tels que l'affaire Ben Barka. Avec une priorité absolue : le respect des faits, même si ceux-ci n'allaient pas dans le sens de ses propres convictions.

L'une des affaires marquantes de sa carrière concerne le « collabo » Paul Touvier, chef de la milice dans la région lyonnaise et responsable de l'arrestation de nombreux Juifs pendant la guerre. A la Libération, l'homme avait été protégé par des milieux catholiques intégristes. En 1971, il a été finalement gracié dans le plus grand secret par le président de la République, Georges Pompidou. C'est alors qu'un haut fonctionnaire, « proche » de la police, profondément choqué par cette décision, informe Jacques Derogy. En mai 1972, celui-ci retrouve Touvier et planque avec un photographe devant sa maison de Chambéry. Mais l'ancien milicien, prudent, ne sort jamais. Pour l'obliger à ouvrir la porte ou une fenêtre, mes confrères lui font livrer des fleurs. Il ouvre et lit la carte accompagnant le bouquet. Jacques Derogy y a écrit « Avec les félicitations de Klaus Barbie », le chef de la Gestapo de Lyon, un nazi que Touvier a évidemment bien connu. Touvier comprend, mais il est trop tard : le cliché est pris, *L'Express* le publie dans son premier numéro de juin 1972. Il faudra tout de même attendre près de dix-sept ans pour que l'ancien milicien soit arrêté, à Nice, en 1989.

Affaires d'Etat

Dès le début de ma carrière, j'ai été confronté à ce qu'il est convenu d'appeler une « affaire d'Etat ». Il s'agissait d'un dossier moins grave que l'assassinat de Ben Barka – il n'y avait pas mort d'homme –, mais scandaleux sur le plan des principes, du respect de la loi et de la liberté de la presse. En 1973, alors que j'étais au *Point*, j'ai été envoyé au siège du *Canard enchaîné*, où l'on venait de découvrir des micros. Qui pouvait avoir intérêt à espionner ainsi les journalistes de l'hebdomadaire et tenter de savoir quels scoops ils préparaient ? Très vite, nous avons su que la DST, le service policier de contre-espionnage, était soupçonnée d'avoir posé ce dispositif d'écoute. Mais comment le prouver ? Comme nous étions très jeunes, très fous, et que nous n'avions pas beaucoup de sources, nous avons, avec une petite équipe du journal, « recruté » la concierge du *Canard*.

Cette dame avait côtoyé les pseudo-ouvriers, les fameux « plombiers » poseurs de micros, qu'elle voyait tous les jours. Nous, nous avions réussi à en identifier un et à localiser son adresse en banlieue parisienne. Nous l'avions même photographié ! Il restait à prouver sa présence dans les locaux du *Canard*. Avec l'assentiment de notre rédacteur en chef, Jacques Duquesne, nous avons embarqué la concierge dans une voiture pendant que les secrétaires de notre journal gardaient ses enfants dans la loge, et « planqué » avec elle devant le domicile du policier. Quand elle a vu l'inspecteur de la DST à travers la vitre, elle a crié : « C'est lui ! C'est bien lui ! » Malgré tout, les policiers n'ont pas été condamnés. Au contraire, quelques mois plus tard, c'est notre journal qui a été sanctionné pour « atteinte au droit à l'image » ! Quant au dossier sur le cambriolage, il a été classé par un juge d'instruction soucieux de ne pas embarrasser le pouvoir.

A l'époque, ce genre d'enquête journalistique était quasiment impensable. Un commissaire m'avait d'ailleurs confié qu'il nous aurait fait coffrer pour « obstruction à la justice » s'il avait été chargé de l'affaire. La France sortait de la période gaulliste. D'une certaine façon, l'information était verrouillée. La plupart des médias ne critiquaient pas la police et la justice comme ils le font de nos jours. On ne touchait pas aux institutions, même si elles se mettaient hors la loi.

Prenons par exemple la guerre d'Algérie, sujet sur lequel la contestation politique était pourtant très vive : en octobre 1961, l'assassinat de manifestants jetés dans la Seine par la police a été étouffé ! La plupart des scandales étaient enterrés à partir du moment où ils mettaient en cause des notables ou des élus. On se contentait, bien souvent, de raconter les faits divers. Les « affaires » n'étaient presque pas abordées dans les médias. Elles l'ont vraiment été à partir de l'époque de Giscard. En

1981, Jacky et moi avons écrit un livre intitulé *Enquêtes sur les « Affaires » d'un septennat* (Robert Laffont), et il fit l'effet d'un pavé dans la mare. Nous y évoquions les scandales de l'époque, des dossiers aujourd'hui très volumineux dans les archives de *L'Express* : le meurtre de Jean de Broglie, le suicide de Robert Boulin, les diamants offerts par Bokassa à Giscard... Pour travailler sur de tels sujets, nous menions naturellement des enquêtes de terrain en essayant de dénicher des témoins ou des acteurs directs. Nous avions également des sources, des informateurs qui acceptaient de nous parler, parfois en prenant de grands risques. Certaines de ces personnes étaient outrées par ce qu'elles voyaient. D'autres avaient des motivations plus politiques.

Dans le contexte des années 1970, l'accès aux sources d'information n'était pas aussi difficile qu'on pourrait l'imaginer. D'abord, l'opposition, bien que minoritaire, était très motivée. La gauche avait ses réseaux dans tous les milieux qui croyaient à l'alternance et s'intéressaient, eux aussi, aux « affaires » susceptibles de déstabiliser leurs adversaires politiques. Certains proches de François Mitterrand, qui était alors le leader de la gauche, se montraient pour le moins actifs dans ce domaine – et ils étaient très bien informés ! Une situation qui s'est retournée après qu'ils ont pris le pouvoir... Concernant les milieux qu'on peut qualifier d'officiels, c'est-à-dire la police et la justice, l'accessibilité aux infos variait d'une affaire à l'autre. De notre côté, comme l'investigation journalistique était un genre nouveau, nous n'avions pas vraiment de limites. Nous disposions, paradoxalement, d'une marge de liberté parfois plus grande qu'aujourd'hui. La police jouissait également d'une plus grande indépendance. Les policiers étaient beaucoup moins contrôlés par le pouvoir politique. La PJ, par exemple, était une entité disposant d'une forme d'autonomie que le pouvoir respectait. Le patron de la brigade criminelle de la préfecture de police, même quand il traitait une enquête politique, était un personnage quasi intouchable – on y réfléchissait à deux fois avant de lui donner des ordres. Les liens entre journalistes et policiers étaient plus étroits, plus directs, qu'aujourd'hui. Il ne s'agissait pas de dépendance. Chacun respectait les positions de l'autre, mais il existait une sorte de « contrat de confiance ». Bien sûr, ce genre de rapports existe encore de nos jours, mais les policiers actuels sont soumis à une pression plus forte, semble-t-il. Certaines fuites peuvent entraîner des drames, voire mettre fin à une carrière.

La montée en puissance des magistrats

L'envol des magistrats vers la liberté, en particulier celui des juges d'instruction, a beaucoup contribué au développement de la presse d'investigation. Il faut se souvenir que, dans les années 1960-1970, la magistrature était un corps sous contrôle. A quelques exceptions près, les magistrats étaient aux ordres du pouvoir, et les dossiers sensibles étaient supervisés par la chancellerie. C'est alors que certains juges courageux ont fait exploser ce carcan. On les a surnommés les « juges rouges », car ils n'hésitaient pas à dénoncer les accidents du travail ou la corruption dans la police. Puis ils ont été suivis par d'autres, qui ont osé mettre en cause des élus, des financiers, voire des chefs d'Etat étrangers. Je pense à Thierry Jean-Pierre, à Renaud Van Ruymbeke, à Jean-Louis Bruguière, et plus tard à Eva Joly, pour ne citer que les plus connus. Cette période a été capitale pour les médias, mais surtout pour la société française, devenue ainsi plus transparente, plus démocratique.

La montée en puissance de ces juges audacieux commence avec l'affaire Robert Boulin, en 1979. C'est la première fois, en France, qu'un « petit juge », en l'occurrence Renaud Van Ruymbeke, ose s'intéresser au patrimoine d'un ministre. Le magistrat ira jusqu'à faire ouvrir le compte bancaire de Robert Boulin ; une grande première sous la Vᵉ République. On va découvrir ainsi que le ministre a vraisemblablement bénéficié d'un « don » pour acquérir le terrain sur lequel il a fait bâtir sa maison dans la presqu'île de Saint-Tropez. Cette affaire entraînera son suicide, à l'automne 1979. J'écris « suicide », car je demeure convaincu qu'il n'a pas été assassiné, qu'il a mis fin lui-même à ses jours.

Pour en revenir aux jeunes magistrats de la fin des années 1970, ils se battent pour l'indépendance de la justice. Parallèlement, les journalistes travaillent sur les mêmes sujets. La suppression des financements politiques occultes résulte de cette action couplée. Rappelons que ces fameuses « caisses noires » alimentaient toutes les magouilles de la vie politique. Cela a commencé à gauche avec l'affaire Urba sur le financement du Parti socialiste, puis cela a continué à droite avec l'examen de la trésorerie du Parti républicain et surtout les affaires du RPR, l'ancêtre de l'UMP.

De même, la révélation, dans *L'Express*, de l'existence de billets d'avion payés en liquide par Jacques Chirac, grand patron du RPR et futur président, a abouti à la suppression des fonds secrets. Voici comment. Nous avons publié dans le journal la reproduction d'un billet de Concorde utilisé par Jacques Chirac, alors maire de Paris, sa fille et son garde du corps pour se rendre à New York. Un peu plus tard, une enquête judiciaire révélait que de nombreux voyages avaient déjà été réglés de cette façon. Comme Jacques Chirac avait été entre-temps élu chef de l'Etat, c'est à l'Elysée que nous avons demandé pourquoi ces billets avaient été payés en liquide. Le président a fait répondre qu'à l'époque, il avait utilisé ses « primes », autrement dit qu'il avait eu recours aux fonds secrets mis à la disposition du pouvoir pour les dépenses discrètes. A la suite de cela, le Premier ministre socialiste Lionel Jospin – nous étions alors en pleine cohabitation – a décidé de supprimer ces fonds.

La récente affaire Bygmalion, qui a révélé qu'une partie de la campagne présidentielle de Nicolas Sarkozy en 2012 avait été réglée illégalement par l'UMP, prouve que le financement des campagnes politiques peut encore être détourné, mais, au moins, ces pratiques sont poursuivies par la loi.

Mitterrand à la manœuvre

En mai 1981, les Français élisent pour la première fois un président socialiste, François Mitterrand, un homme qui a toujours affirmé se méfier de « l'argent corrupteur ».

D'emblée, la gauche pense que tout est possible sur le front des « affaires ». En la matière, elle est à la fois naïve et inexpérimentée. Parano, elle voit des complots partout. Surtout, elle estime légitime d'employer les méthodes qu'elle croit être celles de la droite. Au cours des longues années d'opposition, beaucoup de responsables de la gauche avaient fantasmé sur les pseudo-« coups tordus » de la droite, lui en attribuant plus qu'elle n'en avait fait en réalité. Et c'est ainsi que, pendant cette période d'apprentissage de la réalité, le nouveau pouvoir va commettre quelques folies. Avec, parfois, Mitterrand lui-même à la manœuvre.

Le président s'est révélé un personnage double : d'un côté le Mitterrand auréolé de son engagement en faveur des valeurs de gauche, de l'autre le Mitterrand qui avait été, des années plus tôt, ministre de l'Intérieur et de la Justice. Ce dernier connaissait les affaires et développait même un certain goût pour elles... Autrement dit, la façade officielle, celle d'un grand chef d'Etat, élu deux fois, cachait un homme de mystère, avec une importante « part d'ombre », comme l'a écrit mon confrère Edwy Plenel, alors au *Monde*.

Quand il s'installe à l'Elysée, le nouveau président se méfie de la police, car il la croit acquise à la droite. En conséquence, il crée autour de lui un service de protection dévoué à sa personne et animé essentiellement par des gendarmes : la cellule dite « antiterroriste » de l'Elysée. Pour la diriger, il fait appel à l'ancien responsable du GIGN, le commandant Christian Prouteau. Or, très rapidement, Mitterrand utilise cet instrument comme une garde prétorienne destinée à préserver sa liberté et sa double vie, autrement dit sa fille, Mazarine. Pis, il greffe sur cet organisme un service d'écoutes téléphoniques qui permet d'espionner des dizaines de personnes par jour. Une folie antidémocratique ! Cette cellule, on le sait, va s'illustrer dans la rocambolesque histoire des Irlandais de Vincennes, à laquelle un chapitre est consacré dans ce livre.

Le premier septennat de François Mitterrand se caractérise aussi par l'émergence de nouveaux ministres, par des nominations dans la police et la magistrature. Au début, le pouvoir commet l'erreur de placer des gens choisis davantage pour leur engagement politique que pour leurs compétences. C'est, par exemple, le cas de François de Grossouvre, chargé à l'Elysée des services spéciaux, qui accumule les maladresses. A partir de la nomination de Pierre Joxe à l'Intérieur, à l'été 1984, la gestion devient plus sérieuse. Joxe va réaliser un très gros travail pour professionnaliser la police, mais il n'empêchera pas le pouvoir de se perdre dans l'affaire Greenpeace un an plus tard.

Celle-ci constitue un épisode décisif dans l'histoire de la presse française. On l'a oublié, mais c'est la première fois qu'un ministre, en l'occurrence Charles Hernu, a démissionné à la suite d'une enquête purement journalistique, menée en particulier par *Le Monde* et *L'Express*. L'attentat contre le bateau de Greenpeace, dans le port d'Auckland en Nouvelle-Zélande, n'a été l'objet d'aucune procédure judiciaire en France, malgré l'implication de membres de nos services secrets ! Cette opération, validée par Hernu en tant que ministre de la Défense, a pourtant entraîné la mort d'un photographe à bord du *Rainbow Warrior*. Une enquête criminelle a bien été ouverte par la Nouvelle-Zélande, qui a demandé l'aide de la police française afin d'identifier les auteurs de l'attentat, mais il ne s'agissait que d'une demande d'entraide.

Confronté à cette situation, Paris a joué un double jeu infernal. Certes, la PJ se livre à des investigations à la demande des Néo-Zélandais. Mais à chaque fois qu'elle ouvre une porte, elle trouve la trace des agents de la DGSE. Pour autant, elle ne veut pas enfoncer les militaires français qui étaient de toute évidence en mission – situation cornélienne ! Certains policiers ont fait des impasses parce qu'ils ne voulaient pas « balancer » des membres de nos services secrets, mais ils étaient malgré tout contraints de fournir aux Néo-Zélandais quelques éléments factuels, comme le nom de magasins où avait été acheté du matériel utilisé à Auckland. On a beaucoup reproché au ministre de l'Intérieur, Pierre Joxe, ce double jeu. Mais que pouvait-il faire ? Il n'avait pas été informé de cette mission absurde consistant à saboter le bateau de Greenpeace, j'en suis persuadé. Tandis que la France niait toute implication, il était obligé, lui, de respecter les institutions internationales. Sans doute, en outre, ne voulait-il pas être mêlé à cette affaire pourrie. Car, de l'autre côté, Charles Hernu et surtout l'Elysée continuaient à nier la participation de la France. En bref, le pouvoir était devenu schizophrène. Alors, la presse a mis les pieds dans le plat. Ses révélations ont forcé les autorités à reconnaître la vérité. Ce fut un moment important pour la démocratie, un moment qui restera dans l'histoire du journalisme.

Les périodes de cohabitation ont également été l'occasion de passes d'armes entre la gauche et la droite. L'une des plus connues étant celle, en 1986, du « vrai-faux » passeport d'Yves Chalier.

Mitterrand avait décidé qu'un sommet franco-africain se tiendrait au Burundi. Seulement, la capitale de ce petit pays,

Bujumbura, n'était pas équipée pour accueillir une conférence de cette ampleur. Comme on ne pouvait pas engager officiellement de telles dépenses sur des fonds publics, le ministère de la Coopération, dirigé par Christian Nucci, avait créé l'association Carrefour du développement pour drainer l'argent indispensable au financement de l'opération. Une sorte de paravent dont l'organisation et la gestion furent confiées au chef de cabinet du ministre, Yves Chalier. Or cet ancien militaire a perdu la tête en voyant défiler les valises d'argent. Il en a profité, entre autres folies, pour acheter un studio à l'une de ses maîtresses, hôtesse de l'air... Tandis que la droite dénonce le scandale à grand bruit, des barbouzes « retournent » Chalier et l'expédient au Brésil pour qu'il échappe à la justice ; on espère ainsi recueillir ses confidences sur les turpitudes, réelles ou supposées, de la gauche. A Rio, Chalier est hébergé par des Corses, proches des réseaux Pasqua. Recherché par toutes les polices, il est d'autant moins docile qu'un juge d'instruction parisien a placé sa compagne en détention, sans doute pour le faire revenir. De fait, il rentre en France, mais clandestinement. Grâce à un intermédiaire, nous le rencontrons à Paris, une collègue et moi. Spontanément, il nous montre le passeport qui lui a été délivré par le ministère de l'Intérieur sous un faux nom. Il pense être ainsi protégé... Nous l'interviewons et désignons – Jean Lesieur, alors chef du service société, et nous – ce document sous l'appellation de « vrai-faux passeport ». Une formule qui va faire florès. Et après moult pérégrinations, Chalier, qui se cache d'hôtel en hôtel, finit par se rendre à la police. Nous le conduirons nous-mêmes sur le lieu du rendez-vous avec les enquêteurs, à l'hôtel Intercontinental ! Il paiera de plusieurs années de prison le prix d'avoir été l'enjeu d'une guerre de pouvoir.

Aux bonnes sources

Dès mes débuts, dans le sillage de Jacques Derogy, j'ai appris qu'il fallait quasiment vivre avec les informateurs : policiers, avocats, juges, gendarmes, douaniers. Au fil du temps, certains sont devenus de vrais amis... On mangeait ensemble, on sortait ensemble. J'étais sans cesse sur le terrain à récolter les « infos ». C'est ainsi : plus on multiplie les contacts, plus les gens se fient à vous. Un journaliste gagne la confiance de ses informateurs au fil du temps, des articles. Cette confiance doit être réciproque. Parfois, on vous donne des informations, mais en demandant d'attendre un peu avant de les publier ou alors de les recouper autant que possible afin de préserver la première source. Dans ce cas, l'informateur précise : « Je vous confie ça maintenant, mais attendez deux jours pour l'écrire, car une perquisition ou une arrestation doit avoir lieu d'ici là. »

Dans les années 1970, période où les enlèvements d'enfants étaient assez fréquents, la police nous demandait parfois de ne pas ébruiter le fait afin de ne pas nuire aux négociations. Cependant, il arrive que le contrat de confiance policier-journaliste soit rompu. L'affaire Guy Georges, tueur en série parisien, a donné lieu à une grosse bavure journalistique : une radio a sorti le nom du suspect avant son arrestation. Le patron de la station a dû présenter ses excuses. Nous devons aussi nous montrer responsables, sans que cela nuise pour autant à la liberté d'expression. Il ne s'agit pas de rétention d'information. Si la publication d'une info peut faire rater l'arrestation d'un violeur ou d'un assassin, vous devez évidemment vous abstenir. Du moins, c'est mon avis. Pour le reste, à chacun de juger selon sa déontologie. Le plus souvent, si l'information est exacte, il faut la publier, quelles que soient les personnes en cause. J'ai eu la chance de travailler dans des journaux qui n'ont pas exercé sur moi de censure politique. Cela m'est arrivé une fois, à la suite d'un changement de direction à *L'Express*, et je suis parti du journal. J'y suis revenu des années plus tard, sous une nouvelle direction...

Il faut d'abord s'interroger sur l'intérêt d'une source à renseigner le journaliste. Notre premier travail consiste à vérifier l'exactitude de l'information. Souvent, un responsable vous parle tout simplement pour rectifier la vérité ou éviter les erreurs possibles. Quand une affaire éclate, la démocratie étant ce qu'elle est, et les médias – heureusement – ce qu'ils sont, l'opinion a le droit de savoir. Une certaine transparence est absolument nécessaire afin d'éviter mensonges et rumeurs.

Cependant, ne soyons pas naïfs au sujet des sources. Chaque informateur a une raison pour parler et ne dit que ce qui l'arrange. L'avocat défend la position de son client, la police donne sa version des faits, le juge celle de son enquête. Notre travail consiste justement à multiplier les sources pour recouper les infos. A ce propos, Jacques Derogy disait : « La source unique, c'est la fin des haricots ! »

Certaines personnes essaient, parfois, de vous « embarquer », mais cela ne dure pas longtemps. Nous sommes le plus souvent en contact régulier avec nos sources. Une personne vous ment une fois, mais pas deux, faute de quoi elle perd toute crédibilité. Le pire, ce sont les gens qui mentent... comment dire ?... de bonne foi ! Une personne vous livre une information qu'elle croit exacte. Si cette personne est fiable, vous y croyez aussi ! D'où la nécessité, malgré tout, de recouper l'information.

Les politiques ou les membres des services de renseignement essaient, parfois, de nous manipuler, de pratiquer l'« intox ». Pour voir. Au cas où ça prendrait... Avec l'ancien patron des RG, Yves Bertrand, qui est demeuré douze ans à son poste par la volonté des divers ministres de l'Intérieur, c'était presque devenu un jeu. Bertrand mêlait le vrai, le moitié vrai et le faux qu'il présentait comme une rumeur. Il lançait parfois un ballon d'essai politique. Mais vrai ou faux, on vérifiait toujours. Je n'ai jamais publié une info venant du patron des RG qui n'ait été recoupée.

En revanche, il est très rare qu'on nous mente sciemment. Je me souviens du jour où un responsable policier de haut niveau m'a livré une fausse information, persuadé qu'elle était vraie. Pris par le temps, je l'ai sortie sans l'avoir vérifiée. Je me suis juré qu'on ne m'y reprendrait plus. C'était dans l'affaire du bagagiste de l'aéroport de Roissy soupçonné de terrorisme avant qu'on s'aperçoive qu'il s'agissait d'un règlement de comptes familial. Ses beaux-parents avaient placé des armes et des explosifs dans sa voiture. Dans un premier temps, un enquêteur m'avait affirmé qu'on avait trouvé des traces d'explosif dans son vestiaire, à l'aéroport. Or cette information était inexacte. J'ai rapidement démenti et rétabli la vérité. Nous nous sommes ensuite retrouvés, un collègue de *L'Express*, Eric Pelletier, et moi, avec les beaux-parents dans le bureau de leur avocat quand ils ont appris que la police les soupçonnait. Un grand moment !

Dans les affaires touchant au pouvoir politique, il faut faire particulièrement attention à ne pas être prisonnier d'un plan de communication, ou à ne pas participer involontairement à une opération contre telle ou telle personne. Si vous craignez une manipulation ou un coup tordu, vous pouvez toujours ne pas écrire. Vous pouvez prendre le risque de rater un scoop si vous n'êtes pas sûr. Les rapports avec les politiques sont compliqués. Pour ma part, je préfère les « techniciens », les acteurs directs des affaires : policiers, juges, avocats... Les politiques, eux, sont souvent persuadés d'être victimes d'un complot, quand ils ne le montent pas eux-mêmes !

Une question souvent posée : le journaliste ne risque-t-il pas d'être piégé par les liens de confiance, voire d'amitié, noués avec ses sources ? Sans doute ai-je eu de la chance, car je ne me suis jamais vraiment trouvé dans ce genre de situation. Au fil des années, vous choisissez vos interlocuteurs, les gens que vous estimez honnêtes et sérieux. Si vous vous trompez – ça peut arriver –, il faut écrire la vérité, quitte à se fâcher. Ce qu'il ne faut pas faire, en revanche, c'est les prendre en traître. On doit toujours appeler une personne mise en cause pour la faire réagir. C'est parfois difficile, voire déplaisant, mais indispensable. Si ce que vous écrivez est authentique, elle finira par l'accepter, malgré les conséquences. C'est ainsi, en tout cas, que se construit une réputation professionnelle.

Autre règle : ne jamais dévoiler ses sources. Dans ma vie professionnelle, je suis fier d'une chose : je n'ai jamais « grillé » une source. Jamais un de mes informateurs n'a été démasqué et personne n'a perdu son poste à cause d'une fuite. Les noms des personnes qui m'ont parlé n'ont pas été dévoilés. Ce qui n'a pas pour autant empêché les rumeurs – c'est un sport très pratiqué, dans certains milieux. En France, on préfère souvent s'intéresser à l'origine de l'information qu'à sa crédibilité. Cela permet d'imaginer de prétendus complots ou des manipulations, et d'éviter ainsi de répondre aux questions gênantes.

Je peux citer une source avec laquelle je me suis brouillé après la publication d'un article ; il s'agissait d'un informateur que je connaissais bien, un ancien membre des services secrets devenu préfet. Je l'avais connu en homme courageux, qui avait pris de grands risques au nom de l'Etat. Plus tard, j'ai eu l'impression d'avoir été manipulé, car j'ai découvert en lui un autre homme, mêlé à des affaires financières privées. Il y trouvait ses intérêts, m'a-t-il semblé, plus que ceux de l'Etat. Je ne juge pas de sa culpabilité, ce n'est pas mon rôle, mais à titre personnel j'ai été déçu, et nos relations se sont interrompues.

Une autre fois, j'ai été confronté à une histoire extraordinaire. J'avais publié une note interne du préfet de police de Paris qui se plaignait de ne pas disposer d'assez de moyens. Inutile de le préciser : le préfet a piqué une grosse colère. Il a cherché le responsable de la fuite pour le chasser de la police. L'enquête de l'IGS, la police des polices, a permis d'identifier les personnes qui avaient eu la fameuse note en main. Comme l'une d'entre elles l'a nié, probablement par prudence, l'IGS en a déduit qu'il s'agissait de notre informateur. Or, ce n'était pas lui ! Mais que faire ? Le malheureux est venu voir mon directeur en le suppliant : « Vous savez que ce n'est pas moi, dites-le ! » C'était touchant, parce qu'il risquait de passer en conseil de discipline, voire d'être exclu de la police. Mais nous ne pouvions pas répondre à sa demande. D'abord par principe : on ne peut ni confirmer ni infirmer publiquement qu'untel ou untel est notre informateur, au risque de créer un précédent. De plus, dans cette affaire, personne ne nous aurait crus ! Le ministre de l'Intérieur lui-même, le socialiste Gaston Defferre, voulait faire un exemple. Alors, mon directeur, Claude Imbert, a appelé Jacques Attali, qu'il connaissait bien, à l'époque conseiller de François Mitterrand à l'Elysée. Il lui a donné sa parole, mais de manière confidentielle, que le policier suspecté n'était pas notre informateur, et celui-ci s'en est tiré avec un blâme. En toute discrétion...

Pour en finir avec le sujet des « sources », je tiens à tordre le cou à une vieille rumeur : on ne paie jamais un informateur. Du moins, je ne l'ai jamais fait. Je n'affirme pas que la pratique n'existe pas, mais je pense qu'elle est très rare. Par principe, mais aussi parce qu'une information obtenue de cette façon est par nature suspecte. Un informateur qui demande de l'argent d'emblée, c'est très louche. C'est la porte ouverte à toutes les dérives, au risque de chantage, entre autres.

Sous pressions

J'ai eu la chance de toujours travailler dans des hebdomadaires, *Le Point* puis *L'Express*, bénéficiaires, ce qui assurait leur indépendance. Le sujet le plus sensible aux éventuelles pressions des politiques ou des patrons, plus que le terrorisme ou le banditisme, reste l'économie. Dès que vous touchez à « l'argent », les réactions ne tardent pas et viennent parfois de très haut.

Voici un exemple. En 1976, un comptable du groupe Dassault, Hervé de Vathaire, avait détourné des fonds et, pour se protéger, était parti avec une partie de la comptabilité de la société. Ce veuf jusque-là irréprochable avait eu un coup de foudre pour une fille un peu légère liée à un voyou. Ce dernier a exercé sur lui un chantage, puis le couple a pris l'argent et les dossiers et l'a abandonné seul sur une île grecque. Mais de Vathaire avait eu le temps de recopier une partie de ces dossiers.

Il est arrêté, emprisonné en France, et son « résumé » saisi par la police. Ce document est explosif, car il fait état de fraude fiscale à grande échelle. Rien ne prouve, bien sûr, que les pièces sont authentiques, mais elles sont troublantes et très précises. De peur que l'affaire soit étouffée, ce qui paraît probable à cette époque, un informateur me donne un double de ces notes. Il me dit : « Si vous ne publiez pas ces documents, l'affaire ne sortira jamais ! »

Ces notes d'Hervé de Vathaire affirmaient, détails à l'appui, que l'industriel fraudait le fisc. Avant même la parution du journal, le bruit – assourdissant – courait que nous détenions ce document. Au *Point*, Claude Imbert et Jacques Duquesne, le rédacteur en chef du service société, ne m'ont posé qu'une seule question : « Etes-vous certain que ces documents sont authentiques ? » J'en étais sûr. « On y va, m'ont-ils dit. On publie. »

Cependant, à l'extérieur, certains étaient vraiment inquiets. Aussi avons-nous subi, pour la première fois, des pressions économiques. Claude a reçu des coups de fil de l'actionnaire du journal, puis d'un proche de Dassault, le général de Bénouville : « Vous ne pouvez pas publier ces documents, a expliqué celui-ci, ils proviennent d'un vol ! » « Mais c'est vous qui avez porté plainte, a rétorqué Claude, c'est vous qui avez rendu l'affaire publique et réclamé l'aide de la justice ! Alors, si ces documents sont authentiques, nous n'avons aucune raison de ne pas les publier. » Il y eut, paraît-il, un long silence au téléphone... Les pressions n'ont pas cessé pour autant.

Dans la nuit précédant la publication, de Vathaire lui-même, depuis sa cellule, a fait une demande de saisie du journal. C'est la seule fois de ma vie où une chose pareille m'est arrivée ! On m'appelle chez moi, en pleine nuit, pour m'avertir qu'un huissier a débarqué à l'imprimerie pour saisir un exemplaire afin de constater que l'article y est publié. Dès le matin, nous passons devant le tribunal des référés, appelé à se prononcer sur la saisie. En plaisantant, Imbert me chuchote à l'oreille qu'il y a des dizaines de millions de centimes de publicité dans le magazine : « S'il est saisi, cela vous fera trente ans de salaire ! » Heureusement, nous avons gagné. Notre avocat a expliqué que les trains étaient déjà partis en province et qu'il était impossible d'arrêter les ventes. Bien plus tard, l'affaire a été classée, faute de preuves. L'époque était alors très politique et les dossiers financiers très contrôlés. De plus, Jacques Chirac, qui dirigeait alors le gouvernement, était proche de Marcel Dassault. En bref, tout a été enterré. Ce jour-là, j'ai mesuré le pouvoir de l'argent et les difficultés spécifiques à ce milieu.

En fait, on se moquait des pressions financières, car nos magazines pouvaient se payer le luxe d'être fâchés avec un annonceur. On se disait : « Si telle grande entreprise retire sa publicité, elle reviendra, car elle ne peut pas se passer de nous ! » Il n'est pas certain que cela reste vrai maintenant... Mais je le répète : la direction de *L'Express* ne m'a jamais empêché d'écrire un article pour des raisons politiques ou économiques.

Au-delà des « simples » pressions, il m'est arrivé de recevoir des menaces physiques, notamment de la part de nationalistes corses. J'avais sorti un article concernant des arrestations sur l'île. Une nuit, on m'a appelé au téléphone : « Pourquoi as-tu écrit ça ? » Au début, j'ai cru à une blague, mais comme mes interlocuteurs étaient agressifs, j'ai compris que c'était sérieux. Ils étaient deux, le bon et le méchant. Le bon me lançait : « Ce n'est pas bien ce que tu as fait, c'est contraire à l'intérêt du peuple corse. » Et le méchant criait : « On va te faire la peau ! » Je ne comprenais pas comment ils avaient pu se procurer mon numéro, car j'étais sur liste rouge. J'ai appris par la suite qu'ils avaient appelé le journal à 4 heures du matin en expliquant au veilleur de nuit : « On voudrait inviter monsieur Pontaut à une conférence de presse clandestine du FLNC. C'est urgent. » Et il avait donné mon numéro... Quand l'un d'eux m'a traité d'« enculé », j'ai répliqué : « On arrête ! » J'ai raccroché et débranché la ligne. Dès que je la rebranchais, le téléphone sonnait à nouveau. Ils ont fini par se lasser. Un peu plus tard, ils ont appelé ma fille dont le nom, lui, figurait dans l'annuaire.

Leur accent corse était si prononcé qu'elle a d'abord cru, comme moi, à une plaisanterie. Quand ils lui ont lancé : « Conseille à ton père de se calmer », elle a compris. Mais ils n'ont pas insisté. De toute façon, ce sont rarement ceux qui menacent qui passent à l'acte. Quand on veut s'en prendre à quelqu'un, on évite de le prévenir. C'était plutôt une manœuvre d'intimidation.

Jacques Derogy avait été, lui, menacé par Jacques Mesrine, beaucoup plus sérieusement. Le truand était alors emprisonné à la Santé, à Paris. Il était alors à *L'Express* et moi au *Point*. Dans son article, il avait qualifié Mesrine de proxénète, ce que le caïd ne supportait pas – on pouvait le traiter de tous les noms, mais pas de « proxo ». Celui-ci lui avait écrit : « Ta carte de presse ne te servira pas de gilet pare-balles. » De mon côté, j'avais publié un article la même semaine qui, sans être complaisant, avait dû lui plaire davantage, puisqu'il m'avait envoyé une lettre commençant par ces mots : « Fidèle lecteur du *Point*... » Claude Imbert avait tout de suite réagi : « Jamais on ne publiera ça ! »

Quand Mesrine s'est évadé, Jacques Derogy a été placé sous la surveillance des Renseignements généraux. Il avait même acheté un fusil à pompe – qui terrorisait sa femme, « Biquette », surnom qu'elle avait à *L'Express*, où elle était documentaliste. Il avait caché l'arme sur une armoire. « Si Mesrine débarque, disait-il pour plaisanter, je grimpe sur l'armoire ! »

Dans un genre différent, il y avait d'autres menaces, plus insidieuses – « Je connais votre rédacteur en chef... » ; « Je connais le propriétaire du journal... » Un exemple : la société L'Oréal avait été soupçonnée d'avoir caché après la guerre un collaborateur en Amérique du Sud... Lors d'une rencontre, un haut responsable de l'entreprise, qui l'a quittée depuis, m'a déclaré : « Oui, oui, tout cela est vrai, mais naturellement, vous n'allez pas l'écrire. » « Et pourquoi ? » ai-je demandé. « Vous ne vous rendez pas compte du mal que vous allez nous faire ! Je vais être obligé d'appeler votre directeur ! » J'ignore s'il l'a fait, mais je n'en ai jamais entendu parler et j'ai, bien sûr, écrit le papier, qui n'a pas ruiné L'Oréal.

Certains directeurs protègent leurs journalistes contre ce genre d'interventions. A ce propos, je me souviens d'une anecdote savoureuse que Claude Imbert aimait raconter quand il était rédacteur en chef de *L'Express*. Un jour, par l'intermédiaire d'un homme politique, il déjeune avec un affairiste de haut vol, à la réputation douteuse. Dès le début du repas, celui-ci sort son carnet de chèques et lance : « Ecoutez, monsieur Imbert, on ne va pas tergiverser, combien pour qu'il n'y ait pas de papier dans *L'Express* ? » Très calme, Claude lui répond : « Monsieur, il y a des repas qui s'arrêtent aux huîtres ! » et il se lève.

Si l'affairiste en question n'était pas un modèle de subtilité, d'autres approches étaient plus douces. Un jour, un intermédiaire étranger que je rencontrais pour la première fois m'a gentiment demandé : « Avez-vous besoin de quelque chose ? Que puis-je faire pour vous ? » « Rien », ai-je répondu. Et nous avons poursuivi l'entretien comme si de rien n'était.

Ce métier est ainsi fait qu'il vous offre l'occasion de croiser des personnages très pressants, qui vous imposent une forme de défi, de rapport de force. Par exemple Bernard Tapie. Entre lui et moi, c'est une vieille histoire... Il y a très longtemps, à l'occasion d'un dîner-débat, il avait déclaré publiquement : « Si un jour j'ai un cancer incurable, je prendrai un revolver chargé de trois balles, et je tuerai trois journalistes. » Je faisais partie du lot.

A l'époque, il me reprochait déjà mon traitement du dossier Crédit lyonnais. Plus récemment, j'ai eu l'occasion de le rencontrer, avec mon collègue Pascal Ceaux, au sujet du fameux arbitrage rendu en sa faveur en 2008 dans cette même affaire du Crédit lyonnais. Nous l'avons vu longuement en présence de ses avocats. Il avait très bien préparé le rendez-vous, et avait en tête ce que nous devions, selon lui, écrire. Il faut reconnaître qu'il peut être impressionnant de conviction. Mais quand nous avons commencé à lui poser des questions précises, il l'a mal pris. Dans ces cas-là, il attaque, il en fait une affaire personnelle, avec des formules à la Tapie – parlant d'un associé, il nous a dit : « Il est trop con pour être malhonnête » !

Avant la publication de *L'Express*, nous lui avons soumis, comme c'était prévu, les citations reprises entre guillemets dans notre article. En voyant ce que nous avions retenu de la discussion, il nous a insultés et a refusé que ses propos soient reproduits. Cela ne nous a pas empêchés de publier notre enquête intitulée « Tapie-Sarkozy : les liaisons dangereuses » et de préciser aux lecteurs qu'il avait finalement refusé d'être cité. La semaine suivante, le journal lui a donné la possibilité de répondre. Dans cette affaire, nous avons sorti des informations importantes, sur les nombreux rendez-vous de ce même

Bernard Tapie avec Nicolas Sarkozy à l'Elysée ou encore sur ses liens avec le magistrat Pierre Estoup, un homme qui a joué un rôle décisif dans l'arbitrage. Tapie nous a souvent menacés de procès. Il n'est jamais passé à l'acte.

Une autre rencontre m'a marqué : celle que j'ai eue avec Jérôme Cahuzac, le ministre de l'Economie accusé d'avoir un compte bancaire en Suisse. Non qu'il ait exercé une quelconque pression sur nous, mais parce qu'il a tout fait pour nous convaincre de son honnêteté. Je dois avouer que cette affaire me laisse des regrets et une forme de frustration. On m'avait donné l'information, mais je n'avais pu la vérifier ; elle demeurait donc une rumeur dont nous n'avions jamais pu avoir la confirmation. Mediapart a fini par sortir cette information explosive en produisant un enregistrement ancien, où l'on entendait, semble-t-il, Cahuzac lui-même dire à une autre personne qu'il disposait d'un compte à l'étranger. A *L'Express*, nous avons alors eu l'idée de faire analyser l'enregistrement par un expert reconnu. Son rapport, très complet, concluait que la bande en question n'avait pas été trafiquée. Etait-ce pour autant la voix de Cahuzac ? Nous avons rencontré le ministre pendant une heure et demie, en présence de son attachée de presse. C'était impressionnant. Les yeux dans les yeux, il nous a juré, comme à des dizaines d'autres personnes, qu'il n'avait pas de compte en Suisse, que ces accusations l'empêchaient de dormir depuis des nuits, qu'il obtiendrait gain de cause contre Mediapart.

Très franchement, à la sortie de ce rendez-vous, il nous a paru impossible qu'il nie à ce point sans être sûr de lui, et nous avons donc pensé qu'il était innocent. Avec le recul, je me suis rendu compte qu'il ne répondait jamais directement aux questions concernant sa voix ; c'était son attachée de presse qui, en toute bonne foi, assurait que ce n'était pas la sienne. Quelques semaines plus tard, quand il a fini par avouer, validant publiquement les informations de Mediapart, son attitude m'a conforté dans l'idée que j'ai de certains hommes politiques pris au piège des affaires. Ils sont victimes du sentiment d'impunité, ils se croient intouchables, surtout face à la presse. Dans cette affaire, il a fallu que la justice s'en mêle, à la demande de Mediapart – ce qui était finement joué de la part du site –, pour que Jérôme Cahuzac comprenne que la partie était perdue. J'aurais dû me souvenir des mensonges de François Mitterrand lors de l'affaire de l'Observatoire (un faux attentat fomenté contre lui en 1959) ou de Charles Hernu qui déclarait, à la télévision, la veille de sa démission, qu'il n'avait pas fait couler le bateau de Greenpeace...

La presse en accusation

Les journalistes d'investigation font l'objet de critiques récurrentes. On les accuse d'être manipulés par leurs sources, de constituer de simples courroies de transmission entre les juges, les policiers ou les avocats, qui leur serviraient sur un plateau les procès-verbaux ou les dossiers qu'ils souhaiteraient voir divulgués. Bref, d'être systématiquement instrumentalisés. C'est une critique injuste et insupportable.

Nous ne sommes pas de meilleurs enquêteurs que d'autres journalistes, mais que l'on puisse nous imaginer assez bêtes, assez naïfs ou assez complaisants pour nous laisser manipuler longtemps est irritant. Selon certains, nos articles reposeraient sur des pièces de justice et de police que nous ne faisons que recopier... Cette version de notre travail est caricaturale. Nous enquêtons sur le terrain, et nous recoupons toutes nos informations.

Les journalistes d'investigation ne s'intéressent évidemment pas qu'aux affaires d'Etat. Heureusement pour la démocratie, elles sont assez rares, et nous n'aurions pas du travail à plein-temps ! Peu à peu, ce qu'on appelle l'« investigation » est devenu une spécialité journalistique consistant à suivre les affaires policières et judiciaires. Un domaine très vaste, car ces enquêtes touchent par nature tous les domaines : terrorisme, espionnage, scandales financiers, banditisme... La diversité des sujets est l'un des intérêts du secteur.

Pourquoi serions-nous davantage instrumentalisés que nos camarades chargés de la politique ou de l'économie ? Leur reproche-t-on de voir des élus, des chefs d'entreprise, des syndicalistes ? Ils font leur travail, rencontrent des gens et croisent leurs informations. Le journalisme, certains feignent de l'ignorer, est un métier qui consiste à obtenir des informations et à s'assurer qu'elles sont vraies. Tous les professionnels sérieux fonctionnent de cette façon. Simplement, dans notre secteur, le contact avec les sources est parfois délicat, car les gens qui nous parlent prennent des risques. On peut, je le répète, briser la carrière d'un policier ou d'un magistrat si on découvre qu'il est à l'origine d'une information gênante pour le pouvoir. C'est la conséquence de l'opacité du système français.

Dans notre pays, tout est théoriquement interdit. La procédure judiciaire, par exemple, est confidentielle. Au secret de l'instruction et au secret professionnel s'ajoutent, c'est normal, la protection de la vie privée, la présomption d'innocence, la protection contre la diffamation, le droit à l'image. Au fil du temps, les lois préservant le secret se sont empilées. Cela ne nous empêche pas, heureusement, de sortir des scoops. Si la loi était appliquée à la lettre, aucune information ne devrait filtrer avant le procès public des personnes concernées !

En termes de communication, c'est à peine si l'on accorde au procureur le droit de s'exprimer a minima ou de diffuser un petit communiqué. Ainsi, la population d'une grande ville pourrait ignorer, comme c'est arrivé, que son maire a été mis en prison. Une telle situation étant intenable, il se crée des réseaux parallèles qui fonctionnent assez bien. Le secret de l'instruction paraît d'ailleurs aujourd'hui moribond. Mais comment le remplacer pour que l'ensemble des médias ait un accès équitable à l'information ?

Un autre reproche fait à la presse est de traiter de la vie privée des acteurs de la vie publique. Pour avoir connu l'époque où François Mitterrand dissimulait l'existence de sa fille, je pense que ce genre d'information, celle-là en particulier, relève de la vie privée et que nous n'avions donc pas à la publier, même si nous l'avions. Le fait que Mazarine ait bénéficié d'une protection ne me scandalisait pas. Elle était la fille du président, et, à ce titre, devait être protégée. Dans l'affaire Elf, en revanche, la vie privée de certains protagonistes avait une incidence sur la sphère publique – en l'occurrence celle de Roland Dumas, ministre des Affaires étrangères de l'époque –, ce qui nous a conduits à l'évoquer. Il était impossible d'aborder le dossier Elf sans faire état de la liaison du ministre avec une jeune femme, celle-ci étant rémunérée par la société pétrolière...

En 2011 et 2012, les différentes affaires concernant Dominique Strauss-Kahn ont relancé le débat sur la vie privée. Elles me sont apparues très différentes du cas Mitterrand. D'abord parce que le contexte sociétal et médiatique a beaucoup changé : de nos jours, les hommes politiques eux-mêmes exposent leur vie privée, et certains en font un outil de communication. Ensuite parce que l'affaire du Sofitel de New York reposait sur un fait public : l'arrestation de DSK et l'ouverture d'une enquête judiciaire après qu'une femme de chambre de cet hôtel eut affirmé avoir été victime d'une agression sexuelle. Il était évident que les médias devaient traiter l'événement et chercher à connaître la vérité. Cette affaire new-yorkaise m'a valu plusieurs accrochages avec des personnes persuadées, à tort, qu'il s'agissait d'un complot.

L'autre affaire DSK, celle des prostituées françaises ou belges recrutées pour participer à des parties fines en France et aux Etats-Unis, relève aussi du pénal. Ce qui ne nous a pas évité d'être attaqués sur le thème : « C'est sa vie privée ! », « C'est indigne de *L'Express* ». Il était pourtant normal que *L'Express* y consacre plusieurs articles. Nous étions au-delà du cas d'un homme, célèbre ou pas, qui a ponctuellement recours à une prostituée. L'enquête judiciaire a montré qu'un véritable système avait été mis en place pour faire venir des jeunes femmes jusqu'à New York ou Washington. Pour Dominique Strauss-Kahn, vie privée et vie publique étaient devenues indissociables ; il était donc de notre devoir d'en faire état. Ce choix m'a valu un échange plutôt vif avec le chanteur Patrick Bruel. Un jour, alors que nous participions l'un et l'autre à la remise du prix du Quai des Orfèvres, il s'est lancé dans une accusation publique des journalistes – DSK étant un homme formidable qui ne méritait pas, disait-il, un tel traitement de la part des médias. Après son intervention, j'ai eu avec lui un entretien pour lui expliquer que la presse faisait juste son travail.

Ces critiques reflètent souvent un reproche plus profond : en accordant une telle place aux affaires, en fouillant ainsi dans les « dossiers noirs » de la République, les journalistes ne prennent-ils pas le risque d'accentuer le dégoût de l'opinion, d'alimenter le « tous pourris » cher aux extrémistes ? Il est vrai que le public a pu éprouver un sentiment de ras-le-bol, ces dernières années, devant la multiplication des scandales. J'ai déjà connu de telles périodes, du temps de François Mitterrand ou de Jacques Chirac, mais il faut admettre que nous avons atteint une sorte d'overdose. Mais que faire ? J'insiste : tout journaliste doit se tenir à un principe : si les faits sont vérifiés, confirmés, il faut les rendre publics, quelles qu'en soient les conséquences – la liberté de la presse est une exigence de la démocratie –, à condition de ne pas régler des comptes et de ne pas servir une cause partiale. Il faut s'en tenir à la dimension factuelle, prendre garde à ne pas devenir un outil politique, utilisé par tel ou tel. Dans le cas de Nicolas Sarkozy, ces dernières années, les limites n'ont pas été toujours claires : il y a eu de vraies enquêtes, reposant sur des faits, et d'autres mises en cause reposant sur des éléments bien fragiles. J'ai parfois eu le sentiment qu'en raison de sa personnalité particulière, cet homme politique a fait l'objet d'un traitement spécial, conséquence d'une forme de rejet, de la part de certains juges et de quelques médias. Son placement en garde à vue, au début de l'été 2013, et la manière dont il a été présenté aux magistrats instructeurs en pleine nuit m'ont paru disproportionnés. C'est un sort réservé d'ordinaire aux grands truands. Quel que soit l'homme, quelle que soit l'affaire, il faut suivre ce conseil que nous donnait un professeur de l'école du CFJ, le Centre de formation des journalistes : « Ne cherchez pas la vérité ni même l'objectivité – trop difficile à obtenir –, recherchez l'exactitude. »

Mon meilleur souvenir

Le meilleur souvenir de ma carrière restera la traque d'Alfred Sirven, dans l'affaire Elf. Un vrai polar ! Une histoire rocambolesque, qui m'a beaucoup marqué.

Mon collègue et ami Marc Epstein, grand reporter au service international, et moi, nous nous étions lancés sur les traces d'Alfred Sirven, trésorier occulte du groupe pétrolier Elf et personnage clef de cette affaire où il était question du détournement d'environ 3 milliards de francs – de l'argent public, car, à l'époque, la société était majoritairement détenue par l'Etat.

Recherché par la justice, Sirven avait fui la France. A l'automne 2000, il y avait beaucoup de monde à ses trousses... Les magistrats le croyaient en Afrique du Sud, au Congo, on le voyait sur l'île São Tomé ou en Colombie. Bref, partout où il n'était pas ! Personne n'imaginait que ce veuf âgé de soixante-dix ans avait pu lever le pied avec son employée de maison, une Philippine prénommée Vilma qui s'était occupée avec dévouement de sa femme pendant sa maladie. Devenue la maîtresse d'Alfred, Vilma s'habillait chez Dior, s'était fait refaire les seins par un grand chirurgien esthétique. Tous les Philippins de Paris le savaient. Dans la communauté, elle était le symbole de la réussite. Il n'y avait que la justice et les journalistes pour l'ignorer ! On finit tout de même par découvrir qu'il s'est enfui avec elle. A Manille, donc...

Deux confrères de *Paris Match* trouvent son adresse, mais ne parviennent pas à entrer en contact avec lui. Une première équipe de policiers français est alors expédiée sur place. En vain. Sirven demeure introuvable. Une deuxième équipe, dirigée par le commissaire Pierre Goujard, qui connaît bien ce pays, part à son tour. Après un premier reportage sans résultat, j'y retourne avec Marc Epstein. Nous allons y rester plus d'un mois et demi, le temps de faire quelques trouvailles. Nous avons découvert d'abord son vrai-faux passeport et, ensuite, sa nouvelle identité. *L'Express* n'avait pas lésiné sur les moyens. Nous avions carte blanche.

Dans de tels reportages, vous vivez intensément votre sujet du matin au soir, sans être, comme à la rédaction du journal, interrompu par d'autres contingences. Dans ma carrière, ce sont les moments qui m'ont apporté le plus de satisfaction. Je le répète pour la jeune génération : dans ce métier, même si les temps sont difficiles, il ne faut pas négliger le plaisir.

LES ANNÉES DE GAULLE

Après douze années de traversée du désert, Charles de Gaulle est rappelé au pouvoir en mai 1958. Sur fond de guerre d'Algérie et de décolonisation, la Ve République naissante va connaître quelques affaires retentissantes.

La première éclate au début de l'année 1959 et concerne le président socialiste de l'Assemblée nationale, André Le Troquer (1884-1963). Ce septuagénaire unanimement apprécié est soupçonné, à la surprise générale, d'avoir participé à des parties fines en présence d'autres notables et de très jeunes filles, dans la région parisienne. Une propriété de l'Etat, le pavillon du Butard, à La Celle-Saint-Cloud, aurait accueilli certaines de ces orgies. André Le Troquer clame son innocence, mais ne peut empêcher le scandale dit des « ballets roses » de prendre de l'ampleur. Condamné à un an de prison avec sursis en 1960, il mourra trois ans plus tard. Au-delà de ce résumé, nous avons décidé de ne pas revenir sur cette affaire de mœurs qui relève plus du fait divers que du scandale d'Etat.

De la même manière, nous ne revenons pas sur celle de l'Observatoire, cet attentat dont François Mitterrand affirmait avoir été victime le 16 octobre 1959, à Paris. Cette nuit-là, en pleine guerre d'Algérie, celui qui est alors sénateur (Gauche démocratique) de la Nièvre rentre chez lui en voiture, rue Guynemer. Pensant être suivi, il s'arrête au niveau de l'avenue de l'Observatoire et se cache derrière un buisson tandis que sa voiture est criblée de balles. Dans les jours suivants, les journaux saluent sa rapidité de réaction et soupçonnent les partisans de l'Algérie française d'avoir mené l'opération. Or, une semaine plus tard, l'hebdomadaire d'extrême droite *Rivarol* publie le témoignage d'un certain Robert Pesquet, qui dit être l'organisateur de ce qui serait en réalité un faux attentat commandité par François Mitterrand lui-même afin de séduire l'opinion et de pousser le gouvernement à agir contre les militants de l'Algérie française. Alors que l'affaire divise les médias, *L'Express* se range un temps du côté de Mitterrand et lui ouvre ses colonnes pour un texte intitulé « Ce que j'ai à dire », dans lequel il dénonce une « machination ». Le futur président est tout de même inculpé d'« outrage à magistrat » pour avoir caché à la justice ses rencontres avec Pesquet. Sept ans plus tard, la loi d'amnistie initiée par le gouvernement Pompidou met fin aux poursuites.

En 1965, l'enlèvement, en plein Paris, puis la disparition de Mehdi Ben Barka, opposant au roi du Maroc et figure du tiers-mondisme, connaît un retentissement autrement plus important. Cette fois, *L'Express* devient un acteur à part entière de cette affaire dont il donne le tempo médiatique par ses scoops. Le feuilleton Ben Barka symbolise une époque mêlant coups fourrés politiques, diplomatie occulte et barbouzeries. Des dossiers obscurs dont l'hebdomadaire, né en 1953, fait son miel. Les lecteurs s'habituent alors à la signature de Jacques Derogy, l'une des grandes plumes du journal, une référence en matière d'investigation. De Ben Barka aux grands scandales de l'immobilier, « Jacky » Derogy est sur tous les fronts, n'hésitant pas à écrire à la première personne dans certains articles détonants.

Ce qui frappe, quand on se plonge ainsi dans les archives de l'époque, c'est de voir à quel point l'heure est aux manœuvres en tout genre. Les journalistes eux-mêmes doivent prendre garde à ne pas être manipulés par tel ou tel camp, à trier le vrai du faux, l'information de la rumeur. Ainsi, avant de succéder à Charles de Gaulle à la présidence, en 1969, Georges Pompidou subit les affres de la calomnie quand le nom de son épouse, Claude, est cité dans la nauséeuse affaire Markovic.

1965

L'affaire Ben Barka

Le 29 octobre 1965, l'opposant marocain Mehdi Ben Barka est enlevé en plein Paris. En France comme au Maroc, l'émotion est à la mesure du personnage. Dirigeant en exil de l'Union nationale des forces populaires du Maroc, le principal parti d'opposition au roi Hassan II, Ben Barka est alors la figure de proue des pays du tiers-monde. Il participe au sommet des Etats non alignés et prépare une conférence tricontinentale à Cuba. Il a même été reçu très discrètement à l'Elysée...

L'Express, par ses multiples révélations, va contribuer à faire éclater l'un des plus gros scandales de la République gaullienne. Très vite, il apparaît en effet que Mehdi Ben Barka a été éliminé par les services secrets marocains, avec la complicité agissante des services et d'hommes de main français. Un vrai polar...

Sous le prétexte de la réalisation d'un film sur la décolonisation, l'opposant marocain est attiré en France pour participer à un déjeuner chez Lipp, une célèbre brasserie parisienne. Sur le trottoir, deux policiers de la brigade mondaine, Louis Souchon et Roger Voitot, l'arrêtent. Ils le conduisent en voiture dans la villa d'un truand à Fontenay-le-Vicomte, dans le sud de la région parisienne. Les policiers agissent à la demande d'un agent des services secrets français, Antoine Lopez, en poste à l'aéroport d'Orly. Lopez répond, lui, à une demande du ministre de l'Intérieur marocain, le général Oufkir, un officier très redouté, opposé au retour en grâce de Ben Barka.

A Fontenay-le-Vicomte, le leader marocain est remis à une bande de truands dirigée par un certain Jo Boucheseiche, propriétaire de bordels au Maroc. L'équipe, composée de trois malfrats (Dubail, Le Ny, Palisse), doit le garder dans la villa en attendant l'arrivée d'Oufkir, venu de Rabat. Le général ne laisserait à personne le soin d'« interroger » son ennemi politique. La suite sera racontée dans *L'Express* du 10 janvier 1966. Ce jour-là, s'étale en couverture le visage de l'opposant marocain avec ce titre en lettres rouge sang : « J'ai vu tuer Ben Barka ». Une mise en page imaginée par le directeur en personne, Jean-Jacques Servan-Schreiber, dans le secret de son bureau. « JJSS a confectionné ce numéro comme un artificier une bombe », écrira plus tard Jacques Derogy, auteur, avec Jean-François Kahn, de cet article.

Les deux journalistes racontent les faits tels qu'ils sont relatés par l'un des protagonistes : Georges Figon, le producteur du fameux film proposé à Ben Barka. Etrange personnage que cet ancien truand reconverti dans l'édition. Le récit qu'il livre de la détention est effrayant de précision.

Ph. B.

☆☆☆

« J'ai vu tuer Ben Barka »

Jacques Derogy et Jean-François Kahn

Sous la plume de ses deux enquêteurs, L'Express *publie le récit exclusif des événements tels qu'ils sont relatés par l'un des protagonistes : Georges Figon, un ancien truand reconverti dans l'édition.* (*L'Express* du 10 janvier 1966.)

« C'est le 29 octobre, à 12 h 30, qu'a eu lieu l'enlèvement de Ben Barka. Son taxi était arrivé par la rue du Dragon. Il est descendu, accompagné d'un jeune homme, puis a commencé à regarder les livres à l'étalage de la librairie *La Pochade*. Contrairement à ce que l'on a prétendu, ce n'est pas moi qui l'ai désigné, c'est Lopez [*Antoine Lopez, chef d'escale Air France à Orly et indicateur de police*] qui l'a reconnu et a fait un signe aux deux policiers, Souchon et Voitot. Ils se sont alors avancés vers Ben

Barka : “Police française, ont-ils dit, on doit vous emmener à un rendez-vous.”

« Ben Barka n'a pas paru tellement surpris ; simplement, il leur a demandé leurs cartes. Ils l'ont alors amené vers un porche ; c'est là qu'ils lui ont montré leur macaron ; il a alors accepté de les suivre sans résistance.

« La voiture a pris la route d'Orly, une 403 de la préfecture, équipée d'un téléphone. Les deux policiers voulaient camoufler le numéro minéralogique avec une fausse plaque en plastique. “Pour des poulets, vous n'êtes pas forts, leur avait dit Le Ny [*André Le Ny, truand français*], ces plaques n'existent plus depuis deux ans.” Les autres m'ont raconté qu'à ce moment-là Ben Barka croyait visiblement qu'on allait le raccompagner à Orly et le mettre dans un avion en partance pour l'étranger (ce qui arrive parfois aux « indésirables »). Sans manifester d'émotion, d'une voix parfaitement calme et courtoise, Ben Barka a demandé à Souchon et Voitot, si leur intention était bien de l'accompagner à Orly et de l'expulser, de bien avoir l'obligeance d'aller chercher une valise qu'il avait laissée à Paris et de la faire suivre, en son temps.

« Pendant cette partie du trajet, il y a eu dans la voiture un grand silence. La 403 a dépassé sur l'autoroute l'entrée d'Orly et a continué son chemin. A ce moment, et pour la première fois, Ben Barka a donné des signes d'agitation. “La vérité dans cette histoire, a dit alors l'un des vrais policiers, c'est que le ‘patron’ veut vous voir.”

« Ben Barka a cru immédiatement que le “patron” en question, c'était un haut fonctionnaire de la police – sans doute le chef de la DST. De nouveau, il s'est calmé. Il a dit simplement : “Excusez-moi, mais j'ai la certitude que je n'ai rien fait contre la France.” Il a même rappelé qu'il avait été reçu en audience par le général de Gaulle, il a parlé longuement de la haute estime dans laquelle il tenait le chef de l'Etat. Il a ajouté : “Ma conscience est parfaitement tranquille de ce point de vue-là.”

« Les policiers ont expliqué qu'ils ignoraient, eux, les raisons qui avaient motivé ce rendez-vous, mais que le “patron” avait tenu à accueillir Ben Barka dans une maison de campagne aux environs de Paris pour avoir un entretien tranquille et à l'abri de toute publicité. Visiblement, Ben Barka a accepté cette réponse.

« Aussitôt arrivés à Fontenay-le-Vicomte, à la villa de Jo [*Jo Boucheseiche, truand français*], Souchon et Voitot sont repartis pour Paris avec Lopez. Ils ne sont pas entrés dans la maison.

« Ben Barka a été conduit dans une chambre au premier étage. Une chambre très confortable. Il était toujours très calme, il a sorti un gros livre de sa serviette et s'est mis à lire ; ensuite, il a demandé du thé, et c'est Dubail [*Pierre Dubail, truand français*] qui a été lui en chercher. Moi, je les avais rejoints en taxi.

« C'est peu de temps après que Jo est monté pour dire qu'il y avait un léger contretemps et que le "patron" n'arriverait que plus tard. Ben Barka commence à donner quelques légers signes d'impatience, mais il n'est pas du tout inquiet ; visiblement, il s'attend à la visite d'un haut fonctionnaire. Il répète qu'il ne s'est livré à aucune action répréhensible sur le territoire français. Ce dernier point paraît lui tenir particulièrement à cœur.

« Le soir, il se couche et nous en profitons pour téléphoner au Maroc à Dlimi, le chef de la police, et à Oufkir, le ministre de l'Intérieur. Les termes sont brefs, tout le monde est parfaitement au courant de ce dont il s'agit. Les Marocains sont sceptiques ; on leur a déjà fait le coup pour obtenir de l'argent. Ironique, Dlimi demande : "Qu'est-ce que ça veut dire, cette fois encore ?" C'est Dubail qui prend alors le téléphone :

"Puisqu'on vous dit que le colis est là !

– Quoi, le colis ?

– Oui, le colis.

– Emballé ?

– Oui, emballé.

– C'est bien, on arrive."

« On calcule que Dlimi et Oufkir n'arriveront pas avant plusieurs heures ; Dubail monte prévenir Ben Barka que le rendez-vous est remis à samedi. On lui fait également monter un repas préparé par la bonne marocaine de Boucheseiche, mais il ne touche presque à rien. Il redemande du thé et il boit sans cesse. Il répète encore à Dubail que, s'il est venu en France, c'est que la France est un pays ami du Maroc, puis il lui dit : "Un jour, je serai peut-être Premier ministre dans mon pays ; dans ce cas, il faudra changer beaucoup de choses, surtout la police, car, vous savez, là-bas, la police est complètement pourrie."

« Dubail approuve discrètement. Finalement, Ben Barka finit par s'endormir.

« C'est le samedi après-midi que Dlimi, accompagné d'un certain Achachi, arrive à Fontenay-le-Vicomte dans la voiture de Lopez. Les précautions sont prises pour que Ben Barka ne le voie pas arriver. Nous accueillons Dlimi dans la grande entrée de la villa, où se trouvent toutes sortes de panoplies marocaines. Dlimi paraît froid et décontracté. Dubail lui rapporte la phrase de Ben Barka sur la police marocaine. Il éclate de rire : "Ah ! comme ça, il veut épurer la police ! Eh bien ! c'est une très bonne idée !"

"Ce n'est pas tout ça, interrompt alors Jo, mais qu'est-ce que l'on va en faire ?" Dlimi n'hésite pas, il est catégorique : "On va le liquider." "Mais comment ?" demande Jo, un peu inquiet. "Eh bien, il n'y a qu'à régler ça ici et ensuite on ira l'enterrer dans un champ."

« C'est un peu l'affolement. Personne, en fait, n'a envie de liquider Ben Barka ; ce n'est pas ce qui avait été convenu au départ. Je prends Le Ny à part et je lui dis : "T'es fou, il ne faut pas les laisser faire, surtout pas ici, chez Jo ; dans quinze jours, ils retrouveront le corps à quelques mètres de sa maison ; il vaut mieux aller dans la villa de Lopez ; il faut mouiller Lopez. Si jamais on le liquide ici, on est marron. Dis-le à Jo." "De toute façon, intervient alors Palisse, on ne peut pas l'emmener comme ça."

« Dlimi insiste : "Alors, vous vous décidez ? Il vaut mieux que ce soit l'un de vous qui aille le voir pour éviter une mauvaise surprise à Mehdi." Il dit "Mehdi" (c'est le prénom de Ben Barka) avec une pointe d'ironie. Je dis alors à Dlimi : "De toute façon, on ne peut rien faire ici, il faut l'emmener chez Lopez." Jo approuve. Le Ny, Dubail, Dédé (Palisse) et Jo (Boucheseiche) s'apprêtent à monter. Jo déclare, en se caressant les biceps : "J'ai cinquante-trois ans, mais quand même, je ne suis pas complètement pourri. J'ai encore une bonne gauche." J'interviens alors pour dire qu'il vaudrait mieux mettre un somnifère dans son thé. Jo déclare que, chez lui, il n'y a que du Phenergan.

« Dubail monte donc dans la chambre du premier pour apporter à Ben Barka du thé additionné de Phenergan. Nous attendons un quart d'heure, puis Jo et les trois autres montent. Aussitôt qu'il les voit rentrer en groupe, Ben Barka jette son livre et se lève de son fauteuil : "Qu'est-ce qui se passe ?" Jo s'avance, lui lance un coup de poing et le rate.

« Aussitôt, Dubail, Dédé et Le Ny se précipitent. Ils le bourrent de coups de poing, mais le Phenergan a certainement provoqué chez Ben Barka un effet contraire à celui désiré. Il ne sent plus les coups ; il se bat sans dire un mot. Lui qui est si petit paraît d'un seul coup doté d'une force extraordinaire. Le Ny, qui pèse 110 kilos et mesure 1,90 m, et Dubail, ancien garde du corps de Jo Attia, taillé en athlète, cognent de toutes leurs forces. Dubail est pris d'une rage terrible et hurle : "Mais il ne va donc jamais descendre, celui-là !" Il tend la main pour saisir un bibelot et lui donner un coup sur la tête, mais les autres l'arrêtent. Ben Barka est en sang, la figure méconnaissable.

Il a la tête comme une citrouille.

« D'en bas, on entend un bruit extraordinaire : des meubles brisés, de la vaisselle qui se casse. Petit à petit, les quatre arrivent à coincer Ben Barka sur une chaise, mais il continue à se débattre, une vraie boucherie !

« C'est alors que Dlimi et Achachi montent au premier étage. Dès qu'il voit Dlimi, Ben Barka paraît saisi de terreur ; il arrête de se débattre. On commence à le ficeler avec les cordes qu'est allé chercher Palisse. C'est Dubail qui lui attache les pieds.

« A ce moment-là, au rez-de-chaussée, arrive Oufkir, coiffé d'un grand chapeau de feutre noir. Il ouvre la porte, s'arrête : il a une incroyable tête d'assassin ; il se retourne vers moi :

"Il est là-haut ?

– Oui.

– Ça marche bien ?"

« Je fais une moue significative. Oufkir ne répond rien. Il décroche un petit poignard marocain attaché à une panoplie en bas de l'escalier. Il monte au premier. "Eh bien ! le voici", dit-il simplement.

« En le voyant, Ben Barka commence à se débattre à nouveau. Oufkir s'approche de lui : "Je connais très bien le moyen de le calmer." Et il commence à lui tailler la gorge et la poitrine avec la pointe du poignard. Il paraît y prendre un plaisir de chirurgien en train d'expliquer une opération à ses internes : "Regardez, maintenant, ça va."

« Dlimi lui parle alors en arabe ; sans doute lui explique-t-il qu'il faut emmener Ben Barka dans la villa de Lopez, car Oufkir se tourne vers Boucheseiche et lui dit : "Allons-y !" A ce moment,

Oufkir propose de faire venir une ambulance pour transporter Ben Barka chez Lopez. Tous poussent de hauts cris.

« On le bâillonne, on le descend, on le met dans une voiture immatriculée "corps diplomatique" qui l'emmène à Ormoy, chez Lopez. Moi, je fais partie d'un deuxième voyage.

« Aussitôt arrivés chez Lopez, ils descendent Ben Barka inconscient dans la cave. Là, un Marocain qui n'était pas dans la villa de Jo et qui devait sans doute conduire la voiture d'Oufkir l'attache à une chaudière de chauffage central. Il le ficelle de telle façon que Ben Barka est complètement tordu, paralysé, et qu'il ne peut plus respirer. Le Ny intervient : "T'en fais beaucoup, toi, dit-il, laisse-lui au moins de quoi respirer."

"C'est bien comme ça", répond simplement le Marocain. Ben Barka est fini.

« Ensuite, tout le monde se retrouve dans le salon. Oufkir explique d'abord qu'il est arrivé trop vite et qu'il n'a pas d'argent sur lui (il avait promis plus de 100 millions). Il se déclare en outre mécontent que l'opération se soit faite sur le territoire français. Et il nous fait la leçon. Il dit : "Il aurait fallu aussi embarquer l'historien[1]. C'est une erreur de l'avoir laissé. Mais ce serait une erreur encore plus grande de ne pas savoir garder le silence. Je sais qu'il y en a parmi vous qui ont la parole facile. Il y en a même qui écrivent." Et il me regarde et il ajoute : "La moindre erreur de ce genre serait fatale."

« On lui apporte la serviette qui contient les papiers personnels de Ben Barka. Oufkir la fouille minutieusement. Il en sort même une carte de l'Association France-Algérie. Oufkir, sentant le malaise qui règne autour de lui, commence à s'expliquer : "Pour moi, il ne s'agissait pas seulement de se débarrasser d'un ennemi politique. Ben Barka était aussi un ennemi de la France et de l'humanité."

"On est excédés et fatigués, vous savez, lui dis-je. On s'en fout, de vos salades.

– Je remercie, reprend Oufkir, ceux qui nous ont aidés sincèrement et sans essayer de nous faire chanter (il se retourne vers moi en disant cela). Nous nous reverrons, j'aurai encore l'occasion de vous employer."

---

1. Il s'agit de l'étudiant Azemmouri, qui accompagnait Ben Barka et qui a donné l'alerte le lendemain de l'enlèvement.

« Je lui dis alors : “J’espère qu’il vous reste encore beaucoup d’ennemis.” Ensuite, Dubail, Palisse, Le Ny et moi regagnons Paris dans la voiture de Jo. »

Pourquoi [*Georges Figon*] parle-t-il ? Ceux-là mêmes qui, aujourd’hui, ont intérêt à ce qu’il ne tombe pas entre les mains de la justice, à lui faire passer éventuellement une frontière, peuvent aussi le faire disparaître. Alors, il laisse des traces, il enregistre des déclarations. Et il s’amuse même, si on l’en croit, à monter des mystifications en racontant qu’il a été arrêté, puis relâché.

Georges Figon n’est pas un gangster ordinaire. Ce petit homme à lunettes de trente-neuf ans, au visage un peu rond, à la moustache pauvre, aux frisures clairsemées, emploie le langage étrange et symboliste du truand parce qu’il se veut de ce milieu. [...]

Fils d’un inspecteur général de la Santé publique commandeur de la Légion d’honneur, Georges Figon a été un enfant difficile. Jeune homme, il a passé trois ans dans un asile psychiatrique.

Un beau jour, il est mêlé à un fric-frac. Son rôle n’est pas clair, mais il tire sur les policiers venus l’arrêter. Le 27 septembre 1955, la cour d’assises de la Seine le condamne à vingt ans de travaux forcés pour coups et blessures avec intention de donner la mort. Il crache à la figure des jurés le mépris que lui inspire leur justice. Il fera moins de scandale en prison, puisqu’une cascade de six remises de peine successives lui fait obtenir sa libération conditionnelle en 1961. Son avocat est Me Jean Hug, dont l’assistant, Me Pierre Lemarchand, devient son ami.

Le 17 février 1964, Figon est relevé de l’incapacité commerciale. Il devient éditeur, crée rue de la Chaise, dans le VIIe arrondissement, la Société moderne du roman-photo et les Presses européennes. Interviewé, sans que son nom soit prononcé, par la presse et la télévision, Figon devient également une figure de Saint-Germain-des-Prés. Marguerite Duras le rencontre et publie deux entretiens avec lui. Mais il reste, en même temps, lié au « milieu », et son amitié pour son avocat, Me Lemarchand, lui ouvre des perspectives « d’activités politiques parallèles ».

C'est d'ailleurs à Me Lemarchand, devenu député UNR [*Union pour la nouvelle République, parti de droite*] de l'Yonne en novembre 1962, qu'il s'ouvrira, dit-il, des préparatifs de l'enlèvement de Mehdi Ben Barka. Il affirme l'avoir non seulement tenu au courant du déroulement de l'opération, mais encore avoir obtenu, grâce à lui, à la fois une couverture et un feu vert des autorités officielles.

On peut, évidemment, se demander dans quelle mesure Figon n'a pas affabulé et s'il a été réellement témoin du drame qu'il décrit. Or, plusieurs éléments connus de l'enquête permettent de faire des recoupements qui confirment plusieurs aspects de son récit.

D'une part, la participation au rapt de Ben Barka de « truands retraités », qui ont, pour la plupart, travaillé pour la Gestapo (qu'ils appellent « la Carlingue ») pendant l'Occupation, a été établie par les interrogatoires des policiers de la brigade mondaine, Souchon et Voitot, et du chef d'escale d'Air France à Orly, Antoine Lopez. Celui-ci était à la fois l'indicateur de ceux-ci et agent du Sdece (service de contre-espionnage).

Lopez a, par ailleurs, confirmé que, lors de son retour à sa villa d'Ormoy, il y trouva, avec le général Oufkir et le commandant Dlimi, Georges Figon.

Enfin, un journal de Lausanne a pu affirmer, quinze jours après le crime, que Ben Barka avait été poignardé par Oufkir dans la villa de Boucheseiche à Fontenay-le-Vicomte. La source en était tout simplement la police française, qui avait trouvé, lors de la perquisition, des traces matérielles du meurtre.

Le « scoop » sur la mort de Ben Barka est indissociable de l'histoire de L'Express. *L'un des auteurs de l'article, Jacques Derogy (1925-1997), pionnier du journalisme d'investigation, confirme ainsi son statut de grande plume du journal. Des années plus tard, racontant les coulisses de son enquête, il confiera : « Nous avions senti, Jean-François Kahn et moi, qu'il ne pouvait s'agir d'un simple fait-divers, mais d'un scandale politique dans lequel nous aurions forcément à nous impliquer. La sympathie que nous éprouvons alors, l'un et l'autre, pour la personnalité du disparu, à force de le croiser dans ses asiles habituels de Genève, du Caire, d'Alger ou de Paris, nous permet de saisir très vite dans quel piège a pu tomber cet exilé toujours sur ses gardes, mais toujours en mouvement. »*

Dans l'article qui suit, publié en 1995, Derogy évoque les conséquences de la divulgation, par L'Express, *du récit de Figon.*

Notre enquête

Jacques Derogy

Le journaliste raconte ici comment l'affaire prend une nouvelle dimension après la publication, le 10 janvier 1966, du témoignage de Figon. (L'Express *du 26 octobre 1995.*)

[...] Notre scoop provoque une cascade de rebondissements. Tout en nous assignant pour diffamation, Me Pierre Lemarchand [*député de l'Yonne, avocat de Figon*] demande curieusement à nous rencontrer. Un rendez-vous discret. Selon lui, les éléments antigaullistes du Sdece ont voulu faire d'une pierre deux coups en facilitant le rapt : rendre service à Oufkir et chercher à nuire au pouvoir en le mouillant, lui, le député gaulliste, à travers Figon. Il reconnaît au passage avoir revu ce dernier, le lendemain de la Toussaint, en présence d'un commissaire des Renseignements généraux, Jean Caille, dans l'espoir de pouvoir encore sauver Ben Barka... De son côté, Lopez révèle au juge son appartenance au Sdece et les informations transmises à son officier traitant, le colonel Le Roy-Finville, sur les intentions d'Oufkir et les intrigues de Figon. Souchon craque à son tour et avoue que le préfet de police, Maurice Papon, et le ministre de l'Intérieur, Roger Frey, tenus au courant, avaient décidé de les celer au magistrat instructeur et de différer de huit jours son arrestation et celle de son subordonné Voitot.

Le juge Zollinger somme alors la police de retrouver Figon. « Logé » le 17 janvier par un coup de fil passé au commissaire Caille, le fugitif, cerné par un trop spectaculaire déploiement d'agents, n'est plus qu'un cadavre encore chaud trouvé la tempe trouée, un pistolet à la main. Une démonstration policière si massive ne pouvait que pousser au suicide ce repris de justice qui s'était juré de ne jamais retourner en prison.

Voulue ou non, sa mort confère à l'affaire sa dimension de scandale. Jean-Jacques Servan-Schreiber (JJSS) y consacre dix-huit pages de *L'Express* du 24 janvier, « à verser au dossier de l'instruction ». Cinq semaines d'affilée, le feuilleton de notre enquête fera ainsi la une du journal, doublant durablement sa diffusion.

Lemarchand radié du barreau, son ami Frey, ministre de l'Intérieur, contesté par l'aile gauche de la majorité, l'opposition déchaînée contre la survivance des polices parallèles, de Gaulle intervient théâtralement : il rompt avec le Maroc, purge le Sdece, réforme la police, tout en martelant, dans une mémorable conférence de presse, que, « du côté français, ce qui s'est passé n'a rien eu que de vulgaire et de subalterne ».

Le procès-fleuve ouvert le 5 septembre 1966 ne sortira pas de ces limites imposées par la raison d'Etat. Après le défilé de 167 témoins, dont l'équipe de *L'Express*, JJSS en tête, on n'en saura pas davantage sur ce qui s'est passé entre l'interception de Ben Barka, le 29 octobre 1965, et le départ d'Oufkir, le 5 novembre suivant. L'irruption surprise de Dlimi aux assises ne fera qu'ajourner les débats.

Sans doute la version de *L'Express* était-elle très proche de la vérité : elle sera même avalisée par de Gaulle dans ses confidences à Vincent Monteil, deux mois avant le verdict : « Il faut que les coupables soient châtiés, je veux dire Oufkir et Dlimi, pour ne pas parler du roi, complice et même investigateur du crime. »

Le 5 juin 1967, la condamnation des seuls Lopez et Souchon (huit et six ans) et celle, par contumace, d'Oufkir et de la bande de Boucheseiche (perpétuité) passeront inaperçues dans le fracas de la guerre de Six Jours, au Proche-Orient.

Comme nous l'avons vu dans le chapitre précédent, plusieurs acteurs de l'affaire ont été condamnés, mais le corps de la victime n'a jamais été retrouvé. La procédure judiciaire ouverte à Paris n'est toujours pas close. Le sera-t-elle un jour ? Rien n'est moins sûr...

En attendant l'élucidation du mystère, L'Express *ouvre, au début de l'été 2007, une nouvelle page de la « saga » Ben Barka. Cette fois, il n'est pas question de l'enlèvement de l'opposant marocain, mais de son passé : le journal révèle qu'il a collaboré, entre 1961 et 1965, avec les services secrets tchécoslovaques. La preuve ? Un dossier de 1 550 pages exhumé des archives de ces services.*

L'auteur de ce scoop est un journaliste et historien tchèque de trente-six ans, Petr Zidek, spécialiste de l'espionnage au quotidien Lidové noviny. *Pour lui, pas de doute : l'icône « progressiste » du tiers-monde a bien été un agent de l'Est. Il avait rang de « contact confidentiel » dans la classification de la StB, la Sécurité d'Etat tchécoslovaque. Des années durant, sous le nom de code de « Cheikh », il a fourni des informations – plus ou moins fiables – à divers « officiers traitants ». Des informations transmises ensuite au KGB, le grand frère soviétique.*

Ce dossier, numéro de référence 43-802, est divisé en cinq parties. Il contient des centaines de fiches, de notes, de rapports en tout genre. On y apprend même que « Cheikh » a suivi un stage de formation à la lutte clandestine. Ces documents ne sont pas de Ben Barka en personne, mais de ses contacts, soucieux de mettre noir sur blanc tout ce qu'il leur confiait. Si le sous-dossier 43-802-030, concernant le mode de rémunération, a été détruit, le reste des archives montre clairement que le leader de l'opposition marocaine a été rétribué pour ses activités. Elles le présentent aussi comme un « agent d'influence », chargé notamment d'inciter les dirigeants du Moyen-Orient à s'aligner sur les positions de Moscou et non sur celles de Pékin.

Bien sûr, on peut comprendre que cet homme de gauche ait entretenu des liens politiques avec les pays « amis » ; il ne faisait d'ailleurs pas mystère de ses sympathies idéologiques. Bien sûr, il faut également se replacer dans le contexte de la guerre froide et des poussées de fièvre révolutionnaire à travers le monde ; Ben Barka, comme d'autres, avait besoin d'aide pour parvenir à ses fins. Mais de là à imaginer pareille proximité...

Cette collaboration avec un pays satellite de l'Union soviétique n'a jamais été mentionnée dans les ouvrages consacrés à Mehdi Ben Barka. Ses onze séjours à Prague n'ont pas davantage retenu l'attention. « Je pense que les services occidentaux ont été au courant, mais qu'ils ont laissé faire parce qu'ils y trouvaient leur compte, précise Petr Zidek. Le recrutement de Ben Barka est un cas exceptionnel. D'ordinaire, les services recrutaient des agents moins en vue. Ben Barka a accepté de collaborer par conviction, et aussi parce qu'il avait besoin d'aide à l'étranger, notamment auprès des Soviétiques. A la lecture des documents, on découvre un homme très pragmatique, pas forcément sympathique. Prudent, aussi, puisqu'il a refusé de signer un quelconque papier marquant son engagement. »

Selon Petr Zidek, l'authenticité du dossier ne saurait être contestée. « En aucun cas, il ne peut s'agir d'un faux destiné à nuire à Ben Barka », insiste l'historien. Une analyse confirmée par un ancien agent, Josef Orel, interrogé par L'Express *en République tchèque.*

Reste à savoir si ses « employeurs » ont été satisfaits de Mehdi Ben Barka. « Pas vraiment, conclut Petr Zidek. Avec le temps, ils ont fini par douter de son sérieux, de sa sincérité. Il donnait parfois des informations de troisième main, de simples bruits de couloir... Au final, le bilan est plutôt mitigé. »

Avant de publier l'article de Petr Zidek, L'Express *sollicite bien sûr la réaction de Bachir Ben Barka, l'un des fils du disparu. Celui-ci dénonce alors une « atteinte » à la mémoire de son père. Il déclare notamment : « Je tombe des nues. J'attends d'en savoir davantage pour me prononcer vraiment, mais je peux déjà vous dire que mon père n'a jamais été un agent, ni pour l'Est ni pour l'Ouest. C'est une accusation ridicule ! »*

Quelques semaines après la publication de l'article, le journal laisse à nouveau la parole à la famille Ben Barka, sous la forme, cette fois, d'un droit de réponse. Ce texte, que nous reproduisons également dans les pages suivantes, ne change rien aux certitudes de L'Express *: le journal maintient ses informations.*

Quand « Cheikh » renseignait Prague

Petr Zidek
(L'Express *du 5 juillet 2007*)

Tout commence à la mi-mars 1960, à Paris, au café-restaurant le *Fouquet's*, sur les Champs-Elysées. Le capitaine Zdenek Micke, un agent tchécoslovaque utilisant comme couverture un poste de deuxième secrétaire à l'ambassade de son pays, est attablé avec l'un de ses contacts français – un homme qu'il désigne sous le nom de code de « Gogol » dans ses comptes rendus envoyés à Prague.

Cet informateur semble avoir beaucoup de relations parmi les Marocains de la capitale. Ce jour-là, au *Fouquet's*, il présente au faux diplomate un certain Kenfaoui, chargé d'affaires à l'ambassade du Maroc. Ce dernier ignore évidemment que Zdenek Micke, nom de code « Motl », est un agent de l'Est.

Les trois hommes aperçoivent alors un autre Marocain, à une table voisine : Mehdi Ben Barka, quarante ans, leader en exil de l'Union nationale des forces populaires (UNFP, fondée en 1959). Le faux diplomate tchèque en profite pour faire la connaissance de cet opposant de renom. Dans la foulée, il le convie, ainsi que Kenfaoui, à un dîner qui se tiendra bientôt à l'ambassade de Tchécoslovaquie.

Ce soir-là, le 28 mars 1960, Kenfaoui tarde à arriver. Retenu par un cocktail offert en l'honneur d'une délégation malienne, il se présentera avec une heure et demie de retard. Ben Barka, lui, est ponctuel. En attendant son compatriote, il discute avec Zdenek Micke (alias « Motl »), sans se douter, lui non plus, que cet homme de vingt-neuf ans est un capitaine de la StB, l'équivalent du KGB à Prague.

Le département « renseignement extérieur » du service tchécoslovaque a ouvert un dossier – le 43-802 – au nom de Ben Barka. Une note de quatre pages, rédigée par Motl, relate le dîner à l'ambassade. « Nous avons pu analyser dans le calme la situation actuelle au Maroc », écrit-il. Le fondateur de l'UNFP lui a confié qu'il ne pouvait retourner dans son pays sans risquer l'arrestation. « Ben Barka, poursuit Motl, ne voit qu'une seule issue pour son pays : s'engager dans la voie du socialisme. La première condition est l'unification totale de toutes les forces de progrès du pays dans une organisation politique. C'est pourquoi il veut traiter avec Ali Yata [*le secrétaire général du Parti communiste marocain, PCM*] pour obtenir l'accord du parti. » Autre signe positif aux yeux du capitaine : le leader tiers-mondiste, à la recherche de contacts internationaux, dit vouloir rencontrer des dirigeants soviétiques, en particulier un proche collaborateur de Khrouchtchev, attendu à Paris.

L'idée d'un séjour en Tchécoslovaquie a également été évoquée au cours de la soirée. Pour ses hôtes, il s'agissait d'une simple hypothèse, lancée par politesse, mais l'opposant marocain y a vu, lui, une invitation en bonne et due forme.

En avril, alors qu'il assiste à une conférence de l'Organisation de solidarité des peuples d'Afrique et d'Asie (Ospaa) à Conakry, en Guinée, Ben Barka rencontre l'ambassadeur tchécoslovaque dans ce pays, Vladimir Knap, et l'informe qu'il doit se rendre en Yougoslavie, en France, puis en... Tchécoslovaquie. La nouvelle, transmise à Prague, affole le président de la République et chef du PC, Antonin Novotny. Pour lui, il n'est pas possible d'inviter officiellement Ben Barka, au risque de se brouiller avec le Maroc de Mohammed V, un partenaire économique de poids (le deuxième dans le monde arabe, après l'Egypte). Mais comme il ne faut pas non plus contrarier Ben Barka, étoile montante de la gauche internationale, on l'invitera de façon détournée, par l'intermédiaire de la centrale des syndicats.

Parallèlement, ses relations avec Motl se renforcent. Car le Marocain se montre très empressé : il téléphone souvent au capitaine, lui propose d'aller au théâtre ou au cinéma. Un jour, ils vont voir le film soviétique *La Ballade du soldat*, de Grigori Tchoukhraï. Un autre, ils déjeunent chez Lipp, la célèbre brasserie de Saint-Germain-des-Prés. Ils se rencontrent dans des cafés ou chez le pseudo-diplomate. « Une bonne partie des réunions est consacrée aux questions théoriques de la philosophie marxiste et du socialisme scientifique », peut-on lire dans le dossier 43-802.

A la fin de l'année 1960, le Marocain relance l'idée d'un voyage en Tchécoslovaquie et réitère son souhait de rencontrer de hauts dirigeants soviétiques. Le 12 mars 1961, il va plus loin en demandant 10 000 francs à son ami tchèque afin, dit-il, de s'assurer le soutien de *France Observateur*. Il veut être certain que cet hebdomadaire de gauche, réputé pour ses prises de position tranchées, critiquera la politique du nouveau roi, Hassan II, successeur de Mohammed V, décédé le 26 février 1961. Il croit que ce genre de méthodes est susceptible d'avoir un effet. Mehdi Ben Barka a-t-il pour autant versé de l'argent au journal ? Aucune preuve ne figure dans les archives. Seule certitude : l'opposant, loin d'être naïf, connaît désormais la vraie fonction de Motl.

Vu de Prague, son empressement est tel que l'heure est venue de l'enrôler. Motl, lui, est plutôt réticent. Même si, dans ses notes, il a déjà attribué un nom de code à Ben Barka – « Cheikh » –, il n'est pas convaincu que son recrutement officiel (« *verbovka* », dans le jargon du service) soit souhaitable. « Sa *verbovka* sur la base habituelle ne me paraît pas réalisable, écrit-il le 1er juillet 1961. Cheikh a de grandes ambitions. Il veut jouer un rôle de premier plan dans le futur Etat marocain. Pour cette raison, il est possible d'envisager plutôt une coopération sur une base politique. » En attendant, le capitaine de la StB propose d'organiser sa venue en Tchécoslovaquie.

Le 12 septembre 1961, Mehdi Ben Barka se présente en voiture, à Dolni Dvoriste, poste frontière entre l'Autriche et la Tchécoslovaquie. Motl vient lui-même l'accueillir. L'opération de séduction peut commencer. Les organisateurs veulent présenter à Cheikh les succès du socialisme et le patrimoine culturel du pays. Il visite d'abord le village d'Orlik, son grand barrage, son célèbre château. Le soir, il a droit à un spectacle dans un cabaret pragois, puis à une virée dans un bar à la mode. Les jours suivants, il sillonne la capitale, la province, visite une coopérative agricole, une usine, le foyer industriel de Brno, s'entretient avec des responsables étudiants, des syndicalistes, des officiers...

Les comptes rendus de Motl font état d'aspects plus privés. Il écrit ainsi : « Lors du dîner au restaurant *Chez Mécène*, Cheikh a fait la connaissance d'une femme inconnue – d'orientation progressiste – et ils ont eu des relations intimes. Cheikh nous a dit qu'elle était divorcée, avec un enfant de cinq ans, et qu'elle était d'origine russe. »

Ben Barka confie à son ami qu'en France il use de la séduction comme une « méthode efficace pour acquérir des informations ». Une anecdote à ce propos est mentionnée dans les archives. « Son frère, écrit Motl, vient de lui procurer une de ses maîtresses, qui travaille comme dactylo au cabinet du ministre des Armées, Pierre Messmer, à Paris. Cheikh va l'inviter à Genève, lui donner de l'argent et se consacrer à elle – bien qu'elle ne soit pas jolie – afin de gagner sa faveur pour qu'elle lui fournisse des informations, ou plutôt des documents du ministère. »

Même s'il n'est pas encore question de *verbovka*, ce séjour est à l'évidence une étape décisive. « Les relations avec Cheikh ont été considérablement approfondies, assure Motl. Je peux parler avec lui ouvertement de toutes les questions de renseignement. » De fait, Ben Barka sait beaucoup de choses : il voyage sans arrêt, côtoie des politiques, des journalistes, des diplomates et sans doute des agents d'autres pays...

En cet automne 1961, la StB franchit un pas supplémentaire en commençant à rémunérer Ben Barka. Celui-ci reçoit

1 500 francs par mois en échange de documents qu'il présente comme étant des bulletins du Service de documentation et de contre-espionnage français, le Sdece. Il affirme les tenir d'un agent français rencontré grâce au journaliste et historien Roger Paret, spécialiste du Maroc à *France Observateur*. Même si la StB doute de l'authenticité de ces notes, cela ne l'empêche pas de rétribuer son nouveau collaborateur. En novembre, le service finance aussi son voyage en Guinée (3 500 francs). Toutes les informations fournies par Cheikh et jugées importantes sont ensuite transmises au chef du KGB à Prague. Dans le lot : des notes du ministère français des Affaires étrangères. Ces documents du Quai d'Orsay, et ceux présentés comme des bulletins du Sdece, ne figurent pas dans le dossier dont nous disposons.

Le 15 mai 1962, Mehdi Ben Barka rentre au Maroc, où le pouvoir semble soudain mieux disposé à son égard. Dès lors, par précaution, ses contacts avec la StB se raréfient. Ses « collègues » craignent le contre-espionnage marocain, sans doute présent dans l'ombre. En février 1963, Cheikh se rend tout de même en Tchécoslovaquie. Il ne passe que deux jours à Prague, mais cela lui suffit, après un débriefing détaillé sur son parcours et ses motivations, pour être officiellement recruté (la fameuse *verbovka*). Une simple formalité, compte tenu de ses états de service depuis un an et demi. Dans la foulée, il se voit attribuer un nouvel officier traitant : Motl cède la place à Karel Cermak, alias « Cervenka », du bureau central de Prague. Ben Barka sera dorénavant un « contact confidentiel », une sous-catégorie des agents dans la classification de la StB.

De retour au Maroc, il constate que son horizon politique est une fois de plus bouché. Il se sait surveillé et craint pour sa vie à la suite d'un accident de voiture suspect. Persuadé qu'un accord avec le pouvoir est impossible, il s'exile à nouveau (23 juin 1963), définitivement cette fois.

Cet infatigable globe-trotter reprend alors son périple à travers la planète. Avec, à la clef, trois séjours à Prague : en juillet (deux jours), fin juillet-début août (quatre jours) et fin novembre-début décembre (quatre jours). La capitale tchécoslovaque lui sert souvent de transit dans le cadre de ses voyages vers les pays communistes. Il a ses habitudes dans divers grands hôtels de la ville (*Yalta, International, Paris*). La StB en profite pour le débriefer. Et aussi pour mettre sa ligne sur écoute...

Le 17 décembre 1963, le chef du renseignement extérieur – la première administration de la StB –, Josef Houska, adresse une note élogieuse au ministre de l'Intérieur, Lubomír Strougal (futur Premier ministre, de 1970 à 1988) : « La collaboration avec le contact confidentiel Cheikh s'est avérée très intéressante pendant les deux réunions d'août et de novembre 1963. Cheikh est plus sérieux dans la collaboration, il nous donne des informations et des documents intéressants. » A cette occasion, Houska indique au ministre qu'un officier en poste en Algérie, le « camarade Lensky », sera dorénavant chargé, avec Cervenka à Prague, d'assurer le lien avec Cheikh. Celui-ci, qui passe une partie de son temps en Algérie et en Egypte, percevra 1 500 livres sterling par an, à condition de maintenir un contact régulier (au moins une fois par mois).

Un code va bientôt être mis au point pour lui donner des instructions sans éveiller les soupçons de ceux qui, lorsqu'il se trouve à l'étranger, écoutent sans doute ses conversations. Quand l'un de ses correspondants de la StB l'appelle et lui dit : « Un journaliste important veut te voir à Zurich », cela signifie qu'il doit se rendre d'urgence à... Prague. A l'inverse, si la phrase est : « Un journaliste important veut te voir à Genève », c'est à Alger qu'il doit filer !

Le 19 août 1964, le voilà de retour en Tchécoslovaquie, avec, cette fois, un passeport spécial algérien (numéro 798) au nom de Zaidi Abdelkrim. Plus surprenant : il arrive à Prague en voiture – une Opel Record immatriculée GE 6367 – en compagnie de son épouse et de leurs quatre enfants ! La famille a auparavant séjourné à Francfort, chez le frère de Mehdi, Abdelkader, qui fut un temps conseiller commercial auprès de l'ambassade du Maroc en RFA.

La hiérarchie de la StB est furieuse : Cheikh n'a prévenu personne de ce voyage familial ! A l'évidence, il vient avant tout pour que sa femme se repose dans la station thermale de Karlovy Vary. La StB accepte de prendre en charge les frais de ce long séjour (trois semaines), mais Ben Barka, habitué à loger dans des établissements haut de gamme, devra revoir ses exigences à la baisse en passant de l'hôtel *Moscou* au plus modeste *Central*. Autre problème : son manque de sérieux. Ses

« officiers traitants » lui reprochent un certain laisser-aller : ses informations sont tardives ou de troisième main, ses contacts avec Cervenka trop irréguliers. Conséquence : il ne sera plus payé au forfait, mais au coup par coup.

A la même époque (25 août 1964), un capitaine ayant pour nom de code « Doubek » rédige un long rapport sur Ben Barka. Treize pages cinglantes : sa sincérité est mise en doute ; de graves contradictions sont relevées dans ses informations ; il est imprudent, au téléphone ou dans ses rencontres, trop bavard sur ses liens avec Motl et le service... Le capitaine ajoute : « Il est sûr que Cheikh est "progressiste" dans les contacts avec nous, proaméricain dans les contacts avec les Américains et opportuniste dans les contacts avec Bourguiba, Nasser et les baassistes d'Irak et de Syrie. » Selon Doubek, il y a pire : les « amis » – c'est-à-dire le KGB – pensent qu'il a été corrompu par les Chinois !

A l'automne 1964, le Maroc commence à soupçonner la Tchécoslovaquie de soutenir l'opposant en exil. Le 15 octobre, les agents de la StB en poste à Rabat envoient même un message d'alerte à Prague : le Maroc est, paraît-il, persuadé que « le gouvernement tchécoslovaque entraîne des partisans marocains à la demande de Cheikh ». L'accusation comporte une part de vérité : la question de l'aide matérielle et de l'entraînement des membres de l'UNFP a été maintes fois évoquée avec lui. Dans le dossier 43-802, il n'y a pas, toutefois, de preuves formelles d'une telle aide.

On sait en revanche que Ben Barka a suivi, à sa demande, une formation aux techniques de « conspiration » : les langages codés, les connexions radio, l'art et la manière de déjouer une filature... Le stage a eu lieu à Prague, du 9 au 17 mars 1965, dans un appartement « banalisé » de la StB.

A la fin du mois de septembre 1965, Ben Barka se rend à Cuba, puis revient dans la capitale tchécoslovaque (vol OK 524 du 1er octobre). De manière très officielle cette fois, puisqu'il donne une conférence de presse. Ceux qui le croisent alors décrivent un homme apeuré. Inquiet pour sa sécurité, il demande même à Cervenka de lui fournir un revolver, calibre 7,65 mm. Ce dernier s'engage à lui procurer une arme lors de son prochain séjour. Mais l'opposant marocain ne reviendra pas... Le 29 octobre, il est enlevé dans le Quartier latin, à Paris, devant la brasserie Lipp, ce restaurant où il avait déjeuné, quelques années auparavant, avec Motl !

La StB n'a rien à voir avec ce rapt. Mais le retentissement est tel, en France comme ailleurs, qu'elle ne peut y rester indifférente. Le service décide donc d'ouvrir un sous-dossier, le 43-802-100, où seront consignées les informations ayant trait, de près ou de loin, à l'« affaire ». L'idée est d'attiser l'agitation, d'en tirer un profit politique à l'échelle internationale.

C'est ainsi que la StB lance une campagne de désinformation baptisée opération « Départ ». Une note du 12 novembre 1965 en fixe les objectifs :

– attirer les soupçons sur le gouvernement américain et la CIA, pour faire croire qu'ils sont les organisateurs directs du rapt ;

– dénoncer le roi Hassan II, le ministre de l'Intérieur, le général Oufkir, le directeur de la Sûreté marocaine, le colonel Dlimi, et les cadres du régime. Selon la note de la StB, ceux-ci doivent être présentés comme des « larbins actifs de l'impérialisme » ou des agents de l'espionnage américain contre les dirigeants des pays arabes et africains ;

– compromettre autant que possible la police et le gouvernement français, voire Charles de Gaulle en personne.

Bien sûr, il y a une part de vérité dans ces assertions, en particulier en ce qui concerne la responsabilité de certains Marocains et de policiers français, mais le but de la StB est d'aller au-delà, d'exploiter au mieux ce scandale.

D'après les archives, la StB s'est servie de divers correspondants dans la presse mondiale pour diffuser des informations répondant aux critères de l'opération « Départ ». Ainsi, un journaliste ayant pour nom de code « Samir » a publié un article fortement inspiré par la StB dans le quotidien indien *Patriot* du 28 novembre 1965.

La presse française n'est pas épargnée. Le dossier mentionne par exemple un journaliste (présenté sous le seul sobriquet de « Pipa ») travaillant pour *Le Canard enchaîné*. Il n'est toutefois pas précisé s'il a été manipulé par ses sources ou s'il a délibérément diffusé de fausses informations.

Au cours des années suivantes, alors que l'affaire continue de passionner l'opinion, la StB complète le sous-dossier 43-802-100. On y trouve même des éléments très précis sur le procès des ravisseurs, en 1966. La StB disposait, semble-t-il, d'un agent – équipé d'un appareil enregistreur ! – dans la salle d'audience ! Motl lui-même, le « recruteur » de Ben Barka, était encore à Paris à cette époque, mais rien ne dit qu'il ait assisté au procès. Rentré à Prague en janvier 1967, il a été limogé en 1972. Il est décédé au début des années 1990.

Si bien informés soient-ils, les amis pragois de Cheikh n'ont jamais pu savoir ce qu'il était devenu après son enlèvement. Sa collaboration avec la StB est restée, elle aussi, un secret bien gardé. D'après les registres, le dossier 43-802 n'a été consulté que deux fois : en 1972 et en 1983.

Droit de réponse de la famille Ben Barka

1. Lorsque Mehdi Ben Barka a résidé à Paris entre 1960 et 1961, il occupait déjà une place importante sur le plan marocain comme international. Il était le représentant à l'étranger de son parti, l'Union nationale des forces populaires, et siégeait dans les organismes de solidarité des peuples afro-asiatiques (Ospaa). A ce titre, il était en relation avec tous les partis, toutes les associations et tous les représentants de pays qui pouvaient apporter leur soutien à la lutte du peuple marocain et de son parti, qui était dans l'opposition. A partir de 1963, il est devenu le coordinateur entre l'Ospaa (au Caire) et le Fonds de solidarité (Guinée) pour soutenir les mouvements de libération nationale en Afrique contre le colonialisme. Cette responsabilité l'amenait à discuter avec les responsables de divers pays, dont les pays socialistes, pour alimenter ce fonds. Mehdi Ben Barka n'avait nullement besoin d'un deuxième secrétaire d'ambassade tchécoslovaque à Paris pour nouer des liens avec des responsables soviétiques. Ces contacts existaient déjà lorsqu'il était président de l'Assemblée nationale consultative marocaine, et le représentant du Comité soviétique de solidarité afro-asiatique était un membre important du secrétariat de l'Ospaa au Caire et du Fonds de solidarité en Guinée.

2. Mehdi Ben Barka a eu la capacité d'aplanir les différentes contradictions qui existaient entre Soviétiques et Chinois, entre Chinois et Cubains, entre Indiens et Chinois, et entre les différents mouvements du tiers-monde. C'est à ce titre qu'il a été

nommé à l'unanimité président du comité préparatoire de la Tricontinentale. La confiance que chacun de ces acteurs lui a prodiguée interdit de penser qu'il ait été au service de l'un ou de l'autre.

3. A en croire l'auteur de l'article, Mehdi Ben Barka serait devenu un minable agent secret des services secrets tchécoslovaques, manipulé par un deuxième secrétaire d'ambassade à Paris. Or, ainsi que l'article le révèle, les seuls documents détruits dans les archives concernent le mode de « rémunération » de Mehdi Ben Barka. De plus, on ne comprend pas très bien quelle a été la fonction de Mehdi Ben Barka, puisque, toujours selon l'article, aucune des pièces des archives n'est de la main de Mehdi Ben Barka et que, lorsqu'on lui impute d'avoir récupéré des documents officiels français, ces documents ne figurent pas dans les archives de la StB. Quant à la fiche de recrutement, elle transforme Mehdi en Mohamed !

4. Comment croire que Mehdi Ben Barka ait eu besoin de 10 000 francs pour acheter le soutien de *France Observateur*, hebdomadaire où il comptait de nombreux amis et compagnons de lutte ?

Dans ces conditions, la famille de Mehdi Ben Barka est surprise de la facilité d'accès à certaines archives et surtout de l'interprétation qui en est faite. Sans tenir compte des fonctions publiques de Mehdi Ben Barka et sans replacer ces archives dans leur contexte, la lecture qui en est faite conduit à soutenir une thèse prédéterminée. Il est bien plus plausible et vraisemblable que les sommes qui ont pu être versées par le gouvernement tchécoslovaque aient été destinées au Fonds de solidarité pour financer les luttes anticoloniales en Afrique.

Nous regrettons d'autant plus cette manière de faire qu'à ce jour nous ne savons toujours pas ce qu'est devenu Mehdi Ben Barka, ni qui sont ses assassins, et que la procédure judiciaire est toujours entravée.

La réponse de *L'Express*

L'Express maintient toutes les informations développées dans ses éditions du 5 juillet 2007 à propos des relations entre Mehdi Ben Barka et les services de renseignement tchécoslovaques de 1960 à 1965. Petr Zidek, l'historien et journaliste tchèque dont nous avons publié l'article, est un spécialiste reconnu de cette période de l'histoire, notamment des relations entre la Tchécoslovaquie et l'Afrique francophone. En nous rendant sur place, à Prague, nous avons pu constater qu'il disposait de tous les documents évoqués dans cette enquête, mais également du reste du dossier Ben Barka (1 550 pages). Rappelons aussi qu'un ancien agent des services tchèques a accepté de témoigner à visage découvert dans le cadre de cette enquête et qu'il a confirmé les liens entre son ancien service et l'opposant marocain en exil.

1968

L'affaire Markovic

Le 1er octobre 1968, le corps d'un homme de trente et un ans est découvert sur la décharge publique d'Elancourt (Yvelines). Son identité donne tout de suite la mesure du scandale à venir : Stefan Markovic était l'ancien garde du corps de l'une des plus grandes stars françaises de l'époque, l'acteur Alain Delon.

Dans une lettre envoyée quelques jours avant sa disparition, ce jeune homme d'origine yougoslave a prévenu : s'il lui arrive « quelque chose », il faudra chercher du côté d'« AD ».

La police s'empresse bien sûr d'entendre l'acteur, son épouse Nathalie mais aussi François Marcantoni, truand notoire, membre du Service d'action civique (Sac, service d'ordre gaulliste). Les enquêteurs s'intéressent également aux « soirées chaudes » qu'organisait la victime. Une lettre anonyme implique des hauts fonctionnaires et d'anciens membres du gouvernement. Le journal d'extrême droite *Minute* avance également que « l'ami des vedettes négociait très cher des photos compromettantes », notamment celles de « la femme d'un homme politique ». Le nom de Claude Pompidou est lancé. La rumeur enfle. Un certain Boris Ackov affirme que Markovic lui a dit, lors d'une soirée : « Tu as vu la grande femme blonde qui était là ? Silence ! C'est la femme du Premier ministre. » Tout cela est faux, mais la machine à rumeurs est en route et ne s'arrêtera plus.

Georges Pompidou, qui n'est plus chef du gouvernement depuis juillet 1968, est alors en vacances en province, loin du tumulte, et ne se doute de rien. Ni René Capitant, garde des Sceaux, ni le Premier ministre de l'époque, Maurice Couve de Murville, chargé par de Gaulle de l'informer, ne l'ont alerté. Au retour de Pompidou, l'un de ses ex-collaborateurs lui rend visite : « Il faut que vous sachiez quelque chose que personne n'ose vous dire... »

Blessé, furieux, l'ex-Premier ministre prend conscience de la manipulation montée contre lui. Il soupçonne René Capitant, que les déclarations d'Ackov auraient fait rire, d'avoir incité les juges à poursuivre l'affaire. N'a-t-on pas tenu la main d'Ackov, délinquant yougoslave à demi illettré ? Quel a été le rôle des services secrets, suspectés d'avoir joué un rôle actif dans cette affaire ?

L'ancien Premier ministre s'émeut surtout du mutisme de Charles de Gaulle. « A trop vouloir dîner en ville dans le Tout-Paris, comme aiment le faire les Pompidou, et à y fréquenter trop de monde et de demi-monde, il ne faut pas s'étonner d'y rencontrer tout et n'importe qui », lâche le Général à son fils. A partir de là, la rupture entre les deux hommes est consommée.

Pompidou part pour l'Italie – et non pour la Yougoslavie, comme il en avait l'intention –, d'où il annonce qu'il sera candidat à l'élection présidentielle « lorsqu'il y en aura une ». Et de Gaulle de répliquer : « J'ai le devoir et l'intention de remplir mon mandat jusqu'à son terme. » Peu de temps après, Me Jacques Isorni, avocat de Marcantoni, demande l'audition du couple Pompidou par le juge. L'ancien Premier ministre proteste avec véhémence. Il sera enfin reçu à dîner à l'Elysée, avec sa femme, Claude, le 12 mars 1969. Ce sera la dernière rencontre entre les deux hommes. Les calomnies n'eurent pas d'effet sur la carrière de Georges Pompidou, qui fut élu chef de l'Etat le 15 juin 1969. Mais il garda toute sa vie dans sa poche un petit carnet comportant les noms des gens qui avaient participé au complot.

Des années plus tard, l'écrivain Paul Guimard écrira dans *L'Express* : « L'honneur et la considération, la délicatesse de M. Pompidou et de sa femme ont jadis souffert d'une machination nauséabonde, connue sous le nom d'affaire Markovic. Certains journaux n'ont pas hésité à reprendre, mezza voce, le grand air de la calomnie. » Jean-François Revel ira plus loin en dénonçant dans les colonnes du journal une « machination policière montée dans la citadelle même du pouvoir contre M. et Mme Georges Pompidou ».

Ph. B. (avec Clémence Pène)

☆☆☆

La périlleuse carrière de Stefan Markovic

Georges Walter

L'enquête sur la mort du jeune play-boy conduit les enquêteurs à s'intéresser au mode de vie et aux fréquentations de son ancien patron, l'acteur Alain Delon. (L'Express *du 21 octobre 1968.*)

Du jour où son cadavre fut découvert dans un sac de jute, parmi des immondices, entre Plaisir et Elancourt (Yvelines), le 1er octobre, Stefan Markovic, trente et un ans, la doublure yougoslave d'Alain Delon, trente-trois ans, devenait pour la première fois une vedette.

Seize jours plus tard, à la grande frustration d'une opinion émoustillée de scandale, on arrêtait un autre Yougoslave de soixante-quatre ans, Borislav Mesarovic. Non pour meurtre, mais pour escroquerie. Il avait vendu à Markovic 3 kilos d'amidon sous le nom d'héroïne. En essayant d'écouler la marchandise truquée, le beau Markovic serait donc mort, des mains d'un acheteur dupé, pour 3 kilos d'amidon ? Retenue, la piste ne satisfait entièrement ni l'opinion, ni la presse, ni même la police, dont quatre services, la brigade mobile, la criminelle, la mondaine et la brigade des stupéfiants, soupèsent longuement et méticuleusement l'affaire. Au moins pour deux raisons majeures.

Deux lettres du 22 et du 25 septembre, où Markovic écrivait à son père et à son frère que des menaces pesaient sur lui et qu'il conviendrait, en cas de « malheur », de chercher la vérité du côté d'Alain Delon. Cette indication – ou cette vengeance – a été si peu négligée que l'acteur subissait plusieurs interrogatoires, dont un de douze heures d'affilée, tandis que sa femme, Nathalie, était sur la sellette pendant trente heures.

Mais l'une des lettres posthumes mettait aussi en cause un certain Marcantoni, un Corse de quarante-huit ans, jadis considéré dans le milieu (« Je n'ai pas toujours été un bon garçon »), aujourd'hui paisible gérant de cabaret. Marcantoni, mis hors de cause après cinquante-deux heures d'audition, était l'ami d'Alain Delon, lequel ne dissimule pas ses fréquentations des premiers rôles de la chronique judiciaire. Peut-être pour mieux les interpréter quand il joue les héros néoromantiques du milieu, comme dans *Le Samouraï*.

Ces relations – dont Barthélemy Guérini, dit Mémé, un des rois du pavé marseillais, aujourd'hui en prison[1] – sont aussi les souvenirs de l'époque où Alain Delon n'était encore que le guépard solitaire, revenu d'Indochine pour traîner à Marseille et à Paris. Avant la gloire.

Pour la police, en effet, qui mieux que les Delon pouvait avoir de la victime une connaissance intime ? Issu d'une famille respectée qui compte deux généraux, Stefan Markovic entrait en France il y a quatre ans et devenait, peu après, le garde du corps et le factotum salarié d'Alain Delon, qui l'installait dans un deux-pièces de son hôtel particulier du 22, avenue de Messine.

Alors commence une carrière périlleuse. Des dîners parisiens aux plages animées de Saint-Tropez, Markovic s'éprend violemment d'une vie dorée dont il ne goûte que le reflet. Ecrasé par la réussite d'Alain Delon et admis dans sa plus étroite familiarité, il devient, par ailleurs – et avec médiocrité –, escroc, joueur de poker, cambrioleur et maître chanteur. Il se fait organisateur de plaisirs groupés et, à leur occasion, éventuel professionnel de la photographie d'amateur. Au mois d'août, fatigué de quelques orages, inquiet peut-être, excédé sans doute, Alain Delon le congédie.

Privé de cette assise et de ses ressources, Markovic veut alors décrocher le gros lot, la grande affaire. Chantage ou escroquerie ? Drogue ou Polaroïd ? Photographies et carnets d'adresses détenus par la police mettent la chronique en verve. Des oustachis à Ben Barka, la rumeur enflée n'écarte aucun parallèle, aucune liaison. Il reste aux enquêteurs à ramener le scénario à sa dimension jusqu'à présent la plus plausible : celle d'une querelle qui aurait mal tourné, aux confins incertains du spectacle, du demi-milieu et du demi-monde.

Cinq mois après l'assassinat de Markovic, son ex-employeur, Alain Delon, accorde un long entretien à L'Express*, où il revendique sa fidélité en amitié, y compris avec des personnages à la réputation sulfureuse. Si elle n'empêcha pas l'acteur de poursuivre*

1. Barthélemy Guerini est mort en 1982.

sa carrière, cette affaire l'a hanté toute sa vie. Aujourd'hui encore, le mystère reste entier : personne n'a jamais su le fin mot de l'histoire sur la mort du jeune Yougoslave. Aucun procès n'eut lieu et François Marcantoni (mort en août 2010) bénéficia d'un non-lieu.

« Stefan était mon ami »

Entretien avec Alain Delon, par Claude Imbert, Michèle Cotta, Jacques Derogy et Pierre Billard

L'acteur s'explique sur ses relations avec le jeune Yougoslave retrouvé mort près de Paris le 1er octobre 1968. (L'Express *du 10 mars 1969.*)

L'Express *: Comment donne-t-on sa confiance à Stefan Markovic quand on est Alain Delon et qu'on attache autant de prix à l'amitié ?*
Alain Delon : On peut se tromper.

Quand vous êtes-vous aperçu que vous commenciez à vous tromper ?
A me tromper vraiment, je ne l'ai jamais su. Je l'ai découvert ensuite, par ses lettres. Je l'ai découvert à la police, je le découvre chaque jour.

Pourquoi ne vous êtes-vous pas mieux protégé ? Ne fermez-vous jamais vos portes ?
Non. Elles sont toujours ouvertes. Mon enfance, ma nature, ma vie m'ont incité à la défiance. Mais quand je fais confiance aux gens, c'est définitif.

Et votre confiance englobe tous les amis de Stefan Markovic ?
Mais non, pas ses amis. Vous lisez de mauvais journaux ! Ma maison n'a jamais été envahie. Tous les gens qui disent aujourd'hui qu'ils étaient des amis de Stefan, qu'ils venaient chez moi, tous ceux-là vivent matériellement, depuis six mois, de cette affaire. Ils reçoivent de l'argent pour dire n'importe quoi, pour raconter n'importe quelle histoire. Il y en a qui veulent écrire des livres, faire des films… D'innombrables cousins de Stefan

surgissent d'on ne sait où. Ils ont tous leur version. Ils sont sortis de l'ombre. Et ils n'ont rien d'autre à faire. Quand ils ne sont pas sortis de l'ombre, ils sortent de prison ; quand ils ne sortent pas de prison, ils y rentrent. Je les ai peut-être rencontrés une fois ou deux, mais ils n'habitaient ni avec moi ni chez moi.

Mais qu'était Markovic pour vous ? Votre gorille, comme on a dit ?
Ça, c'est du roman. Ça amuse les gens de dire qu'il était mon « garde du corps », comme Milos Milosevic, qui est mort à Hollywood en 1966. Or Stefan était ma doublure. Et c'était avant tout mon ami. Tout le monde sait qu'il était réfugié politique en France, que je l'ai sorti de prison. Il n'avait aucune envie de retourner dans son pays. Quand on fait les choses, il faut les faire jusqu'au bout. Si je l'avais sorti de prison pour le planter là, sur le trottoir, mon geste n'aurait pas eu de sens. J'ai eu peur qu'il retourne à la Santé. Je lui ai trouvé du travail, un logement. J'habitais un hôtel particulier, avenue de Messine, où nous aurions pu vivre à vingt-cinq sans que personne se rencontre jamais. Je l'y ai installé. Et puis voilà...

Comment expliquez-vous qu'il vous ait désigné comme le responsable de ce qui pourrait éventuellement lui arriver ?
Je ne me l'explique pas. Mais tout ce que je sais aujourd'hui montre sa grande incohérence. D'ailleurs, qu'est-ce que ça veut dire ? Il écrit que je suis « responsable », mais de quoi ? De ce qu'il est devenu, de ce qui allait lui arriver ? Des bêtises qu'il pourrait faire ?

Et François Marcantoni ? Vous avez dit : « Il est et restera mon ami. » Qu'est-ce que cela signifie ?
Exactement ce que j'ai dit : il est mon ami. Et il le restera. Aussi simple que cela. Je le connais depuis très longtemps : j'étais dans l'armée quand j'ai rencontré son frère.

Et Mémé Guérini [célèbre truand marseillais] ? C'est votre ami aussi ?
Parlons-en. Une photographie me représentant avec M. Guérini et Nathalie a été reproduite dans tous les journaux. On aurait pu croire que je ne le quittais pas. En fait, je m'étais cassé la jambe au-dessus de Marseille, dans les Goudes, où je tournais

L'Insoumis. Guérini était là. A Marseille, il avait plus de facilités que n'importe qui. En quelques secondes, une ambulance était là ; il avait téléphoné à des motards pour l'escorter. C'est une photo prise à travers la vitre de l'ambulance qui a circulé partout, sans qu'on puisse voir, bien entendu, que j'étais à l'arrière, à moitié couché, avec une jambe dans le plâtre.

Les procédés de certains journaux me révoltent. Tantôt, un hebdomadaire spécialisé dans le sensationnel me demande poliment s'il peut « rendre publique ma liaison avec Mlle Unetelle ». Tantôt, dans un autre hebdomadaire – que j'ai assigné en justice –, on lit que j'ai cambriolé une bijouterie à Cannes, sans doute entre deux festivals. Et que j'ai failli, un jour de foire, assassiner mon associé Georges Beaume.

Un jour, un homme a cherché à entrer en contact avec moi. L'affaire, disait-il à un intermédiaire, concernait mon fils. J'ai bondi, convenu d'un rendez-vous, prévenu avec prudence la police. Or, le matin du jour où je devais rencontrer cet homme, *France-Soir* a balancé mon histoire. Inutile de vous dire que le type n'est jamais venu. Il court encore. Et lorsque j'entends, sur les ondes, les confidences, en exclusivité, d'un Yougoslave, Uros Milicevic, qui est peut-être l'homme le plus louche de l'affaire Markovic, alors j'ai envie d'éclater.

On a essayé de me massacrer, de me tuer, carrément, dans l'esprit du public. Comme ça, pour rien, parce que Paris brûle un roi par jour. Mais ils sont allés trop fort et trop loin. On a voulu me livrer à l'opinion publique. Mais, finalement, il se trouve qu'on m'en a plutôt délivré. En exagérant, on l'a fait basculer.

Elle ne vous a jamais été hostile, puisqu'un sondage d'opinion publique vous place parmi « les dix hommes vivants les plus admirés par les Français ».

Il a été effectué en janvier. Trois mois plus tôt, au début de l'affaire, mon nom n'aurait jamais figuré dans la liste. J'aurais peut-être même été parmi les acteurs les plus détestés. Au début, l'opinion m'était hostile, j'en suis sûr. Mais en janvier, tout avait changé. Ensuite, j'ai reçu des monceaux de lettres de sympathie.

LES ANNÉES POMPIDOU

Derniers moments d'insouciance avant le choc pétrolier de 1973, ces années-là sont aussi celles d'un pouvoir prêt à tout pour garder ses petits secrets.

Les affaires se succèdent.

En novembre 1971, le président Pompidou signe dans la plus grande discrétion un décret de grâce en faveur de Paul Touvier, « collabo » et assassin notoire sous l'Occupation.

En décembre 1973, des « plombiers » d'opérette, en réalité des agents de la DST, sont pris la main dans le sac alors qu'ils placent des micros dans les locaux du *Canard enchaîné*.

L'époque est également aux grands scandales liés à l'immobilier, un secteur qui s'est développé de manière anarchique dans l'euphorie du boom économique des années 1960. On se souvient que 1961 avait été marquée par le scandale du quartier du Point du Jour, à Boulogne-Billancourt, avec l'architecte Fernand Pouillon en tête d'affiche. La décennie suivante est tout aussi riche en affaires du même genre. A Paris, le chantier pharaonique des abattoirs de la Villette, voulu en son temps par le général de Gaulle, sombre dans le gaspillage et la gabegie. D'autres dossiers mettent en évidence les connivences entre les aventuriers de la finance et certains hommes politiques, en particulier dans les rangs gaullistes. En 1972, Henri Salvador lui-même consacre une chanson au scandale de la Garantie foncière !

S'annoncent ainsi, dans l'ombre d'un Pompidou dont le « règne » sera finalement de courte durée (1969-1974), les grandes affaires politico-financières des années suivantes. Les personnages les plus importants ne sont pas épargnés. Même le chef du gouvernement, Jacques Chaban-Delmas, résistant de la première heure, n'échappe pas à la vigilance des journalistes d'investigation : quand il remplit sa déclaration d'impôts, *Le Canard* est à l'affût, et *L'Express* raconte comment les Français, peu à peu, commencent à souhaiter un profond changement politique. Deux hommes s'y préparent : Valéry Giscard d'Estaing à droite, François Mitterrand à gauche.

1971

Les scandales immobiliers

Au début des années 1970, plusieurs affaires mettent en cause des promoteurs immobiliers et des hommes politiques. Dans cet article, publié à l'été 1971, Jean-Jacques Faust analyse très clairement le mécanisme de l'arnaque. Au-delà des faits et des chiffres, c'est la France du début des années 1970 qui se dessine ici, un pays en plein changement, où les petits épargnants se laissent facilement séduire par les vendeurs de vent.

Ces affaires, d'un genre nouveau pour l'époque, mettent en ébullition le monde politique et accentuent les fractures, au sein de la droite, entre les libéraux giscardiens et les gaullistes. Michel Poniatowski, l'un des piliers de la famille libérale, estime dans la presse que « la liste des affaires devient trop longue » et dénonce les liens entre « les copains et les coquins ». Peine perdue : dans les années suivantes, la « giscardie » du duo VGE-« Ponia » sera à son tour secouée par les scandales.

Ph. B.

☆☆☆

Immobilier : l'argent sale

Jean-Jacques Faust

Plusieurs scandales mettant en cause des promoteurs et des politiques éclatent au début des années 1970. Les petits épargnants crient à l'arnaque. (L'Express *du 19 juillet 1971.*)

A l'heure des départs pour Saint-Tropez, le monde français de l'argent est en éruption. Et le grand public voit dans ce jaillissement trouble ce qui, si longtemps, avait été dérobé à sa vue. A savoir qu'il n'y a pas de grosse fortune vite acquise sans collusion politique. La Garantie foncière, société civile immobilière, a sauté la première, mais les explosions, maintenant, se succèdent. Mardi, le parquet de Paris révélait que les frères Willot avaient été inculpés, au début d'avril, pour infraction aux lois sur les sociétés et abus de biens sociaux. Les quatre frères Willot sont les nouveaux champions, un peu acrobatiques, du textile et des grands magasins. En principe, ils n'ont rien de commun avec La Garantie foncière, sinon qu'ils lui vendaient des immeubles. Mais au-dessus du volcan – comme à Puteaux, comme à l'île de Ré, comme à la Villette –, les fumerolles dessinent de vilaines images de corruption et de trafic d'influence.

Sous la présidence de M. Jacques Chaban-Delmas, le comité de liaison de la majorité s'en est préoccupé. Vendredi matin, le Premier ministre affirmait : « Le gouvernement, qui a pris l'initiative des poursuites, veille et veillera à ce que toute la lumière soit faite sur ces affaires, quelles que soient les personnes mises en cause. » L'Elysée appuie. Avant de servir l'Etat, M. Georges Pompidou aurait dit : « L'immobilier, c'est nécessaire, sans doute, mais c'est mal fréquenté. » L'UDR [*Union pour la défense de la République*], pourtant, ne s'est pas privée d'y avoir des intimités.

C'était, en septembre 1970, le temps de la splendeur. La Garantie foncière avait rempli le paquebot *Mermoz* de souscripteurs et de journalistes. Et le champagne coulait... Trois hommes régnaient sur ces flots : M. Robert Frenkel, directeur financier de la société, M. André Rives-Henrys de Lavaysse, député UDR de Paris, son P-DG, et Me Victor Rochenoir, avocat, conseil juridique et fiscal[1]. Gros chat luisant de malice, M. Frenkel posait au gestionnaire intègre. L'argent des autres, c'était son affaire. Avec un faux air d'Aznavour, l'avocat faisait état d'un passé de militant gaulliste. Et le député, venu tout droit des allées du pouvoir, apportait cette solennité bien habillée qui rassure l'épargnant.

---

1. Les trois hommes ont été condamnés, en mars 1974, à Paris, à des peines de prison ferme.

On voit aujourd'hui à quoi servait la solennité. M. Frenkel et sa femme Nicole sont en prison, inculpés d'abus de confiance. Me Rochenoir a été récusé par le juge d'instruction. Parce que sa participation aux affaires de La Garantie foncière était trop voyante et que le code de déontologie du barreau interdit à un avocat de porter le titre de conseil fiscal. Quant à M. Rives-Henrys, il se claquemure dans un luxueux appartement de Cannes. Faute de pouvoir se résoudre à se déclarer ou dupe ou complice.

Le scandale est là. Il est dans cette imbrication du pouvoir et de l'argent, des affaires et de la politique. Il est dans le réseau des protections et des complaisances à l'abri desquelles la cupidité se déploie jusqu'à la spoliation de l'épargne publique.

C'est M. Pierre Chatenet, président de la Commission des opérations de Bourse, organisme d'Etat, qui a déchiré ce tissu. Avec l'accord du ministre des Finances, M. Valéry Giscard d'Estaing, et le soutien de M. René Pleven, ministre de la Justice. Et le scandale est immense. Car voici que les délits surgissent de toutes parts, débusqués comme lapin d'un fourré.

Les époux Frenkel sont prévenus d'escroquerie, d'abus de confiance, d'abus de biens sociaux et d'infraction à la loi sur les sociétés. Quels sont les mécanismes de la fraude ?

Selon le Code civil, article 1832, une société civile est « un contrat par lequel deux ou plusieurs personnes conviennent de mettre quelque chose en commun dans le but de partager le bénéfice qui pourra en résulter ». Prenant appui sur ce texte, les messieurs de La Garantie foncière, comme d'ailleurs leurs concurrents, disaient aux épargnants : « Groupez-vous pour acheter des immeubles. Nous les louons pour vous et nous vous verserons le montant des loyers sous forme d'intérêts. »

C'était la rengaine de la démocratisation de la propriété. Aux petits capitalistes qui n'ont pas les moyens de se lancer seuls dans l'investissement, les dirigeants de sociétés civiles offraient une quote-part du Pérou immobilier. La Garantie foncière assurait un rendement de 10,25 % par an. Ce taux alléchant lui amena, en deux ans et demi, environ 205 millions de francs et 13 000 souscripteurs.

M. Frenkel se vantait volontiers d'avoir un « secret de fabrication ». Les enquêteurs ont le sentiment de l'avoir percé. M. Frenkel ne rémunérait pas ses souscripteurs avec le seul produit des loyers, mais aussi grâce à de savants jeux d'écritures comptables.

C'était question d'organisation. Outre La Garantie foncière, il contrôlait la SPPAPIF (Société parisienne de promotion et d'accession à la propriété immobilière et foncière), une société de marchands de biens. La combinaison était la suivante : la SPPAPIF achetait, par exemple, un immeuble 10 millions, elle le revendait 15 à La Garantie foncière, qui le faisait payer par ses souscripteurs. M. Frenkel disposait de la différence.

[...] ce qui intrigue aujourd'hui, c'est que plus de la moitié des actifs de La Garantie foncière proviennent de ventes du groupe Willot. Entre M. Frenkel et les quatre frères du textile, il n'y a certes, juridiquement, pas le moindre lien. Il reste que Me Rochenoir, conseil de La Garantie foncière, fut l'avocat des Willot et que M. Roland Nungesser, ancien ministre et député UDR du Val-de-Marne, est entré au conseil d'administration du Bon Marché après son rachat par les Willot. [...]

Sur le petit théâtre politico-financier de Paris, ces associations n'ont pas de quoi surprendre. Les acteurs changent, mais la pièce est à peu près la même du côté du Patrimoine foncier, autre société civile de placement immobilier qui fait l'objet d'une information judiciaire. Voisin de La Garantie foncière – son siège est également dans le XVIe arrondissement –, Le Patrimoine a recueilli, à ce jour, environ 140 millions de francs et propose aux porteurs de parts un rendement de 10,40 %. Son président est M. Claude Lipsky, quarante ans, fils d'un ferrailleur qui avait trempé quelques lames dans les eaux sales de l'affaire Joanovici, au lendemain de la Libération. Mais le gérant de cette société était, jusqu'au mois dernier, un ancien député UDR, M. Antoine Roulland, qui fut, un temps, chargé de mission au cabinet de M. Pompidou, alors Premier ministre. M. Lipsky est, dit-on, bon prince en amitié.

A situations saugrenues, personnages cocasses. Il n'en manquait point. « Je m'adresse à l'épargnant du haut d'une pyramide de garanties », proclamait M. Jean Quinery, fondateur, président et seul employé de La Financière de participation, la Finanpar. De son bureau de 4 mètres sur 3, meublé d'un seul téléphone, il promettait 15 % aux souscripteurs.

Tant de manigances, tant d'extravagances n'auraient certainement pas été imaginables sans la vieille et inusable passion des Français pour la pierre. Et, les choses étant ce qu'elles sont, ce n'est pas une passion stupide. L'immobilier n'est plus le Far

West, mais, de tous les placements accessibles au commun des mortels, il est le seul qui garantisse encore efficacement contre la dépréciation de l'argent. Sur ce point, la publicité des sociétés civiles n'était pas mensongère. Et, surtout, les souvenirs du passé témoignent pour l'avenir. « L'immobilier est, en France, la meilleure façon de gagner de l'argent, déclare un promoteur parisien. Depuis vingt ans, à la faveur de la crise du logement, beaucoup s'y sont exercés. Et la plupart ont réussi. »

C'est ainsi que les Français se sont rués, coudes au corps, sur les studios, les petits garages, les murs de boutiques, les parts de bureaux, etc. Rapport : de 7 % à 12 %. « Les murs de boutiques atteignent très vite 12 %, car les pas-de-porte baissent, mais les loyers commerciaux augmentent », indique M. Roger Lemialle, vice-président de la Chambre syndicale parisienne des agents immobiliers. Mais le bon investissement que recommande M. Lemialle est l'appartement suffisamment neuf pour bénéficier de l'exonération foncière (vingt-cinq ans), qui rapporte un loyer de 5 % à 8 %, et qui se revendra avec une honnête plus-value.

L'investisseur immobilier, c'est aussi le médecin, le commerçant ou le fermier. Ensemble, ils constituent un « tour de table » pour monter une « opération ». Rentabilité promise : 15 % à 40 % par an, selon le moment, le secteur ou le promoteur. Sans doute, la faune de la jungle immobilière est-elle souvent incertaine. Le gros de la troupe est formé de quelque quatorze mille agents immobiliers sans statut, dont moins de la moitié appartiennent à une organisation syndicale. Mais le promoteur reste le roi de la jungle. Même s'il n'est plus automatiquement l'homme qui transforme la terre à betteraves de l'Ile-de-France ou la caillasse du bord de mer en mètres carrés d'or.

Avec la loi du 3 janvier 1967, l'âge de l'irresponsabilité s'est achevé. Le promoteur ne peut plus vendre un appartement sans garantie de bonne fin. Mais le métier demeure confortable. Un banquier explique : « Soit un programme de cent appartements, qui représente un investissement de 10 millions. Sans prêt du Crédit foncier, le promoteur doit apporter 20 %, donc 2 millions. S'il a su choisir son emplacement, il en sortira avec un bénéfice de 2 millions. S'il dénoue l'opération en trois ans, il aura fait du 33 % par an. » Ces 33 % n'ont jamais fait crier personne. Car les Français, même ceux qui n'en profitent pas, sont tellement habitués à la spéculation immobilière qu'ils ne peuvent pas imaginer un autre régime.

« Le marché est spéculatif parce que c'est encore un marché de pénurie », diagnostique M. Charles Delamare, directeur général de la Banque de la construction et des travaux publics.

Beaucoup accusent l'Etat d'entretenir cette pénurie. D'abord, parce qu'il ne veut pas déléguer son autorité en matière de construction aux collectivités locales. Ce qui, comme l'a bien vu M. Albin Chalandon, multiplie les intermédiaires et étire à l'infini les circuits administratifs. L'Etat motive son refus en faisant valoir que la décentralisation favoriserait la corruption, mais tout le monde sait que les permis de construire sont rarement gratuits. Telle petite forêt au sud de Paris est, récemment, devenue constructible, moyennant un million et demi de francs versés par les promoteurs.

Ensuite, parce que l'Etat draine vers le Trésor l'argent des Caisses d'épargne qui, en Angleterre comme en Suisse, a permis de résoudre la crise du logement. Non que l'Etat n'aide pas le logement, mais en dehors du secteur dit « social », les prêts à la construction restent très chers. Et encore la Fédération du bâtiment calcule-t-elle que les impôts sur la construction (TVA, impôts sur les sociétés, droits d'enregistrement, etc.) sont équivalents à l'aide au logement.

C'est pourquoi l'Etat, toujours désireux de voir de l'argent frais se diriger vers l'immobilier, donna sans regimber sa bénédiction aux sociétés civiles. Leur rôle économique, d'ailleurs, n'est pas négligeable. Elles multiplient les mises en chantier, elles permettent aux entreprises qu'elles logent de réduire leurs investissements immobiliers. La première société civile naquit en 1964, à l'initiative d'un groupe de promoteurs pieds-noirs animé par MM. Raymond Roi, par ailleurs mari de la danseuse et artiste Ludmilla Tcherina, et Pierre Perret. Pour la gérance, l'affaire était bonne : 10 % sur les parts souscrites et encore 10 % sur les loyers. M. Roi allait faire rapidement école. Un agent immobilier parisien, M. Louis Pelloux, fondait à son tour L'Epargne foncière.

Quand apparaissent les Lipsky[1], les Frenkel, etc., c'est une espèce immobilière nouvelle qui vient de partout, de la fripe-

1. Souvent surnommé l'« escroc du siècle », Claude Lipsky a été condamné à huit ans de détention dans cette affaire, en 1976.

rie, de la ferraille ou de l'électroménager, mais surtout pas de l'establishment bancaire. Au départ, un bureau, un téléphone, et les chèques arrivent.

Un peu amer, le président de la Commission des opérations de Bourse, M. Chatenet, constate : « L'épargnant français grogne toujours, surtout contre les gros, mais si quelqu'un, sous un parasol, fait un boniment, il se précipite. » Et M. Chatenet explique à *L'Express* : « Nous nous sommes inquiétés dès le début de 1968. Nous étions frappés par ce paradoxe : nous avions droit de regard sur Pechiney ou Rhône-Poulenc, mais nous ne pouvions rien contre Monsieur X, totalement inconnu, qui récoltait des sommes considérables par simple voie d'annonces. »

Le 15 mars 1968, le Bureau de vérification de la publicité est quand même habilité à contrôler les annonces des sociétés civiles immobilières. Ce sera, pendant près de trois ans, la seule et unique réglementation. Pourtant, en 1969, huit sociétés civiles, groupées en association sous le nom d'Aprogi, s'imposent elles-mêmes un code de fonctionnement. M. Frenkel leur tourne le dos et lance : « Vous êtes des petits garçons. » M. Pelloux – de L'Epargne foncière –, président de l'Aprogi, écrit au ministre des Finances pour le mettre en garde contre les acrobaties de La Garantie foncière. Pas de réponse. Mais la brigade financière est déjà au travail. M. Giscard d'Estaing a discrètement chargé l'un de ses conseillers, M. Antoine Brunet, de surveiller le secteur. Brun et sec, ce jeune fonctionnaire austère, fils d'un gouverneur de la Banque de France, conduira la chasse à courre pendant deux ans, avec ténacité. Le parquet a inculpé M. Frenkel le 7 juillet. La semaine suivante, M. Brunet est parti en vacances.

A La Garantie foncière, un magistrat, M. Pierre Bevierre, qui a déjà exercé les mêmes fonctions au *Figaro*, a été désigné comme administrateur provisoire. Il ne servira certainement pas aux associés le 10,25 % « garanti » par M. Frenkel. Mais ce n'est pas non plus Panamá. Les immeubles de M. Frenkel existent. Un analyste financier chiffre entre 20 % et 25 % l'amputation de capital que subissent aujourd'hui les épargnants. Quant à leur revenu, il risque de tomber autour de 7 %. Les porteurs de Reps sahariennes et, plus récemment, ceux de Saint-Gobain ont connu pire sort. Aussi bien le président de l'Association de défense des souscripteurs de La Garantie foncière, M. Robert

Cazilhac, pilote de ligne à la retraite, leur recommande-t-il de ne pas vendre.

Le procès de M. Frenkel sera donc beaucoup moins celui de la société civile que de la société politique. Un banquier dit : « La Garantie foncière a buté sur l'incompatibilité entre la sécurité du placement et le haut rendement de l'argent. L'ennui est qu'il n'y a pas d'incompatibilité entre les trafics immobiliers et un parti de gouvernement, quel qu'il soit. »

Ce n'est donc pas par hasard que M. Giscard d'Estaing a tenu à faire remarquer que les Républicains indépendants étaient « innocents » dans ces affaires. Le scandale de La Garantie foncière, éclaté après deux ans d'enquête besogneuse, précède les grandes manœuvres électorales de 1972. Ce n'est qu'un début.

1971

Les impôts de « Chaban »

En novembre 1971, quand ce scandale éclate dans *Le Canard enchaîné*, le Premier ministre, Jacques Chaban-Delmas, ne mesure sans doute pas l'ampleur de la tourmente qui l'attend. Son passé de résistant, ses exploits de sportif de haut niveau (en rugby notamment) et sa réussite en tant que maire de Bordeaux font de lui un homme politique populaire que bien des observateurs imaginent déjà à l'Elysée. Seulement voilà : documents à l'appui, *Le Canard* révèle qu'il n'a payé que 16 806 francs d'impôts en 1971 et pas un centime les quatre années précédentes. Pareil « privilège » a de quoi surprendre pour un homme que tout le monde sait riche, puisqu'il cumule ses revenus de chef de gouvernement et le fruit d'investissements privés. Vérification faite, il n'a pas commis d'irrégularité, mais il a bénéficié, de manière astucieuse, d'un dispositif fiscal très complexe qui favorise clairement les « riches ».

Comme le raconte ici Claude Guillaumin, du service politique de *L'Express*, l'affaire suscite une vive émotion à travers le pays et pénalise lourdement les ambitions nationales de « Chaban ». Dans le même numéro, Françoise Giroud se montre cinglante. Elle écrit : « Quand on lui pose une question sur la composition et la nature de ses revenus, il pense que l'opposition orchestre une campagne. [...] Et voilà qu'aujourd'hui personne ne sait plus ce qu'a fait M. Chaban-Delmas, ni même s'il a fait quelque chose qui soit répréhensible. Simplement émane soudain de lui un parfum de défaite. C'est ce qui pouvait lui arriver de plus fâcheux. » Quant à Jean-François Revel, il prend une fois de plus de la hauteur pour dénoncer, d'une plume brillante, « l'immoralité de ce système ». Quelques mois plus tard, Jacques Chaban-Delmas est remplacé à la tête du gouvernement par Pierre Messmer. L'affaire des impôts n'explique pas, à elle seule, cette éviction, mais elle a indéniablement terni son image.

Ph. B.

☆☆☆

La feuille d'impôts de « Chaban »

Claude Guillaumin

Même si le Premier ministre n'a commis aucune irrégularité, le fait qu'il paye très peu d'impôts choque la plupart des Français. Son avenir politique est en jeu. (L'Express *du 7 février 1972.*)

Mercredi, dans un café de Marseille, quand Thierry Le Luron, l'imitateur de M. Jacques Chaban-Delmas, est apparu sur l'écran de la télévision, un consommateur a lancé, au milieu des rires : « Tiens, parle-nous donc de ta feuille d'impôts ! »

Les correspondants en province de *L'Express* l'ont constaté : partout, les Français réagissent aux révélations des avantages – légaux – dont bénéficiait le Premier ministre pour ne pas payer d'impôts – ou très peu.

La palette des réactions est vaste. De l'étonnement à l'indulgence, de la menace au regret. Sur tous les tons.

Etonné. « Je ne comprends pas qu'il ne se soit pas méfié, dit un Bordelais de trente ans dont la famille, en 1947, a aidé le général résistant Jacques Chaban-Delmas à conquérir Bordeaux. Quand on joue au rugby, on sait que l'on va prendre des coups. En politique, c'est pareil. »

Désabusé. M. Pierre Boulay, trente-six ans, de Grenoble : « Ce n'est qu'un scandale de plus. C'est normal actuellement. Ça ne fait que mettre un peu plus en lumière que ce régime est pourri. » M. Pierre R., ouvrier électricien à Toulouse : « Après un coup comme ça, sa carrière politique est fichue. »

Menaçant. Mme Jacqueline Bonnet, une commerçante de Toulouse : « Aux prochaines élections, je saurai m'en souvenir. »

Fataliste. Un peintre en bâtiment de Marseille : « Je sais bien que cette cuisine existe, mais je ne peux rien y changer. »

Cynique. « Avec cette histoire, dit un industriel lyonnais, le système fiscal dont nous bénéficions va être remis en cause. Malheur à celui par qui le scandale arrive ! »

Indulgent. M. Claude Banet, représentant de commerce à Annecy : « Il ne s'agit quand même pas de drogue ou de ballets roses. »

Attendri. Mme L., une mère de famille de trente ans, à Brest : « Il devrait quitter son poste, bien qu'il soit si sympathique. »

Et, en chœur, plusieurs personnes interrogées, ici et là en France : « Ce n'est peut-être pas très normal, mais, après tout, si nous le pouvions, qui d'entre nous n'essaierait pas de tirer avantage de tous les détours de la loi pour verser le minimum d'impôts ? »

Seulement, l'homme attaqué se nomme Jacques Chaban-Delmas. Et il est Premier ministre. Il est le « gros » à qui la loi profite, alors que les « petits », les « salariés » sans dividendes, sans actions, sans obligations, sans biens immobiliers, sont taxés jusqu'au dernier centime.

Nouvel épisode d'un roman-feuilleton commencé il y a quatre mois, *Le Canard enchaîné*, la semaine dernière, publie le fac-similé d'une lettre envoyée par M. Chaban-Delmas, le 21 décembre 1970, à M. Edouard Dega, inspecteur central des Impôts. Celui-là même qui, le 4 décembre 1971, a été inculpé et écroué pour connivence avec des particuliers qui ont fraudé le fisc. C'est ce nouvel épisode qui porte l'affaire sur la place publique. Cette fois, l'ensemble des journaux en fait état. Et titre, le 3 février : « Chaban s'enfonce », « La controverse rebondit », « Les malheurs d'un homme heureux », etc. Dans sa lettre à M. Edouard Dega, le Premier ministre demandait de récupérer l'avoir fiscal sur les dividendes payés à retardement par la société Intertechnique, dont il possédait des actions. Cette récupération portant sur les années 1968 et 1969 était de 19 332 francs. Dans son commentaire, *Le Canard enchaîné* s'étonnait que M. Chaban-Delmas se fût adressé personnellement à un inspecteur qui « n'était absolument pas chargé de s'occuper, au bureau de l'avenue Kléber, des déclarations des revenus de Chaban ». D'où l'interrogation : « Faut-il croire que Chaban considérait Edouard Dega comme son interlocuteur particulier ? » Ce n'est pas tout : dans cette même lettre, M. Chaban-Delmas déclare qu'il a perdu ses titres d'Intertechnique à une date qu'il ne précise pas, puis qu'il les a retrouvés, puisqu'il a perçu, le 20 mars 1970, 38 664 francs de revenus « différés » (auxquels se rapporte un avoir fiscal de 19 332 francs). Enfin, ces titres perdus et retrouvés, il signale qu'il les a finalement vendus en totalité dans le courant du deuxième trimestre de cette même année 1970.

Cette lettre vient s'ajouter aux documents publiés successivement depuis le 3 novembre 1971 par *Le Canard enchaîné* et dont il ressortait que le Premier ministre n'a payé que 16 806 francs d'impôts en 1971 et n'en a pas payé du tout les quatre années précédentes. Le même jour, dans un article remarqué, Pierre Viansson-Ponté, rédacteur en chef adjoint du *Monde*, écrit : « S'il y a eu faute, il faut en tirer les conséquences avant d'être contraint de le faire sous la pression de l'opinion agitée par de nouvelles "révélations". S'il ne s'agit que de ragots et de calomnies, alors il faut non seulement le dire très haut, mais expliquer complètement et clairement ce qu'il en est, remettre à des hommes dont l'intégrité est au-dessus de tout soupçon le soin et tous les moyens d'examiner les faits et de se prononcer publiquement ; bref, comme on dit, crever l'abcès. »

Cela revient à demander la constitution d'un jury d'honneur. Impensable et même ridicule, dit-on à Matignon.

Le lendemain – 3 février – on peut lire dans *Combat* : « La Ve République se trouve aujourd'hui atteinte au niveau le plus respectable de ses apparences. Il y avait au moins dans la "nouvelle société" un semblant de bonne volonté, il y avait dans la politique sociale du Premier ministre un effort de lucidité et de justice. Qu'en reste-t-il ? Quelle crédibilité peuvent avoir, désormais, des intentions ou même des actes qui émanent de milieux aussi suspects ? » « Car, conclut *Combat*, même si la loi n'a pas été violée, la morale élémentaire l'a été. Et c'est trop. »

De façon moins brutale, Michel Bassi, dans *Le Figaro*, demande des « explications plus complètes », mais, ajoute-t-il, « en appelant l'opinion et les responsables à une vision plus globale et moins politique des choses ».

C'est trop tard... Le mécanisme est déclenché, il ne paraît plus possible de l'arrêter. Du côté du pouvoir, on le reconnaît : l'opposition a là un champ de manœuvre idéal où ses troupes peuvent se lancer à l'assaut de M. Chaban-Delmas et, à travers lui, du gouvernement et de la majorité. Avec le maximum de chances de faire mouche auprès des contribuables, qui vont bientôt avoir à payer leur premier tiers provisionnel et à rédiger leur déclaration de revenus. Même sans bien comprendre ce qu'on reproche au Premier ministre, ils ne voient qu'une chose : le peu d'impôts qu'il paie... quand il en paie.

De façon spectaculaire, le 2 février, au palais Bourbon, les trente-trois députés communistes présentent aux journalistes leurs feuilles d'impôts. « Que tous les ministres et les autres députés fassent de même ! disent-ils. Les Français doivent être informés. »

On apprend ainsi que les impôts payés par les députés communistes l'année dernière vont de 2 023 à 18 820 francs, selon que l'épouse travaille ou non, selon le nombre d'enfants, selon, aussi, la retraite perçue par tel ou tel député, ancien cheminot ou ancien fonctionnaire. Et M. Robert Ballanger, le président du groupe communiste à l'Assemblée nationale – 5 859 francs d'impôts payés en 1971 –, peut ajouter : « Pas un seul d'entre nous n'a bénéficié d'avoir fiscal. »

Avoir fiscal : dès le 17 mars 1970, dans l'émission qui l'opposait « à armes égales » à M. Valéry Giscard d'Estaing, M. Jean-Jacques Servan-Schreiber analysait ce système et démontrait comment il favorisait les revenus du capital par rapport à ceux du travail.

Aujourd'hui, détracteurs et partisans de l'avoir fiscal se jettent leurs arguments à la tête avec une pareille conviction : l'opposition l'attaque, la majorité le défend. De quoi s'agit-il ?

Lorsqu'une entreprise fait 200 francs de bénéfices, elle verse 100 francs au fisc au titre de l'impôt de 50 % sur les bénéfices. Elle distribue les 100 francs restants à un actionnaire : ce sont les dividendes. Ces 100 francs ainsi distribués sont taxés une seconde fois au titre des revenus de l'actionnaire considéré. Pour éviter cette double imposition, le fisc rembourse à l'actionnaire la moitié de l'impôt sur les bénéfices acquitté par l'entreprise. Dans un premier temps, cette somme, dite « avoir fiscal », est ajoutée par le contribuable à ses revenus déclarés. Mais elle est ensuite déduite de la somme des impôts sur le revenu que le contribuable doit payer. Ce système compliqué a été voté en 1965 par l'Assemblée nationale, alors que le Premier ministre était M. Georges Pompidou, et le ministre des Finances, M. Valéry Giscard d'Estaing.

Il avait pour double but de ranimer la Bourse de Paris, qui ne cessait de baisser depuis trois ans, et de lutter contre la fraude fiscale. Les socialistes et le Centre démocrate demandent la suppression pure et simple de « l'avoir fiscal ainsi que celle du prélèvement libératoire de 25 % sur les revenus des obligations ». Pour le Centre démocrate, « ce système est injuste et inefficace ». Pour les communistes, c'est tout le système fiscal actuel qui constitue « un scandale énorme et permanent ».

Le 3 février, au micro d'Europe 1, M. Antoine Pinay joint sa voix au chœur des opposants : « L'avoir fiscal est beaucoup trop compliqué, dit-il, les Français aiment les choses simples. Une réforme de la fiscalité est non seulement utile, mais indispensable. »

Le même jour, les Réformateurs, eux, vont plus loin. Installant le bureau national de leur mouvement, en présence de MM. Jean Lecanuet et Jean-Jacques Servan-Schreiber, ils annoncent leur intention de déposer une proposition de loi qui obligera ministres, députés et sénateurs « à rendre public l'état de leurs biens et de leurs revenus ». Afin, disent-ils, « de s'assurer qu'aucun homme politique ne puisse trouver un enrichissement dans le pouvoir qu'il détient ou le mandat qu'il exerce ».

A cela, les partisans de l'avoir fiscal répondent : la retenue à la source est un contrôle des revenus du capital. Elle évite donc, à ce stade, la fraude. « L'avoir fiscal, titrait *La Nation*, le jeudi 3 février, est un système complexe dont la suppression coûterait cher aux contribuables et à l'industrie. »

Et, devant la commission des Finances de l'Assemblée, l'autre semaine, M. Giscard d'Estaing a été catégorique : « Céder à la campagne selon laquelle il conviendrait de remplacer cet avoir par une réduction de l'impôt de distribution donnerait libre cours à une fraude que le système actuel présente l'avantage d'interdire. »

En fait, la loi de 1965 était tellement compliquée que beaucoup de ceux qui l'ont votée ne l'ont pas comprise. M. Pierre Carous, le président du groupe UDR au Sénat, l'a lui-même reconnu ! Jean-François Kahn disait, à Europe 1, le 3 février : « M. Chaban-Delmas est aujourd'hui la première victime d'une législation fiscale absurde que ses amis politiques ont votée les yeux fermés sans en comprendre la portée. »

Victime morale... et peut-être politique après en avoir été le bénéficiaire, comme beaucoup d'autres. Mais qui ne sont pas Premier ministre.

Le 1er février, à la réunion du bureau politique de l'UDR à l'Assemblée nationale, M. Chaban-Delmas était visiblement très affecté. A M. René La Combe, député de Maine-et-Loire, qui lui reprochait d'avoir fait publier par le ministère des Finances un communiqué ambigu d'où il ressortait que le Premier ministre avait « supporté » – ce qui ne veut pas dire payé – 75 892 francs d'impôts de 1967 à 1970, le Premier ministre a répondu : « J'étais en plein désarroi, je suis un honnête homme. Je ne savais comment réagir. C'est très dur d'être attaqué pour des fautes qu'on n'a pas commises. »

La réunion s'est naturellement terminée par un soutien officiel à M. Chaban-Delmas. Mais, dans les couloirs, plusieurs députés UDR s'interrogeaient : « Chaban, disait l'un, devrait quitter Matignon. Jusqu'ici, on le tolérait, car, avec sa politique d'ouverture, il était le seul à pouvoir "faire" les élections. Aujourd'hui, ce n'est plus le cas. » « Chaban doit rester, répliquait un autre. Partir serait s'avouer coupable. Or il n'a rien à se reprocher. Il est la victime d'une campagne. Il doit laisser passer l'orage. »

C'est cette deuxième solution qui, à la fin de la semaine dernière, prévalait. « Laissez dire, laissez faire », tel était le mot d'ordre, aussi bien à l'Elysée qu'à l'Hôtel Matignon, où l'on espère qu'avec le temps les choses se tasseront. Certains, dans l'entourage du Premier ministre, étaient partisans de l'explication franche devant l'opinion publique. Ceux-là craignent que le silence ne soit pris pour du mépris. Ou de l'indifférence. Le système politique actuel avec dyarchie du pouvoir fait que, jusqu'à présent, le Premier ministre et le président de la République pouvaient tour à tour occuper le devant de la scène, évitant ainsi l'usure du pouvoir. Aujourd'hui, ce n'est plus possible. M. Chaban-Delmas, pour l'instant, est voué à l'ombre. « La seule chose qui puisse nous sauver, disait un député de la majorité, c'est de faire les élections sur le nom de Pompidou, puisque sa cote dans le pays est très forte. »

Celle du Premier ministre, en revanche, a beaucoup baissé : de 9 % en un mois. En décembre 1971, 60 % des Français – si l'on en croit les sondages de l'Ifop – étaient « très satisfaits » ou « plutôt satisfaits » de M. Chaban-Delmas. En janvier 1972, ils ne sont plus que 51 %. Le pourcentage des mécontents n'a guère changé – + 1 % –, mais ce sont ceux qui « ne se prononcent pas » qui sont plus nombreux. Ceux qui se posent des questions, qui hésitent, qui doutent. En un mot, ceux dont le bulletin de vote, le jour d'une élection, fait pencher la balance.

Une simple feuille d'impôts

Jean-François Revel
(L'Express *du 7 février 1972*)

L'affaire des impôts du Premier ministre est un de ces faits divers historiques dans lesquels, de temps à autre, se révèlent en raccourci les vices d'une société. Elle fera date, et elle aura probablement traumatisé la conscience nationale beaucoup plus encore que ne le laissent, pour le moment, apparaître les sondages.

Que le Premier ministre ne soit certainement pas un fraudeur, nul n'ose en douter. Mais c'est précisément parce qu'il n'en est pas un que l'affaire est grave. Plût au ciel qu'il fût malhonnête, car cela prouverait que l'Etat français, lui, ne l'est pas avec les citoyens. Cela détruirait un homme et non pas la confiance d'un peuple dans ses propres institutions. Nous déplorerions un délit particulier et non pas une injustice généralisée.

Comme si la Révolution française n'avait jamais eu lieu et n'avait jamais établi le principe de l'égalité devant l'impôt, il est avéré qu'un homme notoirement en possession d'une grosse fortune paie moins d'impôts que, par exemple, un cadre supérieur sans fortune percevant un salaire élevé. Le communiqué ambigu du ministère des Finances annonçant que M. Chaban-Delmas avait « supporté » 75 892 francs d'impôt sur le revenu en quatre ans n'a fait qu'aggraver l'impression fâcheuse que l'on avait déjà : d'abord, parce que « supporter » n'est pas payer, ensuite, parce que, de toute manière, c'est bien peu.

On est toujours frappé par les cas simples et les faits nets. La publication d'une lettre écrite par M. Chaban-Delmas à un inspecteur central actuellement incarcéré pour avoir favorisé des fraudeurs est un épisode qui étonne l'opinion autant que l'a étonnée la publication de la feuille d'impôt elle-même. Si techniquement justes que soient les explications fournies, dans cette lettre et ailleurs, sur les beautés de l'avoir fiscal, il reste stupéfiant, pour la sensibilité populaire, qu'un homme de la « surface » de M. Chaban-Delmas paie directement ou indirectement moins de 20 000 francs par an d'impôt sur le revenu. Il s'agit là d'une des conséquences des privilèges du capital, comme l'a exposé Pierre Uri, « invité de *L'Express* » la semaine dernière. Mais il s'agit aussi, autre privilège, de l'indemnité ministérielle, qui n'est pas imposable.

En théorie, certes, une indemnité n'est légitimement pas taxable, puisqu'elle constitue une compensation. Le parlementaire nouvellement élu, dont l'activité professionnelle est ralentie ou interrompue par ses responsabilités de représentant du peuple, est indemnisé de ce manque à gagner. Mais, quand sa profession devient la politique elle-même, peut-on maintenir la fiction de l'indemnité non imposable ? Et quand il s'agit de postes comme ceux de président de l'Assemblée nationale ou de Premier ministre, auxquels n'accèdent jamais que les vrais professionnels de la carrière politique, ne devrait-on pas considérer les indemnités correspondantes comme des traitements et les imposer comme tous les traitements et salaires ? D'autant que ces postes impliquent tout un train de vie couvert par l'Etat. Sans doute, ces exemptions fiscales touchent un nombre infime d'individus. Mais leur existence a une valeur symbolique. Une société dans laquelle les détenteurs du pouvoir politique utilisent ce pouvoir pour s'exempter d'impôt, cette société a déjà existé chez nous : elle s'appelait l'Ancien Régime.

La distinction entre allégement légal et fraude tolérée finit par n'avoir plus grand sens. Lorsqu'un milliardaire vous avoue que, sans commettre aucune irrégularité, il parvient à payer des impôts comparables à ceux d'un salarié moyen, il démontre que la loi a été conçue ou appliquée en vue d'institutionnaliser un certain pourcentage de fraude, l'infraction ne commençant, aux yeux du fisc, que si l'on va vraiment trop loin et si l'on dépasse ce pourcentage.

Il faut avoir le sentiment que l'on est invulnérable et l'indifférence aux remous possibles dans l'opinion qu'a notre personnel dirigeant pour n'avoir pas prévu le choc psychologique que provoquerait la publication des documents fiscaux du Premier ministre. Et pour n'avoir pas prévu non plus que cette divulgation aurait nécessairement lieu, puisque les fonctionnaires qui voient normalement passer les documents en question, étant eux-mêmes salariés, ne peuvent que ressentir la fureur de tout salarié en présence de telles pièces à conviction. La « légalité » de la situation fiscale de M. Chaban-Delmas ne la rend pas moins amère à nombre de contribuables, mais davantage.

L'opinion en retiendra que la France vit sous le régime du double secteur fiscal : l'un, où l'impôt est inexistant ou relativement léger, l'autre, où il est précocement écrasant et férocement progressif. Car le premier phénomène est la cause du second. L'argent que l'Etat renonce à obtenir des grosses fortunes ou des milliers d'entreprises savamment maintenues en déficit chronique, il faut qu'il le retrouve chez les autres contribuables. Dans tous les systèmes sociaux où il existe une catégorie bénéficiant d'exemptions, de droit ou de fait, le fisc est contraint d'être exceptionnellement dur pour ceux qui paient. Sous l'Ancien Régime, les paysans étaient d'autant plus pressurés qu'ils étaient seuls à l'être. De même, aujourd'hui, le fisc procède à des redressements méticuleux et impitoyables pour des feuilles d'impôt modestes, de salariés moyens versant de 3 000 à 5 000 francs annuels au Trésor. Il lui faut d'autant plus rançonner les contribuables loyaux et accessibles que ceux-ci sont pour l'Etat la seule source sûre d'argent frais. L'immoralité de ce système est d'autant plus choquante que nous vivons sous un régime qui se veut d'ordre moral. Tout en n'ayant pas son pareil pour faire saisir *Prélude charnel* ou *Trois Filles et leur mère*, le gouvernement ferme les yeux sur l'immoralité réelle et profonde de notre société, de ses propres amis, voire de ses propres membres. Il cherche à la dissimuler.

Heureusement, une des formes modernes de la démocratie en France semble être, avec les scandales financiers, la publication par la presse de documents confidentiels. Aucun exposé scientifique sur l'iniquité fiscale française n'a jamais eu l'impact de cette fulgurante leçon de choses : la publication de la feuille d'impôt du Premier ministre et d'un certain nombre de pièces annexes.

1972

L'affaire Aranda

L'histoire a oublié son nom : Gabriel Aranda. Un peu moins son surnom : « l'Archange ». Mais les dégâts qu'il a provoqués dans la classe politique française ont fortement marqué le début des années 1970.

En septembre 1972, cet ex-collaborateur du ministre de l'Equipement et du Logement, Albin Chalandon, dénonce un « scandale » qu'il promet « énorme ». Il ne met pas en cause Chalandon – du moins au début –, mais les connivences de plusieurs dirigeants gaullistes (dont Jacques Chirac) avec des entreprises privées. Ces révélations, étayées par une série de documents dévoilés par la presse, prennent vite des allures de feuilleton médiatique. Elles alimentent un climat de plus en plus malsain dans la France de Pompidou et de son nouveau Premier ministre, Pierre Messmer, arrivé en juillet à la place de Jacques Chaban-Delmas.

De scandale en scandale, les affaires trahissent les fractures profondes de la droite, entre les gaullistes, qui ont vécu leur « âge d'or » dans le contexte économique favorable des années 1960, et la nouvelle génération des libéraux, dont Valéry Giscard d'Estaing incarne la montée en puissance à l'approche des élections législatives de 1973.

Michèle Cotta, qui est alors journaliste à *L'Express*, l'écrit sans détour : « Quinze ans de sédimentation politique ont sécrété chez les gaullistes ce poison mortel : le national-affairisme. » Quant à l'éditorialiste Jean-François Revel, que l'affaire des impôts de Chaban-Delmas avait déjà indigné en début d'année, il décrypte ces dérives avec une lucidité saisissante. Son analyse, titrée « Pour sauver la République », est de celles qui restent à jamais d'actualité.

Certains responsables politiques – à commencer par Georges Pompidou – ont beau mettre en cause « l'Archange » (Aranda) et douter de sa santé mentale, rien ne semble pouvoir stopper la mécanique du scandale. Gabriel Aranda, poursuivi pour vol de documents et diffamation, sera pourtant la seule personne condamnée (2 000 francs d'amende pour diffamation) dans ce scandale étouffé avec soin.

« L'Archange » s'installe ensuite en Suisse, où il refait sa vie. Il revient à l'avant-scène de l'actualité des dizaines d'années plus tard, en décembre 2009, en étant condamné à trois ans de prison, dont six mois ferme, pour des abus sexuels sur sa fille[1]. Des faits qu'il a niés tout au long de son procès, mais sans convaincre les jurés.

Ph. B.

☆☆☆

Corruption : l'affaire Aranda

Michèle Cotta

Ancien attaché au cabinet du ministre de l'Equipement, un étrange croisé de la vertu, M. Gabriel Aranda, lance un énorme pavé dans le marécage politique. (L'Express *du 18 septembre 1972.*)

« Enorme sera le scandale… » Est-ce un opposant qui menace, un éditorialiste qui s'enflamme, un moraliste qui frémit ? Rien de tout cela. Mais un vieux jeune homme de trente-trois ans, à l'aspect inoffensif, M. Gabriel Aranda, ancien journaliste économique de « 24 Heures sur la 2 », à la télévision, devenu, en 1971, conseiller technique au cabinet de M. Albin Chalandon, alors ministre de l'Equipement et du Logement.

Une nouvelle fois, à dix jours de la conférence de presse du président de la République, Georges Pompidou, qui s'élèvera, dit-on, sur les hauteurs du sommet européen et des institutions, alors que le nouveau Premier ministre, Pierre Messmer, s'efforce de donner à la majorité, à l'UDR [*Union pour la défense de la*

1. Cette peine a, par la suite, été ramenée à deux ans de détention avec sursis.

République], l'ardeur qui lui fait défaut, à six mois des élections législatives, la corruption est à la une. Pas une semaine, depuis le début de septembre, sans que le scandale succède au scandale. A l'épicentre de ce tremblement qui secoue le régime, un parti, l'UDR ; des hommes – ceux qui, de près ou de loin, exercent le pouvoir.

De quoi s'agit-il, cette fois ? M. Aranda – surnommé « l'Archange » à cause de son prénom –, collaborateur « dévoué et actif » de M. Chalandon, semble avoir été brutalement frappé de passion israélienne. Et comment fait-il, cet incorruptible fraîchement converti à la cause sioniste, pour lutter contre la vente d'avions français à la Libye ? Il envoie des lettres aux journaux. Il livre des documents. Et il menace d'en livrer davantage si la diplomatie française, excusez du peu, ne change pas de ligne. Vendredi, maître René Floriot, son défenseur, confiait à *L'Express* : « Mon dossier est volumineux. » Certains, *feddayin* d'une autre cause, détournent des avions ou massacrent des otages. Lui, Aranda, connu pour son affabilité et son parler pointu, détourne des papiers. La piraterie est facile dans un ministère dont une des vocations est de distribuer des marchés d'Etat.

Le ministère de l'Equipement est, par nature, un des lieux du pouvoir devant lesquels les trafiquants d'influence mettent le siège. M. Chalandon, par caractère, a tout à la fois excité leurs convoitises et suscité leurs ressentiments. Au nom de l'économie de marché, dont il est, dans le gaullisme, un des rares zélateurs sincères, il a institué la concurrence en règle d'or. Et, surtout, au nom de la rentabilité, il a poussé avec énergie à l'industrialisation des travaux publics. Il le dit à *L'Express* : « Si j'ai été, si je suis encore la cible de beaucoup de colères, je sais bien pourquoi. En renonçant, par exemple, à saucissonner les marchés des autoroutes pour les confier non plus à des petites entreprises mais à des grandes, capables de faire mieux, plus vite et moins cher, j'ai fait des centaines de mécontents pour quelques rares satisfaits. »

Au premier rang de ces mécontents, les entrepreneurs évincés, qui mobilisent évidemment toutes leurs relations politiques. Ce remue-ménage permanent ne pouvait pas ne pas laisser de traces dans « les écuries du royaume » que M. Aranda prétend nettoyer. Qu'y trouve-t-on, jusqu'à présent ?

– D'abord une lettre adressée le 7 juillet 1971 par M. René Tomasini, ancien secrétaire général de l'UDR, qui vient d'abandonner son poste pour des « raisons de santé » à M. Alain Peyrefitte. Le député de l'Eure demande sur un ton comminatoire, au ministre de l'Equipement, de bien vouloir donner la concession de l'autoroute Narbonne-Bordeaux à une entreprise amie.

– La publication d'un rapport, demeuré jusqu'ici confidentiel, effectué pour le compte de M. Chalandon par un fonctionnaire de ses services, l'inspecteur général Maurice Luguern, sur la catastrophe survenue le 10 février 1970 à Val-d'Isère. Une avalanche a enseveli ce jour-là un chalet de l'Union des centres de plein air de Val-d'Isère, provoquant la mort de trente-neuf jeunes sportifs stagiaires du centre. L'inspecteur Luguern, dont les investigations ont suivi de deux mois l'enquête officielle, y révèle que des constructions emportées par l'avalanche avaient été autorisées dans des zones « *non aedificandi* », menacées par des coulées de neige. « Cela, affirme M. Aranda, pour de l'argent. Pour permettre à certaines personnes de faire des profits supplémentaires. »

– Troisième brèche ouverte par M. Aranda : la divulgation d'une note confidentielle adressée le 26 juin 1972 au ministre de l'Equipement. Par qui ? Par M. Aranda lui-même, qui venait de rencontrer, parce qu'il avait demandé à le voir, un grand entrepreneur de travaux publics. Celui-ci, dans un langage d'autant plus libre qu'il se croyait à l'abri de l'indiscrétion, aurait commenté, avec amertume, son éviction du chantier la Daurade à Chanteloup-les-Vignes (Yvelines). L'entrepreneur était sur les rangs. Mais c'est à une autre entreprise, l'entreprise Pascal, que l'Office central d'HLM, promoteur de Chanteloup, a finalement confié les travaux. Dépité, l'entrepreneur promoteur évincé aurait confié à M. Aranda que si le marché lui avait échappé, c'est que 500 millions auraient directement été versés par son concurrent dans les caisses de l'UDR.

Au cas où cela ne suffirait pas, M. Aranda dénonce enfin l'achat d'un château en Corrèze par M. Jacques Chirac, favori du président de la République. Le ministre de l'Agriculture, alors secrétaire d'Etat, aurait acheté sa demeure à bas prix à la suite d'une manière de troc. Une entreprise de menuiserie était menacée dans sa circonscription. M. Chirac aurait demandé à un entrepreneur parisien de l'aider. Celui-ci, finaud, l'aurait rachetée. Les menuisiers corréziens auraient alors négocié l'achat à bon prix par le ministre d'un castel de belle allure.

Qu'est-ce qui fait courir M. Aranda ? Aucun de ceux qui l'ont approché ne parvient à retrouver derrière l'implacable missive expédiée aux journaux le fonctionnaire timide, précautionneux qu'ils ont connu. La politique extérieure ? M. Aranda se disait volontiers gaulliste de gauche. Il n'avait pas paru ému lorsque le journal gaulliste dont il était le collaborateur en 1970, *L'Actualité*, avait accueilli sans protester la nouvelle de la vente d'avions français à la Libye. Ses convictions pro-israéliennes avaient de la même façon échappé à Mme Jacqueline Baudrier, qui l'avait, elle aussi, employé [*à la télévision*]. L'attentat de Munich a-t-il été le premier choc, ou bien les amitiés nouées pendant ses vacances de célibataire ? Convictions intérieures ? Profondément attaché à M. Chalandon, M. Aranda avait marqué une émotion, semble-t-il, réelle, lorsque celui-ci avait été évincé du gouvernement en juillet 1972. A-t-il voulu, d'abord, régler les comptes de celui-ci ? Avant d'envoyer ses poulets à la presse, M. Aranda a tenu, la veille, à informer M. Chalandon de sa décision. L'ancien ministre de l'Equipement a bien vu du premier coup d'œil quels en seraient les dégâts pour la majorité. Mardi soir, il tentait de joindre au téléphone son ancien collaborateur. Sans succès.

Alors, « l'Archange » a-t-il été manipulé par quelque démon ? A-t-il, consciemment ou non, été plus l'instrument de clans à l'intérieur de la Ve que le zélé partisan de Mme Golda Meir ?

Ses motivations profondes ne changent rien, en fait, à cette réalité : en quelques traits d'une plume plongée dans l'acide, il a mis le doigt sur ce qui fait qu'au jour le jour se décompose le régime.

Sur les quatre points, les réponses sont faciles. M. Chalandon, lui-même, les a faites jeudi.

– La nouvelle affaire Tomasini : « Toutes les concessions, dit M. Chalandon à *L'Express*, ont été accordées à ceux qui ont présenté le meilleur projet aux meilleures conditions pour les finances publiques. »

– Les permis de construire à Val-d'Isère : « Les opérations de construction se sont échelonnées entre 1955 et 1960, à une époque où je n'étais pas ministre, où les plans d'urbanisme en montagne étaient inexistants, et les cartes d'avalanches rarissimes. Depuis, après la lecture du rapport de M. Luguern – que je n'avais pas à rendre public –, j'ai pris des mesures dès 1971 pour éviter que de telles catastrophes ne se reproduisent. »

– Chanteloup-les-Vignes : « Le marché a été conclu entre un organisme HLM et une entreprise. J'ai demandé à ce que l'entreprise Pascal respecte le principe de la baisse progressive des prix en fonction de l'importance des marchés. Cela a d'ailleurs été assez dur. » Sur les « 500 millions de l'UDR » et sur les achats immobiliers de M. Chirac, M. Chalandon ne réplique pas, pour la bonne raison qu'il n'en sait rien. Mais M. Chirac, lui, est sûr de lui. Il n'attend que les révélations de M. Aranda pour le poursuivre. Le château, il l'a acheté à un propriétaire toulousain qui n'était en rien lié à la scierie corrézienne. Et c'est un artisan d'Egletons, M. Chazalviel, qui a effectué les travaux de menuiserie.

Si ces réponses fournies par M. Chalandon ont été aisées sur les détails le concernant, il reste que, sur le fond, c'est bien désormais tout le problème du régime qu'a posé le pirate Aranda. Problème de mœurs, d'abord. Que les députés interviennent en faveur des ressortissants de leurs électeurs menacés, soit. C'est leur rôle, après tout. Et les réélections ont, depuis belle lurette, leurs sortilèges. Mais qu'un homme politique, à quelque niveau que ce soit, intervienne pour une société dont il a l'oreille ou le portefeuille, pour un ami dans le besoin ou pour assurer ses fins de mois, là commence le scandale. Il s'amplifie lorsque, depuis quatorze ans, les mêmes hommes écrivent aux mêmes ministres...

Les indiscrétions, qu'elles soient le fait de syndicalistes des Finances, de commis de l'Education nationale ou de chargés de mission ministériels, ne sont pas le fait du hasard : elles sont sécrétées par le système lui-même.

Ce qui est en cause, c'est bien, au premier chef, la société bloquée qu'est devenue la Ve République. L'expérience de M. Chalandon en porte témoignage. Car le ministre démis ne s'est pas heurté seulement aux entrepreneurs et à leurs amis politiques, mais aux castes de la fonction publique. Irrité par certains avantages immuables – ceux, notamment, des Ponts et Chaussées –, il a déplacé, cassé certains de ses propres fonctionnaires. Il leur a, à tous, mené la vie dure.

Le premier, au printemps, il s'est ouvert, dans un tête-à-tête avec le président de la République, de la longue liste des interventions, plus ou moins péremptoires, dont ses services ou lui-même étaient l'objet. Il ne s'est attiré, à l'époque, que quelques bonnes paroles de M. Georges Pompidou. Le 16 avril, M. Chalandon adressait une instruction confidentielle au directeur des routes pour lui demander de lui rendre compte « d'éventuelles interventions émanant d'intermédiaires se prévalant de leurs relations politiques ou personnelles pour tenter de fausser le jeu normal de la concurrence ».

M. Chalandon n'est plus au gouvernement. Le garde des Sceaux a prescrit l'ouverture d'une information contre X pour vol, recel et complicité. Mais ni les poursuites, ni les circulaires administratives, ni les prêches élyséens ne suffisent contre la prolifération des combines et des influences. Quinze ans de sédimentation politique ont sécrété chez les gaullistes ce poison mortel : le national-affairisme.

Pour sauver la République

Jean-François Revel
(*L'Express* du 25 septembre 1972)

L'affaire Aranda est aussi instructive pour le psychologue social que pour l'historien politique. En quelques jours, elle a permis de faire le tour des stratagèmes dont les hommes sont capables pour éviter d'avoir à regarder en face une démonstration importune.

On a d'abord blâmé le procédé, et ce, même dans l'opposition. Or les fuites ne sont jamais qu'un exutoire de remplacement dans une démocratie qui fonctionne mal. Dire à M. Aranda qu'il aurait dû aviser ses supérieurs ou saisir la justice équivaut à supposer le problème résolu. C'est précisément parce que ces deux voies étaient bouchées qu'il en a choisi une troisième : l'appel à l'opinion publique par divulgation de documents, comme l'avait fait Daniel Ellsberg, en Amérique, en communiquant à la presse les « papiers du Pentagone ».

On a, ensuite, parlé de règlement de comptes et d'arrière-pensées politiques. En admettant que ce fût le cas, la seule question importante serait de savoir si ces comptes et ces arrière-pensées sont accrochés à un dossier solide. En imaginant même que M. Aranda soit fou, cela ne dispense en rien, cela devrait même rendre encore plus facile de le réfuter sur le fond. On a également lancé l'anathème : opération électorale ! Mais les élections n'ont-elles pas été précisément créées pour permettre aux citoyens de juger et de sanctionner en connaissance de cause la gestion de leurs dirigeants ? La façon, fût-elle regrettable, dont les informations correspondantes parviennent au corps électoral devrait moins compter, semble-t-il, que leur teneur et leur exactitude éventuelle.

Bien plus, on soutient que rechercher la vérité sur les scandales serait détourner l'attention des Français du véritable enjeu des élections. En quoi la séparation ou la collusion des affaires et du pouvoir politique ne seraient-elles pas des enjeux dignes des élections ? Quand M. Christian Fouchet [*ancien ministre et député gaulliste*] s'écrie : « Il ne faut pas que les élections se fassent sur des pots-de-vin », il oublie que le meilleur moyen qu'elles se fassent sur d'autres choses, c'est qu'il n'y ait pas de pots-de-vin. L'attrait des explications par le complot, degré zéro de la pensée politique, est tel que les communistes eux-mêmes, dans *L'Humanité* du 18 septembre, ont insinué que M. Aranda était peut-être un agent des services secrets américains. C'est possible, qui sait ? Mais, une fois de plus, cela ne change rien à l'affaire, et la machination de la CIA, si elle existait, ne dispenserait en rien les citoyens de se poser la question : y a-t-il ou non corruption dans l'Etat ?

A toutes les échappatoires servant à éluder le fond du débat s'en ajoutent d'autres, plus raffinées. Ainsi, on présente la complicité politico-affairiste comme inévitable et historiquement attestée depuis le déluge. Un député, dit-on, reste tout à fait dans son rôle en « intervenant ». Dans un régime qui réduit le Parlement à un quasi-néant, il n'a en effet peut-être pas d'autres moyens de se manifester auprès de l'exécutif. Mais, surtout, on confond deux choses : intervenir en faveur de ses électeurs et intervenir en faveur d'entreprises privées. D'ailleurs, c'est moins en qualité de parlementaires qu'en qualité de membres d'un cercle d'amis, de détenteurs du pouvoir, qu'intervenaient les auteurs des documents connus à ce jour. Ce n'est donc pas le régime représentatif, c'est une certaine conception de l'exercice du pouvoir exécutif qui est ici, en réalité, mise en accusation.

M. Aranda lui-même l'a indiqué lorsqu'il a dit : « Une intervention d'un député de l'opposition n'était, par principe, jamais prise en considération. » Donc, ce n'est pas comme représentant du peuple que tel ou tel député intervient auprès du pouvoir, c'est comme membre d'une association partisane, pour ne pas dire d'un gigantesque cabinet d'affaires. Ou bien faut-il croire que les électeurs de l'opposition n'auraient jamais d'intérêts légitimes à faire défendre ? Nous touchons là au cœur du problème et à la cause des scandales : depuis le début de la Ve République, la démocratie pluraliste est paralysée et un parti majoritaire se conduit en parti unique.

Il est illusoire d'expliquer l'abus du pouvoir par la durée des responsabilités d'un même parti à la tête de l'Etat. Les démocrates américains, les conservateurs anglais, les socialistes suédois ont conservé l'exécutif et, pour certains de ces partis, la majorité parlementaire absolue parfois pendant plus longtemps que l'UDR. Ils n'ont pas non plus été toujours épargnés par les scandales, mais la différence est que le dépistage de ces scandales et les sanctions qui en découlaient étaient prévus dans le fonctionnement régulier de la machine politique. En France, aujourd'hui, c'est au contraire la révélation du scandale qui est l'anomalie. La longévité au pouvoir n'est une cause de corruption que si le parti dominant supprime les moyens de contrôle et d'enquête dont doivent disposer l'opposition et même le simple citoyen. Ce ne sont pas les députés, ce ne sont pas les institutions représentatives qui sont en cause, mais le pouvoir exécutif, dont les députés du parti majoritaire ne sont que les appendices.

Le véritable débat renvoie donc à la structure et au fonctionnement des institutions. Il eût mérité quelque réflexion, quelque analyse politique, quelque méditation historique un peu élevée de la part du chef de l'Etat. Vouloir obtenir la stabilité par l'étouffement des contrôles, n'est-ce pas, à la longue, rendre inévitable l'investissement du pouvoir par l'argent ? Aussi doit-on avouer sa déception en constatant que, dans sa conférence de presse, le président de la République n'a fait que réciter le catalogue des faux-fuyants dressé par « la Nation » pendant la semaine précédente. Depuis la folie de M. Aranda jusqu'à la thèse du complot et aux imprécations contre « la photocopie, fléau des temps modernes », rien ne nous a été épargné.

La responsabilité des scandales incomberait à la presse, bien entendu. Et si les corrompus éventuels ne sont pas châtiés, cela est dû à la sage lenteur de la justice (lenteur qui, notons-le, n'a pas empêché l'inculpation éclair de M. Aranda, et de lui seul).

Enfin, le président a fait appel à notre sens démocratique en nous avertissant que dénoncer les scandales nous menait tout droit à l'aventure et au fascisme ! Mais interdire toute question, censurer l'information, est-ce bien le moyen idéal pour sauver la République ?

1972

Le cas Paul Touvier

En novembre 1971, le président de la République, Georges Pompidou, signe en toute discrétion un décret de grâce favorable à Paul Touvier, qui fut, pendant la guerre, le redoutable chef de la Milice (organisation paramilitaire pro-allemande) pour la région lyonnaise. Sept mois plus tard, le journaliste Jacques Derogy révèle cette information dans *L'Express* et retrace dans le détail le parcours de l'ancien milicien. Tout est là : ses crimes, ses victimes, les soutiens dont il a bénéficié, notamment au sein de l'Eglise.

La publication de l'article, au printemps 1972, ne met pas fin à l'impunité de Paul Touvier. Celui-ci profite en effet de la grâce présidentielle pour trouver refuge dans diverses institutions religieuses. Les plaintes déposées dès 1973 pour crimes contre l'humanité n'y changent rien : il peut compter sur de nombreux amis pour échapper à la justice.

La clémence dont Touvier a longtemps profité montre bien à quel point la société française et son personnel politique ont tardé à examiner les pages sombres de l'histoire nationale. Il a fallu attendre les années 1980 pour que ce passé soit vraiment ausculté, au risque de rouvrir de vieilles blessures. Touvier, pour sa part, ne sera arrêté qu'en mai 1989, à Nice.

Le 20 avril 1994, après quatre semaines de procès devant la cour d'assises des Yvelines, à Versailles, il est condamné à la réclusion criminelle à perpétuité pour l'assassinat de sept Juifs. Il mourra à la maison d'arrêt de Fresnes, près de Paris, le 17 juillet 1996.

Ph. B.

☆☆☆

Sur les traces du bourreau de Lyon

Jacques Derogy

Au printemps 1972, l'ancien chef de la Milice Paul Touvier sort bien malgré lui de l'oubli : Jacques Derogy et un photographe de L'Express *l'ont retrouvé à Chambéry.* (L'Express *du 5 juin 1972.*)

« Barbie, au moins, c'était un Allemand. Touvier, lui, est français. » Un ancien résistant de Lyon dit son indignation. Il vient d'apprendre que le chef milicien Paul Touvier, condamné à mort par contumace après la Libération, a été autorisé, par grâce présidentielle, à retourner sur les lieux de ses crimes et à recouvrer ses biens – produit des rapines qui alimentèrent le trésor de la Milice. [...]

La justice n'aura jamais passé sur Touvier, aide-bourreau de l'occupant nazi à Lyon. Le président de la République a signé, le 23 novembre 1971, le décret de grâce annulant l'interdiction de séjour et la confiscation des biens, mesures qui subsistaient après la prescription de la peine. Les dirigeants de la communauté juive et des Amitiés judéo-chrétiennes de Lyon n'en ont été informés que l'autre semaine. En même temps que le procureur général, M. Fernand Davenas, et le préfet, M. Max Moulins.

C'est à la requête pressante de Mgr Charles Duquaire, prélat du Saint-Père au Vatican, que Touvier a bénéficié de cette ultime clémence. Protégé et hébergé jusqu'alors par des congrégations religieuses, il a pu regagner officiellement la maison familiale, chemin des Charmettes, à Chambéry. Il y vit aujourd'hui, à l'abri du besoin, sous le nom de sa femme.

Touvier avait commencé là sa carrière dans la collaboration en quittant, au printemps 1942, son emploi d'expéditionnaire à la gare de Chambéry pour devenir le secrétaire permanent et appointé de la section locale du Service d'ordre légionnaire, créé par Vichy en mai 1941. Le Sol, c'était la « troupe de choc de réserve » du nouveau régime.

Paul Touvier, qui a alors vingt-sept ans, se met en ménage avec une certaine Marie-Louise C., et réunit une équipe d'hommes de main pour se livrer à des expéditions punitives contre les établissements de Chambéry dont les propriétaires sont soupçonnés de sympathies gaullistes. Arrêté par la police locale, il est aussitôt relâché sur ordre supérieur. Dès la création de la Milice, le 30 janvier 1943, il revêt la chemise kaki, la cravate noire, le blouson bleu foncé et le béret marqué du gamma grec. Le voici promu chef pour la Savoie du 2e Service de la Milice (renseignements et action), qui servira surtout d'auxiliaire à la Gestapo. En septembre 1943, nouvelles promotions : il est nommé chef départemental, puis chef régional à Lyon, sous les ordres de l'impitoyable Joseph Lécussan, avec, pour adjoint, un tortionnaire nommé Gonnet. En six mois, l'effectif de son service, qui occupe l'annexe du lycée Ampère, passe de six à trente. Touvier commence par s'approprier l'appartement d'un industriel en textiles, M. Lehmann, Juif lorrain replié à Lyon. Il installe sa maîtresse dans l'appartement d'un Juif de Chambéry, M. Zavelick. Après avoir vendu le mobilier de M. Lehmann et gardé sa voiture, il pille l'appartement d'un autre Israélite, M. Franck, en février 1944, puis emménage chez un autre commerçant d'origine juive, M. Cerf. Ses exactions vont jusqu'à provoquer des règlements de comptes entre miliciens.

Auteur d'une *Histoire de la Milice*, Jacques Delperrié de Bayac raconte : « Lécussan accuse Touvier et son équipe de pillages. L'affaire va jusqu'au grand manitou du 2e Service, Jean Degans. Degans soutient Touvier. Lécussan crée alors sa propre équipe de renseignements avec le Russe blanc Pauverine, ancien de la Cagoule, qui travaille ouvertement avec le SD (Sécurité allemande). Ils s'accusent mutuellement de gangstérisme... Toutes ces équipes pratiquent systématiquement le vol et l'extorsion de fonds... Toute la région lyonnaise est écumée. Le milicien Gérard, de l'équipe Pauverine, est tué par des miliciens de l'équipe Touvier à la suite d'un partage de butin qui a mal tourné. »

Entre-temps, Touvier lui-même est passé du vol à l'assassinat. Au début de janvier 1944, son service a repéré la cachette du président de la Ligue des droits de l'homme, Victor Basch, quatre-vingts ans, recherché par Vichy comme Juif et franc-maçon. Le vieux professeur, avec sa femme, âgée de soixante-dix-neuf ans, a trouvé refuge à Caluire (Rhône). Le soir du 10 janvier, opérant sous les ordres de Lécussan, de concert avec le lieutenant Moritz, de la Gestapo, Touvier participe à l'arrestation du couple, car Mme Basch refuse d'être séparée de son mari. Lécussan raconte : « Moritz jugea Victor Basch trop âgé pour pouvoir l'arrêter, et nous décidâmes de l'exécuter. » L'Allemand leur ayant abandonné le sort des deux vieillards, les miliciens les conduisent en voiture sur une petite route de campagne, près de Neyron, et les abattent de plusieurs coups de feu. Les corps criblés de balles seront découverts le lendemain.

Au cours d'opérations contre le maquis, Touvier se distingue encore en commandant personnellement un peloton d'exécution. Le 29 juin, pour venger la mort de Philippe Henriot, ministre de la Propagande, exécuté par la Résistance, il fait fusiller sept commerçants juifs, raflés la veille par son équipe, contre le mur du cimetière de Rillieux, dans la banlieue lyonnaise. Leurs magasins sont mis à sac dans la journée. En juillet, il garde soixante-dix suspects et résistants en otages dans deux salles de classe de l'annexe Ampère. Parmi eux, M. Henri Jeanblanc, officier de carrière démobilisé de l'armée d'armistice, en novembre 1942, et commandant l'armée secrète à Saint-Etienne sous le nom de capitaine Navarre.

Aujourd'hui inspecteur d'académie, directeur du Centre de documentation pédagogique de Lyon, il se souvient : « Arrêté le 7 juillet, j'ai été détenu par le service de "Monsieur Paul" avec ma femme Ginette, jusqu'à notre évasion fin août, facilitée par l'aumônier de la Milice. Gonnet dirigeait les séances de torture à l'étage supérieur, sous les ordres de Touvier. Il a ainsi torturé à mort un petit coiffeur. Un soir, ils sont venus chercher un gars de Grenoble qu'on surnommait Bijou. Son corps a été identifié plus tard, dans un bois des environs, grâce à son dentier. Les "corvées de bois" de ce genre étaient fréquentes. Ma femme et moi avons été utilisés pour d'autres corvées : déménagement d'appartements et de commerces ayant appartenu à des Juifs livrés à la Gestapo, stockage du butin à répartir entre les chefs, gardiennage des collections, etc. »

Tout ce butin disparaît peu avant la Libération. Introuvable, Touvier est condamné à mort par contumace, le 10 septembre 1945, par la cour de justice de Lyon, et, le 4 mars 1947, par celle de Chambéry. Le 3 juillet 1947, il est arrêté par hasard sous une fausse identité. Démasqué, il s'évade des locaux de la Sûreté nationale et trouve refuge auprès d'un aumônier de la justice qui acceptera de le marier religieusement avec la mère de ses deux enfants, installée dans la maison des Charmettes. Il recevra ainsi, pendant vingt ans, l'appui moral et matériel d'au moins une dizaine de prêtres, dont l'un attaché au couvent de l'Immaculée Conception, qui jouxte cette maison.

En 1962-1963, le chanoine Duquaire, alors secrétaire du cardinal Gerlier, entreprend une quête d'attestations favorables à Touvier en vue d'une révision de la procédure ou d'une grâce présidentielle. Il vient au chevet de M. Jeanblanc, qui relève d'une grave opération à la clinique Sainte-Anne : « Cet homme, lui dit-il, est prêt à se constituer prisonnier. Il risque la peine capitale, alors que son père vient de mourir en laissant un héritage dont ne pourront même pas bénéficier ses deux enfants. Il vous a épargné. A votre tour, vous pouvez sauver ce malheureux. »

« De mon lit, j'ai refusé de céder aux sollicitations pressantes du prélat, raconte M. Jeanblanc. Mais ma femme et quelques amis se sont laissé circonvenir. »

Le persévérant chanoine fait également le siège du colonel Stéphane Pialat, juge d'instruction au tribunal militaire et du cabinet préfectoral, en attendant 1967, date de la prescription, vingt ans après la dernière condamnation. Devenu secrétaire du nouvel archevêque, Mgr Jean-Marie Villot, il ressort alors le dossier établi par ses soins quatre ans plus tôt, pour obtenir, cette fois, une remise des mesures accusatoires attachées à la peine principale : confiscation des biens et interdiction de séjour « dans le département où demeureraient, soit celui sur lequel ou contre la propriété duquel le crime a été commis, soit ses héritiers directs ».

A la fin de 1967, il fait délivrer par la préfecture du Rhône à son protégé une carte d'identité au nom de Paul Touvier, domicilié place Fourvière à l'adresse de l'archevêché ! « Aussi a-t-il été difficile de notifier à Touvier son interdiction de séjour », commente M. Robert Lamy, directeur de cabinet du préfet.

En décembre 1970, Touvier se présente au domicile du philosophe Gabriel Marcel, de l'Institut, de la part de Mme Marie-Madeleine Davy, chargée de recherche au CNRS, avec une recommandation de Mgr Duquaire, qui, entre-temps, a suivi le cardinal Villot au secrétariat d'Etat du Saint-Siège, à Rome.

« Il m'a présenté une version plus qu'édulcorée de ce qu'avait été son activité sous l'Occupation, raconte le philosophe. J'ai eu la faiblesse de le croire et d'écrire au président de la République pour plaider sa cause. »

A son interlocuteur, Touvier laisse entendre que seule une grâce pourrait lui permettre de régulariser sa situation familiale. Gabriel Marcel apprendra par la suite qu'il a été trompé et exigera la restitution de sa lettre : « Il y a des crimes imprescriptibles pour lesquels le pardon n'appartient qu'à Dieu », nous dit-il.

En dépit des avis défavorables de l'Intérieur et de la Chancellerie, M. Pompidou a signé ce pardon. Après deux voyages de Mgr Duquaire de Rome à Paris.

1973

Les plombiers du *Canard*

En décembre 1973, d'étranges ouvriers sont découverts travaillant dans les nouveaux locaux de l'hebdomadaire satirique. Tout indique qu'il s'agit en fait d'une opération d'espionnage destinée à placer des micros. Le pouvoir veut savoir qui sont les informateurs de ce journal qui, de semaine en semaine, ne cesse de faire des révélations sur les coulisses du monde politique. Ce Watergate à la française mobilise tous les médias. Comme ses confrères, *L'Express* s'emploie à démonter le mécanisme de cette manœuvre de basse police. Jacques Derogy raconte dans le détail les découvertes du juge. Du grand art journalistique. Et de gros ennuis à venir pour la DST, le service de contre-espionnage...

Ph. B.

☆☆☆

Ecoutes du *Canard* : *L'Express* remonte le fil

Jacques Derogy

L'enquête l'établit clairement : ce sont de vrais policiers en service commandé qui espionnaient l'hebdomadaire. (L'Express *du 17 décembre 1973.*)

En une semaine, les investigations personnelles d'un magistrat instructeur et les enquêtes de journalistes ont permis de remonter certains fils de l'affaire d'espionnage policier du

Canard enchaîné. Au sens propre comme au sens figuré. Et de lui donner ses véritables dimensions d'affaire d'Etat. En dépit des premières réactions officielles.

Vendredi soir 7 décembre, à l'heure où le Premier ministre, M. Pierre Messmer, prenait encore cette affaire de haut, en ironisant au micro de RTL, le juge Alain Bernard la prenait de plus haut encore : juché tel un chat de gouttière sur le toit glissant de l'immeuble qui, rue Saint-Honoré, doit abriter les futurs locaux du *Canard*, il était en train de réunir les preuves établissant la matérialité des faits. Sans le concours de la police, dont il s'était volontairement privé.

Sportif, grand amateur de ski et d'alpinisme, le juge Bernard n'a pourtant rien d'un James Bond. A quarante-sept ans, marié de fraîche date à une femme médecin, il cultive plutôt l'image lisse du magistrat réfléchi et discret. Et indépendant. En juillet dernier, il avait jugé la détention préventive de M. Alain Krivine, poursuivi au nom de la législation anticasseur, inutile à la manifestation de la vérité. Contre l'avis du parquet, qui s'opposait à sa libération.

Chargé d'instruire la plainte du *Canard enchaîné* après la découverte inopinée, le 3 décembre, d'une équipe nocturne se livrant à d'étranges travaux de forage sous la protection de gardiens de la paix non moins étranges, le juge Bernard a commencé par recourir à un article du Code peu usité – avec l'agrément du président du tribunal, M. Jean Vassogne – pour se faire adjoindre, par commission rogatoire, un autre magistrat, M. Hubert Pinsseau, jeune voisin de galerie au palais de Justice. Au lieu de déléguer d'emblée, comme d'habitude, ses pouvoirs d'enquête à la police judiciaire.

Dès le lendemain, il s'est rendu lui-même sur les lieux, flanqué d'un architecte expert, pour constater les ouvertures pratiquées sous le parquet et dans le mur du bureau directorial. Puis, avec son collègue, il a procédé minutieusement à l'audition des témoins : l'administrateur du journal qui avait surpris en flagrant délit les visiteurs du soir, les concierges, les locataires, les ouvriers qui les prenaient pour l'équipe des poseurs de rideaux et qui avaient également vu les gardiens en faction sur le trottoir à proximité du porche de l'immeuble. Il accumule ainsi une somme de signalements précis et peut-être précieux.

Poursuivant, le 7 décembre, son enquête de voisinage, il convoque à son cabinet la concierge de l'immeuble mitoyen, qui porte le n° 171, Mme Camille Vantard. A-t-elle remarqué, ces derniers jours, quelque chose d'insolite ? Mme Vantard signale d'abord le blocage de la serrure de la porte cochère, qui ne ferme plus depuis le 19 novembre. On peut donc y entrer, sans se faire remarquer, comme dans un moulin. Et puis, ajoute-t-elle, il y a le locataire du cinquième, sous les combles, M. Maurice Printemps, qui, en rentrant, le 3 décembre, à 23 heures, a remarqué des traces de plâtre et des empreintes de pas au fond du couloir donnant accès au toit par une lucarne. Elles n'y étaient pas quatre heures plus tôt.

Le juge Bernard sursaute. Il appelle l'expert, M. Georges Basdevant, et le Pr Pierre Ceccaldi, du laboratoire municipal, pour un nouveau transport de justice. Il s'intéresse d'autant plus à cet immeuble qu'un conduit de fumée désaffecté le sépare de celui du *Canard*, au 173, et qu'un des orifices découverts dans le bureau de son directeur semble déboucher dans cette cavité. Il décide donc de visiter tous les logements mitoyens et d'en interroger les occupants.

Au premier étage se trouve une agence de voyages tenue par un Américain, M. William Taylor, qui sous-loue une partie de ses locaux à une société d'expéditions express, Purolator. La secrétaire de direction encore présente en cette fin d'après-midi, Mlle Sibylle de Grancey, est heureuse de pouvoir faire part au magistrat d'une trouvaille qui, justement, la chiffonne : lové sur lui-même, du fil gris gainé comme un câble radioélectrique, pend dans la cheminée du bureau. Les deux extrémités de cet écheveau flasque disparaissent derrière le haut du tablier, légèrement relevé. La comptable, Mlle Sylvie Simon, lui en a fait remarquer la présence entre le 19 et le 23 novembre. Jusqu'alors, le tablier de cette cheminée n'avait jamais été ouvert. Mais elle n'y a guère attaché d'importance. Les deux côtés de la pelote résistent à la traction.

Le magistrat se tourne vers ses experts. « Il faut voir tout de suite jusqu'où ils remontent. » Il compose au téléphone le numéro des pompiers et demande à parler au colonel.

« Lequel ? Ils sont quatre.

— Le premier de la liste. J'ai besoin qu'il m'envoie discrètement quelques hommes sans "pimpon" ni échelle. »

Peu après, quatre hommes, vêtus de cirés noirs, débarquent d'une voiture banalisée. Le lieutenant Wolf dégage complètement le tablier et s'enfonce jusqu'au buste dans la cheminée. Il voit l'une des extrémités du fil fixée à la paroi, avant le coude du conduit, par un puissant aimant qu'il a quelque peine à arracher. L'autre extrémité, qu'il renonce à tirer, se perd au-delà du coude.

Le lieutenant ressort de la cheminée, le visage noir de suie, avec l'attirail. « Dire que j'avais le bal de la Sainte-Barbe ce soir. »

En fait de bal, il va faire un tour sur le toit en compagnie du juge. Pour identifier la souche de cette cheminée. Dehors, il fait déjà nuit. Le lieutenant plonge sa torche électrique dans la première cheminée de gauche et interpelle un de ses collègues qui a pris sa place dans l'âtre suspect. La communication établie, il en inspecte les parois, et perçoit, à mi-hauteur, un bout de fil recroquevillé, coincé dans un coude. Il redescend à l'agence avec le juge pour se suspendre littéralement au fil qui, cette fois, vient et tombe avec un morceau de plâtre noir : c'est l'obstacle qui retenait cette extrémité cisaillée de la pelote. La gaine, longue de près de 10 mètres, renferme, en fait, quatre fils électriques de couleur. Il s'agit bien d'un câble de sonorisation.

Intrigués, le magistrat et ses experts remontent sur le toit pour tenter de comprendre. En explorant de souche en souche, le lieutenant découvre un petit objet rond comme un gros bouton enveloppé dans du papier noir plaqué contre le zinc extérieur de la deuxième souche : une face est un aimant, l'autre présente une aspérité carrée qui se révélera être un micro-relais d'amplification. Ce micro tient à un fil de 3 mètres qui est engagé dans la cheminée, exactement au niveau des trous pratiqués dans le bureau directorial du *Canard*.

Le juge demande alors à visiter la chambre de bonne où passe la première cheminée. Elle était occupée par un couple qui a déménagé le 30 novembre. Le magistrat y saisit à tout hasard une lampe à acétylène, une scie, une pince coupante et des journaux. Il va confier tout son butin non au laboratoire de la préfecture de police, mais aux experts judiciaires commis par ses soins. Le rapport de l'ingénieur radioélectricien, M. Lorach, devra dire si le système de sonorisation en cours d'installation devait aboutir soit à un appareil enregistreur, soit à une ligne supplémentaire dans l'armoire téléphonique de l'immeuble. Il devra également déterminer la provenance du matériel saisi.

En tout cas, la conviction du juge est faite : il ne s'agit pas d'un travail d'amateur. Ce système de branchement sur fil nécessite un assez long délai d'installation, mais il offre deux avantages sur les appareils sans fil et miniaturisés, plus faciles à mettre en place : il est permanent, ne nécessitant aucune alimentation par piles. Et, surtout, il est indétectable, parce qu'il ne produit ni émission ni chaleur.

Seulement, cette conviction, le magistrat va la garder pour lui pendant tout le week-end, car il veut, pour l'instant, conserver secret le fruit de ses perquisitions.

Sa prudence est sans doute mal interprétée en haut lieu, car, tandis qu'il recense ses découvertes, M. Messmer parle : « C'est une histoire qui est dans le style d'un journal satirique. » Et le secrétaire général de l'UDR [*parti gaulliste*], M. Alexandre Sanguinetti, renchérit : « Après tout, pourquoi n'aurait-elle pas été montée par *Le Canard* lui-même ? Elle a permis un tirage de sept cent mille exemplaires. »

Trois jours plus tard, marche arrière : « Si les faits sont exacts, nous sommes en présence de fautes d'ordre moral, politique et professionnel telles qu'elles exigent des sanctions... Si la justice confirme, alors les sanctions doivent être exemplaires. »

C'est que, entre-temps, un certain nombre de révélations sont venues jeter la consternation au ministère de l'Intérieur. Outre le rapport surprise du juge parvenu lundi à la Chancellerie, et ébruité par la partie civile, qui a accès au dossier d'instruction, *L'Express* dénonce, ce jour-là, le rôle de « certains services des Renseignements généraux et de la Surveillance du territoire (DST), qui drainent la meilleure part des nouveaux crédits et des nouveaux effectifs pour se livrer à l'espionnage politique ». Et de donner des détails sur les méthodes, le recrutement et le nom des responsables de ces groupes sans s'attirer le moindre démenti. Nous sommes en mesure d'ajouter une précision : une section au moins de la direction centrale des RG était au courant du projet de sonorisation des locaux du *Canard* pour avoir fourni les études préliminaires. Celle dite des « affaires politiques particulières », que dirige le commissaire divisionnaire Brosseau, assisté du commissaire principal Pouzol et des commissaires Hamon et Bertrand.

Le premier à rectifier le tir est le ministre de l'Information, M. Jean-Philippe Lecat, en répondant ce jour-là au sénateur Dominique Pado que cette affaire « était appelée » à un certain nombre de conclusions et de conséquences : « On en reparlera. »

Le lendemain, *Le Canard enchaîné* nomme les policiers de la DST qui, selon ses informations, ont tenté d'installer le système d'écoutes dans ses nouveaux locaux. L'équipe de faux ouvriers était fournie par la section technique dirigée par le contrôleur général Edouard Chardon. Elle était commandée par le commissaire Jacques Neveu, cinquante-quatre ans, reconnaissable au rictus qui dégage des dents qui se chevauchent. Parmi eux, l'officier de police Raphaël Sanna, cinquante-cinq ans, a eu tort de montrer sa carte d'identité au concierge. Suivent les noms de trois inspecteurs, d'un photographe, d'un serrurier et d'un brigadier qui, tous, sauf le dernier, figurent bien au répertoire de la DST, ainsi qu'il résulte de notre enquête au Service de contre-espionnage. Selon Claude Angeli [journaliste du *Canard enchaîné*], la programmation, la supervision et la protection des travaux étaient assurées par la division III, dirigée par le commissaire divisionnaire Clément Millet, assisté du commissaire Jacques Delbois.

La publication de ces noms a semé la panique dans les couloirs de la DST, rue des Saussaies et rue Cambacérès, où circulaient, mardi, les photocopies de l'article du *Canard*. « Ils sont drôlement renseignés », soupiraient les secrétaires. « Affabulations à partir d'un organigramme », se contentait de commenter le seul sous-directeur visible, M. Jean-Paul Mauriat. Ce fut pis quand, dans la soirée, tomba le communiqué de M. Raymond Marcellin.

Malade pendant quelques jours, silencieux depuis le début de l'affaire, reçu longuement la veille par M. Georges Pompidou, et paraissant depuis, à ses proches, étrangement désabusé, le ministre de l'Intérieur déclarait, dans ce seul et unique commentaire : « Je n'ai jamais donné d'ordres à ce sujet, ni à M. Biard, directeur de la DST, ni à quiconque. Je ne me suis jamais occupé d'une telle affaire, ni de près ni de loin. Le directeur général de la police m'a transmis, le 7 décembre, les rapports écrits de chaque chef de service de la police qui déclarent ne pas être concernés par cette affaire. »

Pourquoi n'a-t-il nommé que M. Biard et pas les chefs des autres services de police ? Pourquoi n'a-t-il pas disculpé nettement la DST des griefs qu'on lui impute, au lieu d'indiquer seulement que, lui, il n'a pas donné d'ordres ?

A la DST, l'amertume est à son comble. « Nous sommes dans la position du Sdece après l'affaire Ben Barka. » Un seul policier a réagi, semble-t-il, de lui-même : le commissaire Neveu – un des deux fonctionnaires de la DST qui portent ce nom – est venu spontanément au cabinet du juge Bernard démentir, alibi à l'appui, sa présence sur les lieux le soir du 3 décembre. Il n'est pas, en tout cas, l'homme à l'imperméable qui s'était présenté à la concierge, Mme Micheline Berthin, à la tête de l'équipe des faux poseurs de rideaux.

Elle se souvient bien d'une denture irrégulière, dent cassée ou incisive en chevauchement près de la commissure droite, mais dit avoir été surtout frappée par une ressemblance entre l'étrange visiteur et l'acteur Lando Buzzanca, tel qu'elle l'a vu sur les placards publicitaires de *Ma femme est un violon*. D'autres témoins ont été également sensibles à cette ressemblance.

Qu'attend la direction de la Police nationale pour fournir les photographies des fonctionnaires cités au magistrat, qui pourrait les soumettre aux témoins avant même tout acte de confrontation ? Son devoir n'est-il pas de faciliter les recherches et les investigations de la justice, et non de se contenter, selon l'expression ambiguë du ministre, d'en attendre les résultats ? Si machination il y a, la police n'a-t-elle pas les moyens de l'établir ?

De deux choses l'une : ou bien la police est si mal encadrée que deux faux agents peuvent se montrer en faction pendant des heures, à deux pas du Palais-Royal, du ministère des Finances et des gendarmes mobiles qui gardent l'Office grec, sans être inquiétés le moins du monde. Hypothèse troublante. Ou bien le ministre, dans le souci de pénétrer tous les milieux suspects à ses yeux – qu'il s'agisse du gauchisme, de la drogue, du proxénétisme – a monté un appareil dont il aurait perdu le contrôle. Mais, s'agissant de membres de la DST, rigoureusement disciplinée, l'hypothèse d'une initiative individuelle de ses agents paraît invraisemblable.

Ce serait d'ailleurs la pire des explications. Elle supposerait que les fonctionnaires de la police sont, eux aussi, en état de désobéissance.

Sommé, vendredi soir, par M. Gaston Defferre d'apporter des éclaircissements au Parlement, M. Marcellin eût presque rassuré s'il avait avoué qu'il est l'instigateur. Mais il a répondu, vertement, que ce n'est pas à l'accusé de faire la preuve de son innocence. Une réponse un peu courte.

Un peu plus de trois ans après la révélation du scandale, cette affaire retentissante arrive à son terme judiciaire. Pour la justice, c'est un peu « circulez, il n'y a rien à voir ». En décryptant la manière dont le dossier a été géré, Jacques Derogy montre bien l'emprise qu'exerce à cette époque le pouvoir politique sur l'appareil judiciaire. Ce constat ne vaut pas seulement pour les écoutes du Canard *: il s'impose dans bien d'autres dossiers.*

L'art d'étouffer une affaire

Jacques Derogy

Après un peu plus de trois ans d'enquête sur le scandale des « plombiers » du Canard, *le bilan judiciaire est maigre.* (L'Express *du 10 janvier 1977.*)

Il ne s'est rien passé d'illégal ou de répréhensible lors de la tentative d'installation d'écoutes clandestines dans les locaux du *Canard enchaîné*. Tel est le sens de l'ordonnance de non-lieu rendue comme à la sauvette, l'avant-veille du Nouvel An, par le juge Hubert Pinsseau, en conclusion d'une instruction de plus de trois ans sur la plainte déposée, le 4 décembre 1973, par le directeur de l'hebdomadaire pour violation de domicile et tentative d'atteinte à la vie privée.

Le dessinateur André Escaro, également administrateur du *Canard*, venait alors de surprendre par hasard une équipe de « plombiers » occupés à d'étranges travaux nocturnes dans les bureaux en cours d'aménagement du nouveau siège du journal parisien, rue Saint-Honoré. Trois jours plus tard, le juge Alain Bernard, initialement chargé d'instruire la plainte, découvrait, dans un conduit de cheminée mitoyen, les éléments d'un système d'écoutes, ainsi que les traces de travaux de pose d'appareillage.

Dans la foulée, les plaignants lui livraient onze noms de policiers de la DST (service de contre-espionnage) que l'enquête personnelle des journalistes les amenait à soupçonner d'avoir été les exécutants de l'opération. La première réaction des responsables de la DST fut d'opposer à la démarche du magistrat pour vérifier le bien-fondé de ces accusations une fin de non-recevoir administrative, motivée par le secret couvrant l'identité et les activités de leurs agents. En y joignant un document « confidentiel défense », par définition incommunicable à des tiers, tels que la partie civile, et de nature, selon eux, à stopper l'information judiciaire en cours.

Le juge Bernard se borna à placer le document sous scellés et poursuivit sa tâche en convoquant les policiers mis en cause pour les confronter à une vingtaine de témoins. Mais ces fonctionnaires se dérobèrent tour à tour sur l'ordre de leurs supérieurs, estimant que les traits de leur visage devaient rester protégés par la législation sur le secret de la Défense nationale. Cependant, tout au long d'une instruction fertile en incidents, *Le Canard* et son avocat, Me Roland Dumas, ne cessaient d'alerter l'opinion pour que le magistrat procédât aux confrontations et éventuellement à l'inculpation des policiers dénoncés.

Le 18 mars 1975, le juge Bernard se rendait à leurs raisons : son ordonnance, confirmée deux mois plus tard par la chambre d'accusation, stipulait que la protection du secret couvrant l'identité et la personne des intéressés ne pouvait être invoquée pour mettre obstacle à la poursuite prévue de l'information.

Les policiers suspects n'en déférèrent pas davantage à ses convocations. Promu le 28 janvier 1976 procureur général à Bastia, M. Alain Bernard transmit alors le dossier à son successeur, le juge Pinsseau. Celui-ci fixa trois dates en mai pour procéder aux auditions demandées. Mais il reçut une lettre du directeur général de la Police nationale, M. Robert Pandraud, qui opposait son veto à la transmission même des convocations.

Dressant un constat de carence, le nouveau magistrat communiquait le dossier pour règlement, le 2 juin, au parquet. Et c'est conformément aux réquisitions de celui-ci qu'il a rédigé son ordonnance de non-lieu : dix-neuf pages d'attendus ahurissants et qui risquent d'instaurer une inquiétante jurisprudence en matière de violation de domicile et d'atteinte à la vie privée.

Le juge Pinsseau ne se contente pas d'y avouer son impuissance, du fait de l'inertie policière, à réunir des charges suffisantes contre quiconque se serait rendu coupable de ces délits ; il consacre les trois dernières pages de son ordonnance à contester l'existence même de tels délits dans l'installation d'écoutes entreprise au siège du *Canard enchaîné*.

– Les locaux du journal, en cours d'aménagement, n'étant encore ni occupés ni meublés, ne pouvaient bénéficier de la protection légale accordée au domicile, car celle-ci ne s'étend pas d'une manière générale aux biens immobiliers « contre une usurpation même violente ».

– Les auteurs des faits reprochés n'avaient pas achevé l'installation qu'ils avaient entreprise.

– Même achevée, celle-ci n'aurait pas attenté à la vie privée des journalistes qui « ne peuvent et ne pourraient en principe avoir, dans un local professionnel, que des conversations d'ordre politique, général ou professionnel, excluant par là même toute référence à la vie privée ».

Ce dernier attendu, s'il n'était pas réformé par les magistrats de la cour d'appel, légitimerait pour la première fois en France la pratique systématique des écoutes, et l'espionnage professionnel ou politique du type Watergate.

Ultime excès : l'ordonnance de non-lieu a été signifiée du jour au lendemain à Me Dumas, durant la « trêve des confiseurs », sans qu'aucun avis officieux l'ait précédée, ne lui laissant que quelques heures pour faire appel.

Saisie néanmoins juste à temps, la chambre d'accusation devra se prononcer sur la validité d'une décision strictement conforme aux ordres du parquet.

LES ANNÉES GISCARD

Valéry Giscard d'Estaing (VGE) est élu président de la République le 19 mai 1974. Il incarne la jeunesse (quarante-huit ans), le nouvel élan donné à la politique après la période Pompidou (1969-1974). Côté « affaires » et coups tordus, le pays espère une accalmie. Il n'en sera rien, au contraire. Les années Giscard sont marquées par de nombreux scandales, sur fond de rivalité, voire de haine, entre le camp giscardien et les gaullistes de Jacques Chirac.

Ce septennat sera celui du soupçon. Avec une pointe d'exotisme et quelques drames. Ainsi, il est question des chasses du président en Afrique ou des diamants offerts par l'empereur centrafricain Jean Bédel Bokassa. Plus grave : les morts mystérieuses. Citons d'abord les assassinats jamais élucidés de deux figures de la gauche radicale : Henri Curiel (1978) et Pierre Goldman (1979) – deux affaires qui ne sont pas traitées ici. *L'Express* a accordé une large place à deux autres dossiers touchant de plus près encore la « Giscardie » : le suicide du ministre du Travail, Robert Boulin, et le meurtre de l'ancien ministre Jean de Broglie, un aristocrate aux fréquentations sulfureuses. D'un dossier à l'autre, quelques juges commencent à afficher leur indépendance. Certes, Paris n'est pas encore Washington, où le scandale du Watergate, révélé par une enquête journalistique exceptionnelle, a abouti au départ du président Nixon le 8 août 1974, mais la presse joue de plus en plus son rôle de contre-pouvoir.

1976

L'affaire de Vathaire

L'histoire est digne d'un film ou d'un roman de gare. Avec, dans le rôle principal, un employé modèle qui, perturbé par le décès de son épouse, devient un autre homme. A presque cinquante ans, il s'éprend d'une jeune audacieuse, fréquente un mercenaire proche de l'extrême droite, dérobe des dossiers confidentiels puis une forte somme d'argent (8 millions de francs) à son richissime patron. En cette rentrée 1976, l'affaire de Vathaire – du nom du chef comptable indélicat – fait d'autant plus de bruit que le patron floué est le plus célèbre industriel du pays : l'avionneur Marcel Dassault. Un vieux monsieur de quatre-vingt-quatre ans au destin exceptionnel, fidèle soutien – moral et financier – des gaullistes de Jacques Chirac, Premier ministre jusqu'au 25 août 1976.

Après sa révélation par *France-Soir* (3 septembre 1976), l'affaire prend une dimension politique. S'agit-il d'une opération de déstabilisation lancée par les giscardiens contre Chirac ? Ce même Chirac n'a-t-il pas cherché à étouffer le scandale pendant plusieurs semaines ? Pourquoi a-t-il fallu attendre deux mois pour que l'histoire soit rendue publique ? Les dossiers dérobés cachent-ils des secrets fiscaux ou politiques ? Alors que Marcel Dassault clame son innocence et minimise l'importance du préjudice, *L'Express* consacre une série d'articles à de Vathaire. Le premier, daté du 13 septembre, raconte la dérive du comptable et ses liens avec le mercenaire Jean Kay.

Le second article, une longue enquête publiée le 25 octobre 1976, apporte des précisions sur le « scénario », mais permet surtout de mesurer la puissance économique et politique de cet industriel de génie qu'est Marcel Dassault.

L'affaire a finalement eu des conséquences limitées : le comptable a été condamné à quatre ans de prison, Dassault a préservé ses secrets, sans trop se soucier de la disparition d'une partie de l'argent. Quant au mercenaire Jean Kay – en cavale au moment du procès –, il a poursuivi sa vie d'aventurier à travers le monde...

Ph. B.

☆☆☆

Dassault : la cavale du comptable

Jacques Derogy

Un employé modèle saisi par la débauche, un mercenaire, le plus riche industriel français... L'affaire de Vathaire n'a pas encore livré tous ses secrets. (L'Express *du 13 septembre 1976.*)

Pour la deuxième fois en douze ans, une malversation d'un de ses employés oblige M. Marcel Dassault à sortir de sa réserve.

Lui qui n'a aucune vie mondaine, qui répugne à toute manifestation publique – même à la tribune de l'Assemblée nationale, dont il est membre –, le voici réussissant un one-man-show étonnant, mercredi, devant les caméras de la télévision. Pour réduire à une défaillance humaine l'abus de confiance dont il a été victime de la part d'un de ses collaborateurs, M. Hervé de Vathaire.

Sa première prestation télévisée remonte à l'enlèvement de sa femme, le 22 mai 1964. Celle-ci retrouvée saine et sauve sans que ses ravisseurs aient touché la rançon – de 4 millions de francs –, M. Dassault, seul milliardaire, en France, capable de prélever en quelques heures de telles sommes en liquide sur sa fortune personnelle, se prend à s'apitoyer sur le sort des gangsters qui ont monté l'opération : « Ils auraient mérité, dit-il, une fin plus honorable. » Il a alors soixante-douze ans. L'instigateur du rapt, contre lequel il se désistera de sa constitution de partie civile, est un ancien huissier de son journal *Jours de France*.

A quatre-vingt-quatre ans, M. Dassault explique mercredi, aux téléspectateurs, pourquoi il a retiré sa plainte contre son directeur de comptabilité, M. de Vathaire, disparu le 6 juillet avec 8 millions prélevés abusivement sur ses avoirs, et qui est justement ce jour-là de retour. « Un hasard, dit-il, et une bonne chose pour ses parents, qui étaient dans une folle inquiétude sur son sort. » Car c'est à la suite d'une lettre « très émouvante » du père de l'indélicat fugitif que M. Dassault s'est, une fois de plus, désisté : une supplique qui faisait appel à sa charité chrétienne pour « sauver une âme »...

Le « fils prodigue », qui invoquerait plutôt les esprits avec des tables tournantes, a donc été bien inspiré de venir se mettre à la disposition de la justice le jour où son ancien patron s'employait à dégonfler l'affaire tardivement découverte par la presse et, à ses yeux, fâcheusement montée en épingle. Mais est-ce encore un hasard si cette soudaine et retentissante publicité coïncide avec les développements du scandale des pots-de-vin distribués par la firme Lockheed[1] ?

Est-ce une autre coïncidence si la direction de *France-Soir*, informée le 17 août de la disparition du directeur comptable de M. Dassault, a reçu le 27 août, deux jours après la démission du gouvernement Chirac, les renseignements nécessaires pour permettre à ses enquêteurs de sortir l'affaire le 3 septembre ? Alertées dès le 6 juillet, saisies officiellement dès le 9, police et justice savent en tout cas, depuis le 12 juillet, à quoi s'en tenir.

Chef de service modèle qui avait acquis en un quart de siècle la confiance totale de son patron au point d'avoir sa signature, M. de Vathaire vient d'abuser de cette signature après avoir abusé de cette confiance. A quarante-neuf ans, cet homme d'ordre aux tempes argentées, au crâne légèrement dégarni, a tout à coup basculé dans la contestation et l'aventure. La fêlure s'est produite insensiblement au chevet de sa femme malade. Jusqu'à l'apparition, il y a quelques années, de cette maladie, il menait une existence rangée de père de famille. Ne sortant pratiquement jamais, il avait alors pour seuls hobbies la peinture, la sculpture et la littérature ésotérique. Quand, un jour de cafard, il a fait connaissance d'une entraîneuse, Bernadette Roels, de vingt ans plus jeune, il a continué à donner le change. Chez une amie de Bernadette, Danièle Marquet, il se lie avec un jeune

1. L'affaire Lockheed – du nom d'une firme aéronautique américaine – est un scandale politico-financier qui a éclaté en 1976 au Japon.

mercenaire en rupture de ban, Jean Kay, dont les aventures en Algérie, au Yémen, au Biafra, au Liban et en Angola exercent sur lui une étrange fascination. Entre une séance de spiritisme et une partie d'échecs, le directeur comptable à 30 000 francs par mois et l'aventurier soi-disant idéaliste refont le monde : ils cherchent les moyens de sauver l'Occident du déclin. Chacun dans sa sphère.

Est-ce ainsi que Hervé de Vathaire se transforme en nouveau Gabriel Aranda, ce chargé de mission qui, au ministère de l'Equipement, photocopiait les pièces d'opérations que sa morale réprouvait[1] ? Il se met à photocopier des documents comptables pour constituer un dossier confidentiel qu'il considère comme le symbole de sa rupture avec son milieu professionnel. Après la mort de sa femme qu'il trouve noyée dans sa baignoire, le 20 avril, au retour du week-end pascal, il n'hésite plus à s'afficher dans les boîtes de nuit avec Bernadette. Et à montrer à Jean Kay son dossier secret. L'ancien mercenaire ne tarde pas à se vanter dans les milieux d'activistes qu'il fréquente d'être sur un « coup super ». Le 3 juin, les deux couples s'en vont passer une semaine de vacances à Miami. Le drame va se nouer à leur retour. De Vathaire a confié son dossier à Kay. Quand il veut le récupérer, il se rend compte qu'il s'est fait jouer : avec ce dossier, il a fourni l'arme d'un chantage à ses propres dépens.

Le 4 juillet, sa fille Sabine et son gendre, M. Jean-Luc Simonin, s'inquiètent de son état de santé : « J'en ai marre, mais je ne peux rien vous dire », leur répond-il. Le lendemain, il passe toute la nuit à veiller dans sa propriété de Blaincourt, dans l'Oise. Le 6, il se rend à l'agence BNP de l'avenue de la Grande-Armée, où il a la signature d'un compte personnel de M. Dassault, pour retirer 8 millions : le temps que soient réunies les seize mille coupures de 500 francs, il fait un saut à son bureau.

A 11 h 30, il revient chercher la somme, abandonne sa DS à la hauteur du passage des Champs : il s'y engouffre avec ses deux valises pour sortir par la rue de Ponthieu, où l'attend une autre voiture, qui le conduit à Boulogne, au domicile de Danièle Marquet, l'amie du mercenaire.

Vers 14 h 30 seulement, le directeur de la banque avise M. Guillain de Bénouville, le bras droit de M. Dassault, du

1. Voir le chapitre consacré à l'affaire Aranda.

prélèvement effectué. Constatant que ce retrait ne correspond à aucune instruction du patron, M. de Bénouville téléphone au procureur général, M. Chavanon, qui met en branle la police judiciaire parisienne. M. de Vathaire est introuvable. Les inspecteurs interrogent en vain ses filles et son gendre.

En fait, le disparu file vers la frontière suisse en compagnie de Bernadette, à bord d'une Simca louée, suivi d'une autre voiture de location qu'occupent Jean Kay et son amie. A la première halte, il change de véhicule, donnant rendez-vous à Bernadette à Divonne (Ain). Quand elle y arrive, tard le soir, elle le trouve seul à l'hôtel, où il a pris une chambre à son nom. Le lendemain matin, il téléphone à son gendre pour lui demander de récupérer sa DS aux Champs-Elysées.

« Je sais, la police est venue », répond M. Simonin. M. de Vathaire raccroche, affolé. D'une écriture hachée, il rédige alors huit feuillets qu'il remet sous enveloppe à Bernadette pour les porter à son gendre. La jeune femme reprend seule le volant pour rentrer à Paris.

Le matin du 9, elle téléphone à Mme Sabine Simonin pour lui remettre le message dans une rue déserte. Elle tremble de peur. « J'avais constitué un dossier sur des opérations que je n'approuvais pas, écrit M. de Vathaire dans sa lettre. Kay m'a demandé à voir ce dossier et ne me l'a pas rendu. Il était armé. Il m'a menacé, et surtout il a menacé mes filles. » Suit une énumération d'opérations résumant le contenu du dossier.

M. Simonin, le gendre du comptable, hésite. Le 12, il appelle M. Dassault pour lui remettre ce document. M. Dassault prévient la police, qui le reçoit à sa place et le transmet au juge chargé d'instruire la plainte. Le 15, M. de Vathaire appelle son gendre d'un taxiphone : ne parvenant à récupérer ni l'argent ni le dossier, il craint d'aller en prison.

L'argent, M. Dassault a fait une croix dessus : le 10 août, il retire sa plainte. Quant au dossier, dont la justice détient le résumé, il semble y attacher moins d'importance que M. de Vathaire, qui, à cause de lui, a fait un mois de camping solitaire dans l'île de Corfou (Grèce) avant de se résigner à aller en prison[1].

1. Hervé de Vathaire s'est livré à la justice le 8 septembre 1976. Le tribunal qui l'a condamné à quatre ans de prison en 1977 n'a pas cru à la thèse des « menaces » de Jean Kay.

Qu'a fait Dassault ?

Jacques Derogy, Pierre Feydel et Michèle Cotta

L'affaire de Vathaire oblige à s'interroger sur le poids du groupe Dassault dans l'économie et la vie politique françaises. (L'Express *du 25 octobre 1976.*)

Un homme, l'argent, le pouvoir. Un mélange explosif quand l'homme se nomme Marcel Dassault, que l'argent est public et que l'empire déborde dans le monde entier les frontières de la France. Le jour même où la Société des Avions Marcel Dassault-Breguet Aviation engage une formidable partie pour la France en présentant aux Etats-Unis le projet de moyen-courrier Mercure 200 aux représentants de cent trente compagnies aériennes, M. Dassault répond à Paris aux questions d'un juge d'instruction.

« Hervé de Vathaire a joué au boy-scout et il s'est coupé avec son petit couteau », déclare le général Pierre Guillain de Bénouville, bras droit de M. Dassault, en sortant de chez le magistrat. Un grain de sable s'est pourtant glissé dans les rouages bien huilés d'une des plus puissantes machines françaises. L'affaire Vathaire est devenue une affaire Dassault, en montant aussitôt au niveau du Parlement, du gouvernement et de l'ensemble de l'aéronautique française.

A l'origine, un fait divers : la double indélicatesse d'un fondé de pouvoir soudain saisi par la débauche et par un idéalisme mystique. Voué depuis un quart de siècle au service de son patron, Hervé de Vathaire, qui gère la comptabilité des sociétés non aéronautiques de M. Dassault – avec délégation de signature –, a constitué, à l'aide de photocopies, un dossier « compromettant » sur des opérations que sa nouvelle morale réprouve. Ce dossier, il le confie à son nouvel ami, le mercenaire Jean Kay. L'aventurier le somme d'en monnayer la restitution. Le 6 juillet, de Vathaire vient retirer 8 millions à la BNP de l'avenue de la Grande-Armée, sur le compte personnel de M. Dassault.

Le comptable, qui a rejoint Jean Kay au Hilton d'Orly, tente de téléphoner à M. Dassault, cloué au lit par un début de congestion pulmonaire. Il dit à Mme Dassault : « Surtout ne bougez pas », mais la femme de l'industriel, également fiévreuse, ne retient rien de ces propos qui lui paraissent incohérents.

De Vathaire et Kay prennent alors la route de la Suisse, en faisant étape à Beaune et à Divonne, comme s'ils étaient assurés de l'impunité. Mais, entre-temps, le général de Bénouville, alerté par le coup de fil de la banque, a porté plainte auprès du procureur général ! En téléphonant de Divonne à son gendre, de Vathaire apprend alors que la police le recherche. Quand son amie le retrouve à l'hôtel, il fait une crise de nerfs : Kay a disparu avec l'argent, sans restituer le dossier. Le comptable rédige alors sur dix-sept feuillets – et non huit comme on l'a cru dans un premier temps – d'un bloc sténo une sorte de résumé énumérant les griefs rassemblés dans ce dossier, et qu'il demande à son amie de porter à son gendre, afin d'en aviser M. Dassault.

Le 12 juillet, le père du gendre, qui est expert-comptable, cherche à entrer en contact avec l'industriel pour lui remettre ce manuscrit. Craignant une provocation, M. Dassault prévient la police, et s'en va en convalescence à Gstaad (Suisse), sans même vouloir en prendre connaissance.

Le manuscrit de Vathaire circule le long des hiérarchies policières et judiciaires, jusqu'aux cabinets des ministres concernés. Par sa constitution de partie civile, le 2 août, l'avocat de M. Dassault y a également accès.

Le 10 août, le général de Bénouville interrompt ses vacances en Turquie pour rendre visite aux parents du comptable en fuite, et en revient avec une lettre implorant M. Dassault de retirer sa plainte. Ce qui sera fait.

Mais l'affaire éclate au grand jour. Derrière le roman policier se dessine l'affaire d'Etat. Distillé d'abord par allusions, le contenu du manuscrit de Vathaire est communiqué à diverses sources, en photocopies, au moment où le juge chargé d'instruire l'abus de confiance du directeur comptable s'apprête à convoquer comme témoins MM. Dassault et de Bénouville sur les circonstances du dépôt et du retrait de leur plainte.

Ce document accuse l'industriel d'avoir systématiquement appauvri les actifs de ses sociétés aéronautiques, cotées en Bourse et travaillant avec l'argent public, au profit des sociétés, essentiellement immobilières, dont il est l'unique propriétaire ; de mélanger ses comptes personnels et ceux de ses entreprises ; d'avoir soustrait au fisc un total de 1 milliard et demi avec la complicité rémunérée de deux hauts fonctionnaires des Finances. Ceux-ci réagissent aussitôt par une plainte en diffamation.

« Mon service vérifie effectivement les affaires de M. Dassault. avec lequel je n'ai jamais eu aucun contact direct, commente l'un d'eux, M. Marcel Tixier, cinquante-cinq ans, directeur régional des impôts, le grand patron de la Direction des vérifications nationales. Toutes ces vérifications, qui sont intervenues régulièrement depuis dix ans, ont été programmées, de nouveau, en 1975. Elles ont été élaborées pendant l'hiver et commencées sur place au printemps dernier. Mais il y a encore des enquêtes et des recherches en cours. Une vérification ne se fait pas en huit jours. Et, après, il faut encore attendre les conclusions de la Direction des Impôts[1]. »

« Le tabou Marcel Dassault n'existe pas, ajoute l'avocat de M. Tixier. Depuis la fin de 1973, il a fait l'objet d'un redressement fiscal à la suite d'une vérification qui n'est pas encore achevée. Tout cela n'est qu'un montage politique. »

A la télévision, M. Dassault reconnaît que son groupe a fait l'objet de redressements fiscaux. Mais sans commune mesure avec la gravité des irrégularités, détournements, abus de biens sociaux et manœuvres frauduleuses énumérés par le manuscrit.

Depuis le 25 août, il y a deux mois, les imputations contenues dans la note de Vathaire ont été portées par les autorités judiciaires à la connaissance du ministre délégué aux Finances, M. Michel Durafour. Il apparaît au ministre que les principales entreprises du groupe Dassault ont été régulièrement contrôlées par l'administration fiscale, et même plus fréquemment que les autres entreprises d'importance comparable. Dix vérifications ont été effectuées depuis 1968, et un contrôle d'ensemble a été programmé en août 1975. Ces sociétés ont donc été vérifiées selon une fréquence de cinq à six ans, alors que la moyenne nationale des contrôles des sociétés de plus de 20 millions de chiffre d'affaires est de plus de sept ans et quatre mois. « Il ne peut y avoir de fraude fiscale, car nous sommes contrôlés d'une façon constante », déclare M. Dassault en sortant, mercredi, de chez le juge d'instruction. Ces contrôles sont-ils suffisants pour découvrir toutes les manœuvres décrites par de Vathaire ?

---

1. Signalons le fait qu'Hervé de Vathaire est finalement revenu sur ses accusations concernant les deux hauts fonctionnaires.

Ils sont confiés aux cent cinquante agents de la Direction des vérifications nationales répartis entre vingt secteurs professionnels. Ce qui est bien peu pour les cinq mille grandes entreprises françaises de leur ressort. L'un d'eux raconte à *L'Express* : « Je suis arrivé un jour dans une entreprise avec mon stylo à bille et ma calculatrice de poche. On m'a dit : "Voilà toute la comptabilité". Il y avait cent sept caisses de bandes d'ordinateurs à vérifier. »

La vérification des comptes d'un groupe de cent mille salariés a été faite cette année par un seul inspecteur en douze jours, et une des plus grandes sociétés françaises de travaux publics a été vérifiée en moins d'un mois par une contrôleuse stagiaire.

Or, ce travail suppose une compétence quasi universelle à laquelle bien peu d'agents peuvent prétendre. La brigade « auto-avion » dispose de sept fonctionnaires dirigés par M. Roger Paillon, directeur départemental adjoint des impôts, également mis en cause par M. de Vathaire. Chacun d'eux doit vérifier en moyenne huit à dix entreprises par an. Le fonctionnaire affecté, par exemple, au contrôle de Dassault doit, outre l'aéronautique, fouiller la comptabilité des autres grandes filiales du groupe. Et, surtout, la loi permet toutes sortes d'opérations, qui peuvent paraître très anormales tout en restant tout à fait légales. Exemple : entre les sociétés industrielles qui incorporent dans leurs charges le montant de leurs loyers et les sociétés immobilières qui bénéficient d'un abattement de 25 % sur leurs recettes, la fraude consisterait à majorer abusivement les loyers. C'est légal. S'agissant d'usines, le contrôle est rendu difficile, faute d'éléments de comparaison suffisants.

Deuxième méthode : majorer les redevances pour licences et brevets. Comme pour les usines louées, il faudrait des expertises particulières pour apprécier la valeur des brevets vendus et des points de repère internationaux.

Autre obstacle : l'impossibilité, comme pour toutes les grandes sociétés françaises qui ont un réseau d'usines à l'extérieur des frontières, et qui sont de plus en plus nombreuses, de contrôler les opérations financières réalisées à l'étranger. Le ministère des Finances autorise souvent des transferts de fonds destinés à des commissions dont il est impossible de vérifier la destination ou même la réalité. Au demeurant, les conseils fiscaux sont là pour utiliser toutes les failles – ou, si l'on veut, toutes les ressources – du système fiscal. Pour eux, tout ce qui n'est pas expressément interdit est permis. Ils ne peuvent qu'« apprécier ». Qui est juge de l'efficacité de telle ou telle dépense pour obtenir des résultats commerciaux bénéfiques à l'entreprise ? Dans tous les pays, c'est le même problème. C'est encore plus compliqué en France.

Malgré un net durcissement des nouveaux agents – les « Incorruptibles » – les frais généraux symbolisent toujours le flou de ce système. « Les chefs d'entreprise peuvent toujours expliquer leurs dépenses », constate un contrôleur. Les résidences secondaires peuvent servir à la réception de la clientèle, par exemple. Au surplus, 0,5 % des chiffres d'affaires peuvent être affectés à des donations d'utilité publique ; ainsi, M. Dassault a pu, en toute légalité, offrir piscine et tennis à ses électeurs de l'Oise. Mi-boutade, mi-conviction, un conseiller va plus loin et estime que soutenir financièrement les hommes politiques favorables à la libre entreprise peut entrer dans les charges normales d'une firme. « C'est de l'autodéfense. » Or, Dassault n'est pas une firme comme les autres. C'est un empire dont le destin se confond avec celui d'un personnage hors série. L'aspect physique de ce petit homme de quatre-vingt-quatre ans qui pesait moins de 40 kilos en sortant du camp de Buchenwald, où il survécut par miracle, ne correspond pas à l'image communément admise du capitaine d'industrie fracassant.

Marcel Dassault est discret, timide, et il est presque aveugle, ayant souvent été opéré des yeux. L'un des hommes les plus puissants de France ne se montre guère ; il dessine ses avions au rond-point des Champs-Elysées.

Sous un éternel chapeau noir à bord roulé, derrière d'épaisses lunettes qui protègent ses yeux malades, en toute saison, il porte manteau et cache-nez. Il souffre d'hypothermie depuis les camps de déportation. Même sa démarche est précautionneuse. A la Libération, il a été paralysé des deux jambes à la suite d'une diphtérie contractée au camp. Il entend mal, son oreille droite perd de son acuité. Mais sa voix, elle, ne donne aucun signe de faiblesse, et il demeure le cerveau le plus clair et le plus créatif de son industrie – une sorte de phénomène. Il parle peu, mais net. Son timbre haut perché déroute l'interlocuteur. Son débit lent traduit sa perpétuelle concentration. Son ton, sans réplique, affirme son autorité. Dans les couloirs de ses bureaux et de ses usines, ses collaborateurs l'imitent souvent. Pas pour se moquer, mais pour citer quelques-uns de ses aphorismes qui ont fait le tour du monde des affaires : « Lorsqu'un avion est beau, il vole bien » ; « Pour qu'un avion se vende, il faut d'abord qu'il vole. » [...]

A ses côtés, en permanence, un seul homme : le général Pierre Guillain de Bénouville. Un résistant, général des Forces françaises libres. Compagnon de la Libération, commandeur de la Légion d'honneur, croix de guerre 1939-1945, l'auteur du *Sacrifice du matin*. Directeur de la rédaction de *Jours de France* et de *L'Oise libérée*, administrateur de la Banque commerciale de Paris, de la Société des Avions Marcel Dassault, de la Société financière et industrielle de pétrole, de la Société française des Nouvelles Galeries, des éditions Robert Laffont et de Télé Monte-Carlo, le général de Bénouville est aussi député UDR [*Union pour la défense de la République*] de Paris. Aujourd'hui, les affaires immobilières de Marcel Dassault ont diminué d'importance. En 1952, il avait créé la Banque commerciale de Paris, dont, en douze ans, le bilan passe de 100 millions à 35 milliards. Sa filiale immobilière construit alors 1 000 à 1 500 logements par an. Elle contrôle Inno France. En 1971, cette banque fusionne avec la Banque Vernes. A sa tête jusqu'en 1968, M. Albin Chalandon, inspecteur des Finances, député UDR des Hauts-de-Seine, ex-secrétaire général de l'UDR de février à décembre 1959, ministre de l'Industrie de mai à juillet 1968, lorsque Georges Pompidou est encore Premier ministre, ministre de l'Equipement et du Logement jusqu'en 1973. Le nom de Dassault demeure évidemment, et pour tout le monde, associé à l'aéronautique. Il est de ces rares industriels qui possèdent encore la firme qui porte leur nom, comme Ford et ses automobiles, Rothschild et sa banque. La Société des Avions Marcel Dassault-Breguet Aviation emploie quinze mille personnes. L'exercice 1975 s'est soldé par un bénéfice de 104,3 millions de francs. Ce chiffre d'affaires a atteint un total de 4 258 millions de francs, supérieur de 16,5 % par rapport à celui de 1974. [...]

Un avionneur génial ? Ses pires ennemis, en France et à l'étranger, ne l'ont jamais nié. Mais ce n'est pas de ses avions qu'il est question aujourd'hui.

Dans l'hémicycle du palais Bourbon, l'affaire Dassault a éclipsé, mardi dernier, le vote de la motion de censure.

Dans les couloirs, dans les travées, dans les bureaux, peu importe, ce jour-là, le vif échange qui oppose le Premier ministre, M. Raymond Barre, à M. François Mitterrand. De la majorité à l'opposition, du groupe communiste à l'UDR en passant par les socialistes, d'un seul mouvement les uns et les autres votent la constitution d'une commission d'enquête sur l'affaire Dassault. L'UDR s'associe, dès mardi après-midi, à la demande de la commission d'enquête déposée par les socialistes. Son président, M. Claude Labbé, affirme que sa formation ne veut rester « ni sourde ni muette devant les attaques dont un de ses membres est la cible ». « Nous faisons confiance à Marcel Dassault et nous lui demandons, s'il le juge nécessaire, de faire agir la justice si certaines allégations sont diffamatoires. »

Le lendemain, un jeune député socialiste de Belfort, M. Raymond Forni, enfonce le clou. Dans une question au gouvernement, il interroge M. Barre : « M. Dassault, député UDR, s'est-il rendu coupable de fraude fiscale, et dans quelle proportion ? D'autre part, que pensez-vous de la manière dont M. Marcel Dassault, qui a voté hier soir votre plan d'austérité, utilise les fonds publics dont la Ve République le fait bénéficier ? »

Et M. Gabriel Péronnet, président du Parti radical, joint sa voix, jeudi, à celle des socialistes : « L'affaire Vathaire, communique, à sa demande depuis l'Allier, le Parti radical, touche de trop près à l'argent public pour être traitée dans les coulisses. » Le monde politique, donc, est unanime à demander... une commission d'enquête ; c'est-à-dire une vaste hypocrisie... Personne n'a d'illusions. C'est ici, en vérité, que l'« affaire » commence, dans toute sa gravité. Que va faire, pour de vrai, le pouvoir public face à cet immense imbroglio financier, face à une entreprise aussi puissante, à une campagne qui a tant de résonance dans l'opinion ? « Dassault est-il innocent ? » est presque devenu une question secondaire par rapport à : « Qu'est l'Etat devant Dassault ? »

Les parlementaires français n'ont pas du tout les pouvoirs, illimités, d'une commission d'enquête américaine. Tenus statutairement au secret – « sous peine d'amende, et de un à deux mois de prison » –, les membres d'une commission parlementaire française ne sont élus que temporairement. Leur mission prend fin, quoi qu'il arrive, quatre mois (durée dérisoire pour vérifier l'empire Dassault) après l'adoption de la résolution qui a créé la commission. Celle-ci ne peut d'ailleurs être créée « lorsque les faits ont donné lieu à des poursuites judiciaires, et aussi longtemps que ces mesures sont en cours ». Rien, enfin, n'oblige les témoins cités à comparaître, ni les détenteurs de documents à les communiquer. Enfin, la publication du rapport rédigé en fin d'analyse par la commission dépend encore d'un vote positif de l'Assemblée. D'ailleurs, quelle commission d'enquête parlementaire a abouti depuis vingt ans ? On se souvient assez des affaires de l'ORTF pour n'avoir guère d'illusions.

La commission à laquelle aspirent, depuis la semaine dernière, tous les députés, majorité et opposition confondues, ne sera pas la commission Church, dont les révélations ont ébranlé l'empire Lockheed.

Aussi, le vrai problème que pose l'affaire Dassault, c'est l'emploi de fonds publics par une société privée et la transparence permanente de cet emploi, du moins pour l'Etat. Ce n'est d'ailleurs pas simple. Le succès des Mirage a fait connaître Marcel Dassault dans le monde entier : vingt-trois pays en ont fait, parfois par dizaines, la commande contre les concurrents américains. Cette puissance suppose une politique de vente agressive : « Nous ne sommes rien vis-à-vis des Américains, nos moyens sont dérisoires à côté des leurs. Mais nous prenons tous leurs moyens pour vendre nos avions. »

Cette pugnacité n'a pas été couronnée de succès, au printemps dernier, dans le marché du siècle (18 milliards de francs environ pour plus de trois cents avions qui devaient remplacer les F104 Starfighter des forces aériennes belges, danoises, néerlandaises et norvégiennes), où tous les coups étaient permis. Dassault est ainsi amené à utiliser les mêmes moyens que ses concurrents américains : accords personnels, marchandages de toutes sortes. On peut imaginer que c'est à cela que servent les comptes ouverts en Suisse, comme pour des compagnies nationales elles-mêmes, avec l'accord du gouvernement français.

Aux Pays-Bas, un député socialiste, M. Piet Dankert, et un député libéral, M. Keja, ont accusé la firme Dassault de leur avoir proposé des pots-de-vin par l'intermédiaire de son représentant, M. Jan Botterman, pour favoriser la vente du F1. Ces avances remonteraient à 1973-1974 – c'est-à-dire aux négociations sur le marché du siècle. Il aurait été proposé 2,4 millions de francs à M. Dankert et 50 000 francs à M. Keja, ainsi qu'un petit terrain près de Perpignan. Le procès pour tentative de corruption a eu lieu en février dernier, à Amsterdam. M. Botterman a été relaxé faute de preuve.

Il n'est pas le seul « représentant » utilisé par Dassault à l'étranger. Les agents du service de documentation extérieure et de contre-espionnage français travaillent tout naturellement pour le constructeur français. La fabrication des armes conduit inévitablement à des pratiques « à la limite ».

Et c'est surtout sur ce terrain, aujourd'hui, que se situe l'affaire Dassault, devenue, en quelques dizaines d'années, un cas exemplaire de société privée d'Etat. La politique d'« indépendance nationale » a rapidement fait de Marcel Dassault, seul constructeur militaire français, le fournisseur à peu près unique de l'Armée de l'air française. On ne sait plus, aujourd'hui, qui a le plus besoin de l'autre, de Dassault ou de l'état-major de l'Armée de l'air. La firme française est une sorte de prolongement naturel de la direction du matériel. Pas question d'acheter des avions de combat américains ou russes. Marcel Dassault a conquis un monopole national de fait, qui est devenu sa base pour être compétitif à l'étranger, et gagner les marchés à l'exportation.

D'où la facilité avec laquelle lui sont consentis des prêts pour étudier et lancer de nouveaux prototypes. Avions militaires et civils bénéficient d'aides considérables de l'Etat : 350 millions pour le Mercure 100 ; 775 millions pour le triréacteur Falcon 50 ; 267 millions pour le Mirage à décollage vertical ; 94 millions pour les Mirage F2 et F3.

La Cour des comptes se penche périodiquement sur la façon dont sont remboursés les prêts consentis à des firmes privées. Le dernier rapport de la Cour, en 1975, s'inquiète des avances faites à la Société Marcel Dassault pour le financement du programme Mystère 20 : de 1967 à 1971, 36,7 millions de francs remboursables par le versement d'une somme forfaitaire à partir du 320e appareil vendu, les prêts étaient remboursables en trois temps : l'amortissement de la première avance de 16 millions devait commencer avec la vente du 320e appareil, et jusqu'au 399e ; la deuxième, avec la vente du 400e, et jusqu'au 474e ; la troisième, du 475e avion au 550e.

« Au 31 décembre 1974, note pudiquement le rapport de la Cour des comptes, les remboursements n'avaient pas encore commencé. Au rythme actuel des ventes, il est douteux que même la première avance puisse être totalement remboursée... »

Liée à tout cela, bien entendu, l'influence politique... Tout-puissant, M. Dassault l'est dans l'ensemble des milieux politiques. Il s'est engagé, dès 1947 dans le RPF, au côté du général de Gaulle. Il a, sous la IVe et la Ve, financé plus ou moins largement, et « avec, explique-t-il, son argent personnel », la plupart des partis politiques. Jusqu'au communiste Marcel Paul, compagnon de déportation, qui, dit-on, a bénéficié de ses subsides à la Libération. Il finance la plupart des journaux locaux de ses amis UDR en période électorale.

Ces mêmes largesses, il les dispense sans compter dans la première circonscription de l'Oise, sa circonscription. Casques pour les sapeurs-pompiers, téléviseurs pour les écoles, piscines pour les jeunes, contribution personnelle aux stades municipaux (500 000 francs en 1975), cadeaux pour les vieux, rien n'y manque. Pas même le don d'ânes et de chèvres au parc municipal Marcel-Dassault à Beauvais. Pas même les distributions gratuites aux électeurs de tous les cantons de *Jours de France* et de *L'Oise libérée-Dimanche*, hebdomadaire qui emploie douze personnes. Coût présumé pour 1976 : 3 240 000 exemplaires, 1,2 million de francs.

Ainsi, chaque année, M. Dassault distribue-t-il 100 francs aux postiers de Beauvais, « pour travail supplémentaire occasionné par la distribution gratuite de *L'Oise libérée-Dimanche* ». Ainsi, pour réconforter son suppléant qui manque de sens politique, M. Dassault fait-il une fête et offre-t-il, d'un coup, aux gagnants de parties de loto près d'une vingtaine de Renault 5. Qui refuserait ? « Puisque c'est son argent personnel, conclut un électeur, il en fait profiter les autres. On ne va quand même pas le lui reprocher, non ? »

Le problème n'est pas, en effet, dans le fait que M. Dassault utilise comme il l'entend les bénéfices qui lui reviennent en tant qu'actionnaire principal – et le plus souvent unique – de ses sociétés. Mais les marchés passés par l'Etat, les avances publiques consenties à un tel niveau ne doivent-ils pas être contrôlés par le gouvernement, le Parlement, tous les Français ?

Le Premier ministre, M. Barre, le sait bien, qui déclarait en privé, la semaine dernière, s'assigner parmi les objectifs prioritaires de son gouvernement un contrôle plus étroit et plus efficace des marchés passés par l'Etat. Il ne pensait peut-être pas, ce disant, à Marcel Dassault. Son cas, pourtant, illustre aujourd'hui à merveille les préoccupations du Premier ministre.

Si M. Dassault n'a pas violé les lois en vigueur, c'est que sa puissance, financière et politique, l'a mis automatiquement au-dessus des lois ordinaires. A un statut si exceptionnel, lui-même [...] reconnaît, comme le demandait J.-J. Servan-Schreiber il y a plus de trois ans et demi, qu'il y a une seule réponse à la mesure du problème, et à titre exceptionnel : *la nationalisation*. Qu'attend le gouvernement pour la proposer au Parlement ?

1976

L'affaire de Broglie

Le vendredi 24 décembre 1976, peu avant 9 h 30, Jean de Broglie, député de droite du département de l'Eure et ancien ministre, est assassiné rue des Dardanelles, à Paris. Cet homme de cinquante-six ans, réputé pour ses fréquentations sulfureuses, présente un CV d'exception : c'est un noble, un prince de la République, descendant d'une famille illustre, ex-secrétaire d'Etat aux Affaires étrangères du général de Gaulle, cousin par alliance de Valéry Giscard d'Estaing, un président avec lequel il était, paraît-il, en froid. Le motif de l'assassinat ? Une opération financière liée à l'achat d'un restaurant parisien, La Reine Pédauque. Autrement dit, ce fait divers mêle argent et pouvoir, noblesse et truanderie. Tous les éléments d'un scandale politique majeur réunis.

Le ministre de l'Intérieur, Michel Poniatowski, s'empresse donc d'éteindre l'incendie. Cinq jours après le meurtre, ce fidèle de Valéry Giscard d'Estaing annonce, lors d'une conférence de presse, l'arrestation de « coupables » au mobile sordide et sans mystère. Cette conférence a de quoi faire tiquer le garde des Sceaux, Olivier Guichard : elle est organisée alors que les suspects n'ont pas encore été déférés devant la justice. « Le coup de filet est complet, se réjouit Poniatowski. L'enquête a été remarquablement menée. » Et « Ponia » de donner les tenants et les aboutissants de ce qu'il appelle un « mécanisme extrêmement simple » : la victime avait cautionné un prêt bancaire à deux associés douteux, Pierre de Varga et Patrick Allenet de Ribemont, pour l'achat du restaurant. Les deux débiteurs ont fait supprimer leur créancier par un policier véreux, l'inspecteur Guy Simoné, qui avait recruté un tueur à gages, Gérard Frèche, avec l'aide de deux hommes, Serge Tessèdre et Simon K.

La satisfaction du ministre est pour le moins prématurée. D'abord, parce qu'il semble se moquer du principe de présomption d'innocence en parlant déjà de « coupables ». Ensuite, parce que l'affaire est beaucoup plus compliquée qu'il ne le dit. La police judiciaire elle-même fait bientôt l'objet de graves accusations : il lui est reproché d'avoir été informée, des semaines auparavant, d'un projet d'assassinat, et d'être restée inactive.

De révélations en révélations, l'affaire vire à l'imbroglio. Les journalistes ont bien du mal à en rendre compte tant elle est complexe. Une certitude : l'excès de précipitation de Poniatowski se retourne finalement contre lui. Les médias et l'opposition se demandent si sa hâte initiale n'était pas destinée à empêcher que la lumière soit faite sur les activités du prince (et donc de ses amis politiques ?) ou sur la connaissance qu'avait la police des menaces pesant sur lui. Bref, l'affaire de Broglie va se doubler d'une « affaire Ponia », comme l'écrit Yann de l'Ecotais dans *L'Express* du 19 avril 1980. Une commission parlementaire sera même constituée pour décider de l'éventuel renvoi du ministre devant la Haute Cour de justice. Heureusement pour lui, la décision, rendue le 20 janvier 1981, sera négative. Tout le monde relève néanmoins l'ironie de la situation : n'est-ce pas ce même « Ponia » qui stigmatisait autrefois les « copains et les coquins » à propos des dérives gaullistes ?

L'Express a consacré des dizaines d'articles à ce dossier, la plupart sous la plume de Jacques Derogy. Celui que nous avons retenu en complément de l'éditorial de Yann de l'Ecotais est l'un de ceux qui relatent le procès devant la cour d'assises de Paris (*L'Express* du 27 novembre 1981). Alors que la France est désormais présidée par le socialiste François Mitterrand, ce procès d'envergure (quarante jours d'audience, cent quarante témoins, 150 kg de dossiers) est un peu celui des années Giscard. Derogy en rend compte de façon précise et détaillée, notamment pour souligner la colère du président de la cour, André Giresse. Convaincu que la police cache encore une partie de la vérité – ce que ses responsables nient avec force –, ce magistrat ouvertement de gauche donne à l'audience une tonalité très politique, révélatrice du climat de l'époque.

Ph. B.

☆☆☆

Les mystères de l'affaire de Broglie

Yann de l'Ecotais

L'affaire de Broglie est-elle devenue l'affaire Poniatowski ? Que savait la police ? Qui couvre qui ? Le climat politique français se délite. (L'Express *du 19 avril 1980.*)

Les Français plongent, avec ce qu'il est convenu d'appeler la classe politique, dans une nouvelle « affaire » – l'assassinat d'un prince qui avait tout confondu, Jean de Broglie. Une enquête close trop vite, à la fin de l'année 1976, affirme *Le Canard enchaîné*, photocopies à l'appui. Une affaire judiciaire, donc. A la magistrature de remplir son office. Ce qu'elle fait mercredi 16 : une information contre X est ouverte par le juge pour « soustraction et dissimulation de documents intéressant une affaire criminelle ».

Mais, à la fin de 1976, le ministre de l'Intérieur était Michel Poniatowski, le « hussard » giscardien dont les charges ont fait trembler ennemis – et amis. Ah, mon gaillard... L'occasion est trop belle, pour les communistes, de faire oublier l'« affaire Marchais ». Les socialistes, eux, sont, après tout, dans l'opposition. Les deux groupes, dès mardi, réclament à l'Assemblée nationale la comparution de « Ponia » en Haute Cour de justice. A Strasbourg, où il suit distraitement la session du Parlement européen, l'ancien ministre fulmine contre la « carambouille politique » et menace d'attaquer l'opposition en justice – dommages et intérêts à la clef.

Quant aux gaullistes, ils n'ont pas oublié celui qui se proposait de nettoyer les allées du pouvoir, il y a quelques années, « des copains et des coquins ». Ils ne joignent pas leurs voix à la gauche, mais parlent de s'associer à la création d'une commission d'enquête. Surtout, Claude Labbé, le président du groupe RPR, laisse tomber : « Nous sommes très préoccupés par cette affaire, que l'on appelle maintenant l'"affaire Poniatowski" »...

L'affaire de Broglie serait donc devenue l'affaire Poniatowski ? Le bureau de l'Assemblée nationale déclarait jeudi recevable la proposition du PS, qu'une commission élue devra examiner « au fond ». Mais, au-delà, c'est bien le risque que recèle la coagulation d'intérêts divers et pas toujours avouables. La recherche de la vérité est une obligation permanente. Tous les problèmes sont sérieux, y compris ceux qui ont trait au passé – éloigné ou récent – des dirigeants. Mais la vie politique a des coïncidences...

Peyrefitte, par exemple. *Le Canard enchaîné* ne publie-t-il pas, mardi dernier, alors qu'on patauge déjà beaucoup, les extraits d'une note que le garde des Sceaux (RPR) aurait – ce qu'il dément – remise, en janvier, à l'Elysée sur les meilleurs moyens d'affaiblir Chirac ? « Tout ça, ça sert les socialistes. Qu'est-ce que ce sera dans six mois, à l'approche de la présidentielle ! » s'inquiète un député UDF. Une réflexion qui ressemble au bulletin météo de la politique française, d'ores et déjà prise dans le tourbillon de l'élection de 1981 :

– Dans la majorité. Le président de la République n'a aucun cadeau à attendre d'un RPR décidé, sans ouvrir de crise, à engranger les dividendes de toute irritation, quelle qu'en soit l'origine. Charles Pasqua, jeudi, considérait même la réélection de Giscard comme un « danger pour la démocratie »...

– Dans l'opposition. Le vent ne peut pousser que les hommes « sans passé », qui ont évité les embruns, du type Michel Rocard.

– Sur le plan général. D'une affaire à l'autre, le « ton » donné à la campagne risque d'élargir l'« effet Balavoine », du nom du chanteur qui, au nom des jeunes, rythmait récemment, à la télévision, un nouveau « ras-le-bol ».

De Broglie : la justice saisie par la politique

Jacques Derogy

Trois semaines après l'ouverture du procès de l'affaire de Broglie, en 1981, les débats prennent une tournure inattendue et donnent à Jacques Derogy l'occasion d'évoquer les méandres de cette enquête. (L'Express *du 27 novembre 1981.*)

On ne se méfie jamais assez d'une eau qui semble dormir. Le procès de Broglie allait, depuis près de trois semaines, son train de sénateur : interrogatoire des quatre inculpés – le tueur, l'intermédiaire, l'organisateur et le commanditaire supposé – qui se renvoient la balle meurtrière, examen fastidieux des charges pesant sur chacun d'eux et des comptes fantastiques de la victime, épluchage chronologique des cinq mille procès-verbaux et cotes du dossier, valse de noms, de dates, de sociétés à donner le tournis aux jurés de la cour d'assises de Paris... Et toujours pas la moindre lueur sur ce qui a conduit le policier véreux Guy Simoné à armer le minable tueur au rabais Gérard Frèche, recruté par le demi-sel Serge Tessèdre, pour « exécuter » Jean de Broglie, ancien ministre, député giscardien de l'Eure, sous les fenêtres de l'affairiste marron Pierre de Varga, à la veille de Noël 1976.

Dans l'attente d'un improbable coup de théâtre – aveu d'un inculpé, révélation d'un témoin –, les chroniqueurs judiciaires se relayaient pour déplorer la confusion ambiante. « Confusion d'autant plus grande, écrit l'un d'eux, qu'aucune police des débats n'est assurée. La discussion tourne trop souvent à la foire d'empoigne, sous l'œil impassible du président, dont le rôle est joué, en fait, par l'avocat général... »

Or le coup de théâtre s'est produit du côté, précisément, où on ne l'attendait pas. Une intervention inopinée du président André Giresse a déclenché un maelström politico-judiciaire sans précédent, en relançant spectaculairement l'affaire Poniatowski. Une affaire que l'on croyait morte de son propre poison, depuis son enterrement par la majorité de la commission parlementaire chargée, à la fin du précédent septennat, de statuer sur un éventuel renvoi en Haute Cour de l'ancien ministre de l'Intérieur pour son rôle dans l'enquête sur l'affaire de Broglie...

Ronronnante et répétitive, la douzième audience du procès tirait à sa fin, en cet après-midi du vendredi 20 novembre. De sa voix lente et grave, toujours égale, le président Giresse annonce qu'il va clore la première phase des débats par une observation, avant que commence, la semaine suivante, le défilé des témoins. Il garde ce ton, à la fois timide et badin, qu'il a employé, le soir du match de football France-Pays-Bas, quand il a suspendu l'audience pour ne pas rater le coup d'envoi ou, la veille, quand il a répondu à ceux qui critiquaient son absence apparente d'autorité face à la fougue de l'avocat général ou des défenseurs : « Je suis pour que toutes les parties s'expriment comme elles l'entendent. Je préside non la Cour de sûreté de l'Etat mais la cour d'assises, une instance démocratique, non une juridiction d'exception. »

Une pierre dans le jardin de l'avocat général Marcel Dorwling-Carter, cinquante-sept ans, originaire de Fort-de-France, qui, pendant deux ans, a représenté le ministère public à la Cour de sûreté de l'Etat... Attelés au même char judiciaire par le hasard des promotions, les deux magistrats n'ont visiblement pas d'autres atomes crochus que leurs débuts dans la France d'outre-mer.

Cette fois, le président Giresse, natif, lui, de Madagascar, lit une déclaration rédigée comme un dispositif de jugement. Le début se perd dans le brouhaha de l'indifférence. Mais, à mesure que ses sentences tombent comme à la parade, l'auditoire sort de son demi-sommeil et n'en croit pas ses oreilles. Dénonçant les carences de certains services de police et leur mauvaise coordination, le président Giresse met, en effet, directement en cause le commissaire Jean Ducret, ancien directeur de la police judiciaire parisienne, et Michel Poniatowski, ancien ministre de l'Intérieur. Il considère comme acquis aux débats, en l'état actuel du dossier, que le premier n'a pas transmis aux autorités judiciaires, « comme la plus élémentaire lecture du Code le lui commandait », des rapports de police relatifs au projet de meurtre connu d'un de ses services (la 10e brigade territoriale de la préfecture) au moins trois mois avant sa mise à exécution. Il considère, de même, que le second a menti par omission quand il en a pris connaissance après le crime. La conclusion provisoire qu'il en tire est délibérément provocatrice : « La justice a été tenue pour quantité négligeable. Cette affaire de droit commun est ainsi devenue un Watergate français. »

Là-dessus, profitant de la stupeur créée par ses propos, et pour couper court à d'éventuelles répliques des parties en présence – toutes surprises, certaines pantoises, d'autres ravies –, le magistrat lève l'audience et se retire pour le week-end. Inutile de forcer le siège de cet homme tout en longueur, au visage d'ascète barré de rides verticales et d'épais sourcils sous un front dégarni, aux lèvres minces et au sourire rare. Président des assises depuis 1979, André Giresse est, à cinquante-neuf ans, au faîte d'une carrière commencée outre-mer jusqu'à la décolonisation de 1960 et poursuivie à Paris, sans jamais cacher ses options socialistes, qui n'ont exercé aucune influence sur sa fonction. Sévère et répressif, c'est lui qui a obtenu, en octobre 1980, la condamnation à mort de Philippe Maurice, ce meurtrier de policiers dont l'avocat général Dorwling-Carter avait demandé la tête et qui a été gracié par François Mitterrand. Et c'est à lui que l'ancien procureur général Paul-André Sadon – l'un des thuriféraires de la loi Sécurité et Liberté – a confié le soin de juger l'explosive affaire de Broglie.

Le président Giresse en a fait l'affaire de sa vie. Au point de refuser, le 1er octobre, le nouveau supplément d'information requis par le procureur Pierre Arpaillange, que le ministre Robert Badinter a nommé pour succéder à Sadon. Et de passer outre aux protestations de Poniatowski, qui menaçait de ne pas aller témoigner à la barre et de faire poursuivre le magistrat pour pressions sur témoin.

Quant aux menaces de mort signées « Honneur de la police » et prises au sérieux par le préfet, qui lui a envoyé deux anges gardiens, elles le laissent aussi indifférent que les critiques ou les approbations de ses propres collègues...

Membre des instances disciplinaires de la Fédération française de football – sa passion –, il connaît le devoir d'impartialité de l'arbitre. Il se défend donc d'avoir, dans sa déclaration, préjugé quoi que ce soit : « Je me suis contenté de donner une synthèse des éléments figurant au dossier, pour faire réfléchir tous les intéressés. »

A plusieurs reprises, le magistrat a déjà exprimé sa volonté de « faire éclater la vérité avec un grand V ». Il n'a donc fait que mettre les points sur les *i* en prenant à son compte les constats établis par cinq ans d'instruction. Son allusion au Watergate est peut-être malvenue, mais il s'agissait, dans son esprit, d'une image choc propre à stigmatiser le mensonge érigé en raison d'Etat par peur du scandale.

« Je ne veux plus de mensonges », a fait encore savoir le président Giresse. Il s'agit non pas d'intimider les témoins, mais, d'une part, de placer police, justice et monde politique en face de leurs responsabilités, d'autre part, de dénoncer les manquements à leur devoir des responsables qui, par leur comportement, ont favorisé à leur grand dam la politisation d'une affaire criminelle. Enfin le magistrat a voulu, en tapant sur la table, rappeler, à la fois, la primauté de l'autorité judiciaire sur l'ordre politico-policier et la préséance de sa propre fonction face au débordement de l'avocat général sur la direction des débats.

La « bombe Giresse » fait suite, en effet, à une passe d'armes à peine mouchetées entre le président et Dorwling-Carter, à propos des lacunes d'un dossier pourtant volumineux.

« Il y a des couleuvres que je ne peux avaler », commente le premier, en épluchant, à l'audience du 17 novembre, les dépositions policières. Il trouve, en particulier, « dur à avaler » que les Renseignements généraux n'aient pas suivi l'évolution d'un ancien ministre comme de Broglie, lâché par son parti et empêtré dans des combines de plus en plus fangeuses. Il estime même qu'un commissaire « pousse le bouchon un peu loin » en prétendant ignorer l'existence du Service d'action civique, le Sac [*service d'ordre gaulliste aux méthodes radicales*]...

« Dès qu'on aborde les relations de la 2e section des Renseignements généraux avec de Varga, constate-t-il, c'est le grand silence... »

« Qu'on ne me dise pas que la police n'a rien fait, réplique l'avocat général : elle a fourni 4 500 des 5 000 pièces de ce dossier. Et j'ai fait citer 64 policiers, du haut en bas de l'échelle... » Quand, à l'audience du 18 novembre, on aborde les fameux rapports de l'inspecteur Michel Roux qui prévoyaient la mort du prince à la suite, notamment, d'un trafic de faux bons du Trésor, le président Giresse se permet de commenter : « La direction de la police judiciaire n'a pas fait les vérifications suffisantes, compte tenu de la personnalité en cause. La hiérarchie policière a continué par la suite à nier l'existence de ces rapports, que le juge d'instruction Guy Floch dut se procurer par une voie officieuse, mais qu'il ne put joindre au dossier, par égard pour son informateur, jusqu'à leur publication, en avril 1980, par *Le Canard enchaîné*. »

Paradoxe : jusqu'à ces révélations, la police a feint d'ignorer ce qu'elle avait su – sans y croire – du projet de meurtre, et la justice a feint d'ignorer ce qu'elle savait de ce qu'avait su la police. Mais, pour Dorwling-Carter, le juge Floch est beaucoup plus fautif que ne le sont les policiers qui se sont couverts les uns les autres pour cacher l'erreur initiale. L'avocat général dresse un véritable réquisitoire contre ce magistrat – aujourd'hui président de cour d'assises. Il lui reproche d'avoir rencontré en douce, à la Santé, l'« indic » de l'inspecteur Roux, Albert Leyris, d'avoir gardé ses confidences pour lui, se privant ainsi d'interroger à leur sujet les responsables de la police, pour, finalement, en communiquer la teneur au seul avocat de Guy Simoné, qui se trouve être l'avocat... du *Canard enchaîné* !

Cette mise en cause du juge Floch avant sa comparution, le 25 novembre, comme témoin provoque un tollé des juges d'instruction de Paris, qui rappellent que le parquet a suivi avec vigilance l'évolution de toute l'instruction.

Deux jours plus tard, la bourrasque Poniatowski vient balayer cette polémique subalterne et fait entrer en force la politique dans le prétoire. L'ancien ministre scandalisé en appelle à François Mitterrand en tant que président du Conseil supérieur de la magistrature et subordonne sa comparution à sa réponse (déclaration du 22 novembre). L'Elysée prendra son temps pour faire connaître son sentiment sur le plan des principes, le président de la République ne pouvant que se porter garant de l'indépendance des juges.

« Ponia » argumente, en fait, pour la galerie. Il a les textes contre lui. Et la réalité : accuser le président Giresse de transformer un procès criminel en procès politique n'est pas sérieux, puisque l'ancien ministre de l'Intérieur n'a été pris à partie qu'en tant que haut responsable d'une police incontestablement fautive.

Cette faute professionnelle que le commissaire Ducret a accepté de prendre sous son bonnet, Poniatowski avait eu tort de la couvrir, au lieu de la sanctionner. Cette première faute politique, il l'a commise le 28 décembre 1976, quand, à son retour du week-end de Noël, il a appris l'existence des rapports Roux, qui à défaut d'avoir été exploités à temps pour prévenir le meurtre de Jean de Broglie, ont servi à arrêter vélocement ses auteurs. C'est à cette réunion des chefs de la police qu'il décide de faire comme si ces rapports n'avaient jamais existé. A quoi bon s'appesantir sur les bavures passées et fournir de nouveaux arguments aux détracteurs systématiques de la police ? L'essentiel est que les principaux coupables soient sous les verrous ! Cette consigne de silence, qui va s'étendre au fait que deux services de police, la Bri (Antigang) et la 10ᵉ BT, ont filé les futurs protagonistes du crime sans se douter de rien et sans échanger leurs informations, arrange la hiérarchie policière et aussi, plus subtilement, le ministre : il ne tient pas tellement à ce que soit mis en lumière l'encanaillement du prince de Broglie, cofondateur de son parti, avec des voyous et des truands.

Mais, en se taisant sur ce point, il risque de s'exposer à la pire des suspicions : celle d'avoir laissé assassiner sciemment l'ancien trésorier des Républicains indépendants, devenu trop encombrant pour le régime. Poniatowski entraîne également avec lui toute la police, prisonnière, elle aussi, de ce mensonge par omission...

Sa seconde faute politique, il la commet le lendemain par sa hâte à déclarer, en présence des chefs de la police parisienne, l'affaire close et le mystère résolu, avant même que les « coupables » soient déférés à la justice. Cette conférence de presse du 29 décembre 1976 ne choque pas seulement la hiérarchie judiciaire. Elle jette le doute dans l'opinion, à qui l'on a offert un mobile rassurant taillé sur mesure : l'extinction d'une dette de 4 millions de francs contractée auprès de Jean de Broglie pour acheter la Rôtisserie de la reine Pédauque, à Paris.

Cette version sans faille ne tiendra pas la route, après la mise hors de cause de Patrick Allenet de Ribemont et le procès en civil gagné par de Varga. Mais personne, dans la majorité d'alors, n'avait intérêt à laisser les enquêteurs – policiers ou journalistes – farfouiller plus avant dans le passé sulfureux du prince assassiné. A vouloir classer au plus vite le meurtre en un banal crime crapuleux, c'est « Ponia » lui-même qui l'a transformé en « affaire d'Etat », supprimant sans doute les chances de découvrir un jour la vérité sur les autres magouilles mortelles auxquelles avait pu se prêter la victime. « Quand la politique entre dans le prétoire, disait autrefois Me Moro-Giafferi, la vérité en sort. » La thèse présentée par le ministre deviendra une sorte de vérité officielle, et la modifier ou la contredire aurait signifié, pour les policiers et pour les juges, s'opposer à leur propre hiérarchie. Les fonctionnaires sont parfois téméraires, mais rarement inconscients : ils comprennent vite, surtout dans ce secteur, quand un terrain devient dangereux... D'où des prudences, des ambiguïtés, des faux pas, tout un jeu subtil d'« un coup j'te vois, un coup j'te vois pas » entre policiers et magistrats, chacun se méfiant des autres. Cette ambiance, évoquée par la déposition pathétique du juge Floch, a d'autant plus nui à l'enquête et à l'instruction que le mobile apparent présenté par le ministre allait se révéler très mal ficelé. A tel point que, au bout de peu de temps, plus personne n'y croyait. Quoi qu'on pense de l'opportunité du coup d'éclat du président Giresse, Poniatowski ne pouvait donc se soustraire à sa comparution à la barre des assises.

« Il viendra », assurait, mardi dernier, le magistrat d'une voix ferme, en procédant à l'appel des témoins, dont Raymond Barre et peut-être Valéry Giscard d'Estaing.

Michel Poniatowski a témoigné devant la cour le 26 novembre 1981. Il s'est dégagé de toute responsabilité dans cette affaire. Raymond Barre, ancien Premier ministre, n'a rien dit de plus. Quant à Valéry Giscard d'Estaing, dont l'audition avait été demandée par la défense, il n'est pas venu. Quatre hommes ont finalement été condamnés, le 23 décembre 1981, par la cour d'assises de Paris : Gérard Frèche (dix ans), Guy Simoné (dix ans), Pierre de Varga (dix ans) et Serge Tessèdre (cinq ans). Patrick Allenet de Ribemont, dont le nom avait été imprudemment cité par Michel Poniatowski en décembre 1976, a obtenu un non-lieu en 1980. La Cour européenne des droits de l'homme a condamné la France à lui verser une forte somme d'argent à titre de dommage matériel et moral. Une partie de la presse a toujours estimé que la lumière n'avait pas été totalement faite sur cette histoire et que les politiques s'en étaient tirés à bon compte.

1979

Giscard face au cas Boulin

Le 30 octobre 1979, le corps sans vie de Robert Boulin, ministre du Travail du gouvernement Barre, est retrouvé près de Rambouillet (Yvelines). Même si l'hypothèse d'un assassinat commence à circuler, tout indique qu'il s'est suicidé. Ce drame fait réagir l'intellectuel Raymond Aron dans *L'Express*. Il donne aussi l'occasion à Robert Schneider de raconter dans l'hebdomadaire les guerres qui se jouent alors à droite entre les partisans du président de la République, Valéry Giscard d'Estaing, et ceux du gaulliste Jacques Chirac. En toile de fond, c'est un édifiant tableau politique de la France des années 1970 qui apparaît ici.

L'affaire qui aurait conduit Robert Boulin à mettre fin à ses jours concerne un terrain de 2 hectares acquis en 1974 à Ramatuelle (Var) par le ministre et son épouse. Ils l'ont acheté auprès d'un ami promoteur, Henri Tournet, pour y faire construire un mas. Or, il semble que Tournet avait déjà vendu cette parcelle à d'autres acheteurs, des industriels de l'Orne. L'imbroglio juridico-administratif est tel qu'une enquête a été ouverte, confiée à Renaud Van Ruymbeke, un jeune juge de Caen promis à une longue et belle carrière. La presse s'est emparée du dossier, laissant notamment entendre que Robert Boulin était informé de la manœuvre de son ami Tournet et qu'il avait en réalité bénéficié d'un traitement de faveur. Robert Boulin s'estime injustement mis en cause et lâché par ses amis politiques, à commencer par Alain Peyrefitte, le ministre de la Justice. Tournet, lui, sera condamné à quinze ans de prison par contumace.

Depuis 1979, l'hypothèse d'un assassinat a été régulièrement avancée par certains membres de la famille Boulin – sa veuve et ses deux enfants – en s'appuyant sur les zones d'ombre de l'enquête initiale. Jacques Derogy n'y a jamais cru, comme il l'explique ici dans un article virulent visant notamment l'avocat Jacques Vergès. Un autre spécialiste des faits divers à *L'Express*, James Sarazin, a souvent défendu un avis contraire, estimant pour sa part crédible la thèse d'un assassinat.

A ce jour, celle-ci n'a jamais été confirmée. Un homme n'y croit pas une seconde : Maxime Delsol, qui fut à la fois le garde du corps et l'ami du ministre. Dans un article de Jean-Marie Pontaut publié dans *L'Express* du 19 mai 2010 et que nous reproduisons en complément du dossier d'époque, ce retraité de quatre-vingt-deux ans affiche sa conviction : Robert Boulin s'est bien suicidé. Il est temps, selon lui, de « faire cesser ces histoires sur son assassinat ».

Ph. B.

☆☆☆

Ni assassinat ni complot

Raymond Aron
(L'Express *du 10 novembre 1979*)

La presse étrangère témoigne à notre égard d'une sollicitude touchante. Menace de crise de régime, écrit, en titre, le *Corriere della Sera*. « J'accuse le régime », titre *La Stampa*. Le *Guardian* voit le gouvernement « sombrant dans la vague montante des scandales ». La palme revient à Mgr Poupard : « Il est des morts d'hommes qui sonnent le glas d'une société. » Diagnostic auquel fait écho Jean Daniel dans son éditorial et qui m'indigne.

[...] l'affaire Boulin [...] prend une résonance nationale parce qu'elle se termine par un suicide et une lettre vengeresse adressée par un mort aux vivants. Lettre dont le style, le ton révèlent, en même temps que le désarroi, la solitude, la dépression, une agressivité extrême contre des personnes nommées et non nommées.

Pourquoi la tragédie d'un homme sonne-t-elle le glas d'une société ? Autant que je puisse comprendre, ce ne sont pas la corruption, la prévarication qui inspirent à Jean Daniel ce diagnostic, mais la société de soupçon, la cruauté des rivaux qui s'entre-déchirent. La politique, en aucun pays, n'a été jouée par des enfants de chœur. Celui qui relit les polémiques de la IIIe République, les journaux d'extrême droite des années 1930 ne peut croire que la classe politique et la presse de la Ve République témoignent de plus de férocité que celles d'hier ou d'avant guerre. Il croira exactement le contraire.

Robert Boulin prévoyait la campagne, réduite d'ailleurs à trois articles publiés sur l'achat du terrain de Ramatuelle. Il avait, dès le printemps, mis au courant le Premier ministre. Le président de la République était, lui aussi, au courant, et les éloges de Libourne n'annonçaient pas une promotion : bien plutôt, ils venaient au secours d'un collaborateur en détresse.

Que Robert Boulin ait eu le sentiment d'être abandonné par certains de ses amis, à coup sûr ; qu'il ait porté sur le garde des Sceaux un jugement sévère, rien encore de quoi s'étonner. Alain Peyrefitte aurait dû recevoir son vieil ami sans la présence d'un magistrat. Mais quand il déclare qu'il ne pouvait pas, sans manquer aux devoirs de sa charge, intervenir auprès du juge d'instruction, il dit vrai. Et le même journaliste qui prend à son compte les accusations de Robert Boulin aurait pu écrire un article tout aussi violent si le parquet, sur l'ordre du garde des Sceaux, avait freiné le déroulement de l'instruction.

Il appartenait, il appartient encore à la justice de faire la lumière et de trancher entre les versions contradictoires de cet imbroglio humain et juridique. L'instruction n'est pas achevée et la décision fatale de Robert Boulin n'apporte pas de réponse à toutes les questions – ni aveu de culpabilité ni preuve d'innocence.

Hier, la classe politique, avec une incroyable légèreté, désignait l'assassin : la presse. Aujourd'hui, celle-ci lui rend la pareille et dénonce le régime ou la société. Assez de polémiques dérisoires autour d'un tombeau : celui qui se donne la mort emporte avec lui son secret.

Robert Boulin, mort d'un ministre

Robert Schneider

La mort de cette figure importante du gouvernement Barre relance la guerre à droite entre les libéraux de Giscard et les gaullistes de Jacques Chirac. (L'Express *du 10 novembre 1979.*)

« Qu'on laisse désormais les morts enterrer les morts. » (Evangile selon saint Matthieu, VIII, 22)... Et que chacun des acteurs de la vie publique donne sans tarder son indispensable dignité au débat démocratique. « La courte déclaration du président de la République faite, le mercredi 7 novembre, devant le Conseil des ministres met fin aux folles rumeurs qui agitent Paris depuis quarante-huit heures. Que n'annonçait-on pas à la une des grands quotidiens ! Une retraite de Giscard au château familial de Varvasse, en Auvergne, au moment où la France est secouée par l'affaire Boulin, devait se conclure nécessairement par un électrochoc : au minimum, un profond remaniement ministériel et – pourquoi pas ? – des élections (législatives ou présidentielle) anticipées. Mgr Poupard n'annonçait-il pas, du haut de la chaire de Notre-Dame : « Il est des morts qui sonnent le glas d'une société. » La presse étrangère, quasi unanime, ne prédisait-elle pas une crise de régime ?

C'était mal connaître le chef de l'Etat. Novembre 79 n'est pas Mai 68, Varvasse n'est pas Colombey et Giscard n'est pas de Gaulle. Dès le 6 au matin, il confie à *L'Express* qu'il ne dira rien. De Gaulle, lui, dramatisait volontiers, pour mieux se poser ensuite en sauveur. Giscard tergiverse, lénifie, aseptise. Une nouvelle fois, il compte sur le temps, porteur d'oubli.

Qui parlait d'une affaire d'Etat ? Tout se passe comme si le malheureux Boulin avait trouvé la mort, le 30 octobre, dans un accident d'automobile. Comme s'il ne s'était pas suicidé, en accusant spectaculairement un autre ministre, celui de la Justice, ainsi que ses propres « amis politiques ». Comme si le séisme provoqué depuis une semaine par ces accusations n'était qu'une nouvelle et banale péripétie dans les dissensions internes de la majorité. Il n'y a pas, il n'y a jamais eu d'affaire Boulin. Seulement le drame personnel d'un ministre « qui n'a pas résisté à une campagne de harcèlement ». Voilà la parole d'Evangile, livrée par le chef de l'Etat. Les ministres sont priés de s'y « conformer strictement ». « Aucun manquement ne sera toléré », avertit Giscard. La sécheresse du propos est à la mesure des flottements constatés jusqu'au sein d'un gouvernement ébranlé par les accusations posthumes de son ministre du Travail.

La méthode Coué (je nie la maladie, donc je ne suis pas malade) va-t-elle permettre d'enterrer l'affaire ? Dans les démocraties anglo-saxonnes, ce serait impensable. Le chef de l'Etat, le Premier ministre, le ministre de la Justice auraient déjà dû s'expliquer. Mais en France ? La classe politique, liée par d'étranges solidarités, est muette. Comme si dans chaque camp on craignait que quelque cadavre ne sorte inopportunément des placards.

Pourtant, loin d'apaiser, la « dédramatisation » présidentielle lance le débat politique. Quelques heures seulement après le Conseil des ministres, le socialiste Laurent Fabius interpelle le gouvernement : « Quand le pouvoir va-t-il se justifier ? » Question polie, mais verdict sévère : « Votre société se décompose, et vous en êtes responsable. » En d'autres temps, sous d'autres latitudes, une telle déclaration aurait déclenché un beau tumulte. Elle est accueillie par le silence pesant des députés de la majorité. Nombre d'entre eux se diront même soulagés que l'affaire soit enfin évoquée. La réponse de Barre est catégorique : « Il n'y a pas d'affaire Boulin. » Mais, propos inhabituels dans la bouche d'un Premier ministre, il demande « l'indulgence » de l'opposition.

Jeudi matin, la presse estime que le pouvoir cherche à escamoter l'affaire. Giscard convoque Peyrefitte à midi. A l'issue de l'entretien, qui dure une heure, le porte-parole de l'Elysée, Pierre Hunt, déclare : « Le président de la République a fait part au garde des Sceaux de l'importance qu'il attache à ce que la procédure judiciaire à propos de laquelle M. Robert Boulin s'est donné la mort soit poursuivie en toute indépendance jusqu'à son terme et aboutisse dans les meilleurs délais à un jugement qui soit connu de l'opinion publique. » Ce qui démontre, au moins, que le ministre de la Justice a quelque pouvoir, malgré l'indépendance sacro-sainte des juges, sur l'accélération des dossiers. Et que la formule lapidaire de Barre ne pouvait mettre un point final au débat. L'affaire judiciaire continue donc. Comment l'affaire politique s'arrêterait-elle ?

Elle a été lancée quelques heures seulement après le suicide de Boulin par Jacques Chaban-Delmas, le président de l'Assemblée nationale. Un gaulliste antichiraquien. Boulin, dit-il, a été assassiné. Désigne-t-il, comme tout le monde, la presse ? Il s'en défend, et précise, en substance, le lendemain : l'assassin a été nommé par Boulin. C'est celui qui a donné les documents de l'affaire de Ramatuelle aux journaux. Cherchez à qui le crime profite ! Les regards se portent sur ceux que le ministre du

Travail a mis en cause dans sa lettre posthume. Tous, selon lui, avaient intérêt à le compromettre. Tous avaient accès au dossier.

Et, d'abord, Henri Tournet. Accusé par son ex-ami Boulin d'être « un escroc paranoïaque, mythomane, pervers, maître chanteur ». S'estimant lâché par le ministre, dont il attendait aide et protection, il veut l'entraîner dans sa chute. Il est, en outre, le mieux placé pour fournir des documents à la presse. Inculpé, il a accès au dossier. Mais Tournet, s'il est très vraisemblablement à l'origine des fuites, a pu tout aussi vraisemblablement être manipulé. Par qui ?

Ensuite, le « petit juge » Renaud Van Ruymbeke. Il a voulu, écrit Boulin, « jouer au vedettariat et au Saint-Just ». Toute la France pense au magistrat, le mardi 6 novembre, en regardant *Le Shérif*, le film d'Yves Boisset, aux « Dossiers de l'écran ». Mais ce jeune homme de vingt-sept ans, petite moustache, costume étriqué, raideur timide, n'a ni les méthodes du juge Renaud ni les motivations politiques du juge Patrice de Charette. Il n'appartient à aucune organisation syndicale, ne tient pas de grands discours sur la justice de classe, ne fait pas grève. A Caen, les journalistes lui reprochent de respecter trop scrupuleusement le secret de l'instruction dans toutes les affaires qu'il traite. « C'est une tombe », disent-ils. En vingt-quatre heures, il quitte le devant de la scène.

Restent les accusés politiques. Ceux qui vont faire les gros titres. En tête, Peyrefitte. Voilà le gouvernement dans une situation sans précédent, l'accusateur, le ministre du Travail, était le plus ancien des ministres du gouvernement. Les Français se souviennent encore de l'hommage appuyé que le président de la République lui a rendu le 5 octobre, à Libourne. Impossible de toucher à sa mémoire. Même s'il a été naïf ou imprudent.

L'accusé, Alain Peyrefitte, est le deuxième personnage du gouvernement. Académicien, auteur de best-sellers, c'est le plus prestigieux des ministres. Impossible de le déjuger. Ce serait donner des arguments à ceux qui, déjà, évoquent l'affaire d'Etat. Le jeu du pouvoir va donc consister à montrer, en gros plan à la télévision, que Peyrefitte était l'ami de Boulin. Les Français comprendront, espère-t-on, que lorsque le ministre a tapé sa lettre, il était trop près de la mort pour posséder toutes ses facultés de jugement.

Jeudi 1er novembre, dans l'après-midi, le cabinet de Peyrefitte informe les chaînes de télévision et de radio que le garde des Sceaux se rend au domicile de Boulin et qu'il fera à sa sortie une brève déclaration. La famille du ministre est prévenue de la visite par un journaliste. Faut-il le recevoir ? Impossible de lui claquer la porte au nez : il est accompagné de sa femme, qui est une amie de Colette Boulin. Mais la famille refuse de serrer la main du garde des Sceaux. A la sortie de l'appartement des Boulin, il dira d'une phrase son émotion.

Peyrefitte doit-il assister aux obsèques en Gironde ? Son absence risque d'accréditer les accusations de Boulin. Mais sa présence pourrait être perçue comme une provocation. Il restera donc à Paris. Pour faire taire les rumeurs, c'est lui qui représente le gouvernement à l'aéroport militaire de Villacoublay pour la cérémonie du transfert du corps, et à une messe officielle dite, à sa demande, à Paris, au moment des obsèques de Villandraut.

Les Français assistent à cet étrange spectacle : le pouvoir fait à Boulin des funérailles quasi nationales et, dans le même temps, il témoigne son soutien à celui que Boulin accusait. Comme si les deux choses étaient complémentaires. Aux accusations posthumes de son collègue, Peyrefitte répond : « Je ne pouvais évidemment pas intervenir auprès du juge d'instruction. » Il rappelle que, si le dossier a été accéléré en 1978, c'est à la demande de Boulin lui-même, qui espérait se sortir d'un imbroglio juridique.

Ses arguments ne convainquent ni la famille ni l'entourage du ministre du Travail. Ils estiment que Peyrefitte a eu pour le moins un comportement « inamical ». Prudence, méfiance, volonté de laisser éliminer un concurrent à la succession de Barre ? Lorsque, le 18 juin 1979, Boulin se rend au ministère de la Justice, Peyrefitte le reçoit en présence du directeur des affaires criminelles. Comme s'il s'agissait d'une relation douteuse, et non d'un ami de vingt ans. Le dossier de Ramatuelle appartient à la catégorie des affaires dites « signalées », faisant l'objet d'un rapport régulier du procureur de la République au ministère. Le parquet, placé sous les ordres du garde des Sceaux, était tenu au courant des développements de l'affaire et pouvait interjeter appel lorsque le juge a décidé la mise en liberté sous caution de Tournet. Pourquoi ne pas l'avoir fait, au risque de précipiter l'exploitation publique du dossier ? demandent les proches du ministre. Pourquoi ne pas avoir ordonné une enquête immédiate sur les fuites des pièces généreusement proposées à certaines rédactions ?

Le deuxième accusé politique, c'est le RPR. Boulin est, comme Peyrefitte, un de ces compagnons qui apportent à Giscard une caution gaulliste. Certains, Rue de Lille, au siège parisien du mouvement, auraient craint par-dessus tout que le président de la République n'appelle au printemps un gaulliste à Matignon. Dans cette hypothèse la position du candidat Chirac serait affaiblie en 1981. Quelles leçons de gaullisme pourrait-il donner à un ancien ministre du Général ? Comme dans les *Dix Petits Nègres*, d'Agatha Christie, les « premier-ministrables » RPR seraient les uns après les autres la cible d'un complot. Après Boulin, après Peyrefitte, les prochaines victimes s'appelleraient Chaban et Guichard. Le cerveau de l'opération serait, dit-on chez les gaullistes antichiraquiens, « un homme de l'ombre qui, depuis peu, n'est plus officiellement en fonctions, mais qui conserve de fait certains leviers de commande ».

D'où le mouvement tiendrait-il des documents contre Boulin ? Revoici Tournet. Il possède de nombreuses relations dans la famille gaulliste. C'est un ami de Jacques Foccart, l'homme des Affaires africaines sous de Gaulle et Pompidou. Ensemble, les deux hommes ont participé activement à la Résistance, puis monté des affaires. Tournet est aussi un parent par alliance de Jean-Claude Servan-Schreiber, un proche de Chirac. Il a été très lié à ce qu'on a appelé le « gaullisme immobilier ».

Le 3 novembre, le journaliste Philippe Alexandre affirme, au micro de RTL, que les dirigeants du RPR auraient décidé, dans le courant de septembre, de dévoiler l'affaire Boulin. Le RPR attaque Alexandre en diffamation. Chaban confie à *L'Express* qu'il s'en félicite. « Cela va lui permettre, dit-il, de dire tout ce qu'il sait. » Il lui sera facile, en effet, de rapporter les propos peu amènes de certains gaullistes sur les ministres RPR.

Le mouvement estime, au contraire, qu'il y a machination contre Chirac. Que certains tentent d'utiliser l'affaire Boulin pour le discréditer. Pour Bernard Pons, nouveau secrétaire général du RPR, il suffit de rappeler ce que le ministre du Travail avait déclaré, le 21 octobre, au « Club de la Presse » d'Europe 1 : « J'ai toujours dit que je pouvais ne pas être d'accord avec Chirac, mais qu'il restait mon ami. » Aurait-il tenu ce propos aimable si, comme on l'affirme aujourd'hui, il avait eu vent du complot ? Boulin, qui n'a pas hésité à attaquer nommément Peyrefitte dans sa lettre posthume, n'accuse ni Chirac ni aucun autre dirigeant du RPR. La famille Boulin n'a pas prononcé un seul mot en faveur de Peyrefitte, mais a adressé une lettre à Chirac, l'assurant qu'elle ne nourrit aucun soupçon contre lui.

Cette guerre gaullo-gaulliste entre RPR chiraquiens et RPR giscardiens, faite de soupçons et d'hypocrisie, risque de détériorer un peu plus le climat délétère qui règne dans la majorité. Les uns et les autres, pense Giscard, comprendront qu'ils ont intérêt à ce que l'affaire Boulin soit oubliée au plus vite. C'est pourquoi il a décidé de ne rien dire. N'était-ce pas, d'ailleurs, le meilleur moyen de nier la crise ? Le remaniement devait être réduit au minimum : Jean Mattéoli, président des Charbonnages de France, remplace Boulin. Curieux pouvoir, qui n'est pas réellement menacé, puisque l'opposition, déchirée, n'offre pas de possibilité d'alternance, mais qui, bloqué par ses propres divisions, ne peut survivre qu'en ne décidant rien.

Pourquoi s'alarmer ? Le PC donne chaque jour la preuve qu'il veut faire gagner Giscard. Et l'entourage du président se dit persuadé que la France profonde s'intéresse peu aux « prétendus scandales ». La meilleure preuve : la dernière cote de popularité du président est en hausse, malgré l'affaire des diamants. Il n'a prévu d'aborder ce sujet ni la semaine prochaine, dans le Sud-Ouest, ni à la fin de novembre, devant les journalistes d'A2. Parviendra-t-il longtemps encore à éluder tous les problèmes politiques ou personnels qui le gênent ou l'irritent ? La dédramatisation continuelle est synonyme d'autosatisfaction. Et elle fait courir un risque incontrôlable, celui de l'explosion.

La seconde mort de Robert Boulin

Jacques Derogy

Pourquoi l'autopsie du ministre avait-elle été incomplète ? Pourquoi, après avoir admis le suicide, la famille soutient-elle la thèse de l'assassinat ? L'enquête de Jacques Derogy dissipe ces faux mystères... (L'Express *du 20 janvier 1984.*)

Jusqu'où ira Me Vergès ? Après son coup d'éclat de l'affaire Barbie, le voici amorçant une nouvelle bombe judiciaire : la seconde mort de Robert Boulin. L'avocat des amis de Carlos, devenu conseil de la famille de l'ancien ministre, accuse, aujourd'hui, la magistrature d'avoir, au nom de la raison d'Etat, camouflé un crime en suicide : Robert Boulin ne se serait pas donné la mort, le 29 octobre 1979. Il aurait été assassiné.

Ayant pris connaissance des résultats complets de la contre-autopsie pratiquée quatre ans après la mort, Mme Colette Boulin et ses enfants, Bertrand Boulin et Fabienne Burgeat, ont rendu publique, le 17 janvier, une requête incendiaire adressée au procureur de Versailles, Robert Barbat, pour que son tribunal soit dessaisi du dossier de leur plainte en homicide volontaire.

Tout en se gardant bien de donner – au nom du secret de l'instruction – les conclusions du rapport médico-légal, dont ils ont cependant dévoilé quelques bribes. Le magistrat, tenu lui à une réserve totale, a réagi en qualifiant ces initiatives de « terrorisme intellectuel au sein de la procédure pénale ».

Il lui est, en effet, reproché d'avoir joué un « rôle essentiel dans la tentative [...] de soustraire ses assassins [de Boulin] au bras de la justice », en ordonnant aux premiers experts – qui avaient conclu au suicide – de se livrer à une « parodie d'autopsie ». Selon les requérants, il y aurait eu de sa part « imposture » et « forfaiture » – tiens, tiens ! un mot très à la mode – pour avoir empêché un examen radiologique du crâne et un examen anatomopathologique des poumons, fait détruire organes et viscères et manipuler le cadavre de façon à rendre impossible toute recherche des causes de la mort autres qu'une noyade peu scientifiquement démontrée. La seconde autopsie, affirment-ils, fait apparaître que Robert Boulin, les mains entravées, a été frappé avant sa mort.

Ils exigent donc que, « cette fois-ci, sous la pression de l'opinion », le procureur Barbat transmette immédiatement le dossier à la chambre criminelle de la Cour de cassation, l'instruction en cours pouvant aboutir... à son inculpation.

En attendant, la partie civile, représentée par Me Vergès, demande l'audition des responsables de l'enquête initiale, à commencer par le ministre de la Justice de l'époque, Alain Peyrefitte. Et aussi d'un témoin inattendu, Jacques Chaban-Delmas, dont un beau-frère de Boulin, Jean Lalande, a révélé également, ce

17 janvier, qu'« il connaissait l'assassin ». Selon lui, après les obsèques, le député-maire de Bordeaux aurait dit à la famille réunie dans sa villa girondine : « Robert avait un dossier. Si vous le trouvez, je vous soutiendrai. Sinon, faites attention. Je connais l'assassin de votre père et il est très dangereux. »

L'étonnant, dans ces rebondissements rocambolesques, ce sont, avec les dernières révélations de Bertrand Boulin sur la connaissance qu'aurait eue son père du dossier des « avions renifleurs » lors de son passage au ministère des Finances (mars 1977 – mars 1978), les nouvelles certitudes qu'il affiche sur les causes de sa mort.

Car le suicide n'avait fait pour lui aucun doute quand le corps avait été découvert, le 30 octobre 1979, flottant dans les 60 centimètres d'eau de l'Etang rompu, en forêt de Rambouillet. Il en avait même témoigné, trois mois plus tard, dans un livre, « ayant été au courant [...] minute par minute ». Il allait jusqu'à mettre en garde « ceux qui refusent de croire au suicide et veulent voir un assassinat [...] Un homme aussi droit que lui ne ment pas avant de se tuer ».

Or Robert Boulin avait annoncé ses intentions dans quatorze lettres postées, trois heures avant sa mort, à Montfort-l'Amaury, et dans un brouillon déchiffré par les siens à son domicile : « J'ai décidé de me noyer dans un lac de la forêt de Rambouillet, où j'aimais faire du cheval. » Décision confirmée par un mot de sa main trouvé dans sa voiture.

Mais surtout, pour qu'il ne subsiste aucune zone d'ombre, le parquet de Versailles avait alors ordonné trois séries d'investigations :

1. Une expertise des lettres, toutes authentifiées par la famille, dans lesquelles Boulin expliquait les raisons de son geste : il ne supportait pas de voir son nom mêlé à une sordide magouille immobilière où il s'était naïvement laissé piéger. Leur frappe, comparée avec les caractères de la machine saisie à son domicile, comporte le même désalignement vertical des lettres *a*, *f* et *u*.

2. Une enquête policière nourrie de 41 procès-verbaux et qui a permis de reconstituer minutieusement son emploi du temps dans la journée du 29 octobre 1979, y compris sa promenade solitaire, à 17 h 30, vers l'église de Montfort. Conclusion formelle : le décès est consécutif à un suicide par noyade, précédé

d'une absorption de puissants tranquillisants. « Avant de se jeter à l'eau, le ministre, qui n'était pas dans son état normal, a dû faire plusieurs chutes. »

3. Une autopsie, dont le procureur avait ordonné qu'elle soit « complète pour [...] rechercher tout indice de crime ou de délit » et dont les insuffisances sont aujourd'hui critiquées par les contre-experts : la radiographie du crâne, réalisée par le Dr Francis Kannapell, n'avait pas permis de déceler deux petites fractures faciales, et surtout « la dissection du crâne n'avait pas été pratiquée sur ordre ». Sur ordre de qui ?

Dans leur rapport concluant à la mort par œdème hydro-aérique du tissu pulmonaire, courant dans les asphyxies par submersion, accompagné de présence d'eau dans l'estomac et de lésions au visage ne permettant pas « d'envisager de violences volontaires préalables », les Drs Bailly et Deponge s'étaient abrités derrière les « directives du procureur ».

Par notre enquête à la morgue, où le corps avait été transporté via l'hôpital de la Pitié, nous sommes en mesure de dissiper ce faux mystère, ainsi que celui du prétendu maquillage de cadavre par embaumement à l'insu de la famille. En présence du substitut du procureur de Versailles, Daniel Leimbacher, du commissaire Alain Tourre et de quatre policiers du SRPJ ainsi que des garçons de salle, le chef de cabinet de Boulin, Marcel Cats, se disant mandaté par la famille, s'était opposé, pendant quatre heures, au « charcutage sacrilège » de la dépouille. Expulsé par le Dr Bailly, il avait cependant obtenu qu'« on l'abîme le moins possible ». D'où l'accord du magistrat et des praticiens pour limiter le nombre des examens aux constatations habituelles des noyades, tout en conservant les prélèvements effectués sur les poumons et les viscères. Puis, à la demande du même M. Cats, les Pompes funèbres réunies avaient fait appel à un thanatopracteur de la société d'hygiène funéraire de Bry-sur-Marne, BJL, Patrice Gicquel, pour rendre la dépouille présentable : un traitement de conservation dit « LFT », consistant à « solidariser » les maxillaires et à bourrer de coton les cavités laissées par les prélèvements. Une application de carboglace a même été pratiquée avant la mise en bière à domicile par un employé de BJL, M. Navarre.

Il ne s'agissait en rien d'une « momification comme Toutankhamon », dont s'est indignée Colette Boulin lors de l'exhumation du cadavre relativement bien conservé de son mari.

L'intervention du thanatopracteur n'était d'ailleurs pas passée inaperçue à l'époque, puisque Bertrand Boulin note, dans son livre, que le visage du mort « reflète une grande sérénité », alors qu'il a connaissance des lésions constatées par les légistes : « Tu tombes, écrit-il. Tu te fais mal [...] Il y a un peu de sang sur ton visage [...] Bientôt, tu vas pouvoir t'écrouler. »

Ni les photos de l'identité judiciaire montrant sept ecchymoses, ni le rapport de l'autopsie inachevée ne l'ont davantage intrigué quand il les a reçus, en février 1981, de son avocat, qui était alors Me Robert Badinter. C'est seulement en mai 1983, en vendant ces photos à *Paris Match*, qu'il remet en question la thèse du suicide. Aussitôt, sa mère dit à TF1 qu'elle n'y a jamais cru, son mari étant bon catholique.

Que s'est-il donc passé ? La famille Boulin a, entre-temps, rencontré... Me Vergès. Le 7 juin, elle dépose sa plainte et obtient, le 16 novembre, une contre-autopsie qui, sans rejeter les conclusions des premiers experts, n'est qu'un constat de carence. L'avocat fonce dans la brèche et, à son habitude, se transforme en accusateur. D'où l'éclat public de ce 17 janvier, qui contraint le garde des Sceaux à engager des poursuites pour diffamation de son procureur. Me Vergès ne peut que se réjouir, une fois de plus, de la tournure des provocations dont il a le secret. Ses clients se rappellent soudain opportunément de dossiers constitués par Robert Boulin pour confondre ses « calomniateurs ». Demain, ils remarqueront que la mort du prince de Broglie coïncide avec le début du contrat des avions renifleurs, et celle de Fontanet avec sa rupture. Car tout est lié pour l'entourage d'un avocat dont la conception policière de l'histoire exige toujours des cadavres à exhumer.

Le garde du corps de Robert Boulin parle

Maxime Delsol, qui fut aussi l'ami du ministre retrouvé noyé en 1979, n'a aucun doute sur son suicide. (L'Express *du 19 mai 2010.*)

Depuis trente et un ans, le 20 juillet et le 29 octobre, de façon immuable, un visiteur franchit le seuil du petit cimetière de Villandraut (Gironde). « Je vais porter ma fleur sur sa tombe le jour de sa naissance et celui de sa mort », confie Maxime Delsol, ancien garde du corps de Robert Boulin, ministre du Travail des « années Giscard ». « Max » a été l'ombre portée et l'ami de ce pilier du gaullisme. Il l'a suivi une bonne partie de sa carrière, jusqu'à ce jour de l'automne 1979 où son corps a été retrouvé aux étangs de Hollande, près de Paris.

Toujours alerte à quatre-vingt-deux ans, l'œil vif, la moustache bien lissée, l'ex-policier, à la retraite dans le Sud-Ouest, sort de son silence à l'heure où le destin de Robert Boulin suscite à nouveau la controverse. Bien que la justice ait confirmé à deux reprises, en 1991 et 2007, la thèse d'un suicide, la fille du défunt réclame, par l'entremise de son avocat, l'examen de l'ADN laissé sur les lettres postées par son père juste avant son décès. Un nouveau rebondissement qui offusque Maxime Delsol.

« Pendant longtemps, dit-il, je n'ai pas voulu parler, mais, maintenant, ça suffit ! Je voudrais faire cesser ces histoires sur son assassinat, pour qu'au moins il puisse reposer en paix. Je pense à lui tous les jours. Au fil des ans, j'étais devenu son confident, son ami et un intime de la famille. Et je n'ai malheureusement aucun doute sur son suicide. L'affaire du terrain de Ramatuelle, où il avait fait construire une maison, l'obsédait. Il n'en dormait plus. J'ai vu monter son angoisse. » Selon l'enquête, menée à l'époque par le juge Renaud Van Ruymbeke, Robert Boulin était en effet au cœur d'un imbroglio financier mettant en cause un promoteur, ami de la famille.

Cette affaire, largement évoquée dans les médias, expliquerait son geste désespéré, le 29 octobre 1979. « Ce jour-là, se souvient "Max" Delsol avec émotion, son fils, Bertrand, m'a appelé, affolé, pour me dire : "Qu'as-tu fait de mon père ? Il n'est pas rentré." J'ai aussitôt crié à ma femme : "Il a fait une connerie !" Je me suis précipité à son domicile, où son gendre a fini par fouiller son bureau. Dans la corbeille à papiers, nous avons découvert des fragments de lettres déchirées, où il annonçait sa décision d'aller se noyer dans les étangs de Hollande, un endroit où il aimait faire du cheval. Nous sommes partis à sa recherche avec la R5 de Bertrand et sa femme. Mais il faisait nuit noire et il y avait du brouillard. Son corps a été retrouvé le lendemain matin, à l'endroit qu'il avait indiqué. »

L'ex-policier reconnaît que certains éléments – chocs sur le visage, blessure au poignet – nécessitent des explications : « Peut-être est-il tombé et s'est-il blessé lui-même ? Ce que je sais avec certitude, c'est qu'il était bourré de Valium. L'un de ses amis, médecin, lui en avait procuré. »

Sa conviction est aussi fondée sur les nombreuses lettres envoyées à des proches. « Des lettres tapées sur sa machine à écrire et semblables à celles retrouvées chez lui. Plusieurs, adressées à Chaban-Delmas [*alors président de l'Assemblée nationale*], au Dr Simon ou à l'AFP, comportaient des notes manuscrites et j'ai reconnu son écriture. Je comprends que sa famille n'arrive pas à le croire. Moi-même, je ne le pensais pas capable d'un tel geste. Je le croyais trop attaché aux siens pour les quitter. Sur le carton laissé sur le pare-brise de sa voiture, il a d'ailleurs tracé ces mots très touchants : "Embrassez également ma femme, le seul grand amour de ma vie. Courage pour les enfants." C'était signé Boby, son surnom familial. Après cela, il s'est traîné jusqu'à l'eau. »

1979

Les diamants de Bokassa

Dans son édition du mercredi 10 octobre 1979, *Le Canard enchaîné* révèle que des diamants auraient été remis, en 1973, à Valéry Giscard d'Estaing, alors ministre des Finances, par le dictateur centrafricain Jean Bédel Bokassa (1921-1996). L'hebdomadaire publie en une le fac-similé suivant : « 6/73. Comptoir du diamant. Veuillez remettre à Mme Dimitri, secrétaire à la présidence de la République, une plaquette de trente (30) carats environ destinée à M. Giscard d'Estaing, ministre des Finances de la République française. (Signé) général Jean Bédel Bokassa, président de la République centrafricaine. »

En fait, *Le Canard* accuse plusieurs membres de la famille Giscard d'Estaing et diverses personnalités françaises d'avoir reçu des cadeaux, surtout des diamants, du général Bokassa. Le journal affirme que le transfert à l'ambassade de France à Bangui des archives de l'ex-dictateur – transfert effectué par des soldats français et constaté par de nombreux journalistes, dont Christian Hoche, de *L'Express* – s'explique par la volonté de dissimuler ces cadeaux.

Dès le mardi après-midi, quelques exemplaires du *Canard* sont distribués dans les rédactions. Le soir du mardi, la télévision n'en parle pas. Le matin de mercredi, seuls les journaux de gauche, *Libération*, *L'Humanité*, *Le Matin*, rapportent l'accusation. Sans l'exploiter de manière spectaculaire. La dépêche de l'Agence France-Presse, préparée dans la nuit, n'est diffusée que mercredi à 11 h 46, en dépit de l'insistance des syndicats de journalistes.

Malgré tout, le scandale va prendre de l'ampleur. Dans *L'Express*, Jean-François Revel l'évoque longuement, et en termes fermes : « La question posée par cette affaire, écrit-il, c'est celle des cadeaux de prix aux ministres, et, sur un plan plus général, des rapports de l'argent et de la politique. Le président a déclaré récemment souhaiter que la France devienne, en 1989, une démocratie idéale. Sans attendre cette date, elle peut imiter des démocraties imparfaites, comme les Etats-Unis et la Grande-Bretagne. Il y existe des lois ou des mœurs interdisant aux ministres et aux présidents de s'attribuer personnellement les cadeaux de prix qu'ils reçoivent quand ils sont en fonctions, et du fait de leurs fonctions. Dans ces pays plus transparents que le nôtre, la fortune et les revenus des responsables sont connus et contrôlés. Leur patrimoine, évalué par une commission lors de leur entrée en fonctions, est "gelé" pendant la durée de leur mandat. Les barrières destinées à empêcher que le prestige d'un office public ne retentisse, si peu que ce soit, sur la fortune privée sont connues depuis Athènes. Qu'on les dresse en France ! »

En définitive, « VGE » devra vendre ces « cadeaux » (une soixantaine de pierres) au profit d'œuvres humanitaires. Mais cette histoire, dévastatrice en termes d'image, restera à jamais attachée à sa carrière politique. Elle gagnera encore du relief quand on prendra la réelle mesure de son ami Bokassa...

Lorsqu'il s'autoproclame « empereur » de Centrafrique, le 4 décembre 1977, à Bangui, les téléspectateurs du monde entier découvrent une sorte d'Ubu africain : coiffé de sa couronne, un sceptre à la main, une longue hermine rouge et blanche sur les épaules, il prend la pose, buste raide et regard droit, devant les caméras. Derrière lui, son trône tapissé de velours est lové dans un immense aigle d'or.

A l'époque, la France le soutient encore. Mais elle finira par le chasser du pouvoir en septembre 1979 lors d'un coup d'Etat. Quelques semaines plus tard, éclate donc l'affaire des diamants, qui donne au journaliste politique Albert du Roy l'occasion de raconter, dans les colonnes de *L'Express*, comment l'Elysée a tenté de limiter les dégâts. Quand paraît cet article, la France a déjà les yeux tournés vers l'élection présidentielle de mai 1981. Pour les gaullistes de Jacques Chirac, c'est une aubaine : ils ont enfin l'occasion de se venger des critiques et des sarcasmes du camp giscardien, à la fin des années Pompidou. Mais l'affaire des diamants est plus bénéfique encore pour les socialistes : la multiplication des scandales et des polémiques impliquant des personnalités de droite ouvre la voie à François Mitterrand, qui a réussi, depuis longtemps, à faire oublier l'épisode trouble de l'Observatoire.

Ph. B.

☆☆☆

Les diamants sont éternels

Albert du Roy

Comment l'Elysée s'est laissé déborder par une affaire qui restera à jamais associée à l'image de Valéry Giscard d'Estaing. (L'Express *du 20 octobre 1979.*)

Boule blanche et soyeuse, Pyrar, berger des Pyrénées de deux mois offert par le président du conseil régional d'Aquitaine au chef de l'Etat, se roule sur les tapis de l'Elysée, lâchant de petits pipis attendrissants chaque fois qu'un haut fonctionnaire le cajole. Nourri chaque matin de tapioca et d'œufs battus – pour fortifier ses pattes –, il est surveillé de près, à chaque promenade dans le parc, de peur que Jugurtha, le labrador maître des lieux, ne manifeste sa jalousie.

Avec une peinture de Quian Songyan, représentant la grande muraille de Chine, et la broderie réversible en soie, représentant un chat, offertes par Hua Guofeng à M. et Mme Giscard d'Estaing, Pyrar est le dernier en date des cadeaux parvenus à l'Elysée. Désormais, c'est promis, on en tiendra un compte rigoureux. Ces derniers jours ont été fébrilement consacrés à combler cette déplorable lacune. On recense d'arrache-pied : les cadeaux laissés rue de Rivoli, avant l'élection à la présidence ; ceux qui ont été entreposés en vrac au 2 rue de l'Elysée, ancien quartier général de Jacques Foccart, l'éminence grise de la politique africaine de De Gaulle ; ceux qui traînent à Marigny, où logent les visiteurs de marque ; ceux qui ont été confiés à des musées, donnés à des œuvres, transportés dans l'une ou l'autre résidence personnelle ou présidentielle...

Et les diamants de Bokassa ? Car, évidemment, ils existent. Certainement plusieurs, et peut-être beaucoup. Que sont-ils devenus ? On le saura. Quand ? « Le président de la République fera justice de ce sujet le moment venu et dans des conditions qui répondent à la confiance que lui font les Français », a dit, mercredi 17 octobre, le porte-parole de l'Elysée, Pierre Hunt. Ce « moment » viendra un peu après la mi-novembre, lorsque Giscard accordera à Antenne 2 sa prochaine interview bimestrielle.

Le chef de l'Etat profitera de l'occasion pour préciser ce qu'il compte faire de tous les cadeaux reçus. Et, ainsi que le demandait, dans *L'Express*, la semaine dernière, Jean-François Revel, il fixera, comme c'est déjà le cas dans plusieurs autres pays démocratiques, une règle applicable à tous les cadeaux de fonction. Cette règle pourrait être institutionnalisée par une lettre publique adressée au Premier ministre.

L'Elysée aura donc mis sept jours à définir sa stratégie face à la « machination », au « complot », à l'« opération de basse politique ». Sept jours d'un incroyable cafouillage au bout desquels la riposte présidentielle s'amorce par l'annonce... d'un silence d'un mois. Embarras ou habileté ? Pour expliquer la décision de Giscard, il faut tenir compte de trois éléments : la dimension prise en quelques jours par l'« affaire » a surpris le président ; la confusion qui a régné et règne encore pour tout ce qui concerne le Centrafrique rend périlleuse toute prise de position ; l'enjeu de la polémique dépasse désormais largement le problème des cadeaux : il s'agit du respect de la fonction présidentielle. Et, accessoirement – si l'on peut dire –, de l'élection présidentielle de 1981.

Le mardi 16 octobre, à 14 h 53, rue de Richelieu, à l'imprimerie de *L'Aurore* (du groupe Hersant), qui imprime *Le Canard enchaîné*, le bon à tirer vient d'être donné. Au marbre, où l'on met en page le journal satirique, une équipe de la NBC filme un journaliste de la télévision américaine qui enregistre à chaud son papier du soir. Au bistrot du coin, où les rédacteurs du *Canard* vont se restaurer, journalistes français et étrangers se pressent. Mêlés à de discrets agents des renseignements généraux. Tous impatients de savoir ce qu'« ils » vont encore sortir cette semaine.

« Ils » sortent une liste des diamants qu'aurait reçus Giscard, « ils » parlent d'un télégramme que l'Elysée aurait fait envoyer à

Bangui pour mettre à l'abri les archives – compromettantes ? – de la taillerie nationale de diamants. « Ils » publient une lettre d'Yvon Bourges, ministre de la Défense, à Bokassa, lettre dont la super-amabilité dépasse largement la courtoisie qu'imposent les relations internationales. Ces informations font instantanément le tour de Paris.

La semaine précédente, à la même heure, *Le Canard* était arrivé à l'Elysée dans une indifférence générale. Personne n'avait remarqué le document qui est à l'origine de l'affaire[1]. Il fallut que *Le Monde*, le lendemain, lui donne de l'ampleur pour que le président soit averti.

Le décalage, d'une semaine à l'autre, est flagrant. Entre-temps, la presse du monde entier n'a pas hésité à parler d'un « Watergate parisien ». Transformant une information vaguement sordide en événement politique.

La première mise au point embarrassée de l'Elysée, ce fameux communiqué du 10 octobre qui contestait « la valeur et le caractère » des cadeaux habituellement reçus, ne s'explique que par la surprise : on ne savait pas de quoi il s'agissait. Il fallait réagir d'une manière qui préserve l'avenir. Que les diamants aient existé ou non, qu'ils aient été gardés ou donnés, qu'ils soient gros ou petits, la réponse faite alors par l'Elysée tiendra le coup. Même si d'autres « révélations » sortent. Défense élastique, donc adroite.

Ce qui s'est passé dans les jours qui ont suivi montre le bien-fondé de la prudence présidentielle. Deux hommes, le premier, Jean François-Poncet, ministre des Affaires étrangères, poussé par l'Elysée, le second, Alain Peyrefitte, ministre de la Justice, de sa propre initiative, se sont risqués à s'engager dans la polémique par des déclarations plus nettes. Donc maladroites.

Que dit François-Poncet, le vendredi 12 octobre, devant la presse étrangère : il dément que les archives Bokassa aient été transférées du palais de Berengo à l'ambassade de France à Bangui, et que les agents de l'ambassade aient été mêlés à une opération de ce genre.

Christian Hoche, envoyé spécial de *L'Express* à Bangui, raconte : « L'attaché militaire, le colonel Olympio Mazza qui,

1. Le fac-similé d'une commande de Bokassa en 1973 pour une plaquette de diamants de 30 carats destinée à Valéry Giscard d'Estaing, alors ministre des Finances.

dans l'annuaire 1979 du Quai d'Orsay, figure en quatrième position dans la hiérarchie de l'ambassade de Bangui, a chaperonné la visite des journalistes au palais de Berengo, en compagnie d'Alain Charon, du ministère de la Coopération. Des caisses vertes, convoyées par deux civils français, ont été transportées dans deux hélicoptères de l'armée française, débarquées à côté de l'ambassade, chargées à bord d'un camion tout-terrain qui a été revu, le lendemain, sur le parking privé de l'ambassade. » Ces faits ne contredisent pas François-Poncet. Mais ils limitent son démenti.

Que dit Peyrefitte le samedi 13 octobre à RTL ? Que les caisses contenaient non des archives, mais des armes. Témoignage de Hoche et d'une quinzaine de journalistes français et anglo-saxons : « Deux des caisses débarquées d'hélicoptère contenaient du matériel radio ; les autres, des dossiers empilés. » Là encore, le démenti n'est pas convaincant.

Des armes « de provenance étrangère » ont été retrouvées à Bangui : 16 000 ou 17 000, de fabrication tchécoslovaque, sans doute acheminées là pour être utilisées par des soldats libyens envoyés par le colonel Kadhafi pour soutenir Bokassa. Les armes ont été saisies, au moment du coup d'Etat, par des agents du Sdece, le service secret français. Certaines ont été déjà expédiées dans d'autres pays, au Tchad par exemple, où elles trouveront rapidement leur utilité.

Mais les archives ? « Je ne sais pas où elles sont », dit, le 16 octobre, une haute personnalité française qui, par sa fonction, devrait être informée.

Faut-il, dès lors, s'aventurer dans l'approximation, voire dans le mensonge, au risque de diminuer encore la crédibilité des précisions officielles ?

Le coup d'Etat de Bangui a été conduit dans la plus grande confusion. Quatre administrations françaises s'en sont mêlées : le ministère des Armées, celui des Affaires étrangères, celui de la Coopération, et le Sdece. Sans parler de l'Elysée, ni même de quelques policiers dépendant du ministère de l'Intérieur. Chacune a agi en cachette des autres. Chacune revendique pour elle-même la responsabilité de la politique africaine. Chacune se vante aujourd'hui d'avoir voulu mettre fin depuis longtemps au règne sanguinaire de Bokassa, mais d'avoir été contrecarrée par les autres.

Résultat : personne ne peut dire avec certitude ce qui s'est exactement passé, sans risquer d'être démenti.

Si la politique africaine de la France était seule en cause, il appartiendrait à l'Elysée, responsable de son orientation, de l'expliquer, de la justifier. Mais l'affaire des diamants ne révèle pas seulement la maladresse de cette politique : elle met en cause la personne du président lui-même. Pas question donc, pour lui, de se risquer dans l'imbroglio des affirmations et des démentis.

D'autant que la presse est en ébullition. A l'Agence France-Presse, où les dépêches sont lâchées au compte-gouttes, à Antenne 2, où le responsable indocile de la revue de presse est suspendu, à *L'Aurore*, où le chroniqueur Dominique Jamet est censuré, se livre une guerre sans merci entre les audacieux et les prudents. Dans les journaux d'opposition, en revanche, on est prêt à monter en épingle la moindre rumeur. Personne ne connaît l'origine des documents qui filtrent. La source n'est sans doute pas tarie. Terrain miné.

C'est pourquoi, le mercredi 17 octobre, le président décide de prendre du recul. De la hauteur. Silence pendant un mois. Pour laisser le temps à tous les procès qui couvent de sortir, à toutes les polémiques de s'épuiser, à toutes les manœuvres de se révéler au grand jour.

Et surtout pour doser la riposte en fonction de l'impact sur l'opinion publique. Aujourd'hui, le président est convaincu que la campagne pèse peu sur les Français. L'événement, pense-t-il, est trop artificiel pour provoquer un mouvement de défiance à son égard. Promettant de faire toute la clarté, sans se précipiter, comme pour un fait banal, il espère rassurer des gens qui, croit-il, ne demandent qu'à l'être. Et faire apparaître indécentes, dans l'attente des explications promises, les attaques et les rumeurs.

Pour Giscard, tout cela est un peu un baptême du feu. Il est arrivé au sommet de l'Etat sans jamais que sa personne, son honnêteté soient mises en question. Fait exceptionnel. François Mitterrand a subi l'affaire des jardins de l'Observatoire. Le nom de Georges Pompidou a été utilisé dans l'affaire Markovic. Georges Marchais a été mis en cause pour sa conduite pendant la guerre. Il y a eu la feuille d'impôt de Jacques Chaban-Delmas, il y a la propriété de Raymond Barre à Saint-Jean-Cap-Ferrat.

Les observateurs de la vie politique attendaient avec intérêt, parfois avec gourmandise, de voir Giscard soumis à son tour à cette épreuve. Autrefois, on le disait fragile. Comment réagira-t-il ?

Mais l'événement prend une autre dimension, que l'on n'a pas fini de mesurer. La France s'aperçoit qu'elle va vivre, qu'elle vit déjà sa première véritable campagne présidentielle.

1965 : la stature de De Gaulle domine la vie politique. Personne ne s'imagine qu'il puisse être battu au cours de l'élection au suffrage universel qu'il vient d'instaurer. Même le ballottage du premier tour sera une surprise.

1969 : de Gaulle démissionne le 28 avril, Pompidou est élu le 14 juin. La campagne a duré un mois et demi.

1974 : Pompidou meurt le 2 avril, Giscard est élu le 19 mai. La campagne a duré sept semaines.

Cette fois-ci, nous sommes à dix-huit mois du scrutin, et la campagne de 1981 est déjà commencée.

Ce n'est pas l'affaire des diamants qui en a donné le coup d'envoi, même si, par tactique, les giscardiens affectent de croire que le terrain du scandale est celui qu'ont choisi leurs adversaires. Mais l'échéance présidentielle lui a donné du relief parce que Giscard, qui sera candidat, veut rester président le plus longtemps possible.

Attaqué comme il l'est aujourd'hui, un candidat réagirait vivement. Président, il estime ne pas pouvoir le faire sans nuire à la fonction qu'il exerce.

Condamné à jouer l'indifférence, au risque d'être accusé de mépris, il ne peut négliger le handicap que l'affaire lui impose dans la compétition présidentielle.

Diamants : suite et fin ?

Jacques Derogy

Un an et demi après le début du scandale, les révélations continuent, et VGE peine toujours autant à sortir du bourbier. (L'Express *du 21 mars 1981.*)

Environ 120 000 francs. Tel serait le montant du produit tiré, après expertise, de la vente de la soixantaine de petites pierres taillées d'un quart de carat (« plus pour la décoration que pour la bijouterie ») que Valéry Giscard d'Estaing avait reçues de l'ex-empereur Jean Bédel Bokassa. Telle serait la somme que le président de la République a fait verser en février, par les services comptables de l'Elysée, en faveur de quatre œuvres de bienfaisance centrafricaines.

Telles sont les dernières précisions obtenues par *L'Express* après la relance de l'affaire des diamants par *Le Canard enchaîné*, qui publie, le 18 mars, une protestation de la présidente d'une de ces œuvres : selon Mme Ruth Rolland, la Croix-Rouge centrafricaine n'a encore reçu aucun don. Dans sa prestation télévisée du 10 mars, Giscard avait indiqué que l'argent était destiné « pour l'essentiel » à cet organisme, le « surplus » ayant été affecté à une maternité, à une pouponnière et à une mission.

Le président David Dacko, qui a succédé à Bokassa le 21 septembre 1979, confirme, de son côté, avoir reçu du chef de l'Etat français un chèque de 2 millions de francs CFA (soit 40 000 francs) destiné à la Croix-Rouge et qui lui sera remis après le renouvellement de sa direction. L'Elysée précise que « ce chèque a été émis le 4 février 1981 ».

Les dates ont leur importance, dans cette affaire qui n'en finit pas d'empoisonner la campagne présidentielle.

10 octobre 1979. Moins de trois semaines après l'opération Barracuda qui a renversé Bokassa, avec l'aide de paras français, *Le Canard* publie le fac-similé d'une commande de diamants offerts en 1973 à Giscard, alors ministre des Finances. Il faut attendre vingt-quatre heures pour que tombe une mise au point officieuse de l'Elysée sur la pratique des cadeaux diplomatiques qui « n'ont, en aucun cas, ni le caractère ni la valeur mentionnés par certains organes de presse à propos du Centrafrique » (environ 1 million de francs, selon *Le Canard*).

17 octobre 1979. Déclaration du porte-parole de l'Elysée, à propos d'une nouvelle liste publiée par *Le Canard* de lots de diamants offerts ultérieurement par Bokassa : « Le président fera justice de ce sujet le moment venu. »

27 novembre 1979. Dans son interview télévisée bimestrielle à Antenne 2, Giscard s'explique, en effet, pour la première fois sur le sort des « cadeaux officiels » : « Ces cadeaux sont apportés à l'Elysée. Ils n'en sortent que pour deux usages : ils peuvent être attribués à des œuvres de bienfaisance ou [...] être remis

à des musées [...] Avant que mon mandat ne s'achève, tous les cadeaux que j'ai reçus, et dont la liste sera conservée, auront été utilisés à l'une ou l'autre de ces fonctions. »

5 décembre 1979. *Le Canard* poursuivant la publication de documents, l'entourage présidentiel laisse entendre qu'il s'agit de vulgaires faux.

17 septembre 1980. De sa résidence forcée d'Abidjan, Bokassa confirme par téléphone et par écrit l'authenticité de ces documents.

10 mars 1981. Interrogé à TF1 sur le produit tiré de la vente des diamants de Bokassa, Giscard précise : « Cela correspond à une somme qui est de l'ordre de grandeur des cadeaux moyens que se font les chefs d'Etat. »

C'est la première fois que des cadeaux officiels sont vendus au profit du pays donateur. Aucune explication officielle quant au délai qu'il a fallu pour réaliser cette opération sans précédent. Officieusement, cependant, c'est seulement en février que « toutes les pierres » ont pu être retrouvées.

1976-1979

L'affaire des avions renifleurs

Entre 1976 et 1979, les dirigeants de la société Elf-Erap sont victimes d'une étonnante escroquerie. De mystérieux « inventeurs » – un comte belge, Alain de Villegas, et un ingénieur italien, Aldo Bonassoli – prétendent avoir mis au point un système permettant de détecter, depuis un avion, les gisements de pétrole. Le P-DG d'Elf, Pierre Guillaumat, y croit. Avec l'aval des pouvoirs publics, la société dépense 1 milliard de francs dans des « recherches » sur ce projet. En 1983, alors que les socialistes sont au pouvoir, le scandale éclate, la Cour des comptes s'en mêle. Dans son dernier numéro de l'année, *L'Express* raconte alors comment les plus hauts dirigeants politiques de l'époque – du Premier ministre, Raymond Barre, au président de la République, Valéry Giscard d'Estaing – sont obligés de s'expliquer et tentent, bien maladroitement, d'étouffer la polémique exploitée par la gauche.

Ph. B.

☆☆☆

« Avions renifleurs » : un parfum d'arnaque

Noël-Jean Bergeroux et Yves Guihannec

Comment les plus hautes autorités françaises ont-elles pu croire à ce système de détection des gisements de pétrole ? (L'Express *du 30 décembre 1983.*)

C'est reparti ! Il y avait bien longtemps que les huit grandes pages du *Canard enchaîné* n'avaient tenu en haleine la classe politique. Et voilà qu'une vieille histoire, déterrée par le « journal satirique paraissant le mercredi », attendait, comme prochain épisode, une décision du Premier ministre...

La publication du rapport de la Cour des comptes sur le projet dit des « avions renifleurs » devrait, en effet, permettre d'y voir un peu plus clair dans une affaire qui semble causer de nouveaux dégâts à chacun de ses rebonds. Au départ, le récit sur le mode rigolard de cette escroquerie monumentale paraissait tout juste susceptible de ridiculiser les patrons d'une société nationale. En 1976, les dirigeants d'Elf-Erap s'étaient laissé prendre dans une somptueuse embrouille : une officine étrangère était parvenue à leur faire financer – chèrement – l'étude d'un procédé révolutionnaire de détection aérienne des gisements pétroliers. Une vue de l'esprit, en fait.

Bientôt se déclenchait une réaction en chaîne. Le gouvernement saisissait l'occasion pour mener une attaque en règle contre l'opposition. Mais, mal ajustée par le secrétaire d'Etat chargé du Budget, Henri Emmanuelli, cette attaque permettait surtout, dans un premier temps, une spectaculaire contre-offensive de l'ancien président de la République Valéry Giscard d'Estaing. Effet inverse de ce qui avait été voulu... Jusqu'à ce que la balle revienne à son point de départ. A son troisième rebondissement, l'affaire des « avions renifleurs » apparaît tout de même quelque peu encombrante pour les responsables en place sous le septennat précédent.

Dans son numéro du mercredi 21 décembre, *Le Canard* reprend des révélations qu'il a déjà publiées dès le 22 juin. C'est dans le plus grand secret que les dirigeants d'Elf-Erap ont accepté de financer les inventeurs étrangers. Bien introduits, ces inventeurs ! Puisque c'est Antoine Pinay [*ancien président du Conseil*] qui les a présentés à Pierre Guillaumat, « patron » d'Elf à ce moment-là ; et puisque le président de l'Union de banques suisses, Philippe de Weck, a, de son côté, apporté sa caution financière. Bien étranges également, ces inventeurs : un comte belge aujourd'hui disparu, un ingénieur italien tout aussi introuvable. Escrocs ou mythomanes ?

Nul n'est vraiment en mesure de le dire. Elf aura, en tout cas, déboursé pour cette aventure 1 milliard de francs actuels.

Tout n'a pas été perdu, il est vrai. Une fois la bévue découverte, Albin Chalandon, successeur de Guillaumat à la tête du groupe pétrolier, a réussi, grâce à Philippe de Weck, à récupérer environ 500 millions de francs qui n'avaient pas été dépensés. Les 500 autres millions étaient le prix du risque ; après tout, le jeu aurait valu la peine si les espoirs avaient été réalisés.

Dès juin, *Le Canard* avait, brièvement, signalé la mystérieuse disparition du rapport de François Giquel, conseiller référendaire à la Cour des comptes, chargé de l'enquête en 1980. Déjà, il indiquait que le gouvernement avait demandé à l'auteur de « reconstituer » son travail à partir de ses notes. Mais, le 21 décembre, les attaques du *Canard* portent presque exclusivement sur la destruction par le premier président de la Cour, Bernard Beck, de ses exemplaires du rapport Giquel.

A l'Assemblée nationale, l'après-midi de ce même jour, ces révélations prennent la dimension d'une affaire d'Etat. C'est l'heure des traditionnelles questions au gouvernement. Les caméras sont en batterie. Henri Emmanuelli est interrogé par Michel Sapin, député socialiste de l'Indre.

La réponse est prête. Elle provoque la stupeur. Le secrétaire d'Etat reproche à Bernard Beck la destruction du rapport et l'accuse carrément de « forfaiture ». Mot à la fois précis par son contenu juridique et lourd de connotations historiques graves. Mettant implicitement en cause, au-delà du magistrat, les dirigeants politiques d'avant mai 1981, Henri Emmanuelli ajoute : « Il faut que ce rapport contienne des informations bien capitales pour qu'un des plus hauts magistrats de ce pays ait commis cet acte sans précédent. [...] Il s'agirait, au mieux, d'une gigantesque escroquerie. » Et au pire ? Tous les soupçons sont permis.

Apparemment, une opération d'ensemble a été préparée. Dès le 16 décembre, Emmanuelli avait envoyé au président de l'Erap une lettre dont les principaux éléments sont ceux du réquisitoire prononcé au palais Bourbon et qui devait être lue devant le conseil d'administration de la société le même mercredi 21...

En réalité, le gouvernement connaît l'essentiel du dossier depuis longtemps déjà. Dans une note à son successeur datée du 18 décembre 1982, Bernard Beck a reconnu avoir détruit le rapport Giquel. Le gouvernement sait donc depuis un an, et aucun véritable fait nouveau n'est intervenu. « Si je suis coupable de forfaiture, je le suis depuis septembre 1982 », déclare aujourd'hui Bernard Beck.

Les bénéfices politiques escomptés par le pouvoir sont évidents. Mais pourquoi Emmanuelli a-t-il choisi cette date pour lancer l'opération ? A-t-il agi de son propre chef ou est-il couvert ? Par l'Elysée ou par Matignon ? Ces questions vont se poser dans les heures qui suivent : quand on commencera à douter de l'efficacité de cette attaque trop brutale qui semble avoir dépassé la cible.

Le jeudi 22, en tout cas, la rumeur se répand. Giscard viendra lui-même au journal d'Antenne 2 à 20 heures. « Je n'ai pas à me défendre », affirme-t-il d'emblée, coupant court aux questions de Christine Ockrent et d'Albert du Roy. « Je suis venu dire aux Français que cela suffit. » L'indignation s'entend dans la voix et se lit sur le visage. Le coup de théâtre se prépare : « Ce rapport détruit, le voici. » « Et je demande aux cameramen de le montrer aux Françaises et aux Français. » Après cela, les journalistes peuvent bien poser quelques vraies questions. On ne les entend pas. Giscard a marqué.

Le lendemain matin, Raymond Barre entre en lice avec un long communiqué explicatif. Rien de nouveau sur le fond, si ce n'est que l'ancien Premier ministre souligne, au détour d'une phrase, qu'il a toujours agi... avec l'approbation de Giscard.

Mais l'impression qui prévaut au lendemain de l'intervention de l'ancien chef de l'Etat est nette : le « coup » d'Emmanuelli a tout l'air d'un raté. Comment le secrétaire d'Etat a-t-il pu offrir une aussi belle occasion de réplique à l'ancien président ? Il savait fort bien que Giscard et Barre avaient reçu le fameux rapport. A-t-il cru que, si Bernard Beck avait détruit ses exemplaires, Giscard et Barre en avaient forcément fait autant ?

Pourtant, après l'effet de choc, les questions renaissent. D'où venait le rapport brandi devant les caméras ? « Des archives de l'Elysée », a répondu Giscard. Qui a précisé : « L'Elysée de notre temps. » Un peu comme si l'Elysée se déplaçait avec lui.

L'ancien président considère qu'il s'agit d'un document personnel et qu'il n'avait donc pas – contrairement à la règle qu'il a lui-même fixée – à le déposer aux Archives nationales. Mais il reconnaît ne pas avoir personnellement lu le rapport. Etonnant document personnel qu'un document qu'on n'a pas lu !

Un élément de défense est toutefois avancé : quand Giscard et Barre ont quitté le pouvoir, le rapport se trouvait encore à la Cour des comptes. Ils n'ont donc pas eu le sentiment de priver l'Etat d'une partie de sa mémoire.

On retombe alors sur la question. Pourquoi Bernard Beck a-t-il « lacéré » ses exemplaires ? L'a-t-il fait sous la pression des anciens dirigeants ? Hypothèse peu plausible en septembre 1982, un an après leur départ. Et si Giscard et Barre avaient voulu effacer toute trace, ils auraient détruit leurs propres exemplaires. La décision de Bernard Beck ne peut donc être que personnelle. Ce magistrat a jugé qu'il n'avait pas de raison de conserver un rapport qui avait échappé au circuit normal de la Cour des comptes et qui avait été demandé sous le sceau du secret par le Premier ministre lui-même.

Mais comment ce secret peut-il se justifier ? La découverte des inventeurs avait des implications militaires évidentes. Si le procédé nouveau permettait de repérer des nappes de pétrole, il pouvait aussi être utilisé à la détection des sous-marins nucléaires. Mais après 1979, une fois toutes les illusions dissipées, le secret défense pouvait-il encore être invoqué ? N'avait-on pas plutôt voulu épargner le ridicule aux ingénieurs d'Elf et à l'ancien président de la République ? Celui-ci s'était intéressé de très près au projet, participant même à l'une des expérimentations.

Le vendredi 23, les esprits semblent s'apaiser un peu. Max Gallo, en écho aux propos d'Henri Emmanuelli, parle non pas « d'escroquerie, au mieux », mais « d'escroquerie, au pire ». De « forfaiture » – et des poursuites judiciaires qu'un tel mot devrait impliquer –, il n'est plus question. Va-t-on connaître au moins une trêve de Noël ? Le soir du 25 décembre, Lionel Jospin, premier secrétaire du Parti socialiste, évoque, lui, d'éventuelles poursuites, sans d'ailleurs préciser contre qui. Et d'ajouter : « Les Français souhaitent savoir ce que contient le rapport. »

Quarante-huit heures plus tard, *Le Canard* relance l'affaire en publiant deux documents embarrassants pour Raymond Barre. D'une part, le compte rendu d'une rencontre : le 22 janvier 1980, le Premier ministre en exercice a demandé au président de la Cour des comptes une procédure spéciale pour assurer le secret. En agissant ainsi, Raymond Barre laissait aussi peu de place que possible à l'indépendance judiciaire. Et ce alors que l'intérêt militaire du projet était déjà considéré comme nul. D'autre part, une lettre en date du 28 février 1978 à Albin Chalandon : Raymond Barre expose avec un luxe de détails étonnant les procédures dérogatoires qui permettront à Elf-Erap d'assurer le financement, en Suisse, des expériences.

Dans la même page du *Canard*, Chalandon, sans bien sûr « vouloir paraître se désolidariser de ce qui a été fait ou décidé avant son arrivée », prend ses distances avec les explications données par Giscard et Barre. Il reconnaît, par exemple, « qu'il n'y a rien sans doute dans le rapport qui puisse concerner la défense nationale ». Un pavé dans l'enclos de l'ancien président de la République et de son ex-chef de gouvernement. Un pavé lancé par un homme qui vient de reprendre du service dans les instances dirigeantes du RPR.

Revoilà la politique, et en piste pour le quadrille. Car les implications politiciennes de cette affaire sont, au moins, à double détente. Il y a, certes, l'affrontement gauche-droite. Normal et évident : c'est pain bénit pour les socialistes que cette escroquerie qui entame la crédibilité de leurs prédécesseurs et relativise leurs leçons de bonne conduite. C'est pain bénit aussi que cette affaire qui gêne deux candidats probables à la prochaine élection présidentielle et qui permet, par diversion, de redonner un peu d'allant aux militants et aux électeurs troublés par la politique de rigueur. Mais la gauche n'est pas seule bénéficiaire. Elle a sans aucun doute aidé à ressortir l'affaire et orchestré son retentissement ; mais aurait-elle pu aller aussi loin seule ? La disparition du rapport Giquel a pu être découverte grâce à des amis politiques des socialistes. Il n'en est peut-être pas de même pour la lettre de Raymond Barre à Albin Chalandon, et pour le procès-verbal de la réunion avec Beck en janvier 1980. La déclaration publiée par Raymond Barre le 27 décembre, après la deuxième série de révélations du *Canard*, ne comporte d'ailleurs aucune manifestation de colère ou d'aigreur à l'égard de la gauche elle-même. Mais quelle amertume transparaît dans la formule « à qui je faisais pleine confiance » accolée au nom de Chalandon ! Dans l'entourage immédiat de l'ex-chef du gouvernement, on est même un peu moins prudent. L'ancien président d'Elf-Erap, qui, d'ailleurs, a écrit au président de la République pour lui demander de « mettre fin à cette misérable affaire », fait bel et bien figure de principal accusé...

Un débat gauche-droite qui reprend le chemin des scandales et un débat dans l'opposition qui reprend le sentier de la guerre des chefs. Un air de déjà-vu.

Cette affaire dite des « avions renifleurs » – expression inventée par Le Canard enchaîné *– a fait l'objet d'une commission d'enquête parlementaire accablante pour les responsables de la compagnie Elf. En revanche, aucune enquête policière n'a été menée, et le dossier n'a eu aucune suite judiciaire. Une partie de l'argent n'a jamais été retrouvée. Dans un livre paru en 1986, un ancien magistrat, Jean Cosson, avance une hypothèse dérangeante, mais non confirmée : selon lui, il s'agissait en fait d'une fausse escroquerie dont la finalité était le financement politique.*

LES ANNÉES MITTERRAND

L'élection de François Mitterrand à la présidence de la République, le 10 mai 1981, marque un tournant dans l'histoire de la Ve République. Pour la première fois depuis 1958, la gauche arrive au pouvoir avec son programme et sa morale aussi claire que les dernières années du septennat de Valéry Giscard d'Estaing furent troubles. Le désenchantement ne va pas tarder. Un étrange climat règne dans l'entourage du chef de l'Etat. Les agissements de la cellule élyséenne formée autour du président pour l'informer et préserver ses secrets sont les premiers accrocs au contrat républicain. Le système d'écoutes, mis en place avec l'aval de Mitterrand et visant des personnalités, des avocats et des journalistes, témoigne de cette dérive peu démocratique. Et puis il y a l'argent, l'argent dénoncé, l'argent vilipendé par le président socialiste, ce qui n'empêche pas les affaires d'être à la une. Les têtes d'affiche sont aussi bien des hommes d'affaires (Bernard Tapie à l'Olympique de Marseille, Pierre Botton à Lyon) que des maires emportés par leurs dérives (Michel Noir à Lyon, Michel Mouillot à Cannes, Jean-Michel Boucheron à Angoulême, Alain Carignon à Grenoble...).

Nous avons décidé de ne pas traiter ces affaires-là, mais uniquement celles qui concernent de près ou de loin l'Etat et ses plus hauts responsables. Ainsi, au cours des dernières années mitterrandiennes, la presse en général et *L'Express* en particulier plongent dans les méandres de l'affaire Elf, avec la mise en cause de Roland Dumas, président du Conseil constitutionnel. Le deuxième septennat sera également terni par le suicide de l'ancien Premier ministre Pierre Bérégovoy.

Nous souhaitions bien sûr revenir ici sur l'affaire du sang contaminé, qui a entraîné la mise en cause de deux ministres (Georgina Dufoix, Edmond Hervé) et d'un Premier ministre (Laurent Fabius). Les articles retenus étaient ceux d'Anne-Marie Casteret, éminente spécialiste de ce dossier. Notre consœur étant décédée, il nous fallait obtenir l'accord de ses fils pour reproduire ces articles. Malheureusement, l'un d'eux a refusé, pour des raisons qui lui appartiennent. Nous le regrettons. Car s'il est un drame qui a marqué la société française, c'est bien celui-là : entre 1982 et 1985, de 6 000 à 8 000 transfusés – des hommes, des femmes, des enfants – ont été contaminés par le virus du sida en recevant du sang qu'ils croyaient « propre ». En cause, une série de fautes dues au mieux à l'incompétence, au pire à l'appât du gain et au cynisme.

Cette affaire a connu de nombreux épisodes judiciaires. Un premier procès se tient en 1992 à Paris, alors que le nombre de morts s'élève déjà à 256. « Le procès de la honte », titre alors *L'Express* en couverture. Seules quatre personnes comparaissent cette année-là devant le tribunal. Parmi elles, le docteur Michel Garretta, ancien dirigeant du CNTS (Centre national de transfusion sanguine), qui sera condamné à quatre ans de prison ferme.

Dans les années suivantes, d'autres procès ont eu lieu, devant la CJR (Cour de justice de la République) pour les ministres, en correctionnelle pour les autres protagonistes. Malgré tout, les victimes ont toujours éprouvé un sentiment d'injustice. A leurs yeux, les « politiques » s'en sont trop bien tirés, avec une relaxe pour Georgina Dufoix et Laurent Fabius, et une condamnation symbolique (avec « dispense de peine ») pour Edmond Hervé.

1982

Les Irlandais de Vincennes

C'est le premier scandale politique et médiatique de l'ère Mitterrand, un imbroglio qui n'a cessé d'empoisonner l'Elysée à partir de l'été 1982...

Pour l'opinion publique, tout commence le 28 août 1982, à 22 h 42, par une dépêche de l'Agence France-Presse ainsi formulée : « AFP. Urgent. Des arrestations jugées importantes ont été opérées aujourd'hui en France, dans les milieux du terrorisme international, apprend-on ce soir à la présidence de la République. »

Quelques semaines après la création, à l'Elysée, d'une « cellule antiterroriste » dirigée par le gendarme Christian Prouteau, le palais annonce ainsi, à grand fracas, le premier haut fait des « hommes du président ». Ces arrestations sont un peu la réponse de la France aux attentats qu'elle a subis depuis le début de l'année, le dernier en date étant celui de la rue des Rosiers, à Paris, le 9 août 1982 (six morts, vingt blessés).

Les trois personnes arrêtées « dans les milieux du terrorisme international » sont des Irlandais, membres clandestins de l'INLA, un groupe issu d'une scission marxiste de l'IRA (Armée républicaine irlandaise). Ils ont été interpellés à Vincennes (Val-de-Marne) par le capitaine Barril, l'adjoint de Prouteau. Les gendarmes affirment avoir découvert trois pistolets aux numéros limés, un pain de plastic et 3,5 m de mèche lente au domicile du trio composé de Michael Plunkett, Stephen King et Mary Reid.

Très vite, pourtant, l'affaire se dégonfle. Certes, Plunkett était fiché à Londres, mais ni lui ni ses compagnons ne sont recherchés en France. Quand Jacques Derogy raconte cette histoire dans *L'Express* du 3 septembre 1982, il est déjà en mesure de souligner les « doutes » de la police sur le travail des gendarmes. Son récit comporte quelques imprécisions, voire des erreurs sur l'origine du « tuyau » qui a mis les enquêteurs sur cette piste, mais l'essentiel est là : selon lui, l'existence d'une cellule élyséenne aux méthodes mystérieuses a de quoi inquiéter.

Dans le même numéro de *L'Express*, Yves Cuau redoute, lui aussi, des dérives : « Tout cela devient dangereux dans le climat pourri de cette rentrée. D'autres régimes, en France ou ailleurs, ont eu bien des difficultés à se dépêtrer de manœuvres de haute ou de basse police, même menées au nom de la raison d'Etat. Il serait malsain que le président de la République puisse donner l'impression d'y prendre un certain goût. De Gaulle les qualifiait souverainement de "vulgaires et subalternes". »

En ce qui concerne les fameux Irlandais, des éléments troublants apparaissent bientôt dans la procédure : les armes et les explosifs trouvés auraient pu être apportés par les gendarmes eux-mêmes afin de « charger la barque » en l'absence de véritables preuves !

En fait, les dessous de l'affaire sont plus rocambolesques : c'est un ami français des Irlandais qui, les croyant mêlés à l'attentat de la rue des Rosiers, les a dénoncés aux autorités. Mis en relation avec le capitaine Barril, cet informateur, aujourd'hui décédé, lui aurait remis des armes appartenant aux suspects. Barril et ses hommes, dépités de n'avoir pas trouvé à Vincennes l'arsenal espéré, auraient discrètement déposé ces armes au domicile des terroristes supposés ! Une version que Paul Barril a toujours réfutée, sans vraiment convaincre.

Lors d'un premier procès, en 1991, le commandant Prouteau est condamné à quinze mois de prison avec sursis pour subornation de témoins, avant d'être blanchi, quelques mois plus tard, en appel. Paul Barril, lui, est entendu uniquement comme témoin : n'étant pas officier de police judiciaire, il n'avait pas la responsabilité de cette procédure.

Malgré les démarches judiciaires entreprises par les Irlandais et leur avocat, Me Antoine Comte, Paul Barril, considéré comme le maître d'œuvre de la manipulation, n'a jamais été condamné dans ce dossier. La preuve de sa responsabilité a pourtant été établie par un journaliste du *Monde*, Edwy Plenel, dans un article publié en mars 1991. Le supérieur de Barril, Christian Prouteau, a lui-même fini par l'admettre lors du procès des écoutes de l'Elysée.

Ph. B.

☆☆☆

Irlandais de Vincennes : la trop belle prise

Jacques Derogy

En 1982, alors que la France est victime d'une série d'attentats, l'Elysée annonce la capture de dangereux terroristes. Très vite, l'affaire se dégonfle, le scandale menace. (L'Express *du 3 septembre 1982.*)

Changement à vue. Le 18 février dernier, une demi-colonne en page intérieure de quelques quotidiens parisiens annonce l'arrestation fortuite, aux Champs-Elysées, du Suisse Bruno Bréguet et de l'Allemande Magdalena Kopp, détenteurs de 5 kg de penthrite, de deux grenades et de deux pistolets. L'affaire ne gagnera la une des journaux qu'avec la divulgation inopinée d'un ultimatum du tristement célèbre Carlos, suivi, un mois plus tard, par l'explosion dans le Capitole Paris-Toulouse [*cinq morts le 29 mars 1982*]. C'est le début d'une escalade d'attentats d'origines diverses qui culmine, le 9 août, avec le massacre de la rue des Rosiers [*six morts*].

Le 17 août, à la télévision, le chef de l'Etat déclare la guerre à tous les terrorismes, « quels qu'ils soient et d'où qu'ils viennent ». Le 25 août, c'est la mise en place d'un état-major de lutte contre le terrorisme, avec un patron, Joseph Franceschi, et un champion, Christian Prouteau.

Trois jours plus tard, dans la torpeur vespérale du dernier samedi d'août, un communiqué de la présidence de la République annonce à son de trompe « deux arrestations jugées importantes dans les milieux du terrorisme international », deux heures seulement après l'opération menée manu militari par le GIGN (Groupement d'intervention de la gendarmerie nationale), le fameux commando de tireurs d'élite dont le commandant Prouteau a confié la direction à son adjoint, le capitaine Paul Barril. Le laconisme élyséen, qui dissimule à peine un accent triomphal, va tenir la France en haleine pendant quarante-huit heures. Un suspense nourri de rumeurs et de spéculations, que deux communiqués dominicaux d'autosatisfaction ne font rien pour démentir.

Lundi soir, le bilan de la garde à vue est loin de tout ce que pouvait laisser supposer la prise en main de l'affaire par le sommet de l'Etat. Et le mystère entretenu autour du « premier coup » de la filière élyséenne se révèle peu à peu ridiculement disproportionné à l'événement : l'inculpation pour association de malfaiteurs de trois révolutionnaires irlandais, fichés mais non recherchés par Scotland Yard, surpris dans leur refuge banlieusard avec 500 grammes de plastic, deux détonateurs, 3,5 m de mèche lente, un pistolet 9 mm et deux pistolets CZ 7,65 mm de fabrication tchèque, d'un usage courant dans les milieux terroristes.

Quelles que soient les connexions pouvant exister entre ces milieux, le coup de filet de Vincennes ne semble guère avoir de rapport avec la flambée d'attentats de ces dernières semaines en France. Et, au vu des résultats, la méthode utilisée se révèle des plus contestables. L'initiative présidentielle augure mal, en tout cas, du dispositif antiterroriste, qui paraît relever, désormais, du domaine réservé.

A l'origine de la piste irlandaise, il y aurait un tuyau de la DGSE (Direction générale de la sécurité extérieure), la nouvelle centrale de renseignement qui a succédé au Sdece. L'information classée « A1 » – des plus fiables – émanerait d'un honorable correspondant de Dublin signalant le passage à l'action, à la fin de la semaine, d'un groupe terroriste irlandais basé en banlieue parisienne.

Plus précisément, la DGSE aurait été avertie de l'arrivée, le 28, d'un membre de ce groupe, qu'il suffirait de suivre pour découvrir la planque. Son directeur, Pierre Marion, aurait porté le renseignement à l'Elysée pour exploitation immédiate. Les impératifs de secret et de célérité auraient décidé de l'intervention du seul GIGN, quitte à court-circuiter le cabinet de Franceschi.

Mais, selon une version moins « jamesbondesque », c'est une enquête de routine qui aurait mis Prouteau sur la piste de Vincennes. Tout aurait commencé le 17 août, quand les douaniers de Cherbourg découvrent 430 mètres de cordeau explosif composé de penthrite dans les portières d'une R16 en instance d'embarquement pour Dublin. L'automobiliste, Pierre Bamzet, vingt-huit ans, est un sympathisant d'Action directe, qui, contacté par un indépendantiste irlandais, a accepté de passer l'explosif. Remis aux gendarmes, le passeur fait état de l'arrivée au Havre d'un groupe terroriste ayant pour objectif des Britanniques en vacances dans la région de Deauville. La compagnie de gendarmerie de Caen aurait alors repéré la trace des suspects dans des campings de la côte normande, et cette filature aurait conduit les « pandores » jusqu'à cette tranquille rue en pente de Vincennes que les hommes du GIGN ont mise en état de siège, le soir du samedi 28 août.

Peu après 18 heures, ce jour-là, des Alpine Renault se garent à l'angle de cette rue Diderot et de la rue Charles-Silvestri. Dix hommes en civil giclent en silence et s'engouffrent dans l'immeuble de brique du 88. L'arme au poing, ils prennent position dans l'escalier, tandis que, dehors, des gendarmes en uniforme jaillissent d'autres véhicules pour interdire tous les accès. Ils ordonnent aux voisins de rentrer chez eux. Une locataire du 88, qui aperçoit des hommes armés faisant le guet dans l'escalier, appelle le commissariat. Celui-ci envoie un car de police secours, que les barrages établis par les gendarmes obligeront à rebrousser chemin.

Entre-temps, vers 18 h 30, une porte s'ouvre au troisième étage. Deux hommes sortent de l'appartement, que sa propriétaire a déserté depuis des années pour aller élever des chèvres dans le Cher. L'un d'eux n'est connu des voisins que comme un locataire bruyant et mélomane surnommé, en raison de son accent, l'« Américain ». Il est ceinturé sur le palier, ainsi que son compagnon, un nouveau venu dans la maison, qui n'offre pas plus de résistance.

Le premier se nomme Michael Plunkett, trente et un ans ; le second, Stephen King, trente ans. Tous deux résident en Eire. Tandis que se poursuit la fouille de l'appartement, qui met au jour un stock de faux passeports et de permis de conduire irlandais, britanniques, néerlandais et français, les deux suspects sont conduits sous bonne escorte au fort de Vincennes, pour y être interrogés par la section de recherches de la gendarmerie. Une heure plus tard, une femme accompagnée d'un enfant d'une dizaine d'années se présente à l'appartement et est à son tour appréhendée : Mary Reid, vingt-neuf ans, de Dublin, est l'amie de Plunkett. Une chance qu'elle ne se soit pas rendu compte du remue-ménage qui a intrigué tout le quartier. Car, bien vite, les riverains avaient identifié les hommes du GIGN : « La police à Mitterrand », a dit l'un d'eux en les voyant charrier dans leurs véhicules sacs de sport et valises, fruits de la perquisition.

La brigade criminelle ne sera invitée par le parquet de Créteil à s'associer à la procédure que le lendemain après-midi. Mais le trio n'est transféré qu'à 23 h 30 du fort de Vincennes au Quai des Orfèvres. Et la garde à vue expire le 30 à 18 h 30...

Quand ils lui sont déférés lundi soir, le doyen des juges d'instruction de Créteil, Jean Person, ne peut retenir à leur encontre que la détention des armes et explosifs trouvés dans l'appartement, le recel de faux documents administratifs, et, à tout hasard, la vague inculpation collective d'association de malfaiteurs. Ils ont été seulement identifiés, en effet, comme des membres présumés de l'INLA (Irish National Liberation Army), bras armé clandestin de l'IRSP (Parti socialiste républicain irlandais), qui n'a jamais commis d'attentats en France. Plus récente, plus minoritaire et plus extrémiste que l'IRA dans le choix de ses cibles, l'INLA s'est surtout fait connaître par l'assassinat, le 30 mars 1979, du conseiller de Margaret Thatcher pour l'Irlande du Nord, le député conservateur Airey Neave. Mais Scotland Yard a fait savoir à la police française qu'aucun des trois Irlandais arrêtés à Vincennes n'était personnellement impliqué dans cet attentat.

Michael Plunkett est l'ancien secrétaire de l'IRSP. Acquitté, en 1978, pour l'attaque d'un train postal en Irlande du Sud, il a été inculpé de détention d'explosifs par un tribunal de Dublin en avril 1979, mais il a été libéré sous caution de 5 000 livres. Stephen King, inculpé à Dublin, en 1979, pour détention d'armes à feu, a été libéré lui aussi sous caution. Mary Reid, enfin, a été rédactrice en chef de l'organe du parti, qui a une existence légale en Eire.

Du coup, les policiers français s'irritent de l'action préventive des gendarmes, qui a empêché de remonter la filière, d'établir d'éventuelles connexions avec des réseaux internationaux et de déterminer l'objectif des trois inculpés.

En outre, loin de témoigner d'une concertation sans faille entre les différents services concernés, l'opération de Vincennes n'a fait que raviver la traditionnelle rivalité entre la police et la gendarmerie. Au double privilège des gendarmes pour l'usage des armes – une sommation suffit pour tirer – et pour la qualification d'agents et d'officiers de police judiciaire, voilà que s'ajoute, au sein même de l'agglomération parisienne, un travail d'enquête en civil non prévu au règlement.

Cet « impérialisme gendarmique », cette « militarisation des tâches de police » sont dénoncés unanimement par les syndicats policiers de droite et de gauche, qui assimilent la mission judiciaire confiée aux « pandores » à l'instauration d'une police parallèle officielle, avec les risques de bavures que cette pratique inclut. Les enquêteurs de la brigade criminelle, en particulier, ressentent l'opération Prouteau comme un désaveu, un camouflet, une couleuvre de plus à avaler. Le commissaire Robert Broussard, venu superviser la transmission de l'enquête le 29 au soir, a eu du mal à faire passer à ses collègues le tronçonnage d'une garde à vue qui ne leur laissait qu'une portion congrue.

Mais, surtout, le coup de fanfare de l'Elysée a complètement occulté le véritable changement de cap politique opéré par le pouvoir face au problème du terrorisme. D'abord, en n'hésitant pas à promouvoir, en fonction de leur compétence, des responsables qui avaient pourtant fait l'objet d'une campagne acharnée des organisations les plus gauchisantes : à la tête du GIGN, le capitaine Barril, qu'on avait tenté d'impliquer, en octobre 1981, dans un trafic d'armes en faveur d'une organisation subversive d'extrême droite ; à l'état-major antiterroriste, le commissaire Broussard, accusé de multiples bavures par des dirigeants extrémistes du syndicat des inspecteurs.

Ensuite, en faisant écrouer le théoricien de l'autonomie ouvrière italienne, Oreste Scalzone, réfugié politique à Paris, dont le parquet de Milan demandait l'extradition pour activités terroristes.

C'est l'amorce d'un revirement en matière de droit d'asile et de riposte judiciaire adaptés à l'internationalisation du terrorisme.

1985

L'affaire du *Rainbow Warrior*

Le 10 juillet 1985, le bateau de l'ONG Greenpeace coule en baie d'Auckland (Nouvelle-Zélande), touché par deux explosions. Un homme meurt dans l'attentat : Fernando Pereira, un photographe néerlandais d'origine portugaise. Dans les jours suivants, les services secrets français sont mis en cause.

On le sait aujourd'hui, cette opération, baptisée « Satanique », devait être un « simple » sabotage, sans mort d'homme, mais elle a viré au drame. Au total, une vingtaine d'agents de la DGSE, répartis en plusieurs équipes, y ont participé.

Quand Jacques Derogy et Jean-Marie Pontaut publient leur article, le 16 août 1985, *L'Evénement du jeudi* et *VSD* ont déjà révélé que les époux Turenge, deux pseudo-touristes suisses arrêtés à Auckland, sont des militaires français, mais sans donner davantage de précisions. *L'Express* va plus loin en dévoilant le vrai nom de l'un des deux agents : Sophie Turenge est en réalité le capitaine Dominique Prieur, la première femme à avoir intégré le groupe action de la DGSE, chargé des « opérations spéciales ».

Les deux journalistes de *L'Express* font de cette affaire un récit passionnant. Ils racontent comment l'expédition a été préparée dans le plus grand secret.

« Nous vivions des moments dignes des romans de John le Carré, se souvient Jean-Marie Pontaut. Un jour, notre informateur nous demande d'aller dans une cabine téléphonique de la place des Ternes, dans le XVIIe arrondissement de Paris. En fait, il y a trois cabines groupées. On y va. J'entre dans l'une des cabines, et je m'aperçois, stupéfait, que l'homme en question se trouve dans celle d'à côté ! Il me parle à travers la cloison vitrée : « Prenez le combiné et faites semblant de téléphoner.

Nous allons discuter comme ça. » C'était assez malin de sa part. De cette façon, si nous étions filés, Jacky ou moi, notre suiveur ne pouvait pas imaginer que nous parlions à la personne d'à côté... C'est comme cela que nous avons appris l'identité de Dominique Prieur. Ensuite, nous avons identifié les deux poseurs de bombes, membres de la fameuse "troisième équipe".

« On nous a alors reproché d'avoir été manipulés par le pouvoir politique et de nuire aux agents français : "En révélant leurs noms, vous les dénoncez et vous les mettez en danger." Or, c'est exactement le contraire de ce qui s'est passé ! Ce sont leurs propres collègues qui nous informaient ! Ils craignaient que le ministre de la Défense et le pouvoir français ne les laissent tomber en les abandonnant à leur sort pour ne pas assumer la bavure du commandement de la DGSE, qui avait monté cette opération en dépit du bon sens. »

Avant que l'affaire n'éclate, certains, à la DGSE, pensaient que la France pourrait négocier avec la Nouvelle-Zélande, pays ami. Mais ils ont vite constaté que le pouvoir socialiste refusait d'assumer ses responsabilités pour des raisons idéologiques, n'osant pas reconnaître qu'il avait expédié en Nouvelle-Zélande une équipe militaire responsable de la mort du photographe.

L'Express sort donc le nom de Dominique Prieur. Celle-ci n'en voudra pas à Jean-Marie Pontaut, puisqu'ils feront un livre ensemble, des années plus tard ! « Son mari, Joël, était capitaine des pompiers de Paris, poursuit le journaliste. Il savait que Dominique était affectée à la DGSE, ce que ne savent pas, en général, les conjoints d'agents... Mais elle ne lui donnait aucun renseignement sur la nature de ses missions. Elle ne disait pas, par exemple, où elle partait. Il avait simplement trouvé curieux qu'au mois de décembre elle achète des vêtements d'été ! A Paris, ils occupaient un logement de fonction à la caserne de pompiers de la rue du Vieux-Colombier. Un soir, alors qu'il se fait cuire une omelette, Joël regarde la télévision quand le journal de 20 heures diffuse un reportage sur l'arrestation de deux "touristes" suisses en Nouvelle-Zélande, soupçonnés d'avoir participé au sabotage. "Mais c'est Dominique !" s'exclame-t-il en reconnaissant son épouse, qui tente de dissimuler son visage. "Ça m'a coupé net l'appétit", me dira-il plus tard. Aussitôt après, le téléphone sonne. C'est la DGSE qui lui explique qu'il y a "un problème avec sa femme". "Oui, je suis au courant, répond-il, furieux. Merci de m'avoir prévenu !" Quelques jours plus tard, autre histoire incroyable, Joël est convoqué à la DGSE, où un responsable lui dit : "C'est scandaleux que le nom de votre épouse soit diffusé, mais sachez que nous ferons tout pour préserver votre tranquillité et celle de votre famille, ne vous inquiétez pas." Rassuré, Joël repart chez lui. Seulement, en prenant le métro, il voit à chaque station de grandes affiches de *Paris Match* montrant leur photo de mariage ! Pour lui, c'était épouvantable, il avait l'impression que tout le monde le regardait. Un reporter de *Match* avait acheté le cliché au photographe de la petite ville où ils s'étaient mariés en se faisant passer pour un cousin à la recherche d'un souvenir ! »

Ph. B.

☆☆☆

Rainbow Warrior : les secrets d'une affaire d'Etat

Jacques Derogy et Jean-Marie Pontaut

L'attentat contre le bateau de Greenpeace dans le port d'Auckland est bien l'œuvre des services secrets français. (L'Express *du 16 août 1985.*)

Rien ne peut plus empêcher le suspense le plus rocambolesque de l'année de devenir l'affaire d'Etat du septennat. L'attentat commis aux antipodes contre le *Rainbow Warrior*, un bateau de l'organisation écolo-pacifiste Greenpeace, porte bel et bien la signature des services secrets français.

L'Express est en mesure de dévoiler les dessous de l'opération paramilitaire décidée à Paris et les bavures qui ont entraîné la mort d'un homme, le photographe portugais Fernando Pereira, dans le port néo-zélandais d'Auckland, et l'arrestation d'un couple d'agents français en mission.

Notre enquête nous permet aujourd'hui de révéler l'identité de la jeune femme accusée par la police néo-zélandaise d'avoir participé à l'attentat : il s'agit du capitaine Dominique Prieur. Trente-six ans, mariée à un officier, capitaine du génie, qui commandait la caserne des sapeurs-pompiers de la rue du Vieux-Colombier, à Paris VIe. Affecté, depuis le 1er juillet, au ministère de la Défense pour préparer l'Ecole de guerre, son époux a déménagé précipitamment, le jeudi 8 août.

Ce mystérieux couple [*les époux Turenge, arrêtés en Nouvelle-Zélande*], titulaire de faux passeports suisses aux noms de Sophie-Claire Turenge, trente-six ans, enseignante, et d'Alain-Jacques Turenge, trente-quatre ans, directeur de société, dissimule en effet deux officiers du service action de la DGSE. La jeune femme, mère d'un enfant, appartient depuis plusieurs années à la centrale de renseignement et travaillait à la caserne Mortier. L'un de ses collègues l'a reconnue sur la photographie, lors de son arrestation à Auckland, en dépit de sa coiffure et de nouvelles lunettes, qui ont modifié sa physionomie. Son père manifeste aujourd'hui de vives inquiétudes.

Le pseudo-mari, incarcéré en même temps qu'elle, est commandant au Centre d'instruction des nageurs de combat de la base aéronavale d'Aspretto, près d'Ajaccio, qui est, avec le 13e régiment de dragons parachutistes de Dieuze, en Moselle, le fer de lance de la division action de la Piscine [*surnom des services secrets*]. Il est reconnaissable à la large cicatrice qui barre sa poitrine.

Au moment de son arrestation, le faux couple de touristes était en possession d'un appareil photo très sophistiqué, acheté dans un magasin spécialisé des Grands Boulevards parisiens.

C'est une autre espionne professionnelle qui avait fait les repérages indispensables à l'exécution de l'attentat. Cette petite jeune fille trapue, aux cheveux châtain clair, est une passionnée de la mer qui, sous la fausse identité de Frédérique Bonlieu, a infiltré l'organisation Greenpeace en Nouvelle-Zélande, de la mi-avril au 24 mai. Les soixante-six enquêteurs du superintendant Alan Galbraith l'auraient déjà identifiée grâce à deux numéros d'appel téléphonique qu'elle a composés dans sa chambre du Youth Hostel d'Auckland : une communication avec une amie militaire comme elle et avec sa famille, dans le sud-ouest de la France.

En outre, trois des quatre navigateurs venus de Nouméa rejoindre le faux couple à bord du voilier *Ouvéa* – un First 38 de 12,25 m – avec un matériel de communication prêté par un responsable de la société française Thomson avaient présenté des passeports bidon confectionnés à Paris. L'un de ceux-ci porte même le numéro de l'authentique passeport d'un gendarme de la Garde républicaine. Ils sont évidemment inconnus aux adresses qui y figurent ; il n'y a pas de Jean-Michel Berthelo, trente-trois ans, agent commercial, au 49 rue de la Victoire, Paris IXe, ni d'Eric Audrenc, trente-deux ans, photographe, au 2 rue de l'Atlas, Paris XIXe, et moins encore de Raymond Velche, trente-cinq ans, skipper, au 52 rue du Chemin-Vert, un immeuble vétuste de soixante et un appartements, sans concierge, du XIe arrondissement de Paris. Tous trois seraient également des nageurs de combat de la base d'Aspretto. Lors du contrôle de leur voilier sur le chemin du retour, à l'escale de Norfolk, la police australienne a saisi une pellicule où figure la photo de trois d'entre eux, dont le skipper Velche. Ce qui devrait pouvoir faciliter leur identification et faire litière de leur prétendue appartenance à une organisation de mercenaires venus de l'extrême droite. Indice supplémentaire inédit : ils étaient arrivés, le 7 juin à Nouméa, en compagnie de l'un des patrons de l'opération, portant de faux papiers au nom de Philippe Dubast, analyste de quarante-neuf ans originaire de Reims.

Pour camoufler cette gaffe catastrophique, le gouvernement français, pris de court par les premières conclusions de l'enquête néo-zélandaise et les informations qui commencent à filtrer jusqu'à Paris, s'empresse d'allumer un contre-feu politico-stratégique. D'abord au sommet de l'Etat, par l'annonce, le 8 août, sur le coup de 1 heure du matin, d'un échange de lettres entre le président Mitterrand et le Premier ministre, Laurent Fabius, pour ordonner sans délai une enquête rigoureuse destinée à faire toute la lumière et à sanctionner d'éventuels coupables à quelque niveau qu'ils se trouvent. Dans la matinée est annoncée la mission confiée solennellement à une personnalité « incontestable », Bernard Tricot, grand commis de la Ve République gaullienne.

A l'Elysée et à Matignon, on explique que la gravité des accusations néo-zélandaises nécessitait une telle démarche exceptionnelle : il s'agit d'une affaire de morale politique. Il est difficile de se poser en champion de la défense des droits de l'homme et d'être soupçonné d'avoir ordonné ou couvert un acte de terrorisme.

Plus discrètement, le pouvoir prend langue avec l'opposition pour prévenir une politisation de l'affaire qui pourrait noircir l'image de la France. Ce même jeudi, à 14 h 30, le général Roger Emin, numéro 2 de la DGSE, se rend à l'Hôtel de Ville pour tenir informés Robert Pandraud et Michel Roussin, les deux collaborateurs les plus proches de Jacques Chirac. Sur le plan international, l'assurance donnée par le président de la République au Premier ministre de Nouvelle-Zélande, David Lange, de coopérer à l'enquête en cours tend à désamorcer l'offensive antifrançaise dans le Pacifique Sud. Le dirigeant néo-zélandais reçoit le message 5 sur 5 : après avoir affirmé à grand fracas, le 23 juillet, que la police française connaissait les auteurs du sabotage et sa connotation politique, il met un bémol retentissant à la clef de ses accusations, en déclarant, le 10 août, n'avoir aucune preuve de la participation des services français à l'action criminelle stigmatisée par les plus hautes autorités françaises. N'empêche : Charles Hernu a dû annuler en catastrophe deux voyages à l'étranger et rester à la disposition du chef de l'Etat, qui l'a retenu deux heures dans sa villa landaise de Latche. Un dialogue sans doute animé.

A l'origine de l'affaire, il y a bien pourtant une réelle inquiétude des services français sur les activités du mouvement Greenpeace. Vieille histoire qui remonte à l'installation, en 1966, du centre d'expérimentation nucléaire en Polynésie. Les flottilles dérisoires affrétées par les organisations pacifistes ont été à plusieurs reprises neutralisées par toutes sortes de moyens, y compris les plus inavouables. Toutefois, au début de cette année, la direction du contre-espionnage de la DGSE a réuni des informations très troublantes sur la pénétration de Greenpeace par des services du bloc soviétique. Elle s'alarmait surtout de la tournure menaçante prise par la nouvelle campagne antinucléaire que cette organisation internationale s'apprêtait à lancer cet automne. A la Piscine, on redoutait une démonstration très spectaculaire à grand renfort de médias, telle qu'une tentative de débarquement en force à Mururoa. Ainsi qu'une possibilité d'espionnage technologique fort gênante à la veille d'expériences sensibles sur la bombe à neutrons.

Dès lors se monte une opération préventive de grande envergure. Le schéma de sa mise en place est classique. Le directeur de la division recherche désigne un chef de mission pour en mettre au point les détails et en évaluer le coût. La neutralisation définitive du bateau amiral de Greenpeace, le chalutier de 48 mètres *Rainbow Warrior*, est estimée à plusieurs millions de francs.

Le chef de mission rend compte de l'étude au directeur général de la DGSE, l'amiral Lacoste, qui lui donne alors des instructions orales, après avoir obtenu le feu vert de son ministère de tutelle et du cabinet militaire de la présidence ou de ses conseillers particuliers pour les affaires de sécurité.

Les préparatifs peuvent commencer. Premier objectif : le repérage sur le terrain. C'est là qu'apparaît Frédérique Bonlieu, qui s'est présentée comme géologue à un sympathisant des écologistes, Jean-Marc Vidal, directeur de l'école de la mer de Port-Camargue (Gard). Elle l'a rencontré « par hasard », en août 1984, sur les quais d'Ajaccio, et lui a fait part de son admiration pour les exploits de l'équipe du commandant Cousteau. Cinq mois plus tard, elle le retrouve au Salon nautique, à Paris, où elle l'informe de son intention de se rendre dans le Pacifique pour se livrer à une exploration archéologique : elle veut en profiter pour aider les écologistes et lui demande donc une introduction auprès des militants de Greenpeace.

La jeune « archéologue » débarque à Auckland au milieu du mois d'avril. Elle loue plusieurs voitures pour visiter la Nouvelle-Zélande, et se met à la disposition du siège de Greenpeace pour traduire les documents destinés à la section française. Elle demande où il est possible de louer, dans l'île, des bouteilles de plongée sous-marine et des dinghies (petits bateaux pneumatiques) pour des amis touristes. Elle expédie même à son bureau de Paris des cartes détaillées du port d'Auckland ; l'une d'elles sera retrouvée plus tard, lors du contrôle de l'*Ouvéa* à son escale australienne de Norfolk. De son hôtel, elle donne plusieurs coups de fil en France, qui laisseront des traces, et s'envole pour Paris, le 24 mai. Neuf jours après l'attentat du 10 juillet, elle enverra une lettre à ses amis écologistes d'Auckland, depuis le kibboutz de Pardes Hannah, en Israël, pour exprimer son indignation : « Je suis sous le choc de cette monstruosité », écrit-elle. Mais, dès que son pseudo apparaîtra dans la presse néo-zélandaise, elle quittera précipitamment Israël, le 26 juillet, pour gagner, dit-elle, le Liban, où elle a déjà séjourné.

Entre-temps, grâce à l'excellence de ses renseignements, la mission du service action s'est mise en route. Un médecin de Dieppe, le Dr Xavier Maniguet, adepte du parachutisme, de la plongée sous-marine et des sports de combat, et qui n'exerce son art que sur les plates-formes pétrolières d'Abu Dhabi, se présente, à la fin d'avril, dans une agence de voyages spécialisée dans certaines croisières de luxe, la société Odyssée, rue du Ranelagh, Paris XVIe. Il dit chercher des coéquipiers pour une croisière de voile en Nouvelle-Calédonie, et propose de verser, pour sa part, 90 000 francs en espèces. Comme par hasard, quelques jours plus tard, un soi-disant skipper professionnel, Raymond Velche, se présente à son tour à la même agence, en quête, avec deux amis, d'un quatrième partenaire pour faire de la voile à Nouméa. Elémentaire, mon cher Gorille...

Le 28 mai, ce beau navigateur aux cheveux ondulés s'envole pour Nouméa inspecter consciencieusement le voilier *Ouvéa*, loué par la société Nouméa Yacht Charter, pour le compte de son propriétaire, Jean Pélissier. Il remplit une fiche d'expérience nautique : dix ans de navigation comme chef de bord, deux ans de charter aux Antilles et un louage de bateaux à une société inconnue, du nom de Locazur. Après avoir réglé la chambre 302 du Nouméa Beach Hôtel en liquide, il reprend l'avion, le 31 mai, pour Paris : ce qui représente soixante heures de vol et dix-huit heures de décalage horaire en moins de quatre jours !

Il revient, le 7 juin, en compagnie de ses deux amis, Audrenc et Berthelo. Le trio dédaigne l'accueil de l'agence et loue, chez Hertz, un véhicule Combi Volkswagen dont il a fait ôter le siège arrière pour entasser du matériel. Il a des démêlés avec la douane pour sortir de l'aérogare des sacs marins trop lourdement chargés. A son hôtel est descendu un autre passager du vol UTA, sous le nom de Philippe Dubast, qui s'éclipsera le 14 juin.

Durant quatre jours, les trois navigateurs s'affairent à bord du voilier pour y installer un équipement technique inégalé, fourni par un responsable de Thomson familier de la Piscine : le système Satlaw de prise de points par satellite, un pilote automatique, un quartz radio Blu de 8 mégahertz pour liaisons intercontinentales et un interphone entre l'habitacle et le pont. Ils refusent de se prêter à la vérification contradictoire de routine et déclinent toute aide extérieure. Ils louent au magasin Corail Marine un compresseur, trois détendeurs et une bouteille de plongée. Pour régler la location du bateau jusqu'au 28 juillet, Velche libelle deux chèques de 53 125 francs chacun, tirés sur le compte de la société Odyssée, à l'Européenne des banques de Paris !

Le 11 juin débarque à son tour le quatrième larron de l'équipée : le Dr Maniguet. D'après les spécialistes du renseignement, le médecin ne serait là que pour fabriquer, à son insu ou non, une « légende », son identité, vérifiable, servant à donner une apparence de crédibilité au groupe.

L'*Ouvéa* prend la mer le 13 juin. Quinze jours plus tard, le faux couple suisse Turenge s'envole de Londres, après y avoir séjourné vingt-quatre heures, à destination d'Auckland. A-t-il été repéré par les services britanniques ? Il se peut, puisque, peu après son arrestation en Nouvelle-Zélande, ces services sembleront connaître sa position à la DGSE. Ils savent en tout cas que les agents secrets français en mission ont le choix entre deux nationalités d'emprunt, belge ou suisse, et qu'ils préfèrent généralement passer pour suisses.

Le 5 juillet, les deux faux amoureux louent une 4 x 4 Toyota pour visiter l'île. Ils ne peuvent compter sur l'aide du dernier honorable correspondant, dont la fabrique de pâte d'huîtres, sa couverture, a fait faillite. Ils descendent notamment au Beach Comber Hôtel, à Paihia, dans le nord de la Nouvelle-Zélande, non loin du port de Whangarei, où l'*Ouvéa* est au mouillage depuis le 26 juin. Les quatre navigateurs ont été repérés par la douane parce qu'ils ont accosté dans plusieurs criques et fait cinq séjours de cabotage en omettant de déclarer leur présence sur le territoire néo-zélandais. Le skipper fait par gros temps une entrée périlleuse remarquée dans le port de Whangarei, à 170 kilomètres au nord d'Auckland, où mouille le ketch de Greenpeace. Le bon Dr Maniguet quitte alors ses coéquipiers et profite de l'hiver austral pour aller skier en montagne, près de Wellington, la capitale. Les trois autres navigateurs louent une voiture, qu'ils trouvent bientôt trop petite et qu'ils échangent contre un break Mitsubishi, avec lequel ils vont parcourir de longues distances. Le loueur leur trouve l'« allure militaire ». Avant leur départ, un témoin remarque la Toyota des « époux » Turenge sur le quai où l'*Ouvéa* reste au mouillage et les aperçoit en conversation avec l'équipage.

Le voilier appareille le 9 juillet, trente heures avant l'explosion du *Rainbow Warrior* dans le port d'Auckland. C'est la phase finale de l'opération… Il apparaît qu'elle a ripé sur plusieurs grains de sable. Le matériel a dû être transporté à pied d'œuvre à bord d'un des deux véhicules. Premier « pépin » : dans l'après-midi du 10 juillet, un quidam informe la police locale qu'il vient de voir un Zodiac gris et noir embarquer du matériel qu'il croit volé à un véhicule stationné dans le petit port de Hobson Bay, à 3 kilomètres au nord d'Auckland. Quand les policiers surviennent, un quart d'heure plus tard, il n'y a plus trace ni du Zodiac ni du véhicule, dont le témoin leur fournit un signalement détaillé.

Deuxième incident : à 21 h 30, un autre témoin s'étonne de voir un inconnu en train de couler un Zodiac près du pont de Ngabibi. Sous le dinghy à demi immergé, les enquêteurs trouveront plus tard une bouteille d'oxygène portant l'étiquette de la marque Plastimo et peut-être des empreintes exploitables – dont les autorités néo-zélandaises refusent de confirmer si elles correspondent à celles des « époux » Turenge.

Trois heures après ce témoignage, à 0 h 30, le *Rainbow Warrior* est secoué par une première explosion. Il restait à bord douze hommes d'équipage dont le photographe Pereira, après le départ, dans la soirée, de vingt-cinq responsables de Greenpeace. Les occupants, réveillés par la secousse, sautent sur le quai. Mais le Portugais, qui travaille pour une agence néerlandaise, retourne dans sa cabine récupérer son matériel. C'est alors que se produit une seconde explosion, plus importante, qui le tue et couche le bateau sur le flanc. Cette mort imprévue va transformer le fait divers en affaire d'Etat.

Que s'est-il passé au juste ? Les deux mines magnétiques, reliées entre elles et collées à la coque, étaient-elles télécommandées par l'un des agents français, qui croyaient le bateau évacué après la première explosion, ou bien la mise à feu a-t-elle été déclenchée par une minuterie, avec une première charge permettant aux occupants de quitter le bord ? Le skipper Peter Wilcox expliquera plus tard, aux journalistes néo-zélandais, que son nouvel équipement électronique, d'une valeur de 75 000 dollars, est désormais hors d'usage. Il a nagé dans le mazout pour tenter vainement de récupérer, selon lui, de précieux papiers.

Les enquêteurs ne tardent pas à se mettre sur la piste des Français, qui ont laissé presque trop de traces au dire des spécialistes. Deux jours plus tard, le couple Turenge tombe dans une souricière en restituant la Toyota à l'agence de location de

Mount Wellington. Remis en liberté sous caution le 17 juillet, les « Turenge » sont à nouveau arrêtés dans les heures qui suivent, car leurs passeports, confisqués, se sont révélés être des faux. Le 23, ils sont officiellement inculpés, par le tribunal d'Auckland, de complicité de meurtre, de destruction par explosifs et d'usage de fausses identités.

Quatre jours plus tard, un promeneur découvre, à Pollen Island, une deuxième bouteille d'oxygène identique à la première et qui a été ramenée par le courant.

Les quatre autres Français, repartis à bord de l'*Ouvéa*, ont échappé de justesse au coup de filet. Le 13 juillet, en effet, ils sont interceptés à l'île de Norfolk par la police australienne, qui fait venir les enquêteurs néo-zélandais. Mais ceux-ci, n'ayant alors aucun mandat pour les interpeller, les laissent repartir après avoir saisi la pellicule où se trouvent photographiés trois d'entre eux et un plan annoté par Frédérique Bonlieu, la taupe en fuite.

Le Dr Maniguet en profite pour quitter la croisière, en indiquant qu'il en a « marre de la mer », et gagner Sydney, où, de nouveau mis hors de cause, il prendra l'avion pour Paris. L'*Ouvéa* met le cap sur les îles Loyauté. Les 17, 18 et 21, il signale des positions fantaisistes et s'évanouit dans l'Océan. Selon les enquêteurs néo-zélandais, il aurait été sabordé par son équipage, lequel aurait pu être récupéré par un bateau de la Marine nationale croisant alors dans les parages. Un sabordage qui ajoute un piment final au suspense, mais que Paris ne peut que récuser. Sans pouvoir éviter pour autant une troisième explosion : celle du scandale politique.

Tandis que le pouvoir affiche sa volonté de jouer le jeu de la vérité, on voit éclore, ces jours-ci, de bien curieuses spéculations sur toutes sortes de pistes qui ressemblent singulièrement à un contre-feu tactique. Après les premières révélations de *VSD* et de *L'Evénement du jeudi*, qui ont allumé la mèche, un journaliste de France Inter, Gilbert Picard, prétend avoir lu l'ordre de mission du faux couple Turenge. Celui-ci aurait été envoyé comme simple observateur non par la DGSE mais par un service « indépendant » chargé de la sécurité des sites nucléaires. Il aurait été victime d'un montage de services spéciaux étrangers, qui auraient également profité de la présence de mercenaires venus se livrer à de mystérieux trafics...

Scénario, plus abracadabrant encore, d'un complot anglo-soviétique contre la présence française dans le Pacifique. Cette invraisemblable version a le mérite de disculper la DGSE, dont les responsables mis en cause supporteront difficilement d'être seuls à porter le chapeau. Leur ministre de tutelle, Charles Hernu, se trouve désormais exposé en première ligne.

Tout dépend maintenant des résultats de l'enquête poursuivie, en France même, par les policiers néo-zélandais arrivés, le 13, avec leurs dossiers et leurs atouts, assistés sans réserve par les services du ministère de l'Intérieur. Et des conclusions auxquelles aboutira la redoutable mission confiée à Bernard Tricot : concilier l'exigence de justice et de vérité avec les impératifs de la raison d'Etat.

Alors que le pouvoir persiste à nier la responsabilité des services français dans le sabotage du bateau de Greenpeace, Le Monde *publie, sous la plume d'Edwy Plenel, un article retentissant selon lequel deux nageurs de combat – autrement dit une « troisième équipe » d'agents – ont été impliqués dans l'opération. Cette information, qui conforte l'hypothèse d'une « bavure » de la DGSE, met à mal tout le travail d'enquête effectué, à la demande de l'Elysée, par Bernard Tricot, un gaulliste historique. L'article que nous reproduisons ici montre comment* L'Express, *par son enquête, complète les révélations de Plenel.*

« A l'époque, nous avons vraiment travaillé la main dans la main avec Le Monde, *indique Jean-Marie Pontaut. Quand Plenel sort cette information sur la troisième équipe, le pouvoir se retrouve dans une position impossible. Hernu continue d'affirmer que les agents français n'ont jamais placé de bombe à bord du* Rainbow Warrior. *Il ment, certes, mais comment le prouver ? Après tout, il n'existe aucune preuve du contraire. La "troisième équipe", cela signifie seulement que de nombreux Français se trouvaient à Auckland auprès des faux époux Turenge. Notre confrère du* Monde *n'a alors aucun nom. Même s'il est sûr de son info, il n'a plus d'atout dans ses manches. Le pouvoir pourrait donc continuer à nier. C'est à ce moment-là qu'un informateur nous livre les noms et les grades des deux poseurs de bombe, un capitaine et un sergent-chef de la base d'Aspretto, en Corse.* Le Monde *reprend l'info et, cette fois, le pouvoir craque. »*

Hernu a beau organiser une dernière conférence de presse où il continue à mentir, Laurent Fabius, le Premier ministre, décide d'arrêter la comédie. Il ne peut pas admettre de découvrir dans les médias des informations qu'il ignore. Le lendemain, il apparaît en noir à la télévision et déclare : « La vérité est cruelle, mais c'est la vérité : ce sont bien des membres de la DGSE qui ont coulé le bateau de Greenpeace. Le ministre de la Défense, Charles Hernu, vient de présenter sa démission. »

Charles Hernu, principal donneur d'ordres, quitte donc le gouvernement le 20 septembre 1985. « Il fallait bien que quelqu'un assume la responsabilité de cette énorme bavure, estime Jean-Marie Pontaut, et cela ne pouvait pas être le président ni le Premier ministre, qui était d'ailleurs, je crois, totalement ignorant de l'affaire. On avait menti à Fabius, comme on avait menti à Joxe, le ministre de l'Intérieur. Quant à Mitterrand, il avait été informé par Hernu et par le patron de la DGSE, l'amiral Lacoste, mais on lui avait sans doute présenté une version "soft" de l'opération. En revanche, Hernu avait insisté lui-même pour qu'on place deux bombes sur le bateau, ce qui a été à l'origine du drame. Et quand l'opération a mal tourné, Hernu a menti jusqu'au bout avec la bénédiction de l'Elysée. »

L'histoire ne s'est pas arrêtée là. L'enquête de L'Express *non plus, selon Jean-Marie Pontaut : « Nous avions obtenu la photo des deux poseurs de bombe. Sur le chemin du retour, ils avaient fait une halte à Tahiti, où ils avaient été photographiés dans un groupe de touristes. Nous avons alors appelé l'amiral Lacoste pour lui faire confirmer. Il débarque au journal en catastrophe. Lui qui avait nié jusqu'au bout l'existence de cette équipe, il blêmit en voyant les clichés et nous déclare, la voix tremblante : "Ce sont eux, mais vous ne pouvez pas publier ces images." "Pourquoi ?" "Si vous publiez ça, vous allez faire tuer leurs informateurs à l'étranger. On va les reconnaître partout où ils ont été. Certains les aidaient en ignorant qui ils étaient. S'ils sont reconnus beaucoup de personnes risquent de le payer de leur vie." Avec le patron de* L'Express, *nous n'avons pas voulu prendre ce risque et nous n'avons pas publié la photo. Quinze jours plus tard, elle sortait dans un autre journal, mais je ne regrette pas notre décision. »*

Par la suite, les journalistes apprennent également que le troisième homme du commando, celui qui avait gardé le bateau tan-

dis que les deux plongeurs posaient les explosifs, était un certain Gérald Royal, le frère de Ségolène, qui était alors conseillère à l'Elysée ! « Je crois qu'elle aussi ne l'a su qu'un peu plus tard, précise Jean-Marie Pontaut. Quand elle a voulu aller soutenir Greenpeace, son frère l'aurait discrètement prévenue... »

En conclusion de cette affaire, Dominique Prieur et son « faux » mari Alain Mafart (les fameux époux Turenge) ont été condamnés en novembre 1985 à dix ans de prison en Nouvelle-Zélande, mais le commandant Mafart a tout de même pu rentrer à Paris en 1987 et sa « complice » en 1988. Le dossier a fait l'objet de longues procédures judiciaires, mais aussi de tractations diplomatiques et financières entre les deux pays. L'image de la France en est tout de même sortie ternie.

Ph. B.

Rainbow Warrior : révélations sur la « troisième équipe »

Jacques Derogy et Jean-Marie Pontaut

Les autorités françaises ont de plus en plus de mal à nier l'évidence. En ce mois de septembre 1985, la démission de Charles Hernu est imminente. (L'Express *du 20 septembre 1985.*)

« Je n'exclus pas que j'aie été berné, qu'il y ait eu une sorte d'entente générale pour ne pas me dire la vérité », confessait Bernard Tricot le 26 août, en rendant public son rapport sur l'affaire Greenpeace.

Les révélations du *Monde* impliquant deux autres nageurs de combat français dans l'attentat d'Auckland et, surtout, la responsabilité de la haute hiérarchie militaire ont fait rebondir le doute, en dépit d'un démenti aussi catégorique que tardif du ministre de la Défense. Tous les indices concordent en tout cas pour confirmer ce que *L'Express* avait établi dès le 15 août : le sabotage du *Rainbow Warrior* porte bel et bien la signature de la DGSE. Rien ne peut plus empêcher cette affaire d'Etat de devenir le vrai scandale du septennat.

Au côté des faux époux Turenge, incarcérés depuis en Nouvelle-Zélande, et des trois navigateurs du voilier *Ouvéa* se trouvait bien une troisième équipe de la DGSE, également constituée de deux plongeurs militaires de la base secrète d'Aspretto (Corse). *L'Express* est en mesure de révéler qu'il s'agit d'un capitaine et d'un sergent-chef du centre d'instruction des nageurs de combat. Ils s'étaient longuement entraînés au minage sous-marin de jour et de nuit dans le golfe d'Ajaccio. Cette information permet de reconstituer ainsi le déroulement de l'opération.

Tout a commencé avec la mission de la taupe Christine Cabon, alias Frédérique Bonlieu, qui, de la mi-avril à la fin de mai, a réalisé un dossier d'objectif. Ce dossier a été confié à l'officier traitant désigné pour l'opération : le chef de bataillon Alain Mafart, alias Alain Turenge. Il se rend à Auckland en compagnie de sa couverture, sa fausse épouse le capitaine Dominique Prieur (Sophie Turenge), après l'arrivée périlleuse de l'*Ouvéa* sur une côte difficile d'accès, à l'extrême nord de la Nouvelle-Zélande. Les trois sous-officiers du sloop acheminent les explosifs dissimulés dans deux bouteilles de plongée soudées. Ils planquent le matériel à terre et alertent par téléphone le faux couple suisse, qui va réceptionner les deux autres hommes-grenouilles venus au dernier moment par avion sous l'apparence de touristes anglo-saxons. Ceux-ci embarquent à bord du Zodiac livré par leurs trois camarades de l'*Ouvéa* pour poser les deux charges, dont le délai maximal de mise à feu est de trente-six heures, contre la coque du vaisseau amiral des écolo-pacifistes.

C'est au moment de leur récupération à terre que des témoins ont repéré le camping-car des Turenge à proximité du Zodiac et relevé son numéro minéralogique. Les deux exécutants ont pu quitter la Nouvelle-Zélande par avion dans les heures qui ont suivi l'attentat sans, apparemment, laisser de trace. Le patron du centre d'Aspretto en personne, le commandant Louis-Pierre Dillais, alias Philippe Dubast, qui avait coordonné l'opération depuis Nouméa, en Nouvelle-Calédonie, a organisé leur « exfiltration », ainsi que, plus tard, celle des navigateurs de l'*Ouvéa*, partis trente heures avant l'explosion qui avait entraîné la mort imprévue du photographe de Greenpeace. Une quatrième équipe de secours avait affrété un bateau rapide en Australie, en cas de coup dur.

Un schéma du même type d'opération avait été mis en œuvre, par les nageurs d'Aspretto, en 1982, pour couler dans le golfe de Gênes un navire libyen qui se livrait à un trafic d'armes.

Le budget de la base aéronavale d'Aspretto est alimenté à 80 % par l'état-major de l'armée, dont le chef était, jusqu'en juin dernier, le général Jeannou Lacaze, ancien numéro 2 de la DGSE et ami personnel du chef de bataillon Mafart.

C'est sous la pression du contre-amiral René Hugues, commandant la flotte française du Pacifique, et de l'amiral Henri Fages, alors directeur des Centres d'essais nucléaires, que leur ministre de tutelle, Charles Hernu, a créé, au début de l'année, un « groupe riposte » chargé de contrecarrer une campagne sans précédent mise en route par Greenpeace. Le ministre transmet la notice d'alerte de ses amiraux au général Jean Saulnier, chef de l'état-major particulier du président de la République. « Que fait donc la DGSE ? » rétorque l'Elysée. Elle n'a pas d'agent en Nouvelle-Zélande, constate Hernu, qui convoque le patron des services secrets, l'amiral Pierre Lacoste, pour lui demander d'espionner les préparatifs des écolo-pacifistes. Lacoste réunit son état-major et confie à son bras droit, le général Roger Emin, directeur de la recherche, une mission d'investigation en Nouvelle-Zélande. Des agents sont aussitôt envoyés dans cette zone du Pacifique Sud sous couverture d'une compagnie aérienne.

Une première « note bleue » de la DGSE adressée à l'Elysée et au ministère de la Défense fait le point à la mi-avril. A la demande d'Hernu, relancé par les chefs de la Marine, est décidée une mission d'infiltration qui se transformera par la suite en dispositif opérationnel de « prévention ».

Le service action du lieutenant-colonel Jean-Claude Lesquer et son centre d'instruction d'Aspretto entrent alors en jeu. Le général Saulnier signe le devis de l'opération. Les « fonds spéciaux à destination particulière » inscrits au budget de l'Hôtel Matignon sont débloqués au fur et à mesure des missions : l'argent est remis en liquide ou en devises étrangères par la paierie générale du Trésor au directeur administratif de la DGSE, le préfet Philippe Parant, et comptabilisé par son adjoint aux finances Alain Christnacht.

Tout le problème est de savoir si la haute hiérarchie militaire et sa tutelle politique ont ou non rendu compte au président de l'action entreprise à si grands frais. Il leur sera encore plus délicat de lui en annoncer l'échec.

Deux jours après l'attentat, les faux Turenge, repérés en rendant leur voiture de location, sont retenus par les autorités néo-zélandaises. Le jour même, Alain Turenge-Mafart appelle le numéro de secours de la DGSE, rapidement identifié par les enquêteurs d'Allan Galbraith. Dès le 14 juillet, la « Piscine » envoie à Auckland l'avocat Philippe Derouin. Le lendemain parvient à Interpol le premier télex demandant l'identification des faux Suisses. Mitterrand ne sera mis au courant de cette « bavure » que le 17, d'abord par le secrétariat général de l'Elysée, puis par le ministre de l'Intérieur, Pierre Joxe, lui-même avisé par ses services. Le président exige la vérité sur cette affaire. Fabius, Joxe et Hernu estiment impossible de tromper Interpol : la police française répondra aux demandes néo-zélandaises.

L'avocat de la DGSE revient à Auckland le 23 juillet pour l'audience d'inculpation et avertit ses clients qu'ils risquent d'être identifiés. C'est alors que le capitaine Dominique Prieur appelle imprudemment, le 27 juillet, la caserne parisienne de son vrai mari depuis la prison du Mount Eden, où elle a été incarcérée le 24.

Le 7 août, après trois semaines de flottement et à la veille de premières révélations de la presse, le président, devant qui Hernu, Saulnier et Lacoste s'en seraient tenus à la version d'infiltration, allume bien tardivement un contre-feu. Il décide de faire nommer par Fabius un superenquêteur et songe à confier ce rôle au général Jeannou Lacaze. Mais il se ravise en se rappelant les liens de l'ancien chef d'état-major avec la « Piscine » et choisit un personnage plus symbolique, le gaulliste historique Bernard Tricot, dont le rapport fera long feu. Il y affirmait notamment que, à sa connaissance, « la DGSE n'avait pas alors en Nouvelle-Zélande, outre les Turenge, d'autres agents que ceux qui composaient l'équipage de l'*Ouvéa* ». S'il y a eu tromperie sur ce point, c'est bien que le pouvoir s'est laissé entraîner dans la spirale infernale du mensonge d'Etat.

1986

Carrefour du développement

La période de la première cohabitation (1986-1988) est l'occasion d'un affrontement sanglant entre la gauche, battue aux législatives de mars 1986, et la droite, revenue au pouvoir avec Jacques Chirac, nommé Premier ministre par le président François Mitterrand. Le scandale du Carrefour du développement, et le fameux épisode du « vrai-faux passeport » illustrent parfaitement ces tensions.

Tout commence en avril 1986, lorsque Michel Aurillac, ministre de la Coopération, dévoile un rapport de la Cour des comptes mettant en cause la gestion de son prédécesseur, le socialiste Christian Nucci. Dans le collimateur, une association, Carrefour du développement (Acad), subventionnée par le ministère et qui aurait été victime de détournements de fonds. A l'origine, l'Acad devait servir à financer le sommet franco-africain de Bujumbura (Burundi), organisé en décembre 1984 sous le haut patronage de François Mitterrand. La facture a été salée : 51 millions de francs...

La justice, saisie par Michel Aurillac, consulte les comptes et découvre que le trésorier de l'association, Yves Chalier, également chef de cabinet de Nucci, s'est livré à des manœuvres dont l'objectif était de servir ses intérêts personnels. Christian Nucci lui-même n'est pas exempt de reproches. On apprend en effet qu'il aurait acquitté ses cotisations au PS et payé ses affiches électorales sur les fonds de Carrefour du développement. Dans le premier article que nous publions, *L'Express* s'intéresse surtout au parcours d'Yves Chalier, un vrai personnage de roman.

En ce début d'été 1986, l'histoire sent d'autant plus le soufre que cet ancien militaire est introuvable. C'est un policier de haut rang, proche de Charles Pasqua (ministre de l'Intérieur), qui serait responsable de sa fuite. Pensant que Chalier est détenteur de bien des secrets et qu'il est susceptible de faire des révélations sur la gauche, il a eu l'idée d'organiser sa « cavale » à l'étranger. On a même procuré au fugitif un vrai-faux passeport, fourni par la... DST, le contre-espionnage français ! Chalier, ravi de l'aubaine, s'est envolé sous un faux nom – Navarro – vers Rio de Janeiro, au Brésil, où l'hébergent des Corses spécialisés dans les jeux, comme le raconte Gilles Gaetner dans son article du 23 janvier 1987.

Poursuivi par la justice, sous le coup d'un mandat d'arrêt, Yves Chalier reviendra finalement en France le 17 novembre 1986 et sera par la suite condamné à cinq ans de prison. Quant aux politiques, ils auront plus de chance. Charles Pasqua et le directeur de la DST, protégés par le secret défense, ne seront pas poursuivis, tandis que Christian Nucci échappera à la Haute Cour de justice grâce à une miraculeuse loi d'amnistie taillée sur mesure. Comme disait le dialoguiste Michel Audiard : « Ce sont toujours les caves qui trinquent. »

Ph. B., J.-M. P.

☆☆☆

Le carrefour de tous les scandales

Jacques Derogy et Jean-Marie Pontaut

Yves Chalier, l'extravagant chef de cabinet du ministre Christian Nucci, ne veut pas porter le chapeau. L'affaire Carrefour du développement prend soudain une tournure plus politique. (L'Express *du 4 juillet 1986.*)

Affaire d'Etat. Après deux mois de rebondissements et de supputations, le scandale financier du Carrefour du développement débouche sur la scène politique. La situation de l'ancien ministre de la Coopération et député socialiste de l'Isère Christian Nucci est devenue très inconfortable. Les premières inculpations frappent l'entourage de son ex-chef de cabinet,

Yves Chalier. Réagissant à la publication par *L'Express* de deux documents compromettants signés de son nom, Christian Nucci sort de son long silence. Il porte plainte pour faux et usage de faux. Sa signature, dit-il, a été imitée, mais, devant la Cour des comptes, il a paradoxalement reconnu que, signant lui-même rarement, il laissait ses collaborateurs signer pour lui, et même parapher les nominations à son cabinet...

« Comme il y a d'innombrables faux dans cette affaire, faux ou supposés faux, déclare au *Monde*, le 1er juillet, l'actuel ministre de la Coopération, Michel Aurillac, je ne sais pas qui signe vraiment ou qui ne signe pas. »

Le coup d'accélérateur politique donné dans cette interview a pour point de départ un manuscrit déposé, le 13 juin, dans la boîte aux lettres personnelle de Michel Aurillac. Bien qu'il ne porte pas de signature, le document a été indubitablement rédigé par l'introuvable Yves Chalier. C'est un texte de treize feuillets, écrit curieusement à la troisième personne, qui met en cause l'ancien ministre, aussi bien dans sa vie privée que dans sa vie publique. Il porte des accusations détaillées sur la légèreté de sa conduite quand il était haut-commissaire en Nouvelle-Calédonie, puis quand il a exercé ses fonctions gouvernementales. Il va jusqu'à donner la liste de ses conquêtes féminines et des précisions scabreuses sur ses frasques. Mais, plus grave, il fait part du gaspillage et des détournements personnels dans l'utilisation des fonds publics alloués au Carrefour du développement. Même si elles constituent un plaidoyer pro domo, et comportent quelques erreurs, les allégations de Chalier sont telles qu'on ne voit pas comment la justice n'aurait pas de questions à poser à Christian Nucci.

« La lecture de ce texte m'a profondément choqué, ajoute Michel Aurillac. Chaque Français est en droit d'attendre de ceux qui exercent de hautes responsabilités publiques une attitude de dignité... Dans ce cas précis, il ne s'agit plus de détournement, mais de brigandage. L'évidence, c'est qu'il y a eu des fonds utilisés en dehors de toutes les règles comptables. Qu'une partie l'a été à des fins qui ne sont pas des fins politiques. »

Sur ce point-là, l'ancien ministre semble d'accord avec son successeur : « Une chose est claire, il n'y a pas eu de fonds versés au Parti socialiste. » A propos du compte bancaire qu'il possédait en commun avec son chef de cabinet, Christian Nucci ajoute qu'il « était approvisionné par les fonds mis à la disposition de chaque ministre par les services du Premier ministre pour un certain nombre de dépenses qui concernent le cabinet... Appelons cela, si vous voulez, des fonds secrets, mais ce sont des fonds mis à la disposition de chaque ministre dans tous les gouvernements ».

Une mise au point qui permet au dirigeant socialiste Lionel Jospin de claironner, après vérifications auprès du trésorier du parti, que le PS n'est en rien concerné par le scandale. Le PS, sans doute pas, mais – toujours selon Chalier – Guy Penne, le conseiller de l'Elysée pour les Affaires africaines, certainement. Celui-ci était l'ami de la présidente de l'association, Michèle Bretin-Naquet. Il ne pouvait ignorer la destination d'une partie des fonds dilapidés, notamment ceux qui étaient destinés à l'organisation dispendieuse du sommet africain de Bujumbura (Burundi), en décembre 1984. Mais la classe politique, dans son ensemble, cherche plutôt à prendre ses distances avec cette affaire nauséabonde, qui risque de jeter un discrédit sur l'exercice des fonctions gouvernementales. Si l'instruction apportait des éléments de nature à inculper l'ancien ministre, celui-ci devrait être déféré devant la Haute Cour – ce qui serait un scandale sans précédent depuis la Libération.

Il ne suffirait pas de lever son immunité de parlementaire. Dans le cas d'un ministre, l'Assemblée seule peut déclencher l'action de la justice au terme d'un vote à la majorité absolue. Le procureur général auprès de la Cour de cassation exercerait alors personnellement les poursuites.

Encore faut-il que l'Assemblée soit informée des charges qui pourraient être retenues contre l'ancien ministre. C'est ce qu'on appelle, en droit, « la dénonciation des faits ». Le procureur de la République de Paris fournirait au procureur général un dossier complet sur l'affaire, que celui-ci transmettrait au président de l'Assemblée nationale. Le juge Jean-Pierre Michau, qui instruit les multiples procédures ouvertes depuis le 29 avril, a sans doute abordé ce délicat sujet au cours de l'entretien qu'il a eu avec Jacques Chaban-Delmas. Une perspective qui a de quoi effaroucher l'ensemble du personnel politique. La gauche avait réclamé la Haute Cour pour l'ancien ministre de l'Intérieur Michel Poniatowski, dans l'affaire de Broglie, mais il s'agissait d'une manœuvre politique dont personne n'était dupe.

L'ex-ministre de la Santé Robert Boulin, mêlé malgré lui à une affaire de faux, avait l'obsession de cette infamante procédure au moment de son suicide.

L'enquête judiciaire, qui progresse pas à pas, avec une prudence de Sioux, s'en tient aux faits établis avant d'approcher le niveau plus brûlant des responsables politiques. Les absents ayant toujours tort, c'est Yves Chalier et « ses femmes » qui sont pour l'instant dans la ligne de mire. Le personnage est extravagant. Issu de quatre générations de militaires caldoches, Chalier, né le 30 juin 1941 à Nouméa, a fait ses études en Australie, puis chez les jésuites de Versailles, avant d'entrer à Saint-Cyr. Carrière sans histoire dans l'intendance, jusqu'au rang de lieutenant-colonel. Conseiller au budget au ministère des Dom-Tom, sympathisant de gauche, il devient administrateur civil en 1981 pour entrer au cabinet de Charles Hernu, à la Défense. Deux ans plus tard, il est appelé par Christian Nucci pour s'occuper du budget de son ministère. Le ministre en fait vite son homme de confiance, comme chef de cabinet chargé de gérer les fonds secrets et de suivre les affaires privées.

C'est à ce moment que cet ancien militaire, habitué à une discipline rigide, séparé de son épouse bretonne, découvre la vie, la griserie du pouvoir et de l'argent facile. Il achète un studio rue Paul-Valéry, à Paris, luxueusement aménagé. Epris d'une belle hôtesse de l'air, Joëlle Jaglain, il la suit à New York et à Conakry avec une de ses amies, et leur achète deux studios rue Saint-Jacques. Les deux jeunes femmes ont été mises en garde à vue le 1er juillet, l'hôtesse est inculpée le 2. Quelques jours plus tôt, les enquêteurs financiers de la police judiciaire avaient ramené dans leurs filets trois autres femmes, dont deux seront inculpées pour l'affaire la plus pittoresque de ce dossier gigogne : celle du château d'Ortie, en Sologne.

Une amie de Chalier, Marie-Danièle Bahisson, trente-cinq ans, chef de cabinet, de 1981 à 1983, d'Yvette Roudy, ministre des Droits de la femme, a des problèmes de cœur. Elle va consulter une voyante, Mme Norbert de Visme, en réalité Lucette Norbert. Cette alerte septuagénaire subjugue la jeune femme. Elle, elle a des problèmes financiers. Feu son mari, ancien ingénieur, avait emprunté 770 000 francs à sa banque pour dépanner un ami, Joseph Valentin, propriétaire du château d'Ortie, ravagé par un incendie en 1978. Les deux femmes s'en ouvrent à Chalier, qui crée une association, la Promotion française, dont Lucette Norbert est la trésorière et Marie-Danièle Bahisson, la secrétaire générale, afin de racheter le château avec l'argent du ministère de la Coopération pour en faire un centre de formation de cadres africains.

Cette acquisition est réalisée le 12 juillet 1985 pour 1 million de francs, et les travaux de remise en état sont financés de façon officielle par un prêt de 2,3 millions de la Finemep, accordé avec la caution de l'Etat : les documents de cette transaction portent la signature contrefaite du contrôleur des dépenses du ministère, Camille Bardet, et celle, controversée, du ministre. De façon officieuse, pour entreprendre les travaux de rénovation, l'association détourne 5,5 millions des 51 millions consacrés par le Carrefour du développement à l'organisation du sommet africain du Burundi. Sur cette somme, 3 millions serviront à aménager une dizaine de bonbonnières dans les communs du château. Le 20 décembre, à l'approche des élections, la Promotion française revend le domaine pour 700 000 francs, plus 300 000 francs de meubles, à une société civile immobilière constituée par Chalier et Mlle Bahisson pour rentabiliser le domaine. C'est Lucette Norbert qui joue le rôle d'intermédiaire, ce qui lui vaudra d'être inculpée de recel et d'abus de confiance. L'ancien chef de cabinet d'Yvette Roudy sera inculpé de complicité : après un passage au service de presse du PS, au printemps de 1984, puis à la Fondation de l'Ecole nationale d'exportation, créée au Commerce extérieur par Edith Cresson, Mlle Bahisson avait bénéficié d'une promotion de faveur comme sous-préfet dans le département limitrophe du château d'Ortie. Au cours de la perquisition à son domicile parisien, les enquêteurs ont mis la main sur un document surprenant : une ballade en vers dédiée aux « deux châtelaines » par leur « prince charmant », Yves Chalier.

Ces extravagances ne doivent pas occulter la gravité des autres détournements des fonds de la Coopération, qui, en trois ans, ont dépassé la vingtaine de millions de francs. Contrairement à certaines rumeurs, ils n'ont servi ni à l'opération Manta au Tchad ni à aucune mission des services secrets. Une petite partie seulement a permis l'organisation du service de sécurité du sommet africain de 1984. Dans le texte déposé tardivement au domicile de Michel Aurillac, Chalier donne le détail d'importantes sorties d'argent effectuées en liquide, notamment par le biais de sociétés bidon de transport de matériel médical.

Ce document, aujourd'hui exploité par l'enquête judiciaire, pourrait déclencher la mise à feu de l'étage politique de ce scandale. Mais c'est Chalier qui détient encore le détonateur. Si aucun mandat n'a été lancé contre lui, c'est pour permettre aux policiers de pouvoir éventuellement l'interroger avant de le déférer au magistrat. Ordre a été donné toutefois d'empêcher, s'il en est encore temps, sa sortie du territoire. Mais où se terre-t-il ? A la fin d'avril, il était très déprimé quand il a rencontré l'une de ses proches : il disait, en pleurant, craindre pour sa vie. Les dernières nouvelles qu'elle a reçues de lui remontent à la mi-juin. La police le suivait alors à la trace de ses achats par Carte bleue. Depuis, plus rien. Il ne faudrait pas qu'il subisse le sort d'un Stavisky.

L'ombre des « réseaux » Pasqua

Gilles Gaetner

Le scandale Carrefour du développement passe à la vitesse supérieure... Il mène de Paris à Rio en passant par l'Afrique. (L'Express *du 23 janvier 1987.*)

Jusqu'où ira le juge Jean-Pierre Michau ? Coup sur coup, il vient de faire monter d'un cran l'affaire Carrefour du développement. D'abord, le mardi 20 janvier, en engageant la procédure de saisine de la Haute Cour de justice contre l'ancien ministre socialiste de la Coopération Christian Nucci. Puis, le lendemain, en plaçant sous contrôle judiciaire le contrôleur général Jacques Delebois, ex-patron du SCTIP (Service de coopération technique internationale de police), soupçonné d'avoir aidé Yves Chalier dans sa fuite au Brésil. Cela grâce à une aide logistique et à de faux papiers.

La décision du juge Michau concernant Christian Nucci ne surprend guère. On en guettait seulement la date. Nucci avait un bien mauvais dossier à plaider. N'a-t-il pas payé ses cotisations au PS via Carrefour du développement ? N'a-t-il pas prélevé 400 000 francs sur cette même association pour sa campagne électorale ? Et encore, pour celle-ci, n'a-t-il pas eu recours à de fausses factures ? Mais, surtout, n'est-ce pas lui, alors ministre de la Coopération, qui a fondé, en 1983, Carrefour du développement ? Or, dans cette association, dissoute en janvier 1986, une kyrielle d'anomalies ont été découvertes : comptabilité occulte, fausses factures, dépenses injustifiées. Résultat : un trou estimé, à ce jour, à 25 millions de francs.

Interrogé plusieurs fois sur ses imprudences, Nucci s'est toujours mollement défendu. Pour, souvent, admettre les faits qui lui étaient reprochés. D'autant plus qu'à jets continus son ancien chef de cabinet et ex-trésorier de l'association, Yves Chalier, l'accablait chaque fois qu'il le pouvait. Preuves et documents indiscutables à l'appui. D'abord par le fameux mémorandum de juin 1986, adressé au successeur de Nucci à la Coopération, Michel Aurillac. Puis par ses nombreuses révélations faites au juge Michau. Aujourd'hui, dans sa cellule de la Santé, Chalier, sans doute, savoure la situation. « Pas question que je porte le chapeau tout seul », répète-t-il, en substance, depuis des mois. Implicitement, le juge Michau vient de lui donner raison. Le magistrat ira-t-il plus loin, en demandant, cette fois, des explications à Guy Penne, ex-conseiller à l'Elysée pour les Affaires africaines, actuellement sénateur ? Tout est possible. Car l'ancien chef de cabinet de Nucci a toujours dit – notamment sur le financement tortueux du sommet de Bujumbura (Burundi) – que Guy Penne « était au courant de tout ».

Nul doute, désormais, que Chalier continuera de taper dans toutes les directions. A gauche et à droite. Il a d'ailleurs donné un avant-goût de cette stratégie de harcèlement le 16 janvier. Ce jour-là, en effet, Yves Chalier confie au juge Michau (dans un procès-verbal) avoir rencontré le ministre de l'Intérieur Charles Pasqua dans les locaux du Club 89, que dirige Michel Aurillac. Au cours de cet entretien, qui aurait eu lieu dans la seconde quinzaine d'avril, le ministre de l'Intérieur aurait suggéré à Chalier de lui fournir des documents mettant en cause un certain nombre de dirigeants socialistes. A la fin de cette conversation, qui aurait duré un quart d'heure. Charles Pasqua, toujours selon Chalier, l'aurait dirigé vers l'un de ses proches, alors commissaire divisionnaire, Jacques Delebois. C'est lui qui aurait remis à Chalier, lors de sa fuite au Brésil, le fameux « vrai-faux » passeport.

Charles Pasqua a aussitôt démenti les allégations de Chalier. « Chalier ne m'a pas rencontré », a dit le ministre de l'Intérieur.

Et d'ajouter : « Je trouve scandaleux que quelqu'un qui est inculpé puisse jeter l'opprobre sur n'importe qui, et que cela soit repris sans que l'on procède aux vérifications élémentaires. » Michel Aurillac a aussi jugé les affirmations de Chalier « totalement fantaisistes ». Au demeurant, ce dernier n'apporte pas le moindre commencement de preuve de sa rencontre avec le ministre de l'Intérieur. Et, après tout, un tel entretien n'aurait rien eu de choquant : en avril 1986, Yves Chalier est un homme libre, sous le coup d'aucun mandat d'arrêt (il ne le sera que le 9 juillet). D'ailleurs, à cette époque, il verra beaucoup de monde. En toute légalité. A commencer par le président de la République, le 15 avril ; puis, le 21, quatre collaborateurs de Michel Aurillac.

Alors, à quoi joue Chalier ? Est-il manipulé, comme le pense Charles Pasqua ? Pourquoi cherche-t-il à brûler ses derniers vaisseaux ? Peut-être par lassitude, par déprime, aussi. Car il supporterait de moins en moins sa mise au secret à la Santé, qui dure, maintenant, depuis deux mois.

Coïncidence : au moment même où Chalier tentait de « mouiller » le ministre de l'Intérieur, arrivait à Roissy, expulsé du Brésil, Jules-Philippe Filippeddu, dit Yves Julien. Accueilli par les policiers de la Brigade financière de la PJ, Julien a été inculpé et écroué.

Drôle de personnage que Julien, originaire de Bonifacio, chef de la mafia du vidéo-poker à Rio. Très lié à l'ancien chef de la police de cette ville, Arnaldo Campana, aujourd'hui destitué pour corruption. Julien a hébergé Chalier en fuite, lors de son séjour au Brésil, de mai à novembre 1986. Ami de Delebois, il aurait servi d'intermédiaire dans la fourniture du vrai-faux passeport de Chalier, au nom de Navarro.

Cette « affaire dans l'affaire » pourrait rebondir dans les prochains jours. Et entraîner les enquêteurs vers une nouvelle piste : celle des cercles de jeu parisiens. En effet, le patron d'un cercle des Champs-Elysées devrait être bientôt entendu. Ce personnage a, en effet, accueilli le 23 mai 1986 à Roissy en compagnie d'un inspecteur de police le Dr Pierre Chiarelli, qui revenait de Rio... apportant deux photos de Chalier nécessaires à la confection de son passeport. Ayant passé la douane à l'aéroport sans encombre, le médecin aurait alors remis ces deux photos au patron du cercle. Lequel, dit-on, aurait ses entrées au ministère de l'Intérieur.

Le juge Michau connaîtra-t-il la vérité sur les conditions dans lesquelles Chalier a obtenu ces faux-vrais papiers ? Documents qui ont effectué un véritable parcours du combattant pour atterrir entre ses mains... La mission semble bien difficile pour le juge. En effet, le ministre de l'Intérieur vient de lui répondre que la procédure de délivrance d'un vrai-faux passeport relevait du « secret défense ». Le magistrat est donc prévenu : Bernard Gérard, patron de la DST, service qui a confectionné le document, ne parlera pas.

Agacé par cette fin de non-recevoir, Michau envisagerait d'inculper Bernard Gérard. Car, désormais, sa conviction est faite : c'est lui qui a fait confectionner le document. Or rien ne le justifiait : Chalier n'appartenait pas à la DST et, de surcroît, se trouvait sous le coup d'un mandat d'arrêt international. Qui a donné l'ordre de délivrance du document ? Là encore, le juge Michau a son opinion : il aurait même deux noms en tête. Mais pas celui du ministre de l'Intérieur, qui, semble-t-il, n'a été prévenu qu'a posteriori de cette affaire. La confrontation, dans les prochains jours, entre Chalier et Delebois devrait éclairer le juge Michau sur le parcours exact suivi par ce fameux passeport.

Et Nucci ? Pour lui, bien sûr, le spectre de la Haute Cour s'avance à grands pas. Déjà, ses amis politiques le lâchent. Comme Pierre Mauroy, qui déclare : « Si des fautes ont été commises par Christian Nucci, elles doivent être sanctionnées. » Nucci comparaîtra-t-il devant la Haute Cour ? Le parquet de Paris prendra vraisemblablement des réquisitions en ce sens.

Reste que la Haute Cour – qui ne s'est réunie qu'une fois sous la Ve République – n'a de raison d'être que pour les crimes de trahison ou de forfaiture. Or, comme l'a dit Michel Aurillac, l'affaire Carrefour du développement n'est qu'une « affaire de brigandage ». Laquelle devrait être justiciable d'un tribunal correctionnel. Mais Christian Nucci, protégé par son statut de ministre, échappe au droit commun. La constitution de la Haute Cour, juridiction composée de parlementaires, doit suivre une procédure longue et difficile. Elle ne pourrait se réunir, au mieux, qu'en avril. Nucci, lui, est déjà mort politiquement. La vraie question est ailleurs : quand les quatorze inculpés de l'affaire passeront-ils devant la justice ?

1986

L'affaire Luchaire

Cette affaire de commerce d'armes françaises à destination de l'Iran est révélée en février 1986 par le quotidien régional *La Presse de la Manche*. Elle prend une dimension supplémentaire un peu plus d'un an plus tard quand *L'Express*, sous la plume de Gilles Gaetner, apporte des précisions décisives concernant les responsabilités politiques. L'hebdomadaire titre en couverture : « Armes françaises pour l'Iran : révélations sur un scandale ». Il faut dire que le contexte est favorable aux tensions partisanes : le pays vit une période de cohabitation entre le président socialiste, François Mitterrand, et son Premier ministre gaulliste, Jacques Chirac.

L'intrigue, digne d'un roman d'espionnage, se résume à une question : comment, de 1982 à 1986, la société française Luchaire a-t-elle pu exporter illégalement quatre cent cinquante mille obus vers l'Iran, un pays en guerre contre son voisin irakien ? L'affaire est d'autant plus embarrassante qu'elle met en cause les plus hautes autorités, à commencer par le ministre de la Défense de l'époque, le socialiste Charles Hernu. Elle pose aussi un problème diplomatique majeur : comment la France, alliée privilégiée de l'Irak, a-t-elle pu aider ainsi son ennemi iranien dans la guerre qui oppose les deux pays ? L'Iran des ayatollahs n'est-il pas suspecté de soutenir les réseaux terroristes ? La polémique monte, les socialistes auront bien du mal à y échapper.

Ph. B.

☆☆☆

Des armes françaises pour l'Iran

Gilles Gaetner

L'enquête de L'Express *prouve que la DGSE, le ministère de la Défense et l'Elysée étaient informés du trafic d'armes organisé par la société Luchaire.* (L'Express *du 16 janvier 1987.*)

Oui, Daniel Dewavrin, patron de la société Luchaire, s'est bien livré – grâce à de faux documents – à un trafic d'armes vers l'Iran, de 1983 à la fin de 1985. Oui, le ministre de la Défense, Charles Hernu, et son principal collaborateur, Jean-François Dubos, ont laissé faire. Oui, la Direction des affaires internationales du ministère savait. Oui, ce trafic qui a rapporté 700 millions de francs à Luchaire s'est poursuivi malgré les mises en garde répétées de la DGSE et de la DST.

Telles sont les conclusions, explosives, d'un rapport du Contrôle général des armées qui se trouve depuis plusieurs semaines sur le bureau du ministre de la Défense, André Giraud.

L'affaire éclate le 28 février 1986. Ce jour-là, Daniel Jubert, journaliste au quotidien de Cherbourg *La Presse de la Manche*, révèle, preuves à l'appui (l'examen du registre des Lloyd's), une série de détournements de munitions vers l'Iran. Des centaines de milliers d'obus destinés officiellement au Brésil, à la Thaïlande, à la Yougoslavie, au Pérou et à l'Equateur ont été détournés vers le port iranien de Bandar Abbas. Au centre de ce trafic, qui part de Cherbourg, la société française Luchaire, spécialisée dans le commerce des armes.

A quelques jours des élections législatives, le gouvernement socialiste, mal remis de Greenpeace, ne peut se permettre un scandale. Il allume un contre-feu. Paul Quilès, successeur d'Hernu à la Défense, porte plainte, le 13 mars 1986, contre Luchaire. Le lendemain, le directeur de cabinet de Laurent Fabius, Louis Schweitzer, annule discrètement toutes les autorisations d'exportation de la firme d'armement. L'affaire s'arrête là. On s'interroge, bien sûr, sur le rôle de Charles Hernu et de son cabinet. Mais rien ne filtre sur d'éventuelles complicités.

16 mars 1986. Les socialistes sont battus. Le nouveau ministre de la Défense, André Giraud, réclame un rapport sur l'affaire. L'enquête du Contrôle général des armées commence en avril. Elle est close en juin. Aujourd'hui, le ministre connaît tous les dessous de cette histoire, qui débute réellement dans les premiers jours de janvier 1984.

A cette époque, la DGSE s'intéresse aux manèges répétés de bateaux, battant pavillon des Bahamas ou de Chypre, qui, à Cherbourg, embarquent des munitions. Pour les décharger, quelques semaines plus tard, à Bandar Abbas, le grand port iranien situé au sud du Golfe, hors de portée des Mirage irakiens.

Inquiets de ce trafic, le patron de la DGSE, l'amiral Pierre Lacoste, et le directeur de la Protection et de la sécurité de défense (ancienne Sécurité militaire), le général Armand Wautrin, alertent aussitôt, et à plusieurs reprises, le cabinet d'Hernu. Le 7 février, l'amiral réitère ses inquiétudes à Jean-François Dubos, l'homme fort du cabinet.

Décidément vigilant, l'amiral préviendra même personnellement, le 21 mai 1984, le président de la République. Celui-ci lui aurait conseillé de s'en entretenir avec le ministre de la Défense. A la fin du mois, donc, aucun doute : les plus hautes autorités de l'Etat connaissent parfaitement l'existence d'un important trafic d'obus en direction de l'Iran. Et pourtant les livraisons vont continuer.

Au cours de l'été de 1984, un cargo chypriote charge à Cherbourg des obus de 155 mm. Le 16 octobre suivant, un cargo grec, le *Golden Dolphin*, se livre à la même opération.

Galopent les mois. Luchaire demande toujours des autorisations d'exporter. A quelques exceptions près, la CIEEMG (Commission interministérielle pour l'étude des exportations de matériels de guerre) les lui accorde. Ensuite, chaque fois, c'est le même scénario.

Coup d'œil sur l'itinéraire de ces bateaux. Le 26 juillet 1985, le *Nicole*, appartenant à une compagnie battant pavillon des Bahamas, l'European National, embarque à Cherbourg 42 000 obus de 155 mm et 30 000 de 203 mm. Destination officielle : le Portugal et le Brésil, pour le premier chargement ; la Thaïlande, pour le second. Le 6 août, le *Nicole* quitte Cherbourg, le 13, il accoste aux Canaries. Jusque-là, rien à dire, c'est la route. Le 17 septembre, surprise, il arrive à Bandar Abbas.

Autre exemple : le 17 novembre 1985, le *Trautenbels* suit la même route que le *Nicole* et arrive, lui aussi, à Bandar Abbas. Avec, cette fois, des munitions destinées officiellement au Pakistan et à la Thaïlande.

Coïncidence troublante, peu de temps auparavant, Alain Toret, responsable de la division armement de Luchaire, était entré au cabinet d'Hernu comme adjoint au conseiller technique chargé des affaires industrielles et d'armement, Jacques Grossi.

En tout, Luchaire a vendu frauduleusement environ 450 000 obus à l'armée de l'Imam ; 100 000 prétendument exportés au Portugal, 94 000 au Brésil, 100 000 à la Thaïlande, 90 000 à la Yougoslavie. En 1982, déjà, la société avait affirmé avoir expédié 40 000 obus en Grèce et au Pérou...

Lorsque le trafic est rendu public, en février 1986, les Irakiens, clients privilégiés de la France dans la guerre du Golfe, s'émeuvent. Charles Hernu, limogé cinq mois plus tôt à cause du scandale Greenpeace, s'insurge. C'est lui qui était ministre de la Défense au moment des faits. Il dit : « La France n'a pas exporté d'armes vers l'Iran. S'il y a eu des livraisons de guerre, ce sont par des gens qui ont contrevenu aux instructions du gouvernement et ont passé outre. » Propos doublement imprudents : les exportations ont bien eu lieu ; le ministère de la Défense en était informé. Comment le montage a-t-il été réalisé ?

– *Les faux certificats*. Luchaire a fourni aux plus hautes autorités de la Défense des « *end users* » bidon (les *end users* sont des attestations certifiant que l'Etat acheteur est bien le destinataire du matériel). Mais la CIEEMG, le secrétariat général de la Défense nationale, les Douanes ont été abusés. Ils n'ont rien remarqué d'anormal.

– *Une société écran*. Les contrats iraniens ont été négociés par la filiale italienne de Luchaire, la SEA (Société européenne d'armement). Les premiers contacts entre l'Iran et cette société ont été établis, dès 1982, par l'intermédiaire d'hommes d'affaires grecs. Le mécanisme ? Dans un premier temps, la SEA a passé les commandes à la société mère. Officiellement pour le Brésil, la Thaïlande, le Portugal. Deuxième temps : la SEA prend contact avec l'Iran, envoie les factures et ristourne leur montant au siège de Luchaire à Paris. Maîtres d'œuvre : Daniel Dewavrin et Guy Motais de Narbonne, directeur général adjoint de Luchaire, qui a coordonné les opérations avec le patron de la SEA.

– *Les complicités*. Un trafic de cette envergure, qui a duré trois ans – de 1983 à la fin de 1985 –, ne peut se dérouler qu'avec la complicité ou, à tout le moins, la passivité bienveillante des plus hautes autorités du ministère de la Défense. Daniel Dewavrin donnera, en mai 1986, des noms aux enquêteurs. Ce ne sont pas n'importe lesquels : il s'agit de hauts responsables de la Direction des affaires internationales du ministère de la Défense. Daniel Dewavrin est catégorique : ces officiers supérieurs savaient que les exportations de Luchaire portaient des cachets falsifiés. L'un d'eux sera même informé du trafic par l'amiral Lacoste, le 18 mai 1984 : l'ingénieur général Audran. Celui-ci – symbole de « l'Etat marchand d'armes » – fut assassiné le 25 janvier 1985, devant son domicile de La Celle-Saint-Cloud, dans les Yvelines. Le crime fut revendiqué par un communiqué commun signé Action directe et la Fraction armée rouge allemande.

Sur ordre de qui ces hauts fonctionnaires ont-ils laissé faire ? La réponse est nette : Charles Hernu et, surtout, Jean-François Dubos ont couvert l'opération. Malgré les demandes d'enquête émanant du Contrôle général des armées et de la Sécurité militaire, le ministre a toujours refusé de fournir des éclaircissements.

Pourtant, la découverte du trafic était inévitable. D'abord, un examen attentif des registres des Lloyd's suffisait à démontrer que les bateaux livraient leurs marchandises en Iran. Ensuite, les pays supposés acheteurs (Brésil, Portugal, Thaïlande...) s'apercevraient, un jour ou l'autre, de la supercherie. Tel a été le cas du Brésil, qui a dénoncé les « *end users* » de complaisance. Mais, surtout, le commissaire du gouvernement près la société Luchaire, le contrôleur général Ravier, devait, inéluctablement, découvrir le gonflement des exportations de l'entreprise. Ce qui arriva, en mai 1986, quand il remarqua un bond anormal des exportations de 300 millions de francs, de 1983 à 1984.

Incroyable, enfin : personne, au sein du ministère de la Défense, n'aurait remarqué que parmi les obus officiellement livrés à la Thaïlande, au Portugal, au Brésil, certains étaient de calibre 203 mm. Un calibre qui n'existe pas dans ces trois pays !

Quel mobile a présidé à un tel trafic ? Une réelle volonté de renouer des liens politiques avec le régime de l'Ayatollah ? Les livraisons clandestines étant destinées, dans ce cas, à prouver la bonne volonté de la France ? Possible. Mais aucun commencement de preuve n'a jamais été émis. Une mercantile affaire de pots-de-vin ? Là, aucune certitude encore, bien qu'un proche de Charles Hernu ait touché une commission s'élevant à plus de 2 millions de francs.

Alors ? L'ex-ministre de la Défense et son bras droit ont-ils simplement voulu aider une société d'armement en grave difficulté ? Quoi qu'il en soit, après l'affaire Greenpeace, qui l'a conduit à démissionner, Hernu tombe sur un nouveau cactus. Daniel Dewavrin, lui, pourrait connaître quelques soucis avec la justice.

Un rapport, commandé en mars 1986 par le ministre de la Défense André Giraud (droite) et dévoilé dans son intégralité à l'automne 1987, confirme les informations initiales de La Presse de la Manche *puis de* L'Express *sur l'affaire Luchaire. Le document, très précis, accable le prédécesseur socialiste de Giraud, Charles Hernu, et son principal collaborateur, Jean-François Dubos. L'auteur du rapport, le contrôleur général des armées Jean-François Barba, décrypte les manœuvres du patron de Luchaire, Daniel Dewavrin, fils d'un héros de la Résistance. L'un des témoins cités dans le document, le général Armand Wautrin, indique même que les ventes illégales d'armes auraient permis d'alimenter les caisses du Parti socialiste. Dans l'article reproduit ici, l'ensemble du document est passé en revue, point par point. Le scandale paraît alors énorme, et promis à des suites judiciaires...*

Le rapport qui accuse Hernu

Gilles Gaetner

Dès janvier 1987, L'Express révélait l'essentiel de ce document explosif. Son contenu soulève huit questions clefs. En voici les réponses. (L'Express *du 6 novembre 1987.*)

L'affaire Luchaire éclate le 28 février 1986, lorsqu'un quotidien de Cherbourg, *La Presse de la Manche*, révèle, preuves à l'appui (examen du registre des Lloyd's), des détournements d'armes vers l'Iran. Au centre de ce trafic, qui part de Cherbourg, la société française d'armement Luchaire. Celle-ci a exporté illégalement, de la fin de 1982 au début de 1986, près de quatre cent cinquante mille obus vers la République islamique de Khomeyni. En faisant croire que leurs destinataires officiels étaient le Brésil, la Thaïlande, le Pakistan, la Yougoslavie, le Pérou et l'Equateur.

Déjà, les regards (et les soupçons ?) se tournent du côté du ministre de la Défense de l'époque, Charles Hernu. Coup de pied de l'âne ou volonté de se dédouaner d'un éventuel scandale ? Toujours est-il que, dès le 13 mars 1986, le successeur d'Hernu, Paul Quilès, porte plainte contre X. Le juge d'instruction Michel Legrand est désigné. Le lendemain, le directeur de cabinet de Laurent Fabius, Louis Schweitzer, demande de suspendre les autorisations d'exportation de Luchaire.

Le 16 mars, les socialistes perdent les élections législatives. Soucieux d'en savoir davantage sur ce trafic, le nouveau ministre de la Défense, André Giraud, commande un rapport au contrôleur général Jean-François Barba. Saint-cyrien, âgé de soixante et un ans, ancien auditeur de l'Institut des hautes études de défense nationale, Barba a effectué une partie de sa carrière (1945-1961) en Algérie. Il intègre le corps du Contrôle des armées en 1965.

Jean-François Barba, donc, se met à l'ouvrage. Parmi les personnes interrogées figure Daniel Dewavrin, président de la société Luchaire, qui, sur cette affaire, lui apportera des précisions capitales. En moins de trois mois, le rapport est bouclé : le 6 juin 1986, il est remis à André Giraud. Classé « confidentiel défense », ce document décortique et analyse les rôles des différents acteurs du trafic : le cabinet du ministre de la Défense, la hiérarchie militaire, Daniel Dewavrin. Il consacre aussi quelques développements à la procédure d'exportation des armes, jugée peu fiable. A travers le rapport Barba, *L'Express* répond à huit questions clefs :

Une opération de financement du PS ? « Aucune somme n'a été versée directement au Parti socialiste ni aux autorités du ministère de la Défense. » Le rapport Barba est catégorique. A aucun moment il ne fait allusion à des commissions de 3 à 5 % ayant abouti dans les caisses du PS, rue de Solferino, à

Paris. Aussi, lorsque le trésorier du parti, André Laignel, ne se déclare « en rien concerné par cette affaire », sans doute dit-il vrai. Toutefois, le rapport contient une phrase terrible prononcée par Jean-François Dubos, l'ex-bras droit d'Hernu, devant le général Armand Wautrin, directeur de la Protection et de la sécurité de défense, qui le met en garde : « Vous comprenez, Luchaire alimente les caisses du Parti socialiste. » Mais Jean-François Barba n'en tire pas de conclusion définitive. Il écrit : « Je pense que l'attitude du cabinet de M. Hernu a été motivée par des préoccupations d'ordre économique et social, ce qui n'exclut pas le versement par Luchaire de sommes au Parti socialiste. » Sommes relativement peu importantes, de l'ordre de 2,5 à 3 millions de francs – ce que *L'Express* a déjà dit –, qui ont été « remises à M. Diaz, de l'entourage de M. Hernu, par l'intermédiaire de M. Falcoz ». Reste également qu'une somme de 100 millions de francs, à titre de « frais commerciaux extérieurs », a été versée en Suisse, par la Banque nationale italienne du travail, à des intermédiaires iraniens et italiens. Qui sait si une partie de cette somme n'a pas été restituée, à des fins peut-être privées, à d'autres personnes ?

Qui sont François Diaz et Paul-André Falcoz ? Cités comme intermédiaires de ce marché, les deux hommes sont des intimes de Charles Hernu, dans son sillage depuis plus de trente ans. Paul-André Falcoz, très lié à Pierre Mendès France, fils d'un député de la Savoie, a été l'un des responsables, de 1952 à 1957, du *Jacobin*, le journal du Club des jacobins. Un club présidé justement par l'ancien ministre de la Défense. Falcoz dirigea l'école des cadres du Parti radical de 1956 à 1958.

François Diaz, lui, joue le rôle de grand argentier du PS dans le Rhône, et principalement à Villeurbanne, ville dont Hernu est le maire. Après avoir dirigé, jusqu'en 1982, une société liée au PS, le Gracco (Groupement d'achat des collectivités), Diaz anime, depuis le 14 mars 1982, une SARL qui travaille pour Villeurbanne, le Cerco (Conseil d'études et relations commerciales). Parmi les associés, outre Diaz, a figuré également un ancien gaulliste, Paul Troisgros, directeur à Lyon, en 1965, de la campagne présidentielle de Jean-Louis Tixier-Vignancour. En 1977, Troisgros entre au cabinet d'Hernu à Villeurbanne. Aujourd'hui décédé, il a été remplacé par Fernand Galula, patron de Publiprint à Lyon (régie publicitaire du groupe Hersant). Nommé administrateur de Dassault en juillet 1985 par Charles Hernu, Diaz a été démissionné de son poste par André Giraud, en octobre 1986, à la suite de son vote en faveur de Serge Dassault, malgré les consignes du ministre de la Défense.

L'ampleur du trafic. « Au total, écrit Jean-François Barba, le nombre des munitions détournées a été de 384 400 coups complets. » Le rapport donne la répartition de ces exportations :

« – 100 000, en principe destinées au Portugal et livrées en Iran en 1984 ;

« – 94 000, en principe destinées au Brésil et livrées à l'Iran en 1984, 1985, 1986 ;

« – 100 000, en principe destinées à la Thaïlande et livrées en Iran en 1984 ;

« – 90 000, en principe destinées à la Yougoslavie et livrées à l'Iran en 1984, 1985.

« A ces chiffres, il faut ajouter la livraison probable, en 1982, de 40 000 coups complets théoriquement exportés en Grèce et au Pérou. » A aucun moment le rapport ne révèle que la société Luchaire aurait livré à l'Iran 1,2 tonne d'explosif de type C4, celui qui fut utilisé lors des attentats sanglants de 1985 et 1986 à Paris. D'ailleurs, Luchaire n'en fabrique pas.

La découverte du trafic. Elle est l'œuvre, essentiellement, de la DGSE : « Celle-ci a donné, à plusieurs reprises, des informations sur les exportations frauduleuses de la société Luchaire. » Ainsi, le patron de la DGSE, l'amiral Lacoste, alerte verbalement Jean-François Dubos, le 7 février 1984. Le 21 mai, Lacoste prévient personnellement le président de la République. Qui lui dira : « Parlez-en à Hernu. » Ce que fera Lacoste, qui, trois jours plus tard, rencontrera, à ce sujet, le ministre de la Défense. La Direction de la protection et de la sécurité de la défense (ex-Sécurité militaire) et la DST ont, elles aussi, alerté le cabinet du ministre de la Défense. La sécurité militaire le fera dès janvier 1984.

Le mécanisme de la fraude. Le rapport le dit nettement : « Luchaire a utilisé des autorisations administratives accordées pour la Grèce, la Yougoslavie, le Portugal, l'Equateur, le Pérou, la Thaïlande, le Brésil, le Pakistan. [...] Elle a remis à la DAI (Direction des affaires internationales) des faux certificats de destination finale (*end users*) ou des certificats de complaisance et des faux certificats d'arrivée. « Ces faits, poursuit Jean-François Barba, ont été reconnus par Daniel Dewavrin, qui prétend avoir été couvert par le cabinet du ministre de la Défense et aidé par des responsables de la DAI. »

Le rôle du cabinet de Charles Hernu. A plusieurs reprises, le rapport Barba accable le cabinet du ministre de la Défense. « J'ai la conviction, écrit Barba, que les opérations illicites de Luchaire ont été couvertes par des membres du cabinet de M. Hernu, et particulièrement par M. Dubos ; cette conviction est étayée non seulement par l'amiral Lacoste, mais aussi par le général Wautrin. » Le rapport affirme encore : « Le cabinet de M. Hernu n'a pas donné de suites sérieuses aux révélations de la Sécurité militaire. » Plus loin, Jean-François Barba cite le témoignage, recueilli le 12 mai 1986, du contrôleur général André Ravier, commissaire du gouvernement près la société Luchaire : « En examinant les comptes de cette société, j'ai eu des doutes sur les exportations de Luchaire, passées de 400 millions de francs en 1983 à 725 millions en 1984. J'ai fait part de mes doutes au contrôleur général Collet, qui m'a dit, huit jours plus tard, que le cabinet de M. Hernu était opposé à toute investigation. J'en ai conclu qu'il existait un trafic couvert par le cabinet. »

Le rôle de Jean-François Dubos. Son nom revient une vingtaine de fois. Il apparaît comme la cheville ouvrière de ce trafic. Ainsi, alerté sur celui-ci, le 7 février 1984, par l'amiral Lacoste, il ne réagit pas. Lorsque, au printemps de 1984, le général Wautrin le met également en garde, il lui répond : « Levez le pied. » Quelques mois plus tard, pourtant, à nouveau alerté par le successeur du général Wautrin, le colonel Gillet, Dubos se montre plus prudent : « Continuez la surveillance, lui dit-il, mais restez discret. »

Dans son rapport, le contrôleur général Barba s'appuie également sur le témoignage de Daniel Dewavrin. Ce dernier connaît mieux que quiconque le rôle exact joué par l'ex-éminence grise d'Hernu. Aussi Barba affirme-t-il : « J'ai la conviction que M. Dewavrin dit vrai lorsqu'il déclare avoir été couvert par le cabinet de M. Hernu, et, plus spécialement, par M. Dubos. »

Le rôle de Daniel Dewavrin. « M. Dewavrin porte, dans cette affaire, une lourde responsabilité », écrit le rapport Barba.

Interrogé le 30 mai 1986 par le contrôleur général des armées, Daniel Dewavrin a reconnu s'être livré à un trafic d'armes depuis Cherbourg. Aidé par le cabinet d'Hernu. Mais il l'a fait pour une cause compréhensible : sauver son entreprise de la déconfiture et lui épargner des licenciements (en 1982, les pertes de Luchaire atteignaient 45 millions de francs). Barba cite le témoignage du patron de Luchaire : « M. Dewavrin a expliqué que sa société était dans une situation catastrophique. C'est pour cette raison qu'elle a décidé d'exporter des armes vers l'Iran. » Aujourd'hui, Dewavrin apparaît comme l'otage d'une affaire qui le dépasse. Le fils du colonel Passy – chef des services secrets de la France libre – risque de se voir inculper dans les prochains jours.

Jusqu'où ira cette affaire, après la mise sur la place publique du rapport Barba ? A la demande du juge Legrand, André Giraud a annoncé, mercredi 4 novembre, à l'Assemblée nationale, la déclassification du document. Désormais, il n'est plus « confidentiel défense ». Le magistrat, qui l'a en sa possession depuis le 15 octobre dernier, va donc le joindre officiellement à son dossier. Dans l'immédiat, le juge devrait entendre certains des acteurs cités par le rapport Barba. Et, sans doute, les inculper.

Mais, surtout, le juge Legrand va devoir répondre à une question capitale, la même que celle qui fut posée par Jean-François Barba : « A quel niveau politique incombe la responsabilité de cette affaire (chargé de mission, ministre, Premier ministre, Elysée) ? » Une question terrible, qui pourrait faire des dégâts.

En janvier 1988, le juge chargé de l'enquête, Michel Legrand, interroge le général Wautrin (le témoin qui a évoqué un financement politique), puis il auditionne le patron de Luchaire, Daniel Dewavrin. Le magistrat veut savoir si ce trafic a servi, ou non, à financer le PS. Mais cette piste s'effondre vite, car le général Wautrin se rétracte, affirmant que Barba, l'auteur du rapport, a mal compris ses propos. Quant à Dewavrin, il se défend : « Nous n'avons jamais versé d'argent au Parti socialiste. » Cette piste sulfureuse est donc abandonnée. Mais pas celle d'une infraction à la législation sur le commerce des armes. Là encore, Dewavrin s'explique. Il dit en substance que la commission interministérielle d'exportation des matériels de guerre était une véritable passoire qui ne vérifiait rien du tout. Seul problème : pour aller plus loin dans ses investigations, le juge doit obtenir une déclassification de certains documents du ministère de la Défense. Las ! le ministre André Giraud (droite) puis son successeur, Jean-Pierre Chevènement (gauche), mettent leur veto. « Le complexe militaro-industriel a gagné », constate Gilles Gaetner dans L'Express. *Conséquence : le 16 juin 1989, le juge Legrand prononce un non-lieu en faveur de Dewavrin et de Dubos, le principal collaborateur de Charles Hernu. L'affaire Luchaire, à la manière d'un soufflé, est définitivement retombée.*

1990-1992

L'affaire Urba-Sages

Urba-Gracco, Sages, Gifco... Ces noms étranges ne disent sans doute pas grand-chose aux jeunes générations, mais ils ont marqué l'histoire politique et judiciaire du pays. Les Français les découvrent dans les années 1980, quand la presse commence à dévoiler les circuits de financement mis au point par certaines formations politiques, à commencer par le Parti socialiste du président de la République, François Mitterrand.

Le principe est simple : ces sociétés, qui se présentent comme des « bureaux d'études », sont en réalité des « pompes à fric » qui démarchent les entreprises afin de collecter de l'argent par un système d'études bidon et de surfacturations. En échange, les entreprises les plus généreuses peuvent compter sur l'appui des élus locaux pour décrocher tel ou tel marché. Dans tout autre pays, on parlerait de corruption. En France, il est pudiquement question de « soutien ».

La première affaire du genre éclate à Marseille au milieu des années 1980, dans le cadre d'investigations menées par un inspecteur de police, Antoine Gaudino. Son enquête sur un vaste système de fausses factures se heurte à la mainmise du pouvoir sur l'appareil judiciaire, mais finit tout de même par le conduire dans les coulisses du PS, local puis national. Deux lois d'amnistie, votées en 1988 et 1989, permettent aux socialistes d'éteindre l'incendie. Pas pour longtemps : grâce à des magistrats particulièrement tenaces (Thierry Jean-Pierre, Renaud Van Ruymbeke, Eva Joly, Laurence Vichnievsky, Philippe Courroye...), la décennie suivante est à son tour placée sous le signe des scandales politico-financiers similaires. A l'exception du Front national, aucun parti important n'est épargné : des communistes aux centristes du CDS (Centre des démocrates sociaux) en passant par le Parti républicain de François Léotard (contraint de quitter la politique) et de Gérard Longuet (obligé de démissionner de son poste de ministre de l'Industrie en 1994), tous connaissent le souffle menaçant du scandale. Certains doivent même s'expliquer devant un tribunal, et faire le dos rond pour espérer renaître un jour en politique... Pour se défendre, la plupart nient l'enrichissement personnel et assurent qu'un tel système était « inévitable » en raison des coûts, de plus en plus élevés, des campagnes électorales. L'opinion n'est pas vraiment convaincue. La vieille théorie du « tous pourris » gagne du terrain et profite au leader d'extrême droite Jean-Marie Le Pen (FN).

Comme il était impossible de traiter ici l'intégralité de ces affaires (ce livre n'y suffirait pas), nous avons sélectionné la plus emblématique d'entre elles : Urba. Une raison à cela : ce dossier concerne le parti du président de l'époque, François Mitterrand. D'une certaine façon, c'est donc une affaire d'Etat. Dans le premier article retenu, James Sarazin et Gilles Gaetner (le grand spécialiste de ces dossiers à *L'Express*) ouvrent en exclusivité les archives de Joseph Delcroix, la « mémoire vivante » des finances du PS.

Ph. B.

☆☆☆

Urba, la « pompe à fric » des socialistes

Gilles Gaetner et James Sarazin

L'Express *a eu accès aux archives du principal bailleur de fonds du parti pour la période 1985-1989. Cette plongée dans les coulisses socialistes nous mène de Marseille à Paris.* (L'Express *du 29 novembre 1990.*)

[...] Comment une affaire de fausses factures purement locale – celle de la Sormae, filiale marseillaise de la SAE (Société auxiliaire d'entreprises) – a-t-elle pu aller battre jusqu'aux marches des palais de la République ?

Elle n'aurait certainement pas fait plus de bruit que les autres, n'était le goût pour la chose écrite d'un brave bureaucrate de soixante ans, Joseph Delcroix. Représentant, dans les années 1950, à la Lainière de Roubaix, puis attaché commercial à la Compagnie générale de chauffe, Delcroix est entré, en 1978, au GIE GSR (Gestion de sociétés regroupées). Sous cette étiquette s'abritent diverses entreprises – Urbatechnic, Gracco, etc. – créées en 1972. Officiellement, des bureaux d'études. En fait, 60 % de leurs honoraires servent à financer les dépenses du PS. Lequel en tire de 40 à 45 millions de francs par an.

D'abord simple assistant, Delcroix devient directeur administratif de l'entreprise en 1984 (année où la présidence échoit à l'ancien syndicaliste policier Gérard Monate), puis son représentant général à Marseille en 1988. Homme intègre et désintéressé (salaire mensuel : 21 000 francs), il va, de 1981 à 1989, assister à toutes les réunions du comité de coordination d'Urba-Gracco comme à celles des dix-huit délégués régionaux (tous socialistes) de l'entreprise. Scribe consciencieux, il note tout sur ses cahiers, de simples cahiers d'écolier à spirale : les rendez-vous, les ordres du jour, les montages, les contacts, les sommes en jeu, les noms des politiciens bénéficiant de la manne. Mais aussi les pépins d'Urba, comme en 1984, où, à la suite d'ennuis avec le fisc, l'entreprise demandera conseil à Henri Emmanuelli, à l'époque secrétaire d'Etat au Budget. Bref, Delcroix, c'est la mémoire vivante des finances du PS.

17 avril 1989. Voilà trois ans que deux policiers, Antoine Gaudino et Alain Mayot, inspecteurs à la section financière du SRPJ (Service régional de police judiciaire) de Marseille, piétinent sur un dossier de fausses factures mettant en cause quelques sociétés de travaux publics de la région, lorsqu'ils perquisitionnent au siège marseillais d'Urba-Gracco. Et tombent sur les fameux cahiers. Aussitôt, ils embarquent Delcroix et le délégué régional de l'entreprise, Bruno Desjobert. A Paris, Monate prend peur. Il s'attendait à la perquisition, pas à la mise en garde à vue de ses deux collaborateurs. Affolé, il téléphone au ministre de l'Intérieur, Pierre Joxe, qui, oublieux de son passé de trésorier très exigeant, le cueille à froid : « Il se fait tard. On verra demain ! » Effectivement, après que l'Elysée eut été mis au parfum, un

conseil de guerre réunit Michel Rocard, Pierre Arpaillange, Pierre Mauroy... et Joxe. Le premier secrétaire du PS tonne : « Ouvrir une information judiciaire sur Urba, c'est du suicide ! » Rocard le comprend. L'affaire est promise à l'enterrement. Juste à temps. Le 5 mai 1989, un procès-verbal de six pages, signé Gaudino et Mayot, confirme en long et en large l'activité d'Urba du 2 mars 1984 au 2 décembre 1988. Et donc son rôle dans le financement de la campagne de François Mitterrand.

Ce n'est pas tout. Le PV du 5 mai sort un nouveau nom : celui de Philippe Sanmarco, député PS des Bouches-du-Rhône et adjoint au maire de Marseille jusqu'au 12 mars 1989. Celui-ci, grâce à des associations de façade, aurait financé sa campagne électorale à hauteur de 2 486 000 francs. Le juge Pierre Culié demandera, le 11 octobre 1989, l'inculpation de Sanmarco.

A ce jour, rien ne s'est passé. Sanmarco a eu plus de chance que tous ceux qui, de la gauche à la droite, se retrouvent épinglés dans le dossier du magistrat : les Pezet, Nungesser, Cordonnier, Roux... Lesquels seront, au bout, du compte, sauvés par l'amnistie.

Des noms, il en défile beaucoup dans les cahiers à spirale de Delcroix. *L'Express* a pu consulter ses notes pour la période 1985-1989. Et disséquer ainsi l'histoire du financement du PS sur cinq ans. En voici, à l'état brut, quelques morceaux choisis :

25 avril 1985. Réunion du comité de coordination. Présents : Gérard Monate, président ; Jean-Louis Claustres, directeur général ; Jean-Dominique Blardone, secrétaire général, ancien directeur de cabinet d'André Laignel ; et, bien sûr, Delcroix lui-même, directeur administratif. Les législatives sont dans moins d'un an. Il faut y penser. Inquiétude sur les « bureaux d'études parallèles » qui voudraient concurrencer Urba-Gracco auprès des élus socialistes. Delcroix les cite : « Le GEC (Petitdemange, ancien chef de cabinet de Rocard), Socofred (Poperen), Certa (Fajardie, Maurois [*sic*]). »

Pas question de faire des démarches auprès des parallèles, note encore Delcroix. En bas de page : « Pour les législatives, 6,5 à 7 millions de plus sont nécessaires. »

20 juin 1986. Réunion des délégués régionaux. « GM [*Gérard Monate*] : nous sommes mandatés par le parti qui a pris des risques politiques pour couvrir nos sociétés. Sans le parti, nous ne serions plus rien. »

3 février 1987. Encore une réunion du comité de coordination. Delcroix note : « Trésorerie : bonnes recettes de ce matin. Améliorent la trésorerie qui se présentait critique en fin de semaine dernière. » « Congrès PS va coûter cher. » « GM voit Romant. Sec fédé Lille (59). Voit JC Colliard, Elysée, le 24/2. A reçu Beauchamp, président commission de contrôle du PS. » Georges Beauchamp, l'un des fidèles de François Mitterrand, dont il fut, sous la IVe République, le collaborateur dans divers ministères.

30 mars 1987. Comité de coordination. Atmosphère au beau fixe. Delcroix écrit : « Comme dit GM, heureusement qu'on a le congrès [de Lille], sinon on ne saurait pas comment dépenser ! »... La trésorerie du PS atteint, il est vrai, la coquette somme de 6 113 000 francs. A la dernière ligne, entourée et soulignée, cette phrase : « Maintenant, il faut penser aux présidentielles. »

11 mai 1987. Comité de coordination. Capital. Pour la première fois est évoqué le financement de la campagne présidentielle de 1988. Un besoin de 100 millions, dont 25 à la charge d'Urba-Gracco (à l'époque, personne ne sait qui défendra les couleurs du PS). Petit problème : la trésorerie du parti est exsangue. Aussi, le comité de direction d'Urba-Gracco demande de relancer Bouygues et la Compagnie générale des eaux. Enfin, en bas de page, ce petit rappel : « 7 mai. GM a vu les impôts. Ça s'est bien passé. »

4 juin 1987. Réunion des délégués régionaux. Compte rendu sur deux pages. Delcroix évoque le congrès de Lille, qui a coûté 7,7 millions de francs. Suivent quelques notes sur la campagne présidentielle : « SVP. Elysée et trésorier cumul à 100 millions de francs. Prise en charge par GIE en un court temps. » En bas et à gauche de la première page, ce commentaire de Delcroix, plein d'espoir : « L'image du groupe s'est améliorée. Le PS nous aidera. » A la deuxième page, Delcroix évoque la création, pour une courte durée, d'une société tampon chargée de recevoir des fonds parallèlement à Urba-Gracco. « Date d'opérationnalité : avant les présidentielles de 1988. Disparition : après les municipales de 1989. »

8 octobre 1987. Naissance officielle de la fameuse société tampon. Son nom : Multiservices. Adresse : 8, rue de Liège, Paris VIIIe. Son objet : « Payer un tas de petites choses hétéroclytes [*sic*]. » Delcroix précise que les ressources de Multiservices proviennent soit de contrats spécifiques, soit de contrats passés par des sous-traitants d'Urba-Gracco. L'activité de Multiservices

commencera officiellement le 1er décembre 1987 et se terminera en septembre 1989. Chiffre d'affaires prévu : 10-12 millions de francs.

12 octobre 1987. « Situation financière : pas mal », écrit Delcroix. A preuve, dit-il en substance, un découvert à la BCCM de 606 000 francs, alors qu'elle autorise 2,8 millions. *Idem* à la Bred, avec 864 000 francs, pour 1,1 million autorisé.

Suit une liste d'élus rencontrés par GM : Auroux (Roanne). Commentaire : « bonne rencontre. » Et de ceux qu'il ira voir : les députés Pierre Forgues, maire adjoint de Tarbes ; Roger Mas, de Charleville ; Laurent Cathala, maire de Créteil.

26 octobre 1987. Comité de coordination. Toujours les mêmes présents : Monate, Claustres, Blardone, et, bien sûr, Delcroix. Ordre du jour : « Les entreprises auprès desquelles on pourrait soutirer de l'argent. » Leurs noms : Bouygues, Compagnie générale des eaux, Société auxiliaire d'entreprises, Lyonnaise des eaux, Spie-Batignolles. Liste agrémentée des noms des contacts, avec numéros de téléphone. Ce sont généralement les présidents des groupes.

Pour mémoire, on rappelle la liste des généreux donateurs en 1981 : Casino (1 150 000 francs), Quillery (270 000), Auchan (100 000), Campenon-Bernard (350 000), Compagnie générale des eaux (400 000), Pernod (180 000). En tout : 4 363 000 francs, récoltés auprès de vingt-trois entreprises.

2 novembre 1987. Comité de coordination. Sur la sellette, à nouveau, les sociétés qui font de la concurrence à Urba-Gracco. Commentaire de Delcroix : « La commission de contrôle semblerait décidée à faire quelque chose. » Suivent alors des indications qui montrent que certains députés n'ont visiblement pas recours à Urba-Gracco : « Serco, Coffineau, Sages... Rocard ? Pezet (Irec), Copaps (Marius Bouchon), Sainte-Marie, Pierret, Association mosellane. » Nota bene : Michel Coffineau est député du Val-d'Oise, Christian Pierret, des Vosges, et Michel Sainte-Marie, de la Gironde.

14 décembre 1987. Comité de coordination à l'hôtel Arcade, à Paris. « Situation financière reste bonne. GM va voir demain Laignel. Avant congés, va voir Elysée au sujet financement partis. » Rien de surprenant : l'affaire Luchaire – trafic d'armes vers l'Iran – relance le débat. Et le gouvernement Chirac, à la

demande du président de la République, prépare une loi sur le financement des partis... assortie d'une amnistie.

11 janvier 1988. Réunion des délégués régionaux d'Urba-Gracco. Nous sommes à quatre mois de l'élection présidentielle. Tout baigne ! A preuve, cette annotation de Delcroix : « Trésorerie. Les mecs, on est positifs à la BCCM. Du jamais-vu ! » Delcroix note une réunion des trésoriers généraux du parti, prévue pour le 30 janvier. GM ira.

18 mars 1988. Comité de coordination. Exposé de Monate : renforcement du personnel de la Rue de Solferino : onze personnes. Multiservices va fermer. Argent campagne présidentielle : « 9 U [*millions*] payés sur 25 prévus. »

2 décembre 1988. Réunion à l'hôtel Ibis. On fait le bilan des fonds de la campagne présidentielle : « 24 694 653 faits. 21 300 000 payés. Environ 3 000 000 à payer. » Mais, déjà, il faut penser à l'avenir. En clair : « Les municipales de 1989 nous coûteront cher. Et les européennes nous attireront des demandes du parti. » Enfin, le temps des récompenses : une augmentation de 3 % est décidée pour tout le personnel d'Urba-Gracco à compter du 1er janvier 1989.

23 mars 1989. Emotion à la réunion des délégués régionaux. L'affaire des fausses factures de Marseille fait des vagues. Le juge Culié multiplie les inculpations. Notamment celles des dirigeants de la Sormae. A l'Elysée et Place Vendôme, on est de plus en plus inquiet. A Urba-Gracco aussi. Claire allusion au « risque pénal encouru par les délégués régionaux ». Et Delcroix d'écrire qu'avec eux le commissaire aux comptes, le chef comptable et le trésorier du GIE, Pierre Letort, risquent « l'écrou et la tôle » (*sic*).

On comprend mieux pourquoi, au printemps 1989, le pouvoir ne veut absolument pas d'une information judiciaire sur Urba-Gracco. Et pourquoi, le 14 mai, lors de son traditionnel pèlerinage de Solutré, le président – qui est parfaitement informé du dossier – propose une nouvelle loi sur le financement des partis politiques. Et une seconde amnistie en moins d'un an ! Du jamais-vu dans les annales !

On aurait pu en rester là si, en octobre dernier [*1990*], Antoine Gaudino n'avait publié son livre brûlot, *L'Enquête impossible*, révélant qu'Urba-Gracco avait financé, à hauteur de 25 %, la campagne présidentielle de François Mitterrand. Ce qui n'apparaît pas dans les comptes communiqués par Henri Nallet au Conseil constitutionnel.

Résultat : depuis un mois, chaque mercredi, lors de la séance des questions orales à l'Assemblée nationale, l'opposition livre une guérilla verbale à la majorité. La droite, pugnace – comme si elle était exempte de tout reproche en la matière –, demande à cor et à cri l'ouverture d'une information judiciaire sur Urba-Gracco par la voix de François d'Aubert (UDF) et de Nicole Catala (RPR), ou proclame, par celle de Philippe de Villiers (UDF, Vendée), que les comptes du candidat Mitterrand publiés au *JO* sont des faux. Ce qui vaut illico à l'association Le Puy-du-Fou, qu'il préside, un redressement fiscal de 4 millions de francs. Alors que, à l'issue de ses investigations, le contrôleur des impôts qui avait consulté le livre de comptes n'y avait trouvé « aucune irrégularité, pas même une seule erreur de TVA ». Dans son langage fleuri, le ministre du Budget, Michel Charasse, fournira bien vite à de Villiers la clef de ce rebondissement : « Vous, vous nous emmerdez. Eh bien ! nous, on va vous emmerder ! »

Ambiance. On se croirait revenu trois ans en arrière, au plus fort des remous causés par l'affaire Luchaire. Dans la logomachie un peu absconse à laquelle le bon peuple est soumis depuis quelque temps, qui a tort et qui a raison ? Tout le monde et personne. En fait, le montage qui a permis de financer la campagne socialiste repose sur deux cagnottes distinctes. Celle du candidat Mitterrand en personne, que Nallet a gérée entre le 23 mars et la fin mai 1988, et dont il a, par la suite, publié la comptabilité, en application de la loi du 11 mars 1988 relative à la transparence de la vie politique. Et celle du PS, qui a payé toute la partie de la campagne menée, pour le compte du chef de l'Etat, par les ténors du parti. Quand Louis Mermaz ou Lionel Jospin allaient battre l'estrade au fin fond des provinces, c'est la caisse du PS, et non celle de Nallet, qui réglait les frais d'avion, d'hôtel, de location de salles ou de voitures, etc.

Et Urba-Gracco, dans tout cela ? L'organisation de Gérard Monate a continué de jouer son rôle de principal bailleur de fonds du parti. Avec le « candidat Mitterrand », elle n'a guère été généreuse. Monate a signé trois chèques de 50 000 francs chacun pour Nallet – « après accord du trésorier du PS, André

Laignel » – tirés respectivement sur les comptes d'Urbatechnic, de Gracco et de Valorimmo, autre société de la nébuleuse GSR. En revanche, le PS s'est montré fort gourmand en faisant régler par Monate 24,6 millions de francs de factures diverses. Ce qui alourdit singulièrement la note de l'opération, que Nallet a chiffrée modestement, dans le *Journal officiel* du 16 juillet 1988, à 99,8 millions de francs – couverte seulement à hauteur de 64,9 millions par les recettes de campagne.

A présent, GSR est en liquidation. Une loi prétend moraliser les finances des partis politiques. Plus d'un observateur en doute. « La droite a toujours travaillé avec des valises d'argent liquide, affirme Monate. Elle pourra continuer, les censeurs n'y verront que du feu ! » Mauroy lui-même a versé une larme, lors d'un récent comité directeur du PS, en affirmant que « ceux qui ont travaillé avec Urba-Gracco étaient des vertueux ». Pourtant, aujourd'hui, les vertueux se rebiffent. Monate a toujours refusé un blanchiment à la sauvette : « Je ne suis pas un truand, clame-t-il. Je veux expliquer publiquement ce que j'ai fait. Je n'ai pas à en rougir. » [...]

L'enquête sur les bureaux d'études, bloquée du côté de Marseille dans les années 1980, rebondit au début de la décennie suivante dans l'ouest de la France, plus précisément dans la Sarthe. Un juge d'instruction joue un rôle décisif dans cette relance : Thierry Jean-Pierre (1955-2005). Indigné par l'autoamnistie décrétée par les politiques à la suite de l'« alerte » marseillaise, il commence à afficher publiquement sa colère dès la mi-1990. Sa réputation de « chevalier blanc » n'est plus à faire ; il a même créé le Forum pour la justice, une association où il a été rejoint par l'inspecteur marseillais Antoine Gaudino, révoqué de la police pour excès de curiosité.

Le 5 janvier 1991, alors qu'il enquête depuis des mois sur la mort de deux ouvriers sur un chantier confié à l'entreprise de bâtiment Heulin, le juge manceau Jean-Pierre reçoit un appel anonyme. Son interlocuteur affirme que le montage financier de cette opération immobilière a pu conduire ses responsables à faire des économies sur la sécurité du chantier. Mieux : un ancien dirigeant de la section sarthoise du Parti socialiste, le Dr Pierre Coicadan, aurait, selon lui, des révélations à faire sur les méthodes de financement du PS.

Très vite, le juge Jean-Pierre entend le médecin en question. Et celui-ci, choqué par les pratiques du PS en matière de financement, confirme que, pour obtenir des marchés, bon nombre de sociétés de travaux publics sont contraintes de verser des commissions à des bureaux d'études proches du parti. Une information judiciaire est alors ouverte contre X pour extorsion de fonds.

Le 6 avril 1991, le juge Jean-Pierre inculpe et place sous mandat de dépôt l'ex-patron d'Urba pour les Pays de la Loire, Christian Giraudon. Mais le magistrat ne s'arrête pas là : le lendemain, dimanche 7 avril, il effectue une perquisition au siège parisien d'Urba. Du côté du ministère de la Justice, dirigé par le socialiste Henri Nallet, c'est bien sûr l'affolement. Le ministre n'hésite pas à qualifier cette initiative d'« équipée sauvage ». Son ministre délégué, l'avocat Georges Kiejman, y voit pour sa part un « cambriolage judiciaire ». A l'Assemblée nationale, droite et gauche s'empoignent autour du « cas » Jean-Pierre. Il faut dire que le soir même de la perquisition au siège d'Urba, la présidente du tribunal de grande instance du Mans, Marie-Hélène Trie, l'a dessaisi, en catastrophe, de ce dossier. Le magistrat est accusé d'avoir « agi avec parti pris » pour des « considérations personnelles ». Au terme de différentes péripéties juridiques, il va effectivement perdre la conduite de cette enquête, mais la procédure, elle, pourra suivre son cours. Avec, bientôt, un magistrat tout aussi pugnace : le conseiller Renaud Van Ruymbeke, célèbre pour avoir autrefois enquêté sur la maison varoise du ministre Robert Boulin.

L'article reproduit dans les pages suivantes raconte justement comment Van Ruymbeke a poursuivi le travail de Thierry Jean-Pierre. Son enquête l'a mené jusqu'aux plus hauts responsables du Parti socialiste, en particulier l'ancien trésorier Henri Emmanuelli, devenu ensuite président de l'Assemblée nationale. Alors qu'un scandale du même type éclate dans la région nantaise (l'affaire Trager), Renaud Van Ruymbeke s'intéresse également à un bureau d'études concurrent d'Urba, la Sages. Pilotée par un certain Michel Reyt, la Sages fait, elle aussi, office de « pompe à finances » pour le PS et de nombreux candidats aux élections.

Certains politiques ont beau hurler au « complot », la justice a changé d'époque. Henri Emmanuelli aura bien du mal à sortir indemne de ces procédures... Son renvoi en correctionnelle fait soudain de lui un justiciable ordinaire. « Et un bouc émissaire », ajoutent ses amis.

Vers le procès d'Henri Emmanuelli

Gilles Gaetner

Alors que l'ancien trésorier du PS croyait pouvoir échapper à la correctionnelle, la chambre d'accusation de Rennes en a décidé autrement. Les magistrats entendent démontrer qu'un ex-président de l'Assemblée nationale est un justiciable ordinaire. (L'Express *du 15 juillet 1993.*)

« Acharnement contre le Parti socialiste. Construction juridique de circonstance. » L'ex-président de l'Assemblée nationale, Henri Emmanuelli, a vivement réagi, le 8 juillet, à l'arrêt de la chambre d'accusation de Rennes le renvoyant devant le tribunal correctionnel de Saint-Brieuc, dans le cadre du dossier Urba. Pour lui, aucun doute : c'est un procès politique qu'on intente, à travers sa personne, au PS. Et, de fait, pour la première fois semble-t-il, un ancien président de l'Assemblée – quatrième personnage de l'Etat – va se retrouver devant la justice.

Epilogue – provisoire – d'une affaire sulfureuse qui a vu, pendant des mois, s'affronter deux stratégies. D'un côté, celle du pouvoir politique – à l'époque, la gauche – qui n'a eu de cesse de freiner l'instruction du conseiller Renaud Van Ruymbeke. De l'autre, celle du pouvoir judiciaire, qui – via le magistrat – n'a eu qu'un objectif : démontrer qu'un homme politique est un citoyen comme un autre. Et, à ce titre, justiciable devant les tribunaux.

Pour l'heure, ce combat, commencé le 14 septembre 1992, date de l'inculpation d'Emmanuelli, pour complicité et recel de trafic d'influence, a fait – grâce au soutien sans faille de son président, Dominique Bailhache – un vainqueur : Van Ruymbeke. Mais cette victoire est provisoire, car le tribunal correctionnel de Saint-Brieuc aura toujours la faculté de prononcer la relaxe pour Emmanuelli et les dix-sept autres inculpés, parmi lesquels Michel Reyt, animateur de la Sages – qui, à la surprise de son avocat, Philippe Billaud, voit son contrôle judiciaire maintenu –, Gérard Monate, patron d'Urba, et Jacques Grosman, président du Gifco, bureau d'études proche du PC.

En attendant sa comparution devant le tribunal – pas avant le printemps de 1994 en raison des pourvois en cassation déposés –,

Emmanuelli a décidé, le jour même de l'annonce de son renvoi, de démissionner de son mandat de député des Landes... pour se représenter à une élection législative partielle en septembre prochain. Cette décision de soumettre sa responsabilité aux électeurs, et, donc, au suffrage universel, n'a pas été appréciée par tout le monde. L'APM (Association professionnelle des magistrats) vient ainsi, par la voix de son secrétaire général, Dominique Matagrin, de faire savoir que « cet appel au verdict populaire contre une décision de justice bafoue les colonnes du temple républicain ». Bref, Emmanuelli a du mal à se dépêtrer du dossier Urba.

On comprend qu'il soit aujourd'hui sonné. Sans doute espérait-il, secrètement, après les réquisitions de non-lieu prises par le procureur général de Rennes le 5 avril dernier, être finalement blanchi. Il s'est trompé. Le coup est rude pour un homme qui, dans cette histoire de financement occulte du PS, ne s'est jamais enrichi personnellement et risque pourtant une peine de un à cinq ans de prison.

14 janvier 1992. Renaud Van Ruymbeke, qui prend le relais du dossier Urba instruit un an auparavant par le juge manceau Thierry Jean-Pierre, montre que, comme celui-ci, il n'est pas disposé à l'enterrer. A preuve, ce jour-là, il perquisitionne coup sur coup au siège de la Sages, puis à celui du PS, rue de Solferino.

Affolement à la chancellerie. Ce qui n'empêche pas le magistrat de multiplier les inculpations pour trafic d'influence. Tombent ainsi, en janvier, deux responsables du PS de la Sarthe, Pierre Villa et Jacques Jusforgues (il bénéficie aujourd'hui d'un non-lieu), puis Gérard Monate. Quelques semaines plus tard, c'est au tour de Michel Reyt et de Jacques Grosman d'être inculpés.

Plus l'enquête avance, plus le juge a le sentiment qu'Urba – au même titre que la Sages ou le Gifco – ne fournit aucune assistance aux entreprises. Son objectif réel ? Servir de pompe à finances aux élus. Mais, surtout, Van Ruymbeke acquiert, très vite, une autre conviction : le système de financement du PS est étroitement lié à Urba. Ce que ne peut ignorer son trésorier, Henri Emmanuelli.

A la mi-juin 1992, le magistrat fait donc connaître – par l'intermédiaire du procureur général de Rennes – son intention d'inculper le président de l'Assemblée nationale, responsable des finances du PS de 1988 à début 1992. Le 10 juillet, l'information sort dans *Le Monde*, la veille du congrès du parti, à Bordeaux. Colère d'Emmanuelli, qui dénonce « cette préinculpation par voie de presse ». Et tirs groupés contre Van Ruymbeke, soupçonné d'être l'auteur de la fuite. En réalité, la divulgation de l'inculpation imminente d'Emmanuelli aurait une autre origine : le bavardage imprudent d'un magistrat de la chancellerie.

Passe l'été. Le 14 septembre, Emmanuelli est donc inculpé. Mais il refuse de signer son procès-verbal. « Le dossier est vide », soutiennent ses avocats, qui, en guise de démonstration, communiquent à la presse le PV d'audition de leur client.

Le 3 novembre 1992, Van Ruymbeke, dans son récapitulatif de cinquante-neuf pages, fait une nouvelle fois la démonstration des liens existant entre Urba et le PS. A cet effet, il cite le compte rendu d'une réunion des cadres d'Urba retranscrit dans les fameux cahiers Delcroix : « Le parti nous protège, nous assiste. Exemple : contrôle fiscal. » Le magistrat cite encore Henri Emmanuelli lui-même, qui, lors de son audition en 1991 par la commission d'enquête parlementaire sur le financement des partis, reconnaissait : « Les trésoriers du Parti socialiste ont été régulièrement informés du fait qu'Urba se trouvait en concurrence avec d'autres structures, d'autres bureaux d'études [...]. »

Un point de vue que le procureur général de Rennes partage, en mars 1993, au moment de rédiger ses réquisitions. Il envisage alors de renvoyer le président de l'Assemblée nationale en correctionnelle. Pas pour longtemps : convoqué plusieurs fois par la chancellerie, il finit par changer d'avis... optant pour des réquisitions de non-lieu : « En définitive, il ne ressort pas de l'information des présomptions suffisantes que M. Emmanuelli connaissait l'origine délictueuse, comme provenant de trafics d'influence commis notamment dans la Sarthe, des fonds au moyen desquels le groupe Urba prévoit en charge des dépenses du Parti socialiste. » C'était le 5 avril dernier. Trois mois plus tard, la chambre d'accusation de Rennes, ainsi qu'elle en a parfaitement le droit, dit exactement le contraire : « M. Emmanuelli, en sa qualité de trésorier du Parti socialiste, était informé des règles de fonctionnement du groupe Urba-Gracco, du caractère fictif de son activité en tant que bureau d'études et de sa seule véritable destination, à savoir le financement du PS à hauteur de 60 % de ses recettes. » Conclusion de la chambre :

« La responsabilité pénale de M. Emmanuelli [...] en tant que trésorier du PS est susceptible d'être engagée. »

Reste évidemment une question capitale : que décidera le tribunal de Saint-Brieuc ? L'ancien président de l'Assemblée nationale a toujours affirmé n'avoir « jamais été informé des opérations [d'Urba] se déroulant dans la Sarthe ». Ce qui est possible. En l'absence de cette intention réellement frauduleuse – élément constitutif de l'infraction – les juges choisiront-ils la clémence ?

En 1995, Henri Emmanuelli (PS) et Gérard Monate (Urba) sont condamnés à un an de prison avec sursis. Michel Reyt (Sages) écope pour sa part de six mois ferme. En 1996, le procès en appel aboutit à un alourdissement de la peine infligée à Henri Emmanuelli, l'ancien président de l'Assemblée nationale, condamné à dix-huit mois de prison avec sursis, et deux ans de privation de ses droits civiques, ce qui met en péril sa carrière politique. En 1997, cette sanction est confirmée par la Cour de cassation. La même année, il est condamné dans le volet marseillais de l'affaire Urba à dix-huit mois de prison avec sursis pour « complicité de trafic d'influence » et « recel de trafic d'influence ». Et ce n'est pas tout : en 1998, il est mis en cause dans l'affaire Destrade, du nom d'un député des Pyrénées-Atlantiques qui a reconnu avoir collecté des fonds auprès des grandes surfaces, à la demande d'Emmanuelli selon lui. Dans ce dossier, ce dernier a finalement bénéficié d'un non-lieu en 2004.

1993

Le suicide de Pierre Bérégovoy

Le 1er mai 1993, le long du canal de la Jonction, à Nevers (Nièvre), l'ancien Premier ministre socialiste (1992-1993) Pierre Bérégovoy met fin à ses jours à l'âge de soixante-sept ans en se tirant une balle dans la tête avec l'arme de son garde du corps.

Contrairement à ce qui sera dit, et parfois écrit, par la suite, l'hypothèse d'un assassinat est totalement fantaisiste. Le geste de Pierre Bérégovoy s'expliquerait notamment par sa mise en cause, dans la presse, au sujet de plusieurs affaires. La plus gênante pour lui remonte à 1986 quand il a perçu un prêt de 1 million de francs – sans intérêt – de la part d'un ami de François Mitterrand à la réputation sulfureuse, Roger-Patrice Pelat. S'agissait-il en réalité d'un don ? Ces révélations, qui laissent planer des soupçons de corruption, ont fini par nuire à sa réputation d'homme intègre. Touché par ces attaques, maladroit dans sa stratégie de défense, « Béré » était devenu dépressif et s'estimait lâché par ses amis politiques, en particulier le président de la République.

Ce drame est un traumatisme pour le pays. Il renvoie à d'autres suicides, notamment celui de Robert Boulin, en 1979. Dans l'un des articles qui suit, Gilles Gaetner, l'un des journalistes chargés de traiter les « affaires » à *L'Express,* évoque de manière claire et didactique les trois dossiers qui affectaient, plus ou moins directement, Pierre Bérégovoy : le « prêt » de Pelat, mais également l'affaire Pechiney et celle de la Société générale. Dans un cas comme dans l'autre, il est question des coulisses du pouvoir et de fortes sommes d'argent. Jamais les années 1980 n'ont autant mérité leur surnom d'« années fric ». Dans un article beaucoup plus long, Sylvie Pierre-Brossolette (désormais membre du Conseil supérieur de l'audiovisuel), raconte comment « Béré », autodidacte d'origine modeste, a fini par s'égarer dans cette époque périlleuse, jusqu'à la solitude, jusqu'à la mort.

Ph. B.

☆☆☆

Pierre Bérégovoy, mort d'un homme seul

Sylvie Pierre-Brossolette

Malgré l'affaire du prêt, malgré les déficits publics, malgré la déroute électorale annoncée, malgré les critiques des siens, Pierre Bérégovoy répétait, jusqu'au second tour des législatives, qu'on ne le déstabiliserait pas. (L'Express *du 6 mai 1993.*)

Tard dans la soirée du samedi 3 avril dernier, à l'issue du fameux comité directeur du PS qui vient de désavouer Laurent Fabius et rend Michel Rocard maître de la Rue de Solferino, Pierre Bérégovoy, comme « sonné », s'installe seul au zinc du Bourbon, ce bistrot situé en face de l'Assemblée nationale. Quelques instants plus tard entrent dans l'établissement Jean Poperen et ses amis, qui se sont donné rendez-vous là pour y décider de leur stratégie à venir. L'ancien Premier ministre hèle le maire de Meyzieux : « Viens donc prendre un verre avec moi ! — Désolé, s'excuse Poperen. J'aimerais bien, mais je dois rejoindre mes camarades. Nous avons à parler entre nous. » Les poperenistes ont effectivement décidé de tenir, au fond du café, une réunion « de courant ». Du coup, planté au bar, Béré reste seul. Désespérément seul. Physiquement comme moralement.

Quatre semaines plus tard, de cette solitude, l'ex-Premier ministre va mourir : à 18 h 15, le 1er mai, il se tire une balle dans la tête avec le Magnum 357 de son garde du corps. Quels éléments peuvent éclairer son geste ? Quelles craintes le taraudaient ? Au-delà de l'inexplicable – les raisons d'un tel acte restent toujours en partie mystérieuses –, pourquoi Pierre Bérégovoy, soixante-sept ans, réélu député de la Nièvre en mars dernier, a-t-il voulu mettre fin à ses jours ? Réponse de son frère Michel, à l'unisson des proches de la famille : « Ils l'ont tué. » « Ils » ? Ceux, dit-il, qui, à force de le dénigrer, l'auraient poussé à ce geste de désespoir. L'« affaire » du prêt de 1 million de francs sans intérêt consenti par Roger-Patrice Pelat et les commentaires souvent virulents qui s'ensuivirent l'ont, à l'évidence, littéralement miné. Au point que, ces dernières semaines, l'ancien chef du gouvernement évoquait lui-même le destin tragique d'un Robert Boulin (ministre du Travail de Giscard, qui se suicida en 1979, en protestant de son attitude « exemplaire » dans l'acquisition discutée d'une villa à Ramatuelle) ou d'un Roger Salengro (ce ministre socialiste acculé au même geste en 1936 après avoir été accusé, violemment et à tort, par l'extrême droite, d'avoir déserté lors de la Première Guerre mondiale).

Pour Bérégovoy, le drame commence à se nouer, semble-t-il, à partir de novembre 1992. De source judiciaire, le Premier ministre est en effet alerté : un juge le « cherche ». L'histoire du prêt peut désormais sortir à tout moment. En février 1993, c'est chose faite. Selon ses amis, le maire de Nevers est alors cruellement atteint : c'est son honnêteté personnelle qui est mise en cause. Insupportable. Plusieurs fois, il va proposer sa démission au chef de l'Etat. Chaque fois, François Mitterrand le retient, accréditant une thèse qui lui est chère : celle d'un pur et simple complot politique. Le Premier ministre se sent pris dans un étau. Comment faire campagne lorsqu'on est régulièrement brocardé sur un thème dont on a voulu faire un leitmotiv de son action : la lutte anticorruption ? C'était lors de son discours d'investiture, le 8 avril 1992. Autant dire il y a un siècle... Prisonnier de la rumeur, Béré se débat, tente de se justifier, s'emmêle dans ses explications et constate, démoralisé, que l'opinion doute. Mais, jusqu'au second tour des législatives, il fera face, affirmant – pour la galerie ? – qu'on ne le déstabiliserait pas comme cela. Ensuite, c'est la descente aux enfers. A-t-il reçu des indications de nature à accentuer son inquiétude ? Cultive-t-il un complexe de persécution ? Est-il déprimé ? A son départ de Matignon, il continue de répéter : « Le juge n'aura de cesse qu'il ne m'envoie au trou ! » L'ancien garde des Sceaux, l'influent Michel Vauzelle, confie aujourd'hui qu'il ne reconnaissait plus son ami Béré : « L'affaire du prêt Pelat l'avait touché au cœur.

Quand je lui parlais politique, il me demandait quand il allait être convoqué chez le juge, et il redoutait le procès Pechiney, où son nom serait forcément prononcé ! »

Entre les législatives et le geste fatal, cinq semaines passent : l'ancien Premier ministre parle de plus en plus ouvertement de sa tristesse, de son angoisse. Il broie du noir. Peste contre ce qu'il juge être une « injustice ». Se mure dans le silence. A cela s'ajoute l'étape classique des règlements de comptes politiques. En dehors d'une petite poignée de fidèles, ce qu'il entend au parti ne le réconforte pas : la politique du franc fort, qu'il a imposée contre vents et marées, aurait aggravé, voire provoqué la défaite. Il se serait obstiné à faire du monétarisme – en un mot, du Balladur sans Balladur ou, si l'on préfère, du Pinay sans Pinay. Il aurait dû savoir à temps ouvrir quelques vannes. Pour rendre l'espoir à des électeurs traumatisés par le chômage. Tout cela, Béré l'observe dans le regard des uns, les conversations des autres, et les commentaires plus ou moins off reproduits dans les hebdos. Au comité directeur du 3 avril – qui, décidément, fera date –, un parfum d'anti-bérégovoyisme flotte dans l'air. L'ex-Premier ministre le perçoit parfaitement. Comble d'injustice à ses yeux : comme si les critiques de gauche ne suffisaient pas, la droite prévoit de passer les comptes de la France au peigne fin et de coiffer le responsable du bonnet d'âne du mauvais gestionnaire. On annonce des déficits béants partout (du budget à la Sécu) ; on se plaint de marges de manœuvre réduites à néant ; on s'offusque contre les vrais-faux chômeurs qui se démasquent par dizaines de milliers : pour celui qui se targuait en public des satisfecit de Pinay, qui allait répétant qu'un sou est un sou, que les comptes d'un pays doivent être aussi bien tenus que ceux d'un ménage, une période crucifiante. Au point qu'Edouard Balladur, sitôt connu le décès de l'ancien Premier ministre, décide de décaler la publication du bilan Béré et l'annonce du plan de redressement qui doit suivre. Pas question de paraître instruire un procès posthume.

« Pourtant, l'essentiel n'est pas là, affirme l'ami de toujours, Michel Charasse. C'est la campagne de presse mettant en question son honneur qui lui a été fatale. » Les coups politiques, les critiques sur le fond, les échecs, Béré, selon la logique Charasse, en avait connu de nombreux dans sa vie. Et il restait de taille à les supporter. Mais la calomnie, non ! D'autres auraient balayé les mauvais procès d'un revers de la main. Béré, lui, a mal, très mal encaissé. Car cet Ukraino-Normand était un vrai-faux solide, fragilisé par ses complexes. Complexes à la fois d'infériorité (origines sociales modestes, absence de diplômes et de brio) et de supériorité (fierté de l'autodidacte et d'une carrière bâtie à la force du poignet). L'homme n'était réellement intégré dans aucun réseau, groupe ou sous-section de l'establishment. A gauche, il a toujours fait preuve d'indépendance et d'éclectisme. Son parcours en témoigne. Militant du PSU, il adhère au Parti socialiste d'Alain Savary, auquel il reste fidèle au congrès d'Epinay en 1971, avant de se rapprocher du nouveau leader du PS, François Mitterrand. Affilié au courant Fabius tout en aimant bien Rocard, témoignant sans cesse reconnaissance et fidélité à son premier maître, Pierre Mendès France, quitte à faire froncer sur ce point les sourcils de l'actuel président, le maire de Nevers a toujours été en réalité, dans les échecs comme dans les réussites, un homme seul.

Les échecs ? Il en a eu son lot. Et probablement plus que la moyenne. Battu en Corrèze, puis dans le Nord, avant de recevoir en cadeau le fief mitterrandiste de la Nièvre, il a beaucoup ramé. On a même cru un temps qu'il était brouillé avec le suffrage universel. Chez les socialistes, il était le « Petit Chose », respecté pour sa capacité de travail, mais contemplé vaguement de haut par tout ce que le PS compte de grands bourgeois et de diplômés. On se rappelle en quels termes Pierre Joxe a pu évoquer un jour certaines chaussettes...

Depuis qu'il le pratique, François Mitterrand a nourri des sentiments mitigés sur son collaborateur – lequel ne l'ignorait pas. Béré n'a jamais fait partie de la cour, n'a pas participé aux virées dans les bistrots parisiens avec les favoris du moment, n'a pas eu droit aux promenades littéraires ou ludiques d'un président un peu ennuyé, semble-t-il, par le désespérant sérieux de cet homme à part. Certes, il le trouvait solide, loyal. Mais qu'avait-il donc à sans cesse ramener la « logique des patrons » (c'est-à-dire celle où l'économique prime le politique), comme s'il voulait se faire accepter par une nomenklatura de droite qui ne l'intégrerait jamais vraiment ? A quoi bon singer l'ennemi, se demandait Mitterrand, qui en a voulu à Béré d'avoir, un certain jour de 1988, décoré l'homme d'affaires Samir Traboulsi sous les ors de la Rue de Rivoli. Devant tout ce que Paris compte d'importants chefs d'entreprise.

Oui, Béré en a « bavé ». Sans rien dire. Dès 1981, il est déçu : il espérait être ministre, il sera grand intendant, alors que beaucoup, à sa place, auraient aimé être comme lui secrétaire général de l'Elysée. Quand il devient enfin ministre – en 1982 –, il rêve de Matignon. Il rêvera longtemps. En 1983, Mitterrand préfère confirmer Mauroy ; en 1984, le président donne le jeune Fabius à la France ; en 1988, il lève l'hypothèque Rocard ; en 1991, il épate avec Edith Cresson. Béré ne recevra que les dernières miettes, amères, du second septennat : dix mois à Matignon, le temps de conduire les socialistes à la plus humiliante déroute de leur histoire. De quoi déstabiliser l'homme le plus solide.

Certes, Mitterrand lui a donné sa chance et l'a souvent soutenu. Ce non-énarque – il est vrai bien aidé par son directeur de cabinet et « tête d'œuf » Jean-Charles Naouri – a réussi au ministère des Finances, entre 1984 et 1986, une véritable révolution silencieuse : modernisation des circuits de l'épargne, libération des prix... Il devient le héros des patrons et passe pour le symbole de la gauche gestionnaire et moderne. Ascension spectaculaire pour cet ancien ajusteur-fraiseur qui fut, après bien des cours du soir, chargé de mission à Gaz de France. Même s'il ne possède pas de charisme particulier, même si dans les congrès du PS il est écouté plus par politesse que par passion, même s'il ne contrôle ni courant ni chapelle, Pierre Bérégovoy parvient à incarner, dans les années 1980, un modèle de réussite de la génération Mitterrand : l'Union de la gauche – ou ce qu'il en reste – côté cour, le pragmatisme côté jardin. L'idéalisme jamais renié, mais l'adaptation aux réalités comme règle de conduite quotidienne.

A Matignon, en 1992, nouveau succès : il connaît pendant quelques mois un état de grâce délicieux. Définitivement fini, croit-il, le temps des complexes : on commence à parler de lui comme d'un « troisième homme », capable de mettre d'accord Jacques Delors et Michel Rocard. Le confident de François Mitterrand, Pierre Bergé, l'incite ouvertement à s'imaginer un destin. Lui, Béré, s'astreint à ne pas y croire. Mais qu'il est doux à cet écorché vif de se voir ainsi courtisé ! Accepté. Réclamé. Enfin, il ne jouerait plus les seconds rôles.

Il va payer cher ces moments heureux. Quand surgit l'« affaire » du prêt, son univers s'effondre : sa crédibilité comme chef de la majorité capable de limiter les dégâts aux législatives en prend immédiatement un coup. Son éventuel avenir – élyséen ou non – de sauveur des socialistes s'éloigne, sans doute définitivement. Sa vocation de « saint Béré » qui voulait rendre leur vertu aux camarades pécheurs se retourne contre lui. Le chef de l'Etat soutient le Premier ministre, mais c'est parce qu'il s'agit d'abord de ne rien céder à la droite. Confidence, à l'époque, de François Mitterrand à *L'Express* : « Deux poids, deux mesures. Fait-on tant d'histoires pour les coûteuses vacances que Jacques Chirac passe à Oman ? Très bel endroit, d'ailleurs. Et je ne reproche rien à personne. Ni à Béré son emprunt ni à Chirac son voyage. Mais je trouve qu'on charge vraiment trop la barque du premier, alors que, bizarrement, personne ne semble choqué par les habitudes du second ! » L'Elysée et Matignon ont beau s'échiner, rien n'arrête la rumeur : les ricanements continuent. Et la droite n'a pas le monopole des critiques, plus ou moins larvées, à l'égard des pratiques du chef du gouvernement. Pis, à l'occasion, les bonnes âmes rappellent insidieusement les fréquentations surprenantes de Bérégovoy. Et, par exemple, son goût pour la compagnie fastueuse du milliardaire Samir Traboulsi (présent lors du déjeuner d'anniversaire de mariage du couple Béré, le 13 novembre 1988, au restaurant Chez Edgard, un jour où se commet sans doute le délit d'initié de l'affaire Pechiney). On évoque aussi le sort de deux de ses anciens directeurs de cabinet (Jean-Charles Naouri et Alain Boublil, l'un et l'autre inculpés), ou sa défense, tellement enthousiaste qu'elle en devient suspecte, de Bernard Tapie. Le microcosme parle, parle. Et condamne à l'aveugle. Voici l'homme Béré englué dans les remugles d'une fin de règne dominée par les affaires. L'équipée de Matignon, tant attendue, tourne au cauchemar. La défaite électorale précipite l'ex-Premier ministre dans la dépression.

Simple contrecoup ? Engrenage psychologique fatal ? Peur de ce qui pourrait encore être révélé sur des affaires en principe passées ? On ne sait trop ce qui domine dans l'esprit du maire de Nevers. Ce dernier redoute, c'est clair, que des juges s'intéressent aux vieux dossiers, et pas de façon impartiale. Le procès Pechiney – c'est annoncé – doit s'ouvrir en juin. Alain Boublil ne risque-t-il pas de refuser de porter seul le chapeau ? Jusqu'à quel point Béré pourrait-il être impliqué, ne serait-ce que parce qu'il a dû fermer les yeux, malgré lui, sur beaucoup de choses ? Craint-il d'être définitivement taché aux yeux de ses concitoyens ? Officiellement, l'ancien Premier ministre n'aurait pas pu supporter ce que son entourage appelle une « campagne de presse ». Bien sûr, il serait blanc comme linge : « Ce ne sont jamais les crapules qui se suicident », insiste l'un de ses amis. Béré, les derniers temps, confiait en privé que, dans son malheur, il lui restait une « consolation » : sa vieille mère, décédée en 1992, n'aura pas vécu ce scandale. Elle n'aurait pas supporté cette épreuve.

Béré disparu, voici que tout le monde se réconcilie autour de son cercueil. Droite et gauche lui rendent un hommage qu'il ne pouvait espérer de son vivant. Ambiguïté des retrouvailles. Grandeur et misère d'une mort en solitaire.

Trois affaires, trois blessures

Gilles Gaetner

Pechiney, Société générale, prêt Pelat. Dans les trois cas, Pierre Bérégovoy estimera son intégrité mise en cause. Insupportable pour celui qui voulait en finir avec la corruption. (L'Express *du 6 mai 1993.*)

« Des décisions ont été prises pour lutter contre la corruption et la grande délinquance financière. J'en ai fait une priorité, parce que je suis préoccupé par les rapports de l'argent et de la société. Il est de l'intérêt de tous de rendre plus transparentes les relations financières. Sinon, chacun deviendra suspect, y compris ceux qui font maintenant prospérer leurs affaires. »

C'était le 22 juillet 1992. Le Premier ministre de l'époque, Pierre Bérégovoy, développait ainsi devant *L'Express* les raisons de son combat contre la corruption. Un combat officiellement entamé le 8 avril 1992, lors de son discours programme devant l'Assemblée. Oui, la lutte anticorruption serait pour lui une priorité. Oui, il commencerait par créer une commission de prévention.

Près d'un an plus tard, Pierre Bérégovoy s'est donné la mort, ce 1er mai, vers 18 h 15. On ne saura sans doute jamais exactement pourquoi. Mais ce dont on peut être sûr, c'est que le désarroi – pour ne pas dire plus – de voir son nom cité depuis des mois à propos des affaires Pechiney et Société générale, puis, tout récemment, à propos du fameux prêt de 1 million de francs accordé par Roger-Patrice Pelat y aura été pour beaucoup.

L'affaire Pechiney. A peine Pierre Bérégovoy est-il revenu au ministère de l'Economie après l'intermède de la cohabitation de 1986 qu'il doit affronter une tourmente terrible : le délit d'initié qui aurait été commis en novembre 1988 à l'occasion du rachat de la firme américaine Triangle par la société Pechiney. Ce scandale prend des allures d'affaire d'Etat, car on apprend très vite – à la fin de 1988, alors que la COB (Commission des opérations de Bourse) n'a pas commencé son enquête – que des proches du président de la République et du ministre de l'Economie ont raflé, quelques jours avant l'annonce officielle de la transaction, plusieurs milliers d'actions Triangle. Leurs noms ? Roger-Patrice Pelat, un intime du président, Samir Traboulsi, le financier libanais. Et aussi, le propre directeur du cabinet de Pierre Bérégovoy, Alain Boublil. L'enquête judiciaire révélera que ni Traboulsi ni Boublil n'achetèrent des actions. Le premier se contentant d'informer la société suisse Socofinance ; le second, d'alerter Pelat[1].

En janvier 1989, pas une journée ne passe sans que leurs noms soient cités dans la presse. L'opposition se déchaîne. Alain Juppé accuse la gauche d'être « la plus pourrie du monde ». Le député (UDF) Alain Lamassoure voit dans cette affaire « un flot de fumée et de boue ». La gauche réplique, par la voix du Premier ministre, Michel Rocard : « Vérité, justice, quoi qu'il en coûte : je n'ai pas d'autre conception de l'Etat impartial. » Bérégovoy fait front, protégeant son collaborateur. Jusqu'à ce que, le 20 janvier, il finisse par accepter sa démission. Première blessure pour Bérégovoy. Profonde. D'autant plus que des rumeurs savamment distillées circulent sur sa famille : on murmure, sans la moindre preuve, que certains des siens auraient acheté des titres Triangle. Aussi, le 31 janvier, Pierre Bérégovoy, sans doute pour couper court à cette campagne, décide-t-il de rendre public le rapport de la COB. Le procès des neuf inculpés

1. Roger-Patrice Pelat, l'ami de François Mitterrand, est décédé d'un arrêt cardiaque le 7 mars 1989, deux semaines après son inculpation dans cette affaire. Après sa mort, la pression médiatique sur ce dossier a nettement baissé.

débutera le 2 juin prochain. Le ministre pouvait redouter que son nom y soit à nouveau prononcé[1].

L'affaire de la Société générale. A peu près au même moment – nous sommes en janvier 1989 –, une autre tempête va secouer le ministère de l'Economie. La cause ? Le raid manqué en 1988 du patron de Marceau Investissements, Georges Pébereau, sur la Société générale, nouvellement privatisée. « Une affaire d'une tout autre gravité que Pechiney », confiera à *L'Express* le ministre de l'Industrie de l'époque, Roger Fauroux. Parrainée par Pierre Bérégovoy lui-même et pilotée par Alain Boublil, cette opération a en effet débouché sur un énorme délit d'initié.

Rien à voir avec Pechiney. Cette fois, ce ne sont pas deux cent mille titres qui ont été raflés, mais dix fois plus. Depuis la France, la Grande-Bretagne, la Suisse. Et aussi les îles Caicos. Quant aux plus-values réalisées, elles atteignent au total sans doute plus de 200 millions de francs (quatre fois plus que dans Pechiney). Plus grave : l'apparition, vite confirmée, parmi les acheteurs, de Jean-Charles Naouri, ex-directeur du cabinet de Bérégovoy aux Affaires sociales, en 1982, puis à l'Economie et aux Finances, en 1984. Du coup, ce nouveau scandale prend lui aussi des allures d'affaire d'Etat. Certes, Naouri n'a acquis, pour son compte personnel, que 5 850 titres Société générale. Il l'a, qui plus est, fait « en clair », sans recourir à des sociétés écrans. Il n'empêche... Pierre Bérégovoy se trouve encore en première ligne. Cette fois, il résiste. Se refusant à « lâcher » son protégé. Multipliant les initiatives – maladroites – pour tenter de lui épargner toute poursuite judiciaire.

C'est ainsi que, courant 1989, il envoie aux Etats-Unis et en Grande-Bretagne un magistrat détaché de la Direction du Trésor. Sa mission ? Rechercher si, dans le cadre des législations américaine et britannique, Naouri pourrait échapper à une inculpation pour délit d'initié. Hélas ! le magistrat revient bredouille. Pas la moindre trace de jugement, pas la moindre jurisprudence susceptible de l'absoudre...

---

1. Les principaux protagonistes de cette affaire ont été condamnés au terme d'un marathon judiciaire qui les a menés jusqu'à la Cour de cassation. En octobre 1995, celle-ci a confirmé la peine d'un an de prison ferme infligée à Alain Boublil, ancien directeur de cabinet de Pierre Bérégovoy, et à son ami le financier libanais Samir Traboulsi. Signalons également que l'homme d'affaires socialiste et fondateur de la Fnac Max Théret fut condamné dans ce dossier à deux ans de prison avec sursis pour « recel de délit d'initié ».

Finalement, le 30 mai 1990, après un bras de fer épique avec la chancellerie, le parquet de Paris ouvre une information judiciaire visant nommément Jean-Charles Naouri. Quelques jours plus tard, ce dernier est inculpé[1]. Pierre Bérégovoy, très affecté par cette décision, s'en plaindra à plusieurs reprises au garde des Sceaux de l'époque, Pierre Arpaillange...

Le prêt de Roger-Patrice Pelat. Lorsque, quelques semaines avant le premier tour des législatives, *Le Canard enchaîné* révèle que, en 1986, Roger-Patrice Pelat lui a prêté 1 million de francs – sans intérêt et remboursable en 1995 – pour acheter un appartement rue des Belles-Feuilles, à Paris, le Premier ministre est effondré. Il a le sentiment d'être victime d'un acharnement. De la presse, bien sûr, qui relaie largement *Le Canard enchaîné*. Mais aussi du juge manceau Thierry Jean-Pierre. C'est lui, en effet, qui a découvert l'existence du prêt en enquêtant sur des travaux réalisés dans la propriété de Pelat.

Le Premier ministre a beau se justifier, expliquer que « tout a été fait dans les règles », qu'il a remboursé une moitié de la somme empruntée grâce à des meubles anciens ou à des livres précieux, et l'autre par un chèque de 500 000 francs versé à la veuve de Pelat, rien n'y fait. Il ne convainc pas. Ni l'opinion. Ni les médias, qui continuent de s'interroger sur cette libéralité. Si le vol de sa déclaration de patrimoine à l'Assemblée nationale, quelques jours plus tard – « Une machination », dira-t-il, amer –, lui porte un nouveau coup, il est clair que cette affaire Pelat l'a laminé. Notamment les rumeurs accréditant la thèse qu'il s'agissait là d'un don, et non d'un prêt. Pierre Bérégovoy y a vu une atteinte à sa vie privée et, par ricochet, à son honneur. Un honneur qui sera à ses yeux carrément souillé lors des meetings de la dernière campagne électorale. N'y sera-t-il pas plusieurs fois accueilli par des manifestants scandant : « Béré, t'as pas 100 briques ? » ou brandissant des pancartes sur lesquelles était inscrit « 0 % » ?

---

1. Cette affaire, considérée en son temps comme un gros scandale politico-financier, n'a pas eu les suites judiciaires escomptées. Sur la douzaine de personnes mises en cause à l'origine, seules trois ont finalement été jugées, en 2002, par le tribunal correctionnel de Paris. Samir Traboulsi et Jean-Charles Naouri ont été relaxés. Le financier américain George Soros, poursuivi pour avoir bénéficié du « raid » de 1988 sur la Société générale, a été condamné à 2,2 millions d'euros d'amende. Cette peine a été confirmée en appel, puis en cassation (seul le montant de l'amende a été annulé par la Cour de cassation).

Pechiney, Société générale, prêt Pelat : trois affaires qui ont été ressenties par Bérégovoy comme autant de drames personnels. Débouchant, chaque fois, peu ou prou sur la mise en cause de son honnêteté. Dur à accepter pour un homme qui, à peine arrivé au pouvoir, avait montré qu'il ne badinait pas avec les combines. Ainsi, lorsque, en mai 1984, l'Igas (Inspection générale des affaires sociales) lui remet un rapport mettant au jour une gigantesque escroquerie à la Sécurité sociale – dont l'auteur présumé, le Dr Nemegyei, a ses entrées à l'Elysée – Bérégovoy n'hésite pas une seconde : il saisit la justice. La CGT, qui dénonçait depuis des mois les pratiques du médecin, apprécie l'initiative du ministre des Affaires sociales. Lequel se forge au fil des mois une image d'homme intègre, allergique aux compromissions.

L'histoire retiendra sans doute que Pierre Bérégovoy a été le premier à entreprendre ce que ses prédécesseurs – Pierre Mauroy, Laurent Fabius, Michel Rocard, Edith Cresson – n'avaient pas eu le courage de faire : éradiquer la corruption dans notre pays. Car il était parfaitement conscient que la succession d'« affaires » qui secouait la France (celle des fausses factures de l'Ouest, notamment, instruite par le conseiller Renaud Van Ruymbeke) décrédibilisait le PS. Il avait compris également les effets désastreux de l'amnistie aux yeux de l'opinion. Aussi, pour renverser la tendance, n'hésitait-il pas à crier haut et fort que l'enrichissement personnel d'élus devait être sanctionné. Discours nouveau. Hélas ! pas vraiment entré dans la pratique. Car il y aura loin des intentions à la réalité, la chancellerie freinant des quatre fers toute initiative visant à poursuivre des élus indélicats.

Cruel paradoxe : celui qui aurait tant voulu apparaître comme un croisé de la lutte anticorruption ne sera pas, lui non plus, parvenu à échapper aux soupçons.

*Lors des obsèques de Pierre Bérégovoy, le 4 mai 1993, à Nevers, François Mitterrand fuit ses propres responsabilités et préfère s'en prendre à « ces chiens [*les journalistes*] à qui on a livré l'honneur d'un homme, et finalement sa vie, au prix d'un double manquement de ses accusateurs aux lois fondamentales de la République, celles qui protègent la dignité et la liberté de chacun d'entre nous ».*

Neuf jours plus tard, L'Express *consacre un éditorial collectif à cette affaire, en pointant les responsabilités des uns et des autres. Cet article, à la fois sobre et lucide, prend la mesure du drame et des questions qu'il pose. Le suicide de l'ex-chef du gouvernement oblige chacun – journaliste, élu, magistrat, policier, « simple » citoyen... – à s'interroger sur les scandales qui se succèdent à un rythme soutenu, à gauche comme à droite, depuis une vingtaine d'années. Le débat porte sur l'argent roi, le sentiment d'impunité et le cynisme d'une partie de la classe politique, mais aussi sur le rôle de la presse et les limites qu'elle doit, ou non, s'imposer. Tandis que la société française cherche sa voie après les « années fric », les juges sont de plus en plus nombreux à oser fouiller dans les coulisses de la République mitterrandienne. Et ils ne sont pas au bout de leurs découvertes...*

Lignes de fuite

La rédaction de *L'Express*

Quelques jours après les obsèques de Pierre Bérégovoy, le journal consacre un éditorial collectif à ce drame, et pointe les responsabilités des uns et des autres. (L'Express *du 13 mai 1993.*)

Il s'est tué. Personne d'autre que lui-même n'a commis cet acte. Quels que soient leurs mots, ses proches ont dit pourquoi : il ne supportait pas l'atteinte à son honneur. Est-il permis d'aller au-delà ? De se demander si Pierre Bérégovoy ne s'est pas tué et parce qu'il était honnête, et parce qu'il avait commis une faute ? S'il avait été malhonnête, il aurait camouflé le prêt délicat. S'il avait été irréprochable, il n'y aurait pas eu recours, ou il l'aurait immédiatement remboursé lorsque Pelat fut impliqué dans les délits d'initiés de l'affaire Pechiney. N'est-ce pas cette contradiction entre l'homme trop honnête pour se supporter mis en cause, mais pas assez strict pour s'être évité de l'être, qui a provoqué l'insupportable donc l'irrépressible nécessité de fuir définitivement ce piège ?

La fuite de ses amis. Le désespoir de ses proches, la douleur de ses amis politiques, le symbole tragique pour la gauche battue doivent-ils conduire à se voiler la face et à s'inventer des assassins pour tenter de se consoler ? Nous sommes incapables d'analyser sereinement et lucidement la corruption plus ou moins douce qui s'étend en France – alors que, paradoxalement, Pierre Bérégovoy nous y avait invités le premier. Chacun fuit ses responsabilités et préfère inventer des coupables. C'est la faute du président, qui ne lui retournait pas ses appels téléphoniques, dit et répéta l'un au journal télévisé de 20 heures – on espère pour lui que le fait est exact, puisque, en toute hypothèse, l'imputation est abusive. C'est la faute de ses adversaires politiques, qui ont dénigré son bilan, dit l'autre aussi excessivement. C'est la faute des dirigeants du PS, qui s'entre-déchiraient, laissa-t-on encore entendre.

La fuite de la gauche. Déjà traumatisée par une défaite sans précédent, la gauche a voulu voir dans la mort voulue de Pierre Bérégovoy sa propre rédemption. Elle a espéré passer de l'insupportable « Même Béré... », qui la minait hier, au rassurant « Ils ont tué Béré ! », qui la sauverait aujourd'hui. Elle s'est accrochée à ce geste désespéré comme à une bouée inespérée. Mais cette transmutation est impossible. On peut estimer que Béré s'est tué parce que lui n'était pas de l'establishment, lui ne connaissait pas les ficelles pour s'en sortir, lui n'acceptait pas le déshonneur – mais non aller au-delà et le transformer en Salengro ou en Jaurès du siècle finissant. La réalité contredit trop fortement le mythe pour que le mythe prenne corps.

La fuite en avant contre la presse. Un pas de plus fut pourtant franchi avec la stigmatisation explicite ou implicite des chiens de la presse et, plus démesuré encore, l'évocation d'un nouvel holocauste. Au sens propre, le terme « presse » renvoie aux journaux imprimés. Il est impossible de l'étayer par un commencement de preuve. Personne n'a d'ailleurs osé soutenir publiquement ni que naguère les délits d'initiés d'amis du pouvoir n'auraient pas dû être révélés, ni qu'hier le prêt sans intérêt ne devait pas être rendu public une fois qu'il fut avéré, ni qu'il était illégitime d'enquêter ou de s'interroger sur l'éventualité d'un lien entre les deux. Lorsque la presse fait ce travail à l'encontre d'un adversaire politique, chacun trouve que c'est la moindre des choses. Lorsqu'elle le fait contre un ami, chacun trouve cela excessif. Mais qui osera soutenir qu'il faut l'interdire ?

La fuite en avant de la satire politique. L'indispensable liberté de la presse ne doit pas nous empêcher de réfléchir à la violence du système médiatique à l'encontre des personnes. A condition de préciser ce qui dans le « système » fait violence et pourquoi. Lorsque l'ironie sort des cabarets, s'installe tous les soirs à la télévision, réduit les hommes politiques à leurs travers les plus grotesques, martèle leurs bévues ou leurs fautes, et que ce feuilleton ravageur devient le principal vecteur de l'information politique des « citoyens », ce n'est pas chercher des boucs émissaires que de suspendre un instant son rire pour réfléchir. Lorsque ce type de déformation politique marque plus les esprits que toute émission d'information ou de débat à peu près respectueuse de l'exactitude des faits, de l'honnêteté des interprétations ou de la confrontation des arguments, il faut s'interroger sur ses effets. Ils peuvent détruire un homme – une lancinante mise en cause pèse plus que les articles sérieux du *Monde* ou de *L'Express*. Ils peuvent détruire le débat politique, réduit à ces grenouillages.

Notre fuite collective. Se contenter d'incriminer les satiristes populistes ne suffit pas. Leur succès se nourrit de notre satisfaction, leurs abus, de nos demandes. La dénonciation de X ou Y pour telle ou telle faveur qui lui aurait été accordée nous intéresse mille fois plus que le choix entre hausse de la CSG et hausse de la TVA. « Quiconque s'est livré à une introspection approfondie connaît l'étendue de l'abjection humaine », a écrit Cioran. Les dérives successives du débat politique, déplacé d'abord des idées vers les personnes, puis des personnes publiques vers leurs travers semi-privés, entretiennent ce que nous avons de pire, qui les entretient à son tour. Spirale de l'immonde ordinaire à laquelle nul n'échappe.

En sortir. Ces fuites contradictoires se stimulent les unes les autres ? Untel déraisonne en incriminant la presse ? Je retrouve un zeste de raison en condamnant sa condamnation. Le refus de sa fuite me permet de fuir à mon tour. Unanimité dans le choc et l'hommage d'abord, affrontement des fuites ensuite, silence et oubli demain, le risque est grand qu'une fois de plus la catharsis ne soit que simulacre. A chacun d'entre nous de l'empêcher.

1995

Les écoutes de l'Elysée

Le préfet Christian Prouteau, ex-chef du GIGN et de la fameuse cellule de l'Elysée, incarne la République mitterrandienne et ses dérives. De 1982 à 1995, il ne s'est pas contenté de conseiller le président en matière de lutte contre le terrorisme – sa « mission » initiale au palais ; il s'est également chargé de préserver la vie privée du chef de l'Etat, et de l'alimenter en informations confidentielles sur diverses personnalités.

En 1997, quand les policiers de la DST pénètrent dans le box de la région parisienne où Christian Prouteau conserve ses archives, ils tombent sur un trésor inestimable : des malles entières de documents. De nombreuses notes, adressées au président, aident à mieux comprendre certaines affaires qui ont marqué les deux septennats de François Mitterrand, et dont il a déjà été largement question dans ce livre : les Irlandais de Vincennes, le sabotage du *Rainbow Warrior*... A travers ces révélations, le lecteur devine une fois de plus Mitterrand lui-même, sa part d'ombre, son goût pour les manœuvres, les intrigues, voire les secrets d'alcôve. La présence à ses côtés d'une garde prétorienne telle que la cellule de Prouteau est bien la grande « affaire » de cette époque.

Ph. B.

☆☆☆

Christian Prouteau, l'homme du président

Jérôme Dupuis et Jean-Marie Pontaut

L'ex-gendarme de l'Elysée conservait beaucoup de documents dans ses malles, notamment des notes confidentielles adressées à François Mitterrand. La DST a découvert ce trésor. (L'Express *du 3 avril 1997.*)

C'est un box anonyme de la banlieue parisienne, comme il en existe des milliers. Mais celui-ci abritait, dans quelques cantines métalliques bourrées de dossiers, la part la plus secrète de la présidence de François Mitterrand. L'ancien responsable de la célèbre cellule de l'Elysée, Christian Prouteau, y avait entreposé toutes ses archives, en 1995, au départ du président. Un trésor débusqué le 19 février dernier par le contre-espionnage français (DST) et qu'il a partagé, non sans réticences, avec pas moins de trois juges d'instruction.

Ce jour-là, au petit matin, le procureur de Versailles, alerté par la DST, avait confié en urgence une information judiciaire au juge Jean-Marie Charpier pour « vol et recel de documents classés "secret défense"». Escorté par deux hauts fonctionnaires du contre-espionnage, le magistrat s'est aussitôt rendu à l'intersection des rues Marie-Hillion et Marcel-Jeantet, à Plaisir, dans les Yvelines. Là, après avoir forcé la porte métallique du box de Christian Prouteau, ils découvrent un véritable capharnaüm : à droite, une quarantaine de cartons de livres et de souvenirs entassés et les pièces d'un moteur de R25 ; à gauche, douze cantines de dossiers sur les jeux Olympiques d'Albertville, en Savoie (dont Prouteau avait assuré la sécurité), et enfin, bien protégées tout au fond, huit cantines numérotées renfermant les archives de l'Elysée. Ce sont ces dernières qui intéressent évidemment les policiers de la DST et le juge Charpier. A l'intérieur, des dizaines de dossiers aux noms soigneusement étiquetés : Ouvéa, Otages du Liban, Greenpeace, Irlandais de Vincennes, Tchad, Corse, Paraguay, Uruguay, Luchaire, Affaire du Coral, etc. Le tout recensé dans un listing explosif.

L'une des cantines contient également des « registres concernant des écoutes téléphoniques du GIC » – les fameuses écoutes de l'Elysée. Du coup, le juge Charpier appelle immédiatement sur son portable son collègue parisien Jean-Paul Valat, qui instruit cette affaire et qui a déjà mis en examen, notamment, Gilles Ménage, ancien directeur du cabinet de François Mitterrand, et Christian Prouteau lui-même. Arrivé sur les lieux à 11 h 15, le magistrat va se heurter à la « gourmandise » de la DST : celle-ci estime que toutes les notes frappées du sceau « secret défense » lui reviennent, y compris le registre manuscrit dans lequel le préfet Prouteau avait consigné toutes ses demandes d'écoutes téléphoniques avec les noms et les dates. Mais le juge Valat parvient tout de même à récupérer cinq cantines et deux cartons « contenant divers documents et objets ». Le juge Charpier et son collègue versaillais Yves Madre, chargé de l'affaire des Irlandais de Vincennes, se partagent le reste du butin.

Le contenu de ces dossiers est édifiant – et parfois même inquiétant. On y découvre, au jour le jour, le goût personnel, voire maniaque, de François Mitterrand pour le renseignement policier et les « coups tordus » à travers une série de notes adressées au président par Christian Prouteau. Des mentions manuscrites « Vu » attestent que François Mitterrand a bien lu cette série de rapports.

Ainsi, une note du 6 novembre 1985, portant le n° 165/2 et signée Christian Prouteau, à l'intention de François Mitterrand, propose un certain nombre de mesures en prévision de la cohabitation de 1986, concernant en particulier la vie privée du président : « Le problème de votre sécurité au sens large, après les élections de mars 1986, me conduit, pour être le plus efficace possible, à envisager les conditions les plus dures pour être certain de pouvoir assurer ma mission au mieux. Il apparaît alors indispensable d'avoir vis-à-vis de certains ministères une autonomie de fonctionnement. Il s'agit en fait pour moi de vous garantir une discrétion totale de vos déplacements, surtout dans le cadre de ce qu'il est convenu d'appeler le "privé" et de vos entretiens (téléphoniques ou autres). [...] Concernant vos déplacements sur Paris et les problèmes d'ordre public qui pourraient être utilisés par le ministère de l'Intérieur comme un moyen de pression politique, le poste de préfet de police est un poste stratégique important. » Aussi Christian Prouteau propose-t-il de maintenir à son poste le préfet Guy Fougier, dont le « soutien [lui] paraît acquis ». « Enfin se pose à nouveau le problème des écoutes tel que M. Ménage vous l'a exposé. Il peut se résumer en deux difficultés : les réticences du cabinet du Premier ministre en matière de construction [*terme administratif pour écoutes téléphoniques*], et la non-application de nouvelles mesures que M. Ménage vous avait proposées. [...] Ainsi, en moins de deux mois, nous sommes passés de l'exploitation de vingt lignes à onze lignes, réduisant d'autant nos moyens de vous renseigner. »

La protection de la vie privée de François Mitterrand et de sa fille Mazarine demeurera l'une des grandes obsessions de la cellule. Elle conduira ses responsables à s'occuper particulièrement de l'écrivain Jean-Edern Hallier, qui menace de révéler l'existence de la jeune fille. Dans une note à l'intention de M. le président de la République, le 2 mars 1984, Christian Prouteau n'hésite pas à écrire : « Objet : affaire Edern Hallier. Par les moyens techniques dont nous disposons, nous avons appris hier qu'Edern Hallier devait être l'un des invités surprises d'une émission appelée "Aujourd'hui la vie", qui devait être diffusée aujourd'hui en direct à 13 h 50. J'ai donc averti immédiatement M. Colliard [*collaborateur de François Mitterrand*], qui a pris les dispositions qui s'imposaient, et l'émission a été annulée. »

François Mitterrand s'intéressait d'ailleurs au jour le jour aux agissements de Jean-Edern Hallier, ainsi qu'en témoigne une autre note que lui a adressée Christian Prouteau, le 29 février 1984 : « Comme vous me l'avez demandé, lors de notre dernier entretien, voici la liste complémentaire des personnes avec lesquelles il est entré en contact. Si vous souhaitez quelques précisions les concernant, cochez les noms qui vous intéressent sur la liste, s'il vous plaît. Le chef d'escadron Prouteau. »

François Mitterrand suit également de près les activités de l'avocat Jacques Vergès, défenseur attitré de l'extrême gauche et de certains terroristes. Une attention soutenue pourtant contraire aux droits de la défense : « Septembre 1982. Conformément à vos instructions, j'ai fait effectuer les recherches destinées à vérifier les informations qui vous avaient été données sur l'avocat. Les marchés traités le sont effectivement par ce monsieur, et, comme vous le supposiez, le règlement doit se faire incessamment. Je précise effectivement : nous restons en contact sur cette affaire et, si elle doit se dérouler comme prévu, il y a de fortes chances pour que nous puissions aboutir. Sauf instructions nouvelles de votre part, nous poursuivons donc cette affaire jusqu'au bout. Le chef d'escadron Prouteau. »

L'un des plus célèbres clients de Me Vergès, le terroriste Carlos, était dans le collimateur de la cellule, qui aurait bien aimé s'en « occuper personnellement ». Elle avait d'ailleurs reçu des ordres très précis du président à ce sujet, comme l'indique Christian Prouteau dans une note du 11 janvier 1983 : « Il est sûr que dans votre esprit, compte tenu du danger représenté par Carlos, il était important, dès qu'il aurait été repéré, de faire le nécessaire pour qu'il ne puisse plus nuire. C'est ce que j'avais compris dans l'entretien que j'avais eu avec M. Defferre. »

D'autres notes évoquent pêle-mêle la sécurité de MM. Debray et Jospin, menacés par des terroristes allemands, l'affaire Greenpeace, le dossier Carrefour du développement ou des nominations sensibles, comme celle du futur patron de la gendarmerie. Enfin, le 6 mars 1986, le chef de la cellule livre à François Mitterrand un avis de connaisseur : « Conseil sur le téléphone. Après le 16 mars, dans l'hypothèse d'un changement de majorité et de la désignation d'un ministre de l'Intérieur qui ne nous serait pas favorable, il sera important de se méfier de l'utilisation du téléphone du réseau interministériel. En effet, le central de ce réseau se trouve au ministère de l'Intérieur, et il est extrêmement facile, sans que personne s'en rende compte ni puisse le déceler, d'effectuer à partir du répartiteur des branchements. »

Outre les notes présidentielles, les cantines de Christian Prouteau débordent de curiosités en tout genre. On y trouve, par exemple, une surprenante note politique concernant un « jeune énarque de trente-cinq ans » qui monte. Dans le « discrédit général » dont souffre la classe politique, poursuivent les « analystes » de la cellule, ce jeune inconnu nommé Philippe de Villiers émerge ; la radio libre qu'il a créée en Vendée (Alouette FM) talonne de près France Inter, continue la note, avant de proposer un contact entre Villiers et la présidence.

La politique intérieure ne semble d'ailleurs pas étrangère aux préoccupations des hommes du président : Prouteau a gardé dans ses archives une très longue note non signée qui propose sans ambages de déstabiliser certains adversaires politiques grâce à des « écoutes », à des enquêtes sur la « vie privée des candidats », à des « troubles à des réunions politiques », etc. On ne sait quelle suite lui a été réservée.

Plus anecdotiquement, Christian Prouteau et la cellule semblent rendre toutes sortes de services : les cantines retrouvées à Plaisir renferment de nombreuses « demandes d'intervention », allant des contraventions à faire sauter aux propositions de Légion d'honneur en passant par l'organisation d'une rencontre entre le P-DG d'IBM France et André Rousselet, ancien directeur du cabinet de François Mitterrand. C'est d'ailleurs IBM France qui a mis en place le système informatique de la cellule.

De nombreuses notes concernent la célèbre affaire des Irlandais de Vincennes. L'arrestation en fanfare, en 1982, de ces militants de l'IRA [*Armée républicaine irlandaise*] donne lieu à un feuilleton politico-judiciaire dans lequel les hommes de l'Elysée sont accusés d'avoir monté un coup. Christian Prouteau souhaite donc que son informateur, Bernard Jégat, ne révèle pas les dessous du dossier à la justice. Pour cela, il va le « bichonner ». Le chef de la cellule multiplie les notes à ce sujet : le 9 juillet 1984, il propose que la compagne de Jégat, qui travaille à la Société française de production (SFP), bénéficie d'une promotion ; le lendemain, une nouvelle note à Gilles Ménage, titrée « Aide à apporter à un informateur important », débute par ces mots : « Sur un sujet que connaît très bien M. Régis Debray, il était convenu d'aider l'un de nos informateurs, que nous appellerons M. X. [...] Il est urgent de lui trouver une nouvelle résidence », car il a été effrayé de découvrir des graffitis dans sa cage d'escalier. Justement, la cellule s'est renseignée : grâce au 1 % patronal, la SFP dispose d'un parc immobilier et, après vérification, il reste des appartements libres. Les hommes du président vont jusqu'à demander pour Jégat un port d'armes, qui lui a pourtant été refusé par la préfecture de police en raison de ses liens avec des « terroristes » irlandais. Pourquoi tant de sollicitude ? La conclusion de la note est sans ambiguïté : « Il faut éviter que Jégat ne se présente d'initiative devant le juge Verleene afin de prouver son bon droit. » On peut difficilement proposer plus clairement de court-circuiter la justice...

Les notes retrouvées dans le box de Christian Prouteau prouvent que, dans cette affaire, l'Elysée n'a pas hésité non plus à enquêter sur quatre journalistes (du *Canard enchaîné*, du *Monde*, de *Libération* et du *Quotidien de Paris*). Un véritable fichage politique les présente comme de dangereux gauchistes en relation avec le groupe anarchiste Bakounine-Gdansk. Ainsi qu'on l'a vu, les avocats ne sont pas épargnés, eux non plus : une note n° 104/2 du 2 juin 1983 précise que « Me Antoine Comte joue, au milieu de ce marécage, un rôle très louche en sa qualité de défenseur des membres d'Action directe ». Un autre rapport (n° 142-2), qui ne peut se fonder que sur des filatures ou des écoutes, retrace même un dîner auquel a assisté l'avocat avec les épouses de plusieurs magistrats.

L'examen des archives de l'ancien chef de la cellule apporte surtout des éléments nouveaux dans l'affaire des écoutes de l'Elysée. Jusqu'à aujourd'hui, on pensait que ces écoutes – dont certaines transcriptions ont été retrouvées dans le box – s'arrêtaient brutalement en mars 1986, avec l'arrivée de Jacques Chirac à Matignon. On sait qu'au moins en une occasion la cellule a ensuite sous-traité avec des sociétés privées pour poser des écoutes sauvages : en décembre 1987, d'anciens gendarmes, dont un certain Robert Montoya, sont arrêtés alors qu'ils posent une bretelle sur la ligne d'un huissier de l'Elysée soupçonné d'avoir organisé des fuites. L'enquête n'avait pu établir formellement la responsabilité de la cellule dans cette affaire des « plombiers de l'Elysée ». Pourtant, la saisie, dans le box de Plaisir, des agendas de Christian Prouteau prouve que, à la même période, le conseiller de François Mitterrand est en contact permanent avec Robert Montoya : dix-huit rendez-vous mentionnés pour la seule année 1987. Certaines annotations sont quasi transparentes : ainsi, à la date du 30 septembre 1986, on peut lire : « Montoya. Scanner [*instrument servant à intercepter les téléphones de voiture*] » ; le 13 mai 1987 figure la mention : « Dewavrin. Sur liste objectif Montoya » (Dewavrin étant le P-DG des établissements Luchaire, soupçonnés d'avoir vendu illégalement des obus à l'Iran).

De toute évidence, la cellule de l'Elysée s'intéresse de très près au matériel permettant d'effectuer ou de détecter des écoutes sauvages, comme en témoigne un devis du 2 avril 1984 de la société Protexarms. Une lettre du 24 juin 1985, de Christian Prouteau au patron de la société spécialisée Gérand SA, est sans ambiguïté : « Pouvez-vous me porter pour un essai la mallette HK MP5 pour une période d'un mois ? A l'issue de ces essais, si ce type d'équipement nous convient, il est possible que nous en équipions certaines unités. » Le même jour, l'Elysée commande les « équipements de discrétion téléphoniques suivants : Scrambler n° 3100/6 et Scrambler n° 3200/6 ».

Ce sont peut-être les éventuelles révélations sur cette période « chaude » de la première cohabitation qui expliquent l'empressement du ministère de l'Intérieur autour des archives de Christian Prouteau. La DST n'est pas tombée par hasard sur la piste du box de Plaisir. Cela fait sans doute plusieurs mois qu'elle enquête sur les anciens de la cellule, leur reconversion en Afrique, de même que sur certaines fuites dans le dossier des écoutes de l'Elysée. C'est ainsi que le contre-espionnage serait remonté jusqu'aux fameuses cantines.

Quelques jours avant cette perquisition du 19 février dernier, Christian Prouteau, accompagné de deux amis, s'était rendu rue de Charonne, à Paris, chez Yvon Gaguèche, éditeur d'un ouvrage sur le GIGN. Il y avait récupéré quelques dizaines d'exemplaires du livre pour l'Association des anciens du GIGN – avant de les déposer à Plaisir. Quelques jours plus tard avait lieu la perquisition...

Le 27 février, une lettre anonyme tapée à la machine est parvenue au juge Valat : elle lui suggère d'aller faire un petit tour rue de Charonne dans le parking de l'éditeur Yvon Gaguèche. Le jour même, le magistrat s'y rend, très discrètement : au milieu de pièces détachées de Jaguar et de Triumph, il saisit une épée de cérémonie sur la lame de laquelle est gravée la mention « A Monsieur le préfet Prouteau ». Il s'agit d'un cadeau de l'éditeur à son ami préfet. Mais pas d'archives secrètes...

Le juge Valat entre alors en contact avec sa collègue Eva Joly. Curieusement, au même moment, en effet, une autre missive anonyme, adressée cette fois-ci à cette dernière, lui conseille d'aller visiter le château de Gilles Ménage, dans le Sud-Ouest. La lettre, très détaillée, promet des révélations sur l'affaire Elf. La juge n'aurait qu'à saisir des documents cachés derrière des boiseries de la propriété. Mais, là encore, la magistrate repartira les mains vides. Autant d'épisodes qui montrent la volonté de certains de voir la justice s'intéresser de près aux agissements de la cellule. Les cantines de Christian Prouteau livrent déjà leurs premiers secrets. D'autres pourraient suivre bientôt.

En novembre 2004, s'ouvre à Paris le procès des « écoutes de l'Elysée », un vaste système de surveillance mis en place avec l'aval de François Mitterrand au cours de son premier septennat. Au total, au moins cent cinquante personnes (journalistes, écrivains, artistes...) furent ainsi espionnées par la « cellule » dirigée par le préfet Christian Prouteau. Officiellement pour des raisons de sécurité. En réalité pour permettre au chef de l'Etat de protéger sa vie privée et de satisfaire son (énorme) appétit d'informations confidentielles.

Un an plus tard, à l'heure du jugement, quatre des douze prévenus sont condamnés à des peines de prison avec sursis. Le plus lourdement sanctionné est Christian Prouteau (huit mois). Viennent ensuite Gilles Ménage, ancien directeur de cabinet de François Mitterrand (six mois), le général Jean-Louis Esquivié (quatre mois) et le commissaire Pierre-Yves Gilleron (trois mois). Michel Delebarre, ex-directeur de cabinet du Premier ministre Pierre Mauroy, est condamné mais dispensé de peine, de même que Louis Schweitzer, son successeur. Par ailleurs, l'ancien gendarme Paul Barril écope, à la surprise générale, de six mois de prison avec sursis et de 5 000 euros d'amende. Ces peines seront ensuite confirmées, malgré un pourvoi en cassation en 2008. D'un bout à l'autre de ce feuilleton judiciaire, François Mitterrand est clairement apparu comme le principal responsable des dérives de sa « cellule ».

Grandes oreilles et petits secrets

Jean-Marie Pontaut

Le procès des écoutes de l'Elysée est un peu celui des « années Mitterrand » : l'histoire d'un président qui prenait plaisir à tout savoir et à manœuvrer son monde. (L'Express *du 15 novembre 2004.*)

« Il s'agit en fait pour moi de vous garantir une discrétion totale de vos déplacements (surtout dans le cadre de ce qu'il est convenu d'appeler "le privé"...) [...] Les lignes téléphoniques que nous possédons par l'intermédiaire du cabinet réservé du ministère de la Défense n'ont pas leur contenu diffusé. Cette procédure, qui, à l'expérience, a fait preuve de son intérêt et de sa discrétion, nous permettant de vous tenir informé de problèmes sensibles, rencontre actuellement quelques difficultés en la personne de M. Schweitzer. » Cette note confidentielle, adressée le 6 novembre 1985 à François Mitterrand par Christian Prouteau, illustre à merveille la nature des débats qui vont se dérouler au tribunal correctionnel de Paris.

Le procès des écoutes téléphoniques de l'Elysée, qui démarre ce 15 novembre, est celui à la fois d'une affaire d'Etat et d'un monstrueux dérapage. Il va réveiller, vingt ans plus tard, tous les fantômes et les secrets du premier septennat de François Mitterrand.

Le box des accusés est bondé. On y trouve les principaux responsables de la fameuse cellule élyséenne, le préfet Christian Prouteau et son équipe, mais aussi trois anciens directeurs de cabinet, Gilles Ménage (François Mitterrand), Michel Delebarre et Louis Schweitzer (Pierre Mauroy et Laurent Fabius). Et, enfin, l'ex-grand patron du centre d'écoutes téléphoniques, le général Pierre-Eugène Charroy. Une trentaine de victimes, ou leurs avocats, se presseront dans le prétoire : des journalistes – dont le directeur de la rédaction du *Monde,* Edwy Plenel –, des écrivains, des avocats de renom, des hommes d'affaires, une actrice célèbre... Tous accusent la cellule élyséenne d'avoir violé leur vie privée. Reste le cas particulier de l'ex-capitaine Paul Barril, qui est à la fois poursuivi et partie civile.

Ce procès fleuve – il va durer trois mois – devra examiner dans quelles circonstances l'ancien chef de l'Etat s'est entouré, entre 1982 et 1986, d'une sorte de garde prétorienne – la « brigade du chef » – chargée essentiellement de protéger sa vie privée.

La cellule élyséenne, créée initialement pour lutter contre le terrorisme, va en effet rapidement servir à protéger la « seconde famille » de François Mitterrand et à dissimuler l'existence de sa fille, Mazarine. Mais, plus encore, ce président individualiste, qui aimait les plaisirs de la vie, les voyages secrets – à Venise ou à Florence – et les mondes parallèles, a toujours souhaité farouchement préserver sa liberté de mouvement et d'esprit.

La cellule va donc constituer un outil idéal, mais entraîner une confusion inédite entre service de la République et service privé. Dirigée par un ancien gendarme responsable d'une unité d'intervention (GIGN) – le commandant Prouteau –, supervisée par un haut fonctionnaire docile – Gilles Ménage –, elle va, pour satisfaire le « prince », violer allègrement quelques principes démocratiques. De façon plus inquiétante, elle ira jusqu'à proposer, entre les lignes, l'« élimination » de personnes gênantes... (ce qui ne sera – heureusement – jamais fait).

L'arme principale de la cellule demeurera l'écoute téléphonique. Pour « informer » le président, elle obtient – une première dans la Ve République – vingt lignes téléphoniques spécialement affectées à son usage. Même si le ministère de la Défense et Matignon en conservent théoriquement le contrôle, c'est bien la petite équipe des hommes du président qui les utilise à son gré.

En trois années, de 1983 à 1986, ces vingt lignes permettent de placer sur écoutes 150 personnes. Ainsi, plus de 3 000 conversations sont enregistrées – et archivées – par les « grandes oreilles » de l'Elysée. Les noms de 2 000 personnes sont conservés dans trois fichiers informatiques.

Ces données incontestables sont même en deçà de la réalité, car elles ne représentent que le contenu de cinq disquettes obtenues par la justice dans des circonstances rocambolesques. Le 12 janvier 1995, une jeune femme élégante, tout de noir vêtue, cheveux bruns coupés au carré et maquillage voyant, se présente à 16 h 30 au maréchal des logis-chef Lionel Billard, qui assure la garde de la galerie des juges d'instruction au palais de Justice. Elle lui remet une enveloppe brune destinée au juge Valat, qui instruit l'affaire des écoutes téléphoniques. « C'est de la part de Me Berger », glisse-t-elle avant de s'éclipser. Renseignement pris, il n'existe aucun Me Berger au palais. Mais la lecture des disquettes contenues dans l'enveloppe révèle l'existence de 5 184 fiches d'écoutes... On y entend, par exemple, Charles Pasqua s'entretenir avec l'un de ses lieutenants ; l'épouse du Premier ministre de l'époque, Laurent Fabius, se confier à un journaliste ; l'écrivain Michel Droit évoquer les coulisses de la prochaine élection à l'Académie française ou le pamphlétaire Jean-Edern Hallier se pencher sur les secrets d'alcôve du chef de l'Etat...

Deux ans plus tard, la découverte, tout aussi romanesque, dans le fond d'un garage de Plaisir (Yvelines), de huit cantines contenant les archives du commandant Prouteau confirme que François Mitterrand connaissait parfaitement l'existence de ces interceptions illégales. Plusieurs des 165 notes confidentielles, adressées directement au président, font référence aux écoutes et plusieurs portent la mention manuscrite « vu » ou « oui » de la main même du chef de l'Etat.

Dès son installation à l'Elysée, en 1982, la cellule est d'abord victime, comme le président, du « syndrome Allende », craignant les manœuvres de déstabilisation d'une extrême droite – voire d'une extrême gauche révolutionnaire – qui ne supporterait pas l'arrivée au pouvoir de l'alliance socialo-communiste.

Première crainte, un complot visant à attenter à la vie du président. La cellule s'inquiète en particulier d'un certain Dominique Erulin, frère du colonel de parachutistes qui avait sauté, en 1978, sur Kolwezi. Cet ancien garde du corps de Jean-Marie Le Pen, écouté sous le nom de code d'« Edredon », est finalement localisé au Paraguay. Dans une note du 7 avril 1983, Christian Prouteau écrit froidement : « Etant donné la personnalité de D. Erulin, la décision de son arrestation est délicate. C'est pour cela que, tout en utilisant la voie légale [...], j'ai conservé la possibilité d'éviter l'arrestation. Si vous pensez que celle-ci n'est pas opportune ou qu'il serait préférable de neutraliser cet homme par un autre procédé, il sera fait selon votre volonté... » Un « autre procédé »... Diable ! On croirait La Reynie s'adressant à Louis XIV...

Dans la foulée, la cellule va aussi s'intéresser à la droite classique, moins dangereuse, mais toujours suspecte... De septembre 1985 à mars 1986, elle branche un proche de Charles Pasqua, Joël Gali-Papa – aujourd'hui décédé. L'homme sert un peu de « relais » entre le Front national et l'entourage de Pasqua. [...]

Mais, bientôt, les « grandes oreilles » vont s'enflammer contre les journalistes – auteurs de « fuites inacceptables » – et contre un écrivain pamphlétaire, ex-confident du président. La presse devient rapidement la proie des écouteurs, particulièrement certains journalistes, anciens militants d'extrême gauche ou d'extrême droite, supposés être particulièrement hostiles au pouvoir. Ces surveillances vont aboutir à des situations invraisemblables. Ainsi, en espionnant Georges Marion, rédacteur au *Canard enchaîné,* les écouteurs découvrent qu'il est ami avec Françoise Castro, à l'époque épouse du Premier ministre socialiste en exercice, Laurent Fabius... Cela n'empêche pas les gendarmes de noter consciencieusement leurs conversations à propos du patron de *Libération,* Serge July, ou de photos volées sur une plage et parues dans *Minute.* Les hommes du président vont même jusqu'à rédiger une note biographique digne des libelles d'extrême droite d'avant guerre : « L'épouse de Laurent Fabius,

Françoise, née Castro, née juive gréco-turque, née au Mexique, naturalisée française. En contact avec Bout [*Georges Marion*] et Benêt [*Edwy Plenel*]. »

Le journaliste du *Monde* sera, lui, l'objet d'une véritable fixation de la part des écouteurs de l'Elysée : plus de six cents fiches ou conversations le concernant sont conservées dans les disquettes. Pour le seul mois de décembre 1985, par exemple, soixante-neuf comptes rendus lui sont consacrés, qui détaillent méthodiquement son emploi du temps, jusqu'au plus petit détail : « Le 5, Benêt demande un médecin pour sa femme. » Le 6, les gendarmes précisent : « Il s'agit d'une double otite. » Ce qui intéresse surtout les « grandes oreilles », c'est évidemment la teneur des articles publiés par le journaliste sur l'affaire des Irlandais de Vincennes ou, plus tard, sur l'affaire Greenpeace.

Mais l'abonné le plus prisé par la cellule demeure sans conteste l'écrivain Jean-Edern Hallier. Cette personnalité remuante du Tout-Paris, dont François Mitterrand a loué en 1974 le talent – « Un grand écrivain vaste et fort, au premier rang de sa génération » –, menace de publier un ouvrage choc sur la vie privée du président, au titre évocateur : *Tonton et Mazarine... ou l'honneur perdu de François Mitterrand.* Le pamphlétaire – déçu de n'avoir pas obtenu de poste prestigieux – veut aussi dénoncer les « impostures » du président, évoquant son évasion ou la francisque [*décoration attribuée par le régime de Vichy*] obtenue pendant la guerre. Les « grandes oreilles » vont prendre ce « risque » très au sérieux. Elles soupçonnent, en effet, Hallier d'être à l'origine d'un attentat contre le domicile d'un autre intellectuel, Régis Debray.

Du coup, Jean-Edern ne pourra plus proférer un mot sans être pisté. Les gendarmes placent sur écoutes son domicile, mais aussi sa concierge, ses cafés préférés – le Vieux Comptoir, la Closerie des lilas –, son éditeur, ses proches. Il va apparaître sous les noms de code de Kid, Fou, Fabulateur, Fabre, Débile... Un fichier spécial de huit cents pages est spécialement créé à son intention. On y croise le gotha des écrivains français, au point que ces notes d'écoutes constituent une – involontaire – contribution à l'histoire des lettres françaises en cette fin du XXe siècle. Quelques exemples d'une conversation entre Jean-Edern et Michel Droit pour « descendre en flammes un candidat à l'Académie française » : « Il est plus jeune que les autres et va prendre la commission du livre. C'est un type amer, aigri, pas sympathique... » Autre échange de vues animé entre Philippe Sollers et Jean-Edern Hallier : « Je raconte d'une manière absolument précise toute l'histoire de l'honneur perdu de François Mitterrand... » Philippe Sollers : « Les histoires vont recommencer. Il ne faut pas... » J.-E. H. : « Il faut bien qu'il sorte, ce bouquin, bordel ! » P. S. : « Je sais bien, mais il faut attendre... »

Les gendarmes réalisent aussi un joli scoop littéraire. Ils enregistrent la voix d'un écrivain qui ne parle jamais, Cioran, auquel Jean-Edern, toujours téméraire, tente d'arracher une interview pour *Paris Match*.

Jean-Edern se plaint aussi auprès de Jean Cau d'être victime d'une « crucifixion en rose » et affirme que l'Elysée l'a empêché de participer à un clip publicitaire qui devait passer à la télévision. L'auteur n'a pas tout à fait tort.

Si l'on comprend la motivation de certaines écoutes, d'autres, en revanche, apparaissent plus mystérieuses. Pourquoi, par exemple, placer sous surveillance la responsable du magasin de meubles Ready Made (pseudo Rouen), qui habite l'immeuble, rue Jacob, où logeaient Mazarine et sa mère, Anne Pingeot, avant d'être mises à l'abri dans un appartement de fonction de l'Elysée, quai Branly ? La gérante de ce magasin, Marguerite C., apparaît comme une amie d'Anne Pingeot, qu'elle appelle à son travail, au musée d'Orsay... Alors, affaire personnelle, problème de sécurité ? Le président, en tout cas, en a forcément été averti.

Autres incroyables écoutes, celles de la comédienne Marthe Mercadier – elle connaissait, semble-t-il, une personne liée à l'affaire du Carrefour du développement – et, surtout, celle de Carole Bouquet, qui a fait couler beaucoup d'encre. Durant plusieurs semaines de l'hiver 1985, la célèbre actrice est « branchée » à son domicile sous le pseudonyme disgracieux de « Bûche ». Toutes les rumeurs ont couru à propos de ce branchement. Le président Mitterrand avait-il voulu se renseigner sur la façon dont vivait cette jeune et jolie femme ?... A moins que les écouteurs ne s'intéressent à son mari – aujourd'hui disparu – le producteur Jean-Pierre Rassam, grand ami du président algérien Chadli Bendjedid ? C'est, en tout cas, la seule explication qui vient à l'esprit de l'actrice lors de son audition par le juge Valat.

Scandalisée, Carole Bouquet portera plainte pour violation de la vie privée et sera partie civile au procès. Une écoute qui laisse également perplexe le directeur de cabinet de Laurent Fabius, Louis Schweitzer, entraîné à son corps défendant dans cette affaire.

« Je ne pense pas avoir ordonné l'écoute de Carole Bouquet, car son nom était connu et il aurait fallu m'apporter des éléments sérieux pour me convaincre d'autoriser son écoute... » S'il s'agit d'une simple « attention personnelle », alors, comme le dit un spécialiste du contre-espionnage, on quitte le siècle du Roi-Soleil pour celui de Louis XVIII, qui recevait, chaque soir, son ministre de la Police, le duc Decazes et de Glücksberg, pour se faire conter les aventures galantes de Paris...

Mais le feuilleton de la cellule comprend un épisode beaucoup plus noir. L'un de ses membres s'est donné la mort au moment où la justice allait lui demander des comptes. L'adjudant-chef Pierre-Yves Guézou représentait le lien entre la cellule et le centre d'écoutes téléphoniques (GIC), installé dans les sous-sols d'un bâtiment des Invalides. « J'allais tous les jours au GIC, confirmera-t-il au juge Valat, le 25 mai 1994. J'écoutais les conversations qui avaient été enregistrées pour la cellule et je les transcrivais de façon manuscrite, parfois mot à mot, mais, le plus souvent, je faisais des synthèses. » Nommé capitaine au mérite, Pierre-Yves Guézou demeurera à l'Elysée après la dissolution de la cellule, en 1986. C'est, très vraisemblablement, lui qui a gardé les traces de toutes les écoutes conservées dans les disquettes informatiques. Un trésor convoité par beaucoup. Le monde de ce militaire s'écroule lorsqu'il est convoqué par le magistrat instructeur afin d'être mis en examen. Le 14 décembre 1994, à l'aube, il se pend dans l'appentis qui jouxte son pavillon de Noisy-le-Sec, sans laisser d'explications. N'a-t-il pas supporté la perspective du déshonneur d'une condamnation ? Connaissait-il l'origine des fuites et a-t-il craint d'être obligé de la révéler un jour ou l'autre à la justice ? Etait-il détenteur de secrets d'Etat trop lourds pour lui ? Le procès permettra peut-être d'éclairer les circonstances de cette mort mystérieuse.

Même si, vingt ans après les faits, il n'est pas facile de juger les protagonistes de cet avatar de l'ère mitterrandienne, la cellule restera néanmoins comme le symbole d'un dangereux dérapage d'Etat. Dans son livre d'autojustification, *L'Œil du pouvoir* (Fayard, 1999), le « superviseur » de la cellule, Gilles Ménage, pose cette question : « Etait-il légitime que l'Etat utilise l'ensemble des moyens à sa disposition pour parvenir à la fin qui lui était assignée, à savoir la protection de la vie privée du président de la République ? » On pourrait lui répondre que, dans une démocratie, la fin ne justifie jamais les moyens et que détourner la loi pour rendre la vie plus facile au chef de l'Etat consiste à franchir la ligne jaune qui sépare la légalité de l'arbitraire.

1996

Charles Hernu, agent de l'Est

C'est l'un des plus grands scoops de l'histoire de *L'Express*. A l'automne 1996, le journal révèle que Charles Hernu, ancien ministre de la Défense, fidèle de François Mitterrand et du Parti socialiste, a été en contact avec les services secrets des pays de l'Est pendant au moins dix ans, au plus fort de la guerre froide. L'un des auteurs de l'article, Jean-Marie Pontaut, se souvient de chaque étape de cette enquête hors normes : « Tout commence par ma rencontre avec un informateur que je connais depuis longtemps et en qui j'ai toute confiance. Presque par hasard, il me fait part d'une étonnante histoire... »

Cette histoire commence après la chute du mur de Berlin et l'effondrement du communisme, à la fin des années 1980. Des relations assez étroites se nouent alors entre les services de renseignement de l'ex-empire soviétique et leurs homologues français. La DST leur fournit même des aides techniques. Dans ce cadre-là, le nouveau patron des services roumains, que la DST connaît bien car il a été en poste en France – il en a même été expulsé ! –, vient trouver ses anciens « adversaires » afin d'obtenir, entre autres, du matériel électronique. Le général Caraman, c'est son nom, leur apporte en preuve de sa bonne volonté une sorte de cadeau de retrouvailles : un dossier secret concernant Charles Hernu.

Ces documents racontent comment, dans les années 1950-1960, Charles Hernu a collaboré avec plusieurs services de l'Est, dont ceux de la Roumanie. Ces derniers l'auraient même rémunéré ! Le dossier détaille ses contacts et ce qu'il fournissait au service d'espionnage. Le général Caraman explique aux Français que le dossier de « l'agent Hernu » a été transmis ensuite au KGB et que les Roumains n'en ont plus entendu parler. L'homme politique français aurait été « abandonné » par les Soviétiques, qui l'auraient estimé « inintéressant ».

Bien que tout cela soit antérieur à sa nomination comme ministre de la Défense par François Mitterrand, en 1981, la DST examine de près ces documents dont l'authenticité ne fait aucun doute. Evidemment, l'information n'est pas destinée à être rendue publique. Elle doit d'autant plus rester secrète qu'Hernu est décédé le 17 janvier 1990 (il a succombé à une crise cardiaque lors d'un meeting) et que personne, au fond, n'a intérêt à révéler son passé.

« En enquêtant, nous n'avons aucune idée, mon collègue Jérôme Dupuis et moi-même, de la tornade à venir, poursuit Jean-Marie Pontaut. Dès que nous commençons à essayer de recouper notre information, les portes se ferment. Il faut dire que la période de la guerre froide reste l'une des plus secrètes de l'histoire contemporaine. Le fait que la France ait été la cible privilégiée des services de l'Est demeure tabou. Dans les années 1950 et 1960, notre pays était visé en raison de la politique du général de Gaulle vis-à-vis des Américains et des forces de l'Otan. La France était alors le pays qui comptait le plus d'agents de l'Est au mètre carré ! Et les Américains grouillaient également. A Paris, tous ces gens ont beaucoup recruté, et dans tous les milieux. Mais la France a jeté un voile pudique sur cette réalité, comme si ces recrutements n'avaient pas existé. »

La preuve est pourtant là, dans le journal du 31 octobre 1996...

Ph. B.

☆☆☆

Charles Hernu était un agent de l'Est

Jérôme Dupuis et Jean-Marie Pontaut

L'Express *révèle que ce fidèle de François Mitterrand a été rémunéré par le KGB et ses satellites pendant au moins dix ans.* (L'Express *du 31 octobre 1996.*)

Palais de l'Elysée, un jour de l'automne 1992. Le patron de la Direction de la surveillance du territoire (DST), le contre-espionnage français, a sollicité en urgence une entrevue avec le président François Mitterrand. Il serre contre lui une serviette contenant l'un des secrets les plus ahurissants de la Ve République.

Peu de temps auparavant, dans la toute nouvelle atmosphère de coopération qui s'est établie après la chute du mur de Berlin, en 1989, l'un des plus redoutables services spéciaux des pays de l'Est lui a fait parvenir un dossier classé hautement confidentiel, dont *L'Express* peut aujourd'hui révéler le contenu. Cette liasse de documents ultrasecrets détaille la stupéfiante histoire de la manipulation et du financement d'un homme politique qui a occupé l'une des fonctions les plus sensibles de la République pendant le premier septennat mitterrandien : Charles Hernu, très voyant ministre de la Défense de 1981 à 1985, mais également l'un des plus fidèles compagnons de François Mitterrand.

Ce jour-là, dans le bureau du chef de l'Etat, le directeur de la DST, Jacques Fournet, fait part de cette incroyable découverte au président. Celui-ci sursaute. « Après Pelat[1], Hernu... », murmure-t-il, abattu par cette nouvelle révélation sur l'un de ses proches, décédé deux ans auparavant. Mais la méfiance viscérale de François Mitterrand à l'égard des services spéciaux reprend le dessus. Est-on vraiment sûr qu'il ne s'agit pas d'une manœuvre d'intoxication ? En réponse, le responsable du contre-espionnage lui livre quelques extraits des rapports venus de l'Est et, en particulier, le détail des sommes touchées par Charles Hernu. Il confie ensuite que les vérifications très poussées réalisées par les spécialistes de la DST confirment la véracité de ces documents. Encore sous le choc, le président de la République évoque quelques souvenirs de son incorrigible ami. Puis il conclut fermement : « Nous n'allons pas refaire l'histoire. Considérez, monsieur le directeur, qu'il s'agit d'un secret d'Etat. »

L'ordre est sans appel : ce dossier doit retourner dans un coffre pour ne plus jamais en sortir. Au sommet de l'Etat et

1. L'industriel Roger-Patrice Pelat (1918-1989) était un ami intime de François Mitterrand. Son nom a été cité dans plusieurs dossiers politico-financiers, notamment l'affaire Pechiney et le suicide de l'ancien Premier ministre Pierre Bérégovoy.

du contre-espionnage, seuls une poignée d'initiés partageront ce secret et auront connaissance de la réaction de François Mitterrand. Il demeurera avec le nouveau pouvoir : Charles Pasqua et Edouard Balladur, puis leurs successeurs, informés, adopteront la même attitude que François Mitterrand.

Au terme d'une enquête de plusieurs mois, tant en France que dans les pays de l'Est, *L'Express* est en mesure de lever le voile sur cette affaire d'Etat : un futur ministre français de la Défense a été – pendant au moins dix ans – rémunéré par des agents de Moscou. C'est l'incroyable vérité que contenaient les documents venus du froid.

En 1953, Charles Hernu, vingt-neuf ans, jeune-turc de la politique aux amitiés franc-maçonniques, vient de créer le Club des jacobins, un groupe d'agitateurs d'idées proches de la gauche radicale. Il incarne l'aile moderniste du radicalisme, qui souhaite porter Pierre Mendès France au pouvoir. C'est alors un personnage fantasque et séduisant, aimant la bonne chère et les jolies femmes. Il a aussi des difficultés à joindre les deux bouts, tant pour ses activités politiques que dans sa vie privée. Hernu est alors salarié du CNCE (Centre national du commerce extérieur). Cette personnalité remuante, intelligente et prometteuse, attire donc, en raison de ces faiblesses, l'attention des services de l'Est.

C'est très exactement le 13 mars 1953 que le nom de Charles Hernu apparaît pour la première fois dans un rapport des services secrets bulgares, le KDS. Le jeune diplomate bulgare qu'il rencontre se présente sous le nom de Vinogradov. Il s'agirait en fait de Raïko Nikolov, officiellement troisième secrétaire de l'ambassade de Bulgarie à Paris depuis 1951, en réalité agent secret. Ce contact avec Charles Hernu s'inscrit dans la stratégie des services spéciaux de l'Est de l'époque. Ils cherchent, en effet, à recruter des Français à des postes clefs, pouvant leur fournir des informations confidentielles, mais parient aussi sur de jeunes espoirs, susceptibles de jouer un rôle politique dans l'avenir. Les diplomates espions, qui fourmillent alors à Paris, repèrent et séduisent des responsables de la France de demain dans les domaines les plus divers. Avec Charles Hernu, Raïko Nikolov met dans le mille...

Après ce premier contact, il faut « ferrer le poisson ». Pour cela, « Vinogradov » va demander à son « ami » Charles de lui rédiger de petites notes, en apparence anodines, sur la situation politique française. Hernu lui remettra ainsi régulièrement des synthèses – notamment sur le Club des jacobins. Il adressera aussi des portraits de Gaston Defferre [*socialiste, maire de Marseille, futur ministre de l'Intérieur*], de François Mitterrand, etc.

Le piège ainsi se met en place : pour prix de ses « travaux », Charles Hernu reçoit mensuellement, entre 1954 et 1956, d'abord 25 000 anciens francs (ce qui ferait 2 750 francs aujourd'hui), puis, pour certaines notes plus détaillées, de 40 000 à 50 000 francs (de 4 400 à 5 500 francs actuels).

Dans les comptes rendus des services bulgares, Hernu est identifié sous le pseudonyme d'« André ». Un nom de code qui « officialise » son statut d'agent. L'engrenage est d'autant plus dangereux que les services bulgares, depuis les débuts de la guerre froide, sont le bras armé du KGB. En réalité, Raïko Nikolov sert d'agent recruteur pour le grand frère soviétique.

Charles Hernu confirme rapidement tous les espoirs placés en lui. Le 2 janvier 1956, sa carrière politique prend son envol : il est élu député du 6e secteur de la Seine (Aubervilliers, Saint-Denis, Montreuil, Vincennes), sous l'étiquette Front républicain. Selon Jean Guisnel, auteur d'une biographie de Charles Hernu (Fayard), les moyens mis en œuvre par le candidat étaient déjà considérables, « disproportionnés », même, au dire de ses amis jacobins. La plus grande partie de la campagne aurait été financée, d'après Hernu, par une providentielle et généreuse mécène avec qui il vivait à l'époque.

La réussite législative de Charles Hernu a, cependant, une conséquence immédiate : les notes que le nouveau député de la Seine fait parvenir à ses « amis » bulgares prennent de la valeur. A partir de son élection à l'Assemblée nationale, il reçoit « périodiquement » de 100 000 à 150 000 anciens francs (de 10 000 à 15 000 francs actuels). Mais, en novembre 1956, son agent traitant, Raïko Nikolov, est rappelé dans son pays. Soucieux de continuer à suivre la carrière de ce politicien prolixe, un « diplomate » soviétique prendra alors le relais des Bulgares. Ce conseiller de l'ambassade de l'URSS à Paris, identifié comme Vladimir Ivanovitch Erofeev, est une grande pointure de l'espionnage soviétique en France. Très actif, ce diplomate fréquentait notamment les milieux intellectuels parisiens. [...]

Voilà donc Charles Hernu adopté par l'ambassade soviétique à Paris. Il est vrai que, politiquement, il est alors plutôt partisan d'une alliance avec les communistes. Quelques mois auparavant, d'ailleurs, en mai 1956, il part avec une délégation du Conseil mondial de la paix, un mouvement cryptocommuniste, pour Moscou, afin de rencontrer Nikita Khrouchtchev. Ce voyage donnera lieu à une scène relatée par Jean Guisnel, qui montre, pour le moins, l'étonnant comportement de l'impétueux député : il disparaît mystérieusement un soir dans un taxi devant l'hôtel Rossia, à deux pas de la place Rouge, sous les yeux inquiets du chef de la délégation française, d'Astier de La Vigerie. Il ne réapparaîtra qu'à 4 heures du matin, cette seule excuse à la bouche : « A Moscou, les prostituées racolent en taxi... »

A Paris, sous la houlette des Soviétiques, répondant toujours au pseudonyme d'« André », Charles Hernu continue de percevoir des versements de 100 000 à 150 000 anciens francs. La stratégie des services de l'Est est en effet toujours la même : remettre des sommes qui permettent de « tenir » leurs interlocuteurs, de créer un besoin, mais ne jamais donner trop, ce qui pourrait attirer l'attention.

Après le retour du général de Gaulle et la dissolution de l'Assemblée nationale, en 1958, Charles Hernu se présente aux législatives à Noisy-le-Sec. Les services de l'Est vont faire, à cette occasion, un gros investissement sur « André » : en novembre, ils lui remettent 3 millions d'anciens francs (soit l'équivalent de 300 000 francs aujourd'hui) pour aider au financement de sa campagne. Une somme considérable à l'époque. Le candidat Hernu bourre les boîtes aux lettres de ses électeurs de photos le représentant, avec le slogan « Votez Hernu, vous serez défendu ! » Mais c'est un fiasco : balayé, comme François Mitterrand et Pierre Mendès France, par le raz de marée gaulliste, il recueille 5,3 % des voix.

Un autre événement va distendre les liens entre « André » et son agent traitant soviétique. Dans la nuit du 26 au 27 juillet 1961, l'OAS [*Organisation de l'armée secrète, favorable à l'Algérie française*] dépose une bombe dans la cage d'escalier de son domicile, rue de Ponthieu, à deux pas des Champs-Elysées. Il échappe de peu à l'attentat. Mais, conséquence inattendue, il va bénéficier dès lors d'une protection policière et va donc demander aux Soviétiques de cesser tout contact. Difficile en effet de rencontrer un espion sous surveillance rapprochée !

Mais les agents de l'Est ne lâchent pas si facilement prise. C'est ainsi que la route d'Hernu va recroiser, « par hasard », celle d'un autre service communiste, particulièrement efficace : la Securitate roumaine, dirigée, en France, depuis décembre 1958, par le redoutable Mihaïl Caraman. Tout d'abord conseiller pour les affaires économiques et financières, puis premier conseiller de l'ambassade de Roumanie à Paris, Caraman s'est rendu célèbre en « retournant » plusieurs fonctionnaires de l'Otan, comme l'ont raconté Pierre Accoce et Daniel Pouget dans *Le Réseau Caraman* (Fayard, 1972). Son exceptionnelle longévité en France – onze ans – lui a permis de croiser le Tout-Paris, avec d'autant plus de facilité qu'à l'époque Ceausescu apparaissait comme le plus progressiste des chefs d'Etat du bloc de l'Est. Mihaïl Caraman, charmeur et francophile, amateur d'art et maître espion, n'avait pas son pareil pour séduire ses « cibles » en rapprochant l'« indépendance » roumaine à l'égard de Moscou des positions antiaméricaines du général de Gaulle.

L'un des agents de Caraman lie donc contact avec le très coopératif, bavard et impécunieux Hernu. Après en avoir averti les Bulgares et toujours sous le contrôle du KGB, omniprésent, les Roumains vont, eux aussi, investir sur Charles Hernu, qui hérite d'un nouveau pseudonyme : « Dinu ». Le 14 décembre 1962, il fait l'objet d'une note complète de la Securitate, qui rappelle ses antécédents avec les services de l'Est et préconise de l'utiliser pour le renseignement politique. Là encore, les Roumains ont fait un bon choix : Charles Hernu vient de participer à la fondation du Parti socialiste unifié (PSU) et il est en train de se rapprocher de François Mitterrand. Il accepte à nouveau de rédiger des synthèses politiques sur la situation française, moyennant finances. Le 19 février 1963, il rencontre même l'officier traitant de la Securitate à Paris, qui en rendra compte à Bucarest dans une note datée du 8 mars.

La production de Charles Hernu est cependant très inégale. L'un de ses rapports s'attirera d'ailleurs cette mention sévère de Mihaïl Caraman, dans un message à la centrale : « Information politique sans intérêt »... D'autres collaborations, en revanche, comme le dossier consacré au PSU (nom de code : « Monaco »), paraissent passionner Bucarest. Mais aussi Moscou. A tel point que, cette même année 1963, le KGB récupère à son profit l'agent « André-Dinu ». Le tout-puissant KGB décide dorénavant de se passer des intermédiaires bulgare et roumain : à partir du 29 mars 1963, Charles Hernu est directement traité par la centrale soviétique. Dès lors, les pays satellites ne sauront plus rien de ce qui se passera. Les relations de Charles Hernu avec les Russes ont-elles été interrompues ? Ont-elles continué ? Si oui, jusqu'à quand ? Avec quels résultats ? Le fameux dossier remis à la France en 1992 ne le dit pas.

En tout cas, l'« investissement » soviétique sur Charles Hernu, dans les années 1960, qu'il ait continué ou non, a été couronné de succès au-delà de tout ce que Moscou pouvait imaginer. Tout au long des années 1970, Hernu est le spécialiste de la chose militaire au sein du Parti socialiste, principal parti d'alternance. Il crée en particulier, en avril 1974, le Coran (Convention des officiers de réserve pour l'armée nouvelle), qui fusionnera bientôt avec la commission de la défense du PS. C'est lui qui définira la politique du parti pour les questions militaires et nucléaires.

Ce qui ne l'empêche pas, surtout après avoir quitté son emploi au Centre national du commerce extérieur, de tirer le diable par la queue. Toujours en quête d'argent, selon ses proches, il sait pourtant se montrer généreux à certaines occasions. En 1971, il frôle une mise en cause judiciaire en raison de ses liens étroits avec Claude Lipsky, escroc de haut vol et principal protagoniste du scandale de la Garantie foncière. Mais, en mars 1977, il trouve enfin un fief électoral : il est élu maire de Villeurbanne, dont il deviendra député l'année suivante.

Arrive 1981 : l'apothéose. Ce vieux grognard du nouveau président de la République devient, tout naturellement, ministre de la Défense. Certains de ses anciens traitants roumains et bulgares assistent avec stupéfaction à la formidable promotion de leur ex-ami « André-Dinu ». Charles Hernu, à son nouveau poste, règne sur la politique nucléaire, les services secrets et la défense stratégique de la France. Les services roumains, qui ont transformé leur pays en un terrible Etat policier, comprennent tout le parti qu'ils peuvent tirer d'une telle promotion. Un bilan de l'activité de l'« agent » Hernu est dressé à l'intention de Nicolae Ceausescu le 1er septembre 1982 : il rappelle le rôle prépondérant de Charles Hernu dans la composition du gouvernement de Pierre Mauroy et précise que les services spéciaux français auraient lancé une campagne contre la Roumanie. Ne sachant pas ce que le KGB a fait après 1963 avec Charles Hernu, la Securitate songe alors, à la suite de cette note, à renouer contact avec le nouveau ministre français de la Défense. L'agent traitant direct de Charles Hernu dans les années 1960 étant décédé, les Roumains envisagent de tenter une approche à partir de Genève. L'opération, jugée trop hasardeuse, est finalement abandonnée.

Mais les éléments précis, et notamment financiers, contenus dans les archives toujours méticuleusement tenues par les pays de l'Est constituaient une terrible épée de Damoclès suspendue au-dessus de la tête du nouveau responsable de la Défense. D'autant que, généralement, les officiers des pays communistes avaient coutume de demander un reçu à leur « source » lorsqu'ils lui versaient de l'argent. De plus, chaque contact donnait lieu à un compte rendu transmis à Bucarest, à Sofia ou à Moscou. Et les nombreux « travaux pratiques » et analyses de Charles Hernu étaient soigneusement archivés à l'Est. La divulgation publique de ces éléments – même en 1992, lorsque François Mitterrand en prit connaissance – sur l'homme qui, de 1981 à 1985 (jusqu'à sa démission après l'affaire Greenpeace), fut responsable de la défense nationale française aurait déclenché une crise internationale. A ce poste, Charles Hernu a eu en effet à gérer, notamment, la crise des missiles SS 20 avec l'URSS...

Aujourd'hui encore, la question reste donc ouverte : les Russes ont-ils fait jouer cette arme secrète contre Charles Hernu après 1981 ? La réponse se trouve enfouie dans les archives les plus secrètes du KGB, à Moscou. Alors que nombre de dossiers de l'espionnage soviétique sont apparus depuis la chute du mur de Berlin, le « dossier moscovite de Charles Hernu » demeure invisible. Les années qui ont précédé la prise en charge exclusive de l'agent Charles Hernu par le KGB le rendent évidemment capital.

L'enquête d'octobre 1996 sur Charles Hernu a provoqué d'énormes réactions dans la classe politique et les médias. « Il avait laissé le souvenir d'un personnage consensuel aux amitiés multiples, se souvient Jean-Marie Pontaut. Franc-maçon, peu sectaire, très apprécié des militaires... Résultat : à la publication de notre "scoop", tout le monde nous est tombé dessus ! »

Les journalistes de L'Express *font l'objet d'un tir de barrage incroyable. On les accuse de participer à une opération de la droite. D'avoir reçu de Jean-Louis Debré, le ministre de l'Intérieur, un dossier truqué. Ou d'être à la solde de Charles Pasqua. Certains vont même jusqu'à y voir une manœuvre des Russes contre la France ! L'ex-patron de la DGSE, l'amiral Lacoste, qui s'est illustré dans l'affaire du* Rainbow Warrior, *crie lui aussi au scandale.*

« Nous avons également été attaqués par presque tous les médias, à l'exception notable du Monde, *poursuit Pontaut. Edwy Plenel, le directeur de la rédaction du journal, nous a interviewés. Peut-être cherchait-il une fois de plus à régler ses comptes avec Mitterrand, mais lui, au moins, a cru en notre info. Les seuls à ne rien dire, et pour cause, étaient les policiers de la DST, car ils savaient, eux, que tout était vrai. De fait, nous avions vérifié les éléments contenus dans le dossier. Tout correspondait. Un "spécialiste", agacé par les mensonges entendus çà et là, nous a beaucoup aidés en nous remettant de nombreux documents figurant dans le dossier. » Ces documents, reproduits dans l'édition du 16 janvier 1997, confirment l'exactitude des informations du journal et le sérieux de son enquête. Les journalistes en profitent pour raconter, dans le détail, la manière dont Charles Hernu avait été recruté, puis utilisé.*

« Dans cette affaire, conclut Jean-Marie Pontaut, la direction de L'Express *nous a toujours soutenus. Elle n'a jamais douté de la véracité des informations. Et même si les enfants Hernu ont intenté un procès qui a duré des années, nous avons obtenu gain de cause. »*

Comment Hernu est devenu agent du KGB

Jérôme Dupuis, Jean-Marie Pontaut,
Alla Chevelkina et Philippe Coste

Avant de travailler pour les Roumains, il avait été recruté par les Bulgares pour le compte des Soviétiques. (L'Express *du 16 janvier 1997.*)

Début 1992 : deux hauts responsables du contre-espionnage français se rendent à Bucarest. Deux ans après la chute des Ceausescu, ils viennent rendre visite au nouveau patron des services secrets roumains, le SRE (Service de renseignement extérieur). C'est l'heure des rapprochements entre les anciens ennemis de la guerre froide. L'Ouest a décidé d'aider les nouveaux régimes à se mettre en place : en marge, on s'échange avec un brin d'émotion des renseignements et des dossiers qui dormaient jusque-là au plus profond des archives et des coffres-forts.

La Roumanie est une terre d'autant plus intéressante à défricher que les services secrets de ce pays latin ont toujours été en pointe en France. L'homme que vont rencontrer les deux responsables du ministère de l'Intérieur, Mihaïl Caraman, responsable du SRE depuis la mort de Ceausescu, connaît d'ailleurs parfaitement notre pays. Il y a travaillé de 1958 à 1969 comme maître espion, collectionnant les renseignements ultraconfidentiels sur l'Otan, ce qui lui a valu, suprême distinction, les félicitations du KGB. Mais, après le suicide d'un colonel français pris dans les filets de son réseau, il fut fermement prié de quitter la France à l'été de 1969. S'ensuivit pour lui une longue période d'exil intérieur. Proche de l'opposant Petre Roman, il a fait un retour remarqué, en 1990, après la chute de Ceausescu. La visite des deux envoyés spéciaux du contre-espionnage français se révèle donc très fructueuse.

Quelques mois plus tard, toujours en 1992, Mihaïl Caraman rend la politesse à la DST. Il vient, à Paris, sous un passeport diplomatique, entamant une sorte de « tournée » qui le mènera jusqu'à Londres. Choyé par les services français, qui lui font découvrir des librairies spécialisées en art oriental – sa passion de toujours –, Caraman récolte quelques informations de grande importance détenues par les Français sur la Roumanie. Lui non plus n'est pas venu les mains vides : il a dans ses bagages un dossier ultraconfidentiel qui n'avait jamais quitté les armoires blindées du bloc de l'Est depuis trente ans. Un « cadeau » du chef de l'espionnage roumain à ses anciens ennemis pour enterrer symboliquement la guerre froide. Un échange entre services qui, comme le veut la tradition, doit rester secret.

De quoi s'agit-il ? Le premier examen par la DST – quasi immédiat – donne la mesure de la révélation. Long d'une cinquantaine de feuillets manuscrits ou dactylographiés, ce dossier comprend de nombreux documents datant de la période 1953-1963. Il se compose de deux parties : tout d'abord, trois notes, dont une de quatre pages, sur le financement du PSU (Parti socialiste unifié) ; mais surtout cinq autres, parfois très détaillées, faisant état du recrutement et du traitement de Charles Hernu par les services bulgares, soviétiques et roumains. Il en ressort que le futur ministre de la Défense aurait été, dans les années 1950 et 1960, un agent du KGB.

En ce qui concerne le PSU, deux notes non datées (baptisées dossier « Monaco ») concernent le financement de ce parti d'extrême gauche, opposé au Parti communiste. Une troisième note (n° 766/B), datée du 21 mai 1963, détaille l'aide apportée à cette petite formation, fin 1962, par les ambassades de Yougoslavie et d'Albanie. A travers deux de ses dirigeants, le PSU aurait, notamment, obtenu « environ 10 000 francs nouveaux[1] » ; les Albanais, précise même la note, auraient « promis une aide plus substantielle ». Ces deux Etats de l'Est, farouchement antisoviétiques, souhaitaient en effet affaiblir l'influence du Parti communiste français, inféodé à Moscou. La note constate d'ailleurs la volonté de la direction du PSU d'exclure les proches du PCF et d'entretenir de bonnes relations avec un groupe d'opposants à Maurice Thorez.

Mais la véritable bombe roumaine concerne évidemment Charles Hernu. Son nom orne la page de garde du dossier daté d'avril 1963. On peut également y lire le pseudonyme qui lui fut attribué par les Roumains : « Dinu ». A l'intérieur, des doubles de documents d'époque, tantôt dactylographiés, tantôt manuscrits. Selon la technique classique des services de l'Est, le nom des sources et des agents traitants y est laissé en blanc.

Ainsi les dactylos qui tapent le rapport ne connaissent-elles pas l'identité des personnes concernées. Au fur et à mesure de la transmission des documents, entre Paris et Bucarest, chaque responsable inscrit à la main, dans les espaces laissés en blanc, son nom et celui de ses « sources ». On voit donc apparaître, au détour du dossier Hernu, les noms de Ion Budisteanu, résident des services roumains à Paris, celui de Caraman, autre résident, celui du responsable des sources, Andionic Mihail Ilie, et, enfin, le destinataire final, à Bucarest, « chef du service du monde occidental », Georges Pele.

1. A noter : dans le rapport du KGB de 1963, toutes les sommes avaient été converties en nouveaux francs, y compris pour la période antérieure à 1960.

Entre Hernu et les Roumains, tout commence fin 1962 : l'attaché de presse de l'ambassade de Roumanie à Paris – par ailleurs membre des services secrets – fait sa connaissance lors d'une réception. Ancien député radical, ex-membre de la commission des Affaires étrangères à l'Assemblée, un temps proche de Mendès France, ce jeune espoir de la politique, journaliste à ses heures, se rapproche alors politiquement de François Mitterrand. Bavard, au cœur de nombreux réseaux politiques, franc-maçon, remuant et en quête de subsides, il attire l'attention du diplomate roumain, qui ne tarde pas à nouer des relations d'amitié avec lui. Estimant qu'il s'agit d'un agent potentiel de grand intérêt en raison de sa connaissance de la vie politique française et de la richesse de son carnet d'adresses, le Roumain dresse pour sa hiérarchie, le 14 décembre 1962, un bilan de ses relations avec lui. Ce qu'on nomme dans le jargon des services secrets, un « tableau de fournitures ». Il s'agit en réalité d'une proposition de recrutement. La note suivante, datée du 8 mars 1963, fait d'ailleurs état de la rencontre à Paris, le 19 février, de Charles Hernu avec un responsable du renseignement roumain. Ce dernier mentionne dans ce rapport, comme le veut l'usage, les précautions qu'il a prises pour déjouer d'éventuelles filatures des services français avant de rencontrer Hernu. C'est à cette occasion que celui-ci hérite du pseudonyme de « Dinu », un prénom très répandu en Roumanie.

Apparemment, le contact est bon. Les Roumains estiment que ce personnage haut en couleur peut être appelé dans l'avenir à jouer un rôle politique important. Ils se proposent donc d'investir un peu plus dans le traitement de « Dinu ». Aussi, conformément aux obligations de tous les pays satellites, la centrale roumaine en réfère à la direction du KGB à Moscou. C'est alors que se produit un événement exceptionnel : le 18 avril 1963, le tout-puissant résident du KGB à Bucarest donne l'ordre aux services roumains de cesser immédiatement toute relation avec Charles Hernu. A l'appui de cet ordre sans appel, une très longue note retraçant la carrière de l'agent Hernu au service des Bulgares et du KGB depuis 1953.

Expédiée à l'ambassade roumaine à Paris, le 6 mai 1963, cette note porte plusieurs mentions manuscrites, ordonnant de « laisser de bon gré » l'agent Hernu au KGB.

Que contient cette fameuse note d'avril 1963, véritable cœur atomique de l'histoire secrète de Charles Hernu ? Selon le KGB, le futur ministre de la Défense a été recruté le 13 mars 1953 par Raïko Nikolov, chef du service de presse de l'ambassade de Bulgarie à Paris. C'est lui qui, de 1953 à son départ, en novembre 1956, a « traité » Hernu, lui versant mensuellement 250 nouveaux francs de l'époque, parfois 400 ou 500, selon l'importance des renseignements politiques qu'il communiquait ; après son élection comme député du 6ᵉ secteur de la Seine, le 2 janvier 1956, ses émoluments montent à 1 000, voire 1 500 nouveaux francs par mois.

A la suite des révélations de *L'Express* sur l'« agent » Hernu, le 31 octobre dernier, Raïko Nikolov, aujourd'hui à la retraite à Sofia, avait formellement démenti avoir jamais travaillé pour les services secrets bulgares. « Je suis un honorable diplomate, en aucun cas un officier de renseignement », assurait-il, drapé dans sa dignité. Dans une longue interview au *Figaro*, puis sur France 3, il reconnaissait, certes, avoir bien connu Charles Hernu dans les années 1950, « alors qu'il était seul à Paris et célibataire », mais démentait toute activité de renseignement. Quant au pseudonyme de « Vinogradov », qu'il aurait, selon la note du KGB, utilisé dans ses contacts avec Hernu, il ajoutait : « Cela ferait hurler de rire tous ceux qui liraient de telles affirmations : un diplomate est obligé de se présenter de façon légitime. »

Cela n'a pourtant pas fait rire le contre-espionnage américain lors de son bref passage en poste à Washington, entre 1959 et 1962, peu après son séjour parisien. Selon des documents confidentiels du Département d'Etat américain que *L'Express* a pu se procurer, Raïko Nikolov a quitté les Etats-Unis en janvier 1962 sous la menace d'une expulsion pour espionnage. Un télégramme du Département d'Etat daté du 3 janvier 1962 précise que Nikolov « a, sous un faux nom, rencontré, à plusieurs reprises, un éminent citoyen américain d'origine bulgare qui avait ses entrées à la Maison-Blanche. M. Nikolov a exigé de cette personne qu'elle utilise ces contacts pour obtenir des renseignements politiques et militaires. Il l'a menacé de le faire chanter au cas où il refuserait ». Le Département d'Etat a donc donné dix jours à l'ambassadeur de Bulgarie aux Etats-Unis, pour que M. Nikolov, premier secrétaire de l'ambassade, quitte le territoire américain, sous peine d'être déclaré persona non grata et expulsé.

Un rapport détaillé de trois pages du Département d'Etat, daté du 19 janvier 1962, précisait avec agacement qu'« à l'heure même où l'ambassadeur bulgare était informé de cette affaire, M. Nikolov se trouvait à New York en train d'essayer d'obtenir une nouvelle rencontre avec sa source, la menaçant à nouveau ». L'affaire, bien que secrète, a provoqué une riposte immédiate des Bulgares, qui, en représailles, ont expulsé, quelques jours plus tard, un membre de l'ambassade américaine à Sofia.

Tel est donc l'homme qui, sous le contrôle des Soviétiques, a manipulé Charles Hernu. L'exemple de ce que le député radical pouvait apporter aux services de l'Est est illustré par le témoignage de Bernard du Boucheron, ancien haut responsable de l'aérospatiale française : présenté par son ami Charles Hernu à un diplomate bulgare – vraisemblablement Nikolov –, il est l'objet d'une véritable tentative de recrutement.

Mais, toujours selon la note du KGB d'avril 1963, Nikolov quitte la France en novembre 1956. Son « successeur », moins habile, ne s'entend pas avec Hernu. Ce dernier, qui a séjourné à Moscou en avril 1956, est alors directement approché par les Soviétiques. Sept mois après le départ de Nikolov, le 20 juin 1957, Hernu passe sous le contrôle du KGB. Il conserve son pseudonyme : « André ».

Que se passe-t-il durant ces sept mois de transition entre les Bulgares et les Russes ? *L'Express* a retrouvé, dans les archives du ministère des Affaires étrangères, à Moscou, la trace de quatre conversations entre Charles Hernu et Vladimir Ivanovitch Erofeev, conseiller de l'ambassade d'URSS à Paris. Des conversations très instructives, classées secret et exceptionnellement destinées à Andreï Gromyko en personne, ministre soviétique des Affaires étrangères. Datées des 19 janvier, 24 avril, 13 mai et 24 mai 1957, elles s'intercalent très exactement entre le départ de Nikolov et le recrutement d'Hernu par le KGB. Le conseiller Erofeev, qui nie aujourd'hui farouchement tout lien avec les services secrets soviétiques, estimant qu'une telle accusation « porte atteinte à son honneur et à sa dignité », semble donc bien avoir joué les poissons pilotes pour ses collègues du KGB à l'ambassade, à une époque où les liens entre diplomates et officiers de renseignement étaient inévitables. Les archives soviétiques ne font apparemment plus état d'autres conversations entre Hernu et Erofeev par la suite.

Seule subsiste, en 1958, la trace d'une longue conversation avec le célèbre ambassadeur Sergueï Vinogradov. Coïncidence, l'agent bulgare Nikolov a d'ailleurs utilisé le nom de l'ambassadeur comme pseudonyme. On y apprend, notamment, que les Soviétiques étaient au courant du passé vichyste de Charles Hernu. En effet, en 1944, celui-ci, âgé de vingt et un ans, aurait travaillé pour le ministère de l'Information, dans l'Isère – ce qui lui a valu une courte détention à la Libération. Il s'en serait sorti en s'engageant dans la gendarmerie (voir *Charles Hernu*, par Jean Guisnel, Fayard, 1993). Un épisode troublant, lorsqu'on sait que les Soviétiques n'hésitaient pas à recourir au chantage pour recruter leurs agents...

En cette année 1957, Charles Hernu intéresse décidément beaucoup de monde. *L'Express* peut révéler que, le 20 mai 1957, le député a également fait l'objet d'un rapport de l'ambassade des Etats-Unis, à Paris, au Département d'Etat américain. En 1988, ce rapport a été rouvert afin d'examiner si ce document classé confidentiel pouvait être versé aux archives officielles accessibles au public. Curieusement, les autorités américaines décidèrent de maintenir sa confidentialité. Que peut donc contenir ce dossier pour que les Américains aient continué de le garder secret ? Pour le savoir, *L'Express* a déposé une demande officielle afin de le consulter.

Revenons à la note du KGB de 1963. Elle livre encore un certain nombre de précisions sur le « traitement » de Charles Hernu. Il aurait en particulier reçu l'équivalent de 30 000 francs d'aujourd'hui pour sa campagne électorale lors des législatives de 1958 ; les Soviétiques, après cette aide substantielle, se sont d'ailleurs étonnés de son échec. La note dresse aussi un bref portrait psychologique du Charles Hernu de l'époque : hésitant, bavard, prenant l'argent des Soviétiques tout en affirmant qu'il ne faisait pas cela pour de l'argent. Il est vrai, souligne le KGB, que, de retour à son modeste poste au Centre national du commerce extérieur, après son échec aux élections de 1958, Hernu ne touchait que 850 nouveaux francs de l'époque par mois. Ainsi, continue le rapport, les subsides du KGB lui servaient-ils parfois à payer son loyer.

En échange, l'agent Hernu livre des biographies politiques, par exemple celles de Gaston Defferre et de François Mitterrand. Il aurait même, précise la note, fourni des informations sur la politique étrangère de la France. Charles Hernu prétendait les tenir d'un ami diplomate, Georges Egal. Celui-ci occupait alors un poste au service d'information et de presse du Quai d'Orsay, entre 1955 et 1957. Contacté aujourd'hui par *L'Express*, ce diplomate, à la retraite, reconnaît avoir beaucoup fréquenté Hernu, notamment à ce moment-là, où il appartenait, lui aussi, au Club des jacobins. Un engagement à gauche qui a, d'ailleurs, quelque peu freiné sa carrière. Cet ancien ambassadeur en Suisse ne nie pas qu'il parlait franchement à Charles Hernu, persuadé que les informations qui circulaient au Quai d'Orsay n'étaient pas « réellement secrètes ». Les vrais secrets, dit-il, sont très rares. Connaissant bien son Charles Hernu, il imagine tout à fait que celui-ci ait pu se prévaloir auprès des Soviétiques de leur amitié et, peut-être, exagérer son importance...

La note du KGB de 1963 précise encore qu'à la suite d'une tentative d'attentat par l'OAS, en juillet 1961, Hernu, bénéficiant d'une protection policière rapprochée, a demandé à interrompre le contact. Mais les relations avec les Soviétiques avaient repris au début de 1963. Ne souhaitant pas « partager » l'agent Hernu, le KGB demande alors aux Roumains de cesser tout rapport avec lui. Bucarest, qui n'a pas le choix, obtempère, à regret : on ne trouve plus trace de Charles Hernu dans les dossiers roumains... jusqu'à sa nomination à la tête des armées françaises, en 1981.

Une longue note récapitulative est alors rédigée le 1er septembre 1982 à l'intention de Nicolae Ceausescu en personne. On y rappelle toute la carrière et les péripéties de l'agent Hernu. Cette note précise que le nouveau ministre de la Défense règne sur les services de renseignement français et qu'il a nommé à la tête de la DGSE Pierre Marion. Elle indique, par ailleurs, que Charles Hernu serait responsable d'une campagne des services secrets français contre la Roumanie. Cette note de 1982 est accompagnée d'un rapport sur l'activité des services secrets français sur le sol roumain en 1981. On ne sait comment le dictateur roumain a réagi à cette note stupéfiante qui, révélée à l'époque, aurait mis la France dans une position plus que délicate à l'égard de ses alliés occidentaux.

Mais le mystère demeure sur la nature exacte des relations entre Charles Hernu et les Soviétiques après 1963. Ont-elles continué ? Et, si oui, jusqu'à quand ? C'est évidemment la question fondamentale que posait la découverte de ce dossier par la France, en 1992. D'autant que l'examen par la DST de ces documents a conclu à leur authenticité. Pourtant, cette question ne sera pas posée : comme l'avait relaté *L'Express*, François Mitterrand, alerté, en octobre 1992, par le directeur de la DST, Jacques Fournet, considérant que Charles Hernu, alors disparu, ne pouvait pas s'expliquer, donnera l'ordre d'enfermer le dossier dans un coffre. Ce n'est que quatre ans plus tard, au terme d'une longue enquête en France et dans les pays de l'Est, que *L'Express* exhumera cette affaire d'Etat.

A la suite des révélations de *L'Express*, Jacques Chirac a envisagé un temps la création d'une commission d'enquête, dirigée par un haut magistrat. Mais le ministre de l'Intérieur, Jean-Louis Debré, et le directeur de la DST, Philippe Parant, l'en auraient dissuadé. Le pouvoir, au nom de la raison d'Etat, a donc apparemment vissé le couvercle sur l'affaire Hernu. Mais peut-on éternellement refuser de faire la lumière officielle sur les activités d'espionnage d'un homme qui deviendra ministre de la Défense de l'une des plus grandes puissances militaires de la planète ?

La note du KGB sur le cas Hernu

(L'Express *du 16 janvier 1997*)

Voici les principaux extraits de la note du 18 avril 1963 : il s'agit du document du KGB concernant la « carrière » de l'agent Charles Hernu transmis aux services secrets roumains après traduction. Cette note retrace les débuts des relations de Charles Hernu avec l'officier traitant bulgare qui l'a recruté. On y suit les hésitations et les compromissions d'« André » ; on y détaille les sommes qu'il a touchées des Bulgares puis des Soviétiques ; enfin, on apprend la nature de certaines informations communiquées à l'Est. Une des pièces essentielles du dossier Hernu entre les mains du contre-espionnage français.

« 18 avril 1963

« N° 136/CS – Strictement secret – Exemplaire unique – Note concernant le cas André.

« "André" – Charles Hernu – né en 1923, de nationalité et de citoyenneté françaises, est fonctionnaire du ministère du Commerce, président du Club des jacobins, rédacteur en chef du journal *Le Jacobin*, ex-député de l'Assemblée nationale française, membre d'une loge maçonnique.

« Le 13 mars 1953, le camarade Vinogradov, agent opérationnel de nos amis bulgares à Paris, a fait la connaissance d'André. La veille, le camarade Vinogradov a reçu un coup de fil d'un dénommé Schlawer (fonctionnaire du ministère du Commerce), qui lui a annoncé qu'il avait invité André à dîner, de qui on peut espérer certaines informations. Après cette conversation téléphonique, ainsi que le jour de la rencontre, les services spéciaux français ont lancé une opération de surveillance intensive à l'encontre du camarade Vinogradov. Mais la rencontre a eu lieu.

« Lors de cette première rencontre, André a donné l'impression d'un homme qui dispose d'un très large cercle de relations dans les sphères politiques (Daladier, Herriot, Mendès France, Guy Mollet). Au cours des discussions, André s'est prononcé pour la paix, a critiqué la politique extérieure de la France et n'était pas d'accord avec les mesures de répression contre le Parti communiste français. Il abordait avec plaisir divers thèmes politiques, affichait sa compétence dans plusieurs domaines, se montrait confiant dans la victoire du socialisme en France et parlait des objectifs du Club des jacobins, qu'il présentait comme une organisation plutôt à gauche.

« En octobre 1953, le camarade Vinogradov a fait un voyage en dehors de Paris avec André et son épouse. De retour à Paris, ils se sont arrêtés dans un restaurant. A la sortie, ils ont trouvé la serrure de la portière forcée. On avait volé plusieurs choses appartenant à André. La femme de celui-ci a fait un esclandre, et un policier, arrivé sur les lieux, a dressé un procès-verbal dans lequel il a mentionné le numéro d'immatriculation de la voiture et le nom des passagers. Ensuite, André et le camarade Vinogradov n'ont plus jamais évoqué cet incident. Au lieu d'être relativement inquiet du fait que la police ait eu connaissance de ses relations avec un représentant bulgare, André a resserré ses liens d'amitié avec le camarade Vinogradov et a informé celui-ci sur différents sujets d'ordre politique.

« André continue de rencontrer le camarade Vinogradov et lui fait rencontrer des députés et d'autres personnalités de premier plan, sans préciser, dans certains cas, qui est le camarade Vinogradov. [...]

« En 1955, au moment où André a posé sa candidature aux élections législatives, ses possibilités opérationnelles sont devenues plus larges et les relations avec le camarade Vinogradov se sont renforcées.

« En 1956, après qu'André a été élu député à l'Assemblée nationale, il a commencé à être en retard aux rendez-vous et à ne plus fournir d'informations intéressantes, prétextant qu'il ne pouvait plus se procurer les données nécessaires. Par son attitude, André faisait comprendre qu'il ne voulait pas devenir agent secret et qu'il appréciait la collaboration dans certaines limites.

« Lors d'une rencontre avec le camarade Vinogradov, André était accompagné de sa secrétaire. Le camarade Vinogradov en a déduit que cette femme était au courant de ses rencontres avec André et que celui-ci ne considérait pas comme nécessaire de lui cacher cette relation. Lors de cette rencontre, André a présenté à Vinogradov certains télégrammes chiffrés du ministère des Affaires étrangères et a déclaré qu'il connaissait bien, dans ce ministère, un nommé Georges Egal, qui lui soumettait parfois certains documents.

« Pendant les événements de Hongrie, selon le dire du camarade Vinogradov, André se prononçait pour l'envoi en République populaire de Hongrie de forces de police internationale de l'Onu ; il critiquait sévèrement la position du Parti communiste français face à la crise hongroise, mais, dans le même temps, n'approuvait pas l'attitude de la réaction à l'égard des communistes. [...]

« Au début de leur collaboration avec André (de 1954 à 1956), nos amis bulgares lui ont accordé une récompense [*sic*] mensuelle de 250 nouveaux francs, sous la forme d'une contribution à son loyer, et quelquefois ils lui versaient de 400 à 500 nouveaux francs. Après l'élection d'André à l'Assemblée nationale, on lui a remis régulièrement 1 000 nouveaux francs et, à plusieurs reprises, 1 500 nouveaux francs.

« André prenait toujours l'argent avec plaisir, mais chaque fois il mettait en avant qu'il ne travaillait pas pour l'argent et qu'il transmettait des informations seulement en raison de ses convictions politiques et à condition que cela ne contrevienne pas aux intérêts de son pays et ne constitue pas un acte de trahison.

« Après le départ du camarade Vinogradov, André a été confié à un autre officier opérationnel. Comme cet agent ne parvenait pas à gagner la confiance d'André, qui risquait ainsi d'être perdu, et comme nos amis bulgares ne pouvaient pas envoyer à Paris un autre agent, on a pris la décision de transmettre ce cas au service de renseignement soviétique.

« Le 20 juin 1957, le résident soviétique a pris André sous sa coupe.

« Lors de cette rencontre, André a affirmé qu'il allait continuer avec plaisir à apporter son aide au camp socialiste, mais il a fait deux remarques : 1. Sur le plan parlementaire, il a l'intention de garder sa liberté d'action, c'est-à-dire d'adopter dans les débats la position qu'il jugerait nécessaire ; 2. Il voulait nous prévenir qu'on ne compte pas sur lui pour qu'il transmette régulièrement des documents de l'Otan (comme il l'avait déjà fait une fois). »

Mitterrand, l'art de l'esquive

Gilles Gaetner

Septembre 1994. Le deuxième septennat de François Mitterrand touche à sa fin. Encore quelques mois, et le vieux président socialiste, en place depuis mai 1981, cédera la place à Jacques Chirac. D'année en année, ce Mitterrand malade, contraint de cohabiter depuis 1993 avec un Premier ministre de droite, Edouard Balladur, a réussi l'exploit de résister à tous les scandales, à toutes les affaires. L'article que lui consacre Gilles Gaetner aide à comprendre comment il a pu passer entre les gouttes... (L'Express *du 8 septembre 1994.*)

Voilà près de quatorze ans que François Mitterrand est confronté aux « affaires ». Près de quatorze ans que la presse, parfois avec gourmandise, distille les révélations gênantes [...] sur ses proches. Chaque fois, l'objectif est clair : atteindre, à travers elles, le chef de l'Etat lui-même. Qui résiste. A sa manière : la défausse. Les scandales, pourtant, n'ont pas manqué. De l'affaire Carrefour du développement aux détournements de l'ex-maire (PS) d'Angoulême Jean-Michel Boucheron en passant par le délit d'initié de Roger-Patrice Pelat dans le dossier Pechiney ou le fameux prêt accordé par le même Pelat à Pierre Bérégovoy...

Des livres – dernier en date : *Mitterrand et les quarante voleurs*, de Jean Montaldo – ont disséqué, analysé par le menu toutes ces dérives. Ils ont souvent obtenu un triomphe. Rien à faire, le président n'a jamais dévié de sa tactique. Le silence – Mitterrand n'a pas réagi au livre de Montaldo – ou, quand les circonstances l'exigent, l'indignation vertueuse, souvent sans rapport avec l'attaque.

Ce qui ne l'a jamais empêché, en privé, de prodiguer quelques conseils à ses proches dans la tourmente. Sur le thème : « Tenez bon. » En 1987, par exemple, lorsque les frasques de Boucheron commencent à être mises sur la place publique, il lui donne ce conseil : « Faites le gros dos. Laissez passer l'orage... Vous vous en sortirez. » Et le président de citer à son protégé l'exemple de l'affaire de l'Observatoire... Lui aussi fut durement attaqué...

Mais c'est surtout à l'occasion de deux autres affaires que François Mitterrand a démontré son talent à encaisser les coups ou à pratiquer l'art de l'esquive.

Personne n'a oublié sa prestation, le 12 février 1989, face à Anne Sinclair au cours de l'émission « 7 sur 7 », à TF1. Nous sommes en pleine tempête Pechiney. Roger-Patrice Pelat, l'ami, le confident de plus de quarante ans du président, est soupçonné d'avoir acheté 10 000 actions Triangle, empochant ainsi une substantielle plus-value.

Eh bien, il ne consacre que quelques minutes seulement à la faute commise par Pelat ! Certes, il prend soin de dénoncer l'« argent facile », toujours suspect et fait pour corrompre. Mais tout le reste de son intervention n'est qu'une défense du compagnon de stalag, « né pauvre, très pauvre même, devenu riche ; non pas comme homme d'affaires, mais comme industriel ». Et le chef de l'Etat de rappeler le cursus de son ami : ouvrier chez Renault, puis commis boucher. François Mitterrand n'oublie pas, au passage, d'évoquer la mère de Pelat : « Une femme admirable, qui vit toujours, à quatre-vingt-dix ans, dans sa Bretagne. » Avant, en conclusion, de poser cette question : « Fallait-il que je me brouille avec Pelat parce que de pauvre il est devenu riche ? » La réponse allait de soi : c'était non. Rien donc, ou presque, ce 12 février 1989, sur le fond du dossier Pechiney, suivi pourtant heure par heure, sinon minute par minute, à l'Elysée, grâce aux notes fort précises de la Direction centrale des renseignements généraux. Aussi, quand Anne Sinclair s'enhardit, faisant remarquer au chef de l'Etat que cette affaire n'est pas banale en raison des liens qui l'unissent à Pelat, François Mitterrand s'énerve. Pour mettre fin aux curiosités de la journaliste : « C'est un aparté que nous n'aurons pas à discuter ce soir. »

Quatre ans plus tard, lorsque *Le Canard enchaîné*, largement relayé par ses confrères, révèle l'existence du fameux prêt – sans intérêt – de 1 million de francs accordé, en 1986, par ce même Pelat à Pierre Bérégovoy, le président ne dit mot. Laissant son ancien Premier ministre s'enferrer – seul – dans ses explications, pas toujours convaincantes au demeurant. Sentiment d'abandon, de lâchage ? Toujours est-il que, quelques semaines après la défaite de la gauche aux élections législatives de mars 1993, Bérégovoy met fin à ses jours, le 1er mai. Le choc est immense dans l'opinion publique. Sans doute estime-t-elle que les médias ne sont pas étrangers à la fin tragique de Pierre Bérégovoy. Opinion relayée par François Mitterrand, qui, le 4 mai, à Nevers, devant la dépouille de son ancien collaborateur, rompant enfin le silence, s'en prend à « ces chiens [*les journalistes*] à qui on a livré l'honneur d'un homme, et finalement sa vie, au prix d'un double manquement de ses accusateurs aux lois fondamentales de la République, celles qui protègent la dignité et la liberté de chacun d'entre nous ».

Silence ou indignation ? A la fin de 1993 le juge d'instruction Thierry Jean-Pierre, dans sa fameuse ordonnance, a révélé les dessous du système Pelat. Pour la première fois, il est écrit noir sur blanc que le chef de l'Etat en a été l'un des bénéficiaires. Pour le moment, à l'Elysée, c'est le silence qu'on a choisi.

LES ANNÉES CHIRAC

L'élection de Jacques Chirac à la présidence de la République, le 7 mai 1995, survient comme une apothéose. Le troisième essai est le bon pour cet homme auquel presque rien n'a résisté. L'élu corrézien a été deux fois Premier ministre, et surtout maire de Paris pendant dix-huit ans (1977-1995). C'est justement cette période, pendant laquelle il fourbissait ses armes de campagne, qui va devenir le cauchemar judiciaire de ses douze années à l'Elysée. Le président Chirac est la victime directe du maire Chirac, soupçonné d'avoir puisé dans les caisses pour financer ses activités politiques et celles de son parti, le RPR (Rassemblement pour la république). Lorsqu'un juge d'instruction ose le convoquer pour l'entendre, la tension est à son comble. Finalement, les affaires se multiplient (emplois fictifs du RPR, « frais de bouche » de la mairie, billets d'avion, marchés publics d'Ile-de-France...), mais Jacques Chirac échappe à la justice, à la différence de ses plus proches collaborateurs, notamment Alain Juppé et Charles Pasqua. Il faudra attendre octobre 2009 pour que l'ancien maire de Paris, aussi doué que François Mitterrand dans l'art de l'esquive, soit renvoyé devant un tribunal correctionnel.

1994-2003

L'affaire Elf-Roland Dumas

C'est une affaire tentaculaire, le grand feuilleton de la fin des années 1990. Avec un scénario et des personnages dignes d'une série télévisée. En se plongeant dans les coulisses financières de la compagnie pétrolière Elf, les enquêteurs découvrent un monde d'argent et d'intrigues, où tout s'achète, tout se vend, un monde où les hommes se croient intouchables, mais finissent par tomber dans la nasse des juges.

Tout commence en juillet 1994 quand la COB (Commission des opérations de Bourse) transmet au parquet de Paris un rapport sur le renflouement par Elf du groupe textile de l'industriel Maurice Bidermann. Quelques semaines plus tard, une information judiciaire contre X est ouverte pour abus de biens sociaux et abus de confiance. A priori, rien que de très banal. Sauf que ce dossier est confié à une juge d'instruction tenace, une femme d'origine norvégienne appelée à devenir célèbre : Eva Joly. C'est elle – secondée en avril 1997 par Laurence Vichnievsky, avant que, en 2000, Renaud Van Ruymbeke prenne seul le relais – qui va donner à cette affaire toute sa dimension. L'instruction adopte vite une tournure singulière, avec l'incarcération, le 5 juillet 1996, de Loïk Le Floch-Prigent, président d'Elf de 1989 à 1993. Selon la magistrate, il aurait en effet commis de graves écarts de gestion, évoqués dans le premier article que nous publions ici.

Après six mois de détention, Le Floch-Prigent recouvre la liberté. Le scandale est en marche, il ne s'arrêtera plus. Grâce aux confidences du successeur de Le Floch, Philippe Jaffré, et à l'examen de différentes opérations financières opaques, Eva Joly voit son dossier s'épaissir. Entrent alors en scène de nouveaux personnages, bientôt convoqués dans son cabinet. Ainsi André Guelfi, alias « Dédé la sardine », ancien « Monsieur Afrique » du groupe pétrolier. Cet aventurier pittoresque a été appelé par Le Floch-Prigent pour jouer le rôle d'écran lors du rachat, en 1991, de la raffinerie de Leuna (ex-RDA) par la compagnie pétrolière. Un rôle qui permettra à Elf de rémunérer, en toute discrétion, deux intermédiaires, un ancien colonel de la DGSE, et un ancien responsable des services secrets allemands, pour leur activité de lobbying dans la conclusion du contrat Leuna. Les deux hommes percevront ainsi 256 millions de francs, dont 50 ristournés semble-t-il à des intervenants politiques allemands...

Alors que l'enquête se développe sur plusieurs fronts, une personnalité est mise en cause à partir de janvier 1998 : Roland Dumas, soixante-seize ans, avocat, président du Conseil constitutionnel depuis 1995, ancien ministre des Affaires étrangères. Un personnage flamboyant dont le grand public va bientôt découvrir la part d'ombre. Sa maîtresse, Christine Deviers-Joncour, a bénéficié, elle aussi, des largesses de la compagnie pétrolière.

Les deux autres articles sélectionnés (« L'affaire Dumas » et « L'hypothèque Dumas ») ont été publiés avant la démission de l'intéressé, le 23 mars 1999, mais ils aident à comprendre le contexte de l'époque et le rôle de l'ancien ministre, réel ou supposé, dans l'un des volets du dossier Elf. Pour cet ex-prince de la « Mitterrandie », c'est le début d'un marathon judiciaire qui s'achèvera devant le tribunal correctionnel de Paris...

Ph. B.

☆☆☆

Aux origines de l'affaire Elf

Gilles Gaetner

Après plus de deux ans d'enquête sur les coulisses de la compagnie pétrolière, la juge Eva Joly met au jour un scandale d'Etat. Pourra-t-elle aller jusqu'au bout ? (L'Express *du 12 décembre 1996.*)

Et si l'affaire Le Floch-Prigent était, en réalité, une affaire Elf, tout court ? C'est bien ce qui ressort de la confession de dix pages manuscrites rédigée par l'ancien président d'Elf, quelques jours avant son incarcération, et remise, confidentiellement, à l'un de ses proches. Cette confession [...] donne évidemment une tout autre dimension à un dossier qui s'apparente de plus en plus à une affaire d'Etat.

Au long de ces dix pages, Loïk Le Floch-Prigent révèle, d'un ton mesuré, dénué de passion, tous les secrets de l'entreprise pétrolière. Que ce soit sa mainmise en Afrique sur les réseaux gaullistes, son rôle joué sur le plan diplomatique – jusqu'au sein même de l'Onu ! – ou ses activités de renseignement.

Bref, un témoignage capital qui, certes, n'exonère pas son auteur des fautes qu'il a commises, mais qui permet de mieux comprendre les intérêts colossaux en jeu dans cette histoire, aussi bien au Gabon qu'au Congo, en Irak ou en Angola. La juge Eva Joly joindra-t-elle cette lettre à son dossier Elf-Bidermann ? Seule certitude : la magistrate poursuit au pas de charge l'instruction ouverte en 1994. Cependant, Le Floch-Prigent, mis en examen et incarcéré depuis le 5 juillet 1996 pour avoir accordé une aide faramineuse à Maurice Bidermann, vit ses derniers jours à la prison de la Santé : sa libération serait imminente, peut-être avant Noël.

Aujourd'hui, après plus de deux ans d'instruction, Eva Joly, qui, outre Le Floch, a épinglé une douzaine de personnes – parmi lesquelles son ex-épouse Fatima Belaïd, Maurice Bidermann, André Tarallo, le P-DG d'Elf Gabon –, a mis au jour d'étranges pratiques : ici, des commissions à gogo versées à des intermédiaires lors d'opérations immobilières, là quelques libéralités accordées à Fatima, là encore, la gestion d'une caisse noire de 10 millions de francs destinée à acheter la paix sociale au sein de la compagnie pétrolière... Voici le point de l'enquête.

Mai 1989. Après une traversée du désert due à la cohabitation, Loïk Le Floch-Prigent, qui dirigea Rhône-Poulenc de 1982 à 1986, est nommé président d'Elf. A peine installé dans son superbe bureau design de la tour Elf, à la Défense, Le Floch se met au travail. Il multiplie les contacts avec les chefs d'Etat. Au Congo, au Gabon, en Angola, au Moyen-Orient. Mais, surtout, il se lance dans une politique de diversification tous azimuts. Ainsi, en 1991, il rachète en mer du Nord des gisements appartenant à l'américain Occidental Petroleum. Coût : 1,3 milliard de dollars. Au passage, l'avocat américain Nathan Meyohas, qui a participé aux négociations, empoche une commission de 5 millions de dollars. En Espagne, toujours en 1991, grâce au concours du financier irakien Nadhmi Auchi, un intime de Saddam Hussein, Elf prend le contrôle du raffineur Ertoil. En rémunération de ses services, Auchi perçoit 300 millions de francs.

C'est surtout en Asie centrale que le président d'Elf voit grand : il souhaite y obtenir des permis d'exploration. Alors, il se rend en Azerbaïdjan, au Turkménistan et en Ouzbékistan. Dans cette dernière république, Le Floch fonde d'énormes espoirs. Il souhaite investir des millions de dollars ! Seulement, voilà : une partie de son état-major estime le pari risqué. Qu'importe ! Le Floch n'en tient pas compte. Pour mener à bien son projet, il s'adresse à un homme d'affaires, proche du RPR, André Guelfi. Agé de soixante-dix-neuf ans, originaire du Maroc, ancien résistant, ex-pilote de l'avion personnel du roi Hassan II, Guelfi offre un avantage appréciable : celui d'être un proche du président ouzbek, Islam Karimov. Aussi n'a-t-il aucun mal à lui promettre qu'en échange de l'obtention de permis d'exploration, il construira des hôtels en Ouzbékistan et financera même les JO de Tachkent en l'an 2000 ! Hélas ! l'opération capotera, Le Floch quittant son poste trop tôt...

En ces années 1991-1992, l'argent coule à flots chez Elf. On ne regarde pas à la dépense. Tout le monde en profite. Maurice Bidermann, ami de Le Floch – qu'il a connu, en 1981, au cabinet du ministre de l'Industrie, Pierre Dreyfus –, en sait quelque chose : Elf, grâce à des financements peu orthodoxes – ils émanaient de deux filiales d'Elf Gabon, Epic et CPIH –, lui débloquera une aide de 787 millions de francs de 1989 à 1993. En pure perte...

Un autre personnage aura droit, lui aussi, aux faveurs d'Elf : le Dr Laurent Raillard, partenaire de golf de François Mitterrand. En 1991, le groupe pétrolier, désireux de posséder un lieu destiné à accueillir des dignitaires étrangers, lui achète sa propriété de Louveciennes (800 mètres carrés de surface habitable). Le prix : 20 millions de francs. Généreux, Elf autorise Raillard à continuer d'occuper une partie de la maison, en échange d'un loyer mensuel de 15 000 francs. Or cette somme ne sera versée que quelques mois. Un cadeau, soutiennent les enquêteurs.

Une version totalement démentie par le médecin, qui, amer, confiera à la juge Joly : « C'est moi qui payais les buffets pour le compte du groupe pétrolier. J'assumais tous les frais ; j'ai protesté auprès d'Elf. Il m'a été alors proposé de supprimer le loyer... »

4 août 1993. Le Floch-Prigent est débarqué. Pour lui succéder, Edouard Balladur, alors Premier ministre, fait appel à Philippe Jaffré. La transmission des pouvoirs entre les deux hommes se passe mal : « J'aurai ta peau ! aurait lancé Jaffré à son prédécesseur. Dès lors, le nouveau président d'Elf n'aura de cesse de critiquer violemment la gestion de Le Floch, notamment sa générosité à l'égard de Maurice Bidermann. Jaffré oublie pourtant que d'autres établissements ont, eux aussi, largement subventionné l'industriel textile : le Crédit lyonnais (à hauteur de 562 millions de francs) ; la BNP (456 millions) ; Worms (110 millions), etc. Jaffré oubliera également que, à la fin d'août 1993, il consentira à Bidermann une nouvelle aide de 70 millions...

Le 18 août 1994, Jaffré peut être satisfait : à la suite d'un rapport cinglant de la COB sur l'aide consentie à Bidermann, le parquet de Paris ouvre une information judiciaire contre X pour abus de biens sociaux, présentation ou publication de comptes inexacts... Ce n'est cependant que le 21 décembre 1995 que l'affaire Elf-Bidermann démarre réellement. Ce jour-là, Eva Joly perquisitionne au domicile et au siège de l'entreprise de Maurice Bidermann. Une initiative qui tombe très mal pour Le Floch : elle intervient le lendemain de sa nomination à la tête de la SNCF. Contre l'avis de Matignon, mais avec l'aval de l'Elysée.

26 mars 1996. Premier coup de théâtre : Eva Joly met en examen, coup sur coup, Maurice Bidermann et Fatima Belaïd, bénéficiaire de ses largesses (l'industriel du textile lui aurait versé, après son divorce avec Le Floch, 30 000 francs par mois et lui aurait loué un appartement à Londres).

Et Le Floch ? Visiblement, Eva Joly n'est pas pressée de l'entendre. Elle se contente d'accumuler les charges contre lui. Ainsi, elle apprend que Le Floch-Prigent et Fatima ont effectué des dépenses folles grâce à la Carte bleue réservée au président d'Elf. En tout, pour 1,7 million de francs entre 1990 et 1991. Elle découvre encore que Le Floch a déboursé 9 millions pour l'achat et l'aménagement de sa maison des Genettes, dans l'Orne.

La juge s'interroge : comment a-t-il pu réaliser un tel investissement ? Cette fois, c'en est trop. Ne pouvant plus l'entendre comme témoin, Eva Joly décide, le 5 juillet dernier, de le mettre en examen et de l'écrouer. Quelques jours plus tard, Le Floch s'explique devant la magistrate. Sur les faveurs consenties à Bidermann : « Une erreur économique », confesse-t-il en substance, mais en aucun cas « un agissement frauduleux ». Sur l'utilisation de sa carte bancaire : « C'est vrai, j'ai réglé toutes ces dépenses, mais elles ont nettement diminué lorsque je me suis séparé de Fatima. » Ce qui est exact.

Enfin, sur sa maison des Genettes : « Mes revenus ne sont pas de 1,2 million, mais de 2 millions de francs par an. Je suis président de sociétés depuis quatorze ans. Je ne possède pas d'appartement à Paris. Il est parfaitement légitime que je puisse en posséder les deux tiers [*sa mère en possède un tiers*]. » Et Le Floch de lâcher, à l'adresse d'Eva Joly : « Il me semble qu'on s'acharne sur moi. »

A peine l'ancien président d'Elf commence-t-il à sortir la tête de l'eau qu'un témoignage, à la fin d'août, vient l'accabler : celui d'une jeune femme, ivoirienne, qui prétend avoir été son amie, Rose-Marie Thiam. Sa profession : « Call-girl professionnelle. Diplômée d'architecture », déclarera-t-elle sans rire à Eva Joly. Ses affirmations sont ahurissantes. Elle jure notamment « avoir porté 100 plaques [*1 million*] à Bidermann de la part de Loïk ». Elle affirme même avoir présenté le maréchal Mobutu au président d'Elf. Allégations rocambolesques. A l'époque, Eva Joly y accorde quelque crédit. Aujourd'hui, elle semble plutôt sceptique. Reste que les déclarations de Rose-Marie Thiam ont un effet immédiat : Le Floch-Prigent décide de ne plus parler à la magistrate.

Qu'à cela ne tienne ! Tenace, Eva Joly poursuit sa plongée au cœur du système Elf. En s'intéressant aux conditions d'achat par Elf, en 1991, de terrains et d'avions, situés au Bourget et propriété d'un homme d'affaires, Alain Regourd. La juge découvre qu'à l'occasion de cette transaction 20 millions de francs se sont évaporés vers une société installée en Suisse, Internamat. Un temps, elle a cru que Le Floch et son directeur de l'immobilier, Jean-François Pagès, étaient dans le coup. Erreur. Au début de novembre, Alain Regourd confie à Eva Joly : « Au cours des négociations, je n'ai jamais vu que Roger Aïello [*bras droit d'André Tarallo*]. Je n'ai vu M. Pagès que la veille de la signature. » A qui ont profité ces 20 millions ? Mystère. Toujours est-il que, le 14 novembre, Aïello est mis en examen.

Enfin, la juge cherche à percer une autre énigme : la commission de 5 millions de dollars réglée, en 1991, à l'avocat Meyohas lors du rachat d'Occidental Petroleum. Qui a décidé son versement ? Le Floch est formel. S'il reconnaît « avoir traité avec l'avocat », il n'a jamais donné l'ordre de paiement. « Allez voir du côté de la direction des hydrocarbures et de la direction financière », dit-il à Eva Joly.

La vérité sur cette histoire est surprenante : c'est l'avocat Claude Richard, naguère conseil de Bidermann et du P-DG d'Elf Gabon, André Tarallo, qui, selon Meyohas, a décidé le paiement de cette fameuse commission. Sans réclamer la moindre facture ! D'où provenaient les fonds ? D'Elf ? Pas sûr. Meyohas a juré n'avoir jamais eu le moindre contact avec l'entreprise pétrolière...

Etonnant dossier, en vérité. Où l'on apprend que les commissions pleuvent par millions de dollars, pour s'évaporer aussi en Angola, au Gabon, au Congo, au Nigeria. Où le président du plus grand groupe français semble avoir été tenu à l'écart de certaines opérations. Comment est-ce possible ? A la juge Joly de savoir jusqu'où cette affaire la mènera.

L'affaire Dumas

Gilles Gaetner et Jean-Marie Pontaut

Le président du Conseil constitutionnel et son amie Christine Deviers-Joncour sont de plus en plus fragilisés par l'un des volets du dossier Elf. (L'Express *du 29 janvier 1998.*)

Avec la mise en cause de l'actuel président du Conseil constitutionnel, c'est l'un des plus gros scandales de la Ve République qui est peut-être en train de naître. Personnage très influent de l'époque mitterrandienne, Roland Dumas est, en effet, détenteur de bon nombre de secrets, qu'ils soient d'Etat ou de famille...

Côté lumière, le personnage, plein de charme, romanesque, a été un avocat brillant, avant de devenir ministre des Affaires étrangères, de 1988 à 1993. Côté ombre, il jouit d'une réputation sulfureuse, en raison de l'importante fortune qu'il a réalisée. C'est cette part d'ombre, précisément, qu'ont décidé d'explorer brutalement les juges Eva Joly et Laurence Vichnievsky, dans la matinée du 27 janvier. A la surprise générale, les deux magistrates ont décidé de frapper fort. Très fort même, puisqu'elles ont perquisitionné successivement à son domicile, quai de Bourbon, et à son bureau, rue de Bièvre. Ce n'est pas tout : les policiers de la PJ ont fait de même dans sa résidence secondaire de Bordeaux. A l'origine de ces initiatives : la découverte de mouvements de fonds en liquide sur le compte de Roland Dumas, dans une agence du Crédit lyonnais, au Quartier latin, ainsi que sur le compte d'une de ses proches collaboratrices au ministère des Affaires étrangères. Des mouvements – dont au moins un dépôt de 500 000 francs en liquide – ont été répertoriés en 1991 et 1992. Ils auraient pu être approvisionnés par l'une des amies du président du Conseil constitutionnel, Christine Deviers-Joncour. Un personnage désormais bien connu d'Eva Joly et de Laurence Vichnievsky.

Les deux juges, décidément pugnaces, veulent aussi savoir le rôle qu'elle a joué à l'occasion de la vente, par Thomson, en 1991, de six frégates à Taïwan. En clair, les juges cherchent à découvrir si, oui ou non, l'ancien ministre des Affaires étrangères l'a aidée, de près ou de loin, à percevoir, lors de ce marché, une commission de 45 millions de francs. Dans la foulée, toujours ce 27 janvier, Eva Joly et Laurence Vichnievsky ont également perquisitionné en Dordogne, dans la maison familiale de Christine Deviers-Joncour, la femme par qui le scandale est arrivé.

Tout commence le 10 octobre 1997, lorsque l'ancienne directrice des cadres d'Elf, Jeanne-Marie Cardaire, interrogée par Eva Joly, fait une étonnante révélation. En indiquant qu'une certaine Christine Deviers-Joncour a été recrutée chez Elf sur recommandation de l'homme lige de Loïk Le Floch-Prigent, Alfred Sirven, mais à l'initiative de Roland Dumas. Seulement voilà, il s'agit d'un emploi de complaisance, plutôt bien payé : environ 50 000 francs par mois.

Intriguée, Eva Joly poursuit ses investigations. Surprise : elle découvre que Mme Deviers-Joncour a également acquis, en juin 1992, un somptueux appartement, pour 17 millions de francs, rue de Lille, à Paris, par l'intermédiaire d'une SCI dirigée à Lugano (Suisse) par un certain Carlo Pagani. De plus en plus étrange.

La magistrate apprend enfin que Mme Deviers-Joncour a perçu une commission de 45 millions de francs à l'occasion de cette fameuse vente des six frégates à Taïwan. Quel rôle a donc joué cette femme distinguée, jadis propriétaire d'une galerie de peinture, amatrice d'art lyrique, dans le « marché d'armement du siècle » (16 milliards de francs) ?

Septembre 1989. Thomson engage des négociations avec Taïwan pour la vente des six frégates – 2,7 milliards de francs l'unité. Une aubaine pour l'économie française. Au milieu de l'année 1990, l'accord est sur le point de se concrétiser. Jusqu'à cette douche froide : le Quai d'Orsay, alors dirigé par Roland Dumas, oppose un veto en raison d'un risque de crise majeure avec la Chine populaire, qui n'a jamais accepté l'existence du petit frère capitaliste.

C'est alors qu'Alfred Sirven, éminence grise du P-DG d'Elf, Loïk Le Floch-Prigent, propose à Thomson de lui venir en aide. En mettant à la disposition de l'entreprise publique son réseau d'influence, notamment un certain Edmond Kwan, homme d'affaires américain, originaire de Hongkong, qui pourrait débloquer la situation. En rémunération de ses services, Kwan devait toucher une commission de 160 millions de francs.

En réalité, pour obtenir le marché, Thomson va avoir recours à deux autres intermédiaires : d'abord un homme d'affaires de Taïwan et ensuite une Taïwanaise bien introduite à Pékin, Lily Siu. Cette femme d'affaires d'une quarantaine d'années aplanira les difficultés avec Pékin et, pour fruit de son travail, percevra de Thomson 70 millions de francs.

Coup de théâtre le 27 septembre 1991 : le Quai d'Orsay, jusque-là hostile, fait volte-face et donne son feu vert à la signature du contrat. La Chine, de son côté, n'émet plus aucune protestation. L'ambassadeur de France à Pékin, Claude Martin, avait exposé le 9 juin 1991, dans un télégramme adressé à Roland Dumas, les risques et les avantages politico-économiques de la signature du contrat avec Taïwan : « L'ampleur de la menace économique de la Chine de Pékin, qui se prépare, pose en revanche notre capacité à résister à cette pression. »

Cette histoire, à la satisfaction générale, se serait arrêtée là si l'homme d'Elf et de Sirven, Edmond Kwan, n'avait réclamé son dû, soit 160 millions de francs. En vain. Le P-DG de Thomson, Alain Gomez, refuse de payer. Motif ? Kwan n'a rien fait. Le tribunal arbitral de Genève donne raison à l'homme d'affaires. Gomez, exaspéré, porte plainte, en février 1997, contre lui. La juge Joly instruit ce dossier... Deux lettres anonymes adressées à la magistrate en transforment l'ampleur : elles contiennent, en effet, de passionnantes révélations ! Une amie de Roland Dumas, Christine Deviers-Joncour, serait propriétaire d'un appartement rue de Lille, à Paris, réglé sur les fonds d'Elf. Ce magnifique appartement de 320 mètres carrés a été acheté par l'intermédiaire d'une SCI de Lugano dont elle est la gérante avec 30 % des parts, acquises pour 3 000 francs.

D'où provient tout cet argent mis comme par enchantement à la disposition de Christine Deviers-Joncour ? Pour le savoir, la juge Eva Joly va utiliser un moyen astucieux : elle fait dresser par la PJ la liste des œuvres d'art – dont un dessin de Picasso offert par Roland Dumas à la mère de Christine – présentes dans l'appartement de la rue de Lille. Qu'y trouve-t-on encore ? Surtout une très belle tapisserie des Flandres de 4 mètres sur 6 achetée 450 000 francs. L'antiquaire parisien qui l'a vendue révélera à la magistrate qu'un certain Gilbert Miara l'avait instamment prié de ne pas dire qu'elle avait été payée en Suisse...

Il s'agit – comme le monde est petit... – du même intermédiaire qui était déjà intervenu dans la vente par Thomson des six frégates à Taïwan. Aussi, le 28 novembre, la juge le convoque-t-elle, l'incarcère provisoirement, sans doute pour le faire « réfléchir », et l'interroge le 2 décembre. Ce marchand de biens âgé de cinquante-neuf ans, qui tâte également de la production de cinéma – il est administrateur de la société Cinedeal, présidée par un comédien célèbre –, se montre plutôt coopératif avec Eva Joly. D'abord, il reconnaît avoir servi d'intermédiaire dans la vente des six frégates. Puis, sans se faire prier, il admet avoir touché 13 des 45 millions de la commission qui aurait été versée à Christine Deviers-Joncour sur le compte d'une banque genevoise. Il avoue encore avoir joué les intermédiaires pour la transaction de la tapisserie et de l'appartement de la rue de Lille, où il a rencontré une fois Roland Dumas. Pourquoi cette générosité à l'égard de Christine Deviers-Joncour ? Pour son rôle dans les négociations avec Taïwan ? C'est grassement payé. Elle n'a participé qu'à deux réunions de travail.

Aussi la juge Eva Joly, sans doute pour la pousser dans ses retranchements, incarcère-t-elle Christine Deviers-Joncour le 7 novembre 1997 (elle a écopé d'une deuxième mise en examen dans l'affaire des frégates au début de cette année). Mais, depuis, l'amie de Roland Dumas se tait obstinément.

De son côté, l'ancien ministre, dont le nom est cité depuis plusieurs semaines, affirme n'avoir joué aucun rôle dans ce marché du siècle. Du reste, expliquera-t-il à *L'Express* à la mi-décembre 1997, il y a toujours été hostile.

Il n'empêche. Les deux juges cherchent à apporter la preuve de liens d'intérêt existant éventuellement entre l'ancien ministre des Affaires étrangères et sa fidèle amie. L'objectif des perquisitions du mardi 27 janvier était d'apporter, le cas échéant, une réponse. Au terme de cette folle journée, Roland Dumas a regagné son domicile, à 18 h 40, les juges se réservant le temps d'examiner à fond les documents saisis.

Reste que les sommes énormes brassées par Christine Deviers-Joncour, en Suisse et à Paris (62 millions de francs), ne cessent d'intriguer. L'amie de Roland Dumas n'était-elle pas, par exemple, l'ayant droit économique de six sociétés en Suisse ? Pourquoi a-t-elle remis, au cours de l'été 1997, à l'hôtel du Rhône, à Genève, 20 millions de francs à un mystérieux émissaire de Sirven ? Autre question : pourquoi ce même Sirven, avec lequel elle était très liée, a-t-il soldé au même moment tous ses comptes en Suisse, d'un montant total de 600 millions de francs ?

La Suisse est donc la clef de tous ces mystères. Comme elle l'est aussi sur un autre volet de ce dossier : les fameux salaires fictifs versés par la filiale helvétique d'Elf EAI (Elf Aquitaine International) ; quarante-quatre personnes en auraient bénéficié. *L'Express* peut révéler que parmi celles-ci figurent un vieil ami de François Mitterrand, l'ancien publicitaire André Magnus, la fille du président du Gabon, Edith Sassou N'Guesso, et aussi l'un des bras droits du président Omar Bongo...

Bref, chez Elf, on avait vraiment l'argent facile. Des centaines de millions de francs se sont volatilisés de la compagnie pétrolière pour des motifs parfois inavouables. Eva Joly veut, coûte que coûte, connaître leur destination. N'avait-elle pas déjà perquisitionné, le 21 janvier 1998, au cabinet de l'avocat de Sirven,

Me Eric Turcon, puis à celui de Me Bernard Lagarde, lequel avait rédigé les actes constitutifs de la SCI de Carlo Pagani, l'acquéreur de l'appartement de la rue de Lille ? Mais Eva Joly et Laurence Vichnievsky ne sont pas au bout de leurs peines : le parquet de Paris, estimant que leur procédure laissait à désirer, a demandé l'annulation du volet concernant Carlo Pagani.

Avec les perquisitions successives et spectaculaires chez l'ancien ministre des Affaires étrangères, les deux magistrates jouent donc gros : un échec risquerait de les faire suspecter d'acharnement contre Roland Dumas. En revanche, s'il était épinglé, se poserait pour lui la question de son maintien à la tête du Conseil constitutionnel. Et l'onde de choc sur la politique française serait terrible.

L'hypothèque Dumas

Christophe Barbier

Les ennuis de son président fragilisent le Conseil constitutionnel, et à travers lui la Ve République. (L'Express *du 12 mars 1998.*)

Les duchesses de Montpensier aimaient un peu trop l'aventure. Catherine s'égara dans la Ligue, Anne se compromit dans la Fronde. Pour autant, le pavillon qui porte leur nom, au calme des jardins du Palais-Royal, n'a gardé de leurs intrigues ni l'odeur de la poudre ni le parfum des complots. Avec les rebondissements de l'« affaire Dumas », un feuilleton moins romanesque pénètre ces salons, qui hébergent, désormais, le Conseil constitutionnel. Et pourtant, comme au XVIIe siècle, c'est une affaire d'Etat qui pourrait bien surgir du dossier instruit par les juges Eva Joly et Laurence Vichnievsky.

Que le dossier concerne la vente de frégates militaires à Taïwan, qu'y apparaissent des entreprises telles que Thomson ou Elf, que des sommes astronomiques, enfin, soient en jeu : tout cela lui donne déjà une stature particulière. Mais c'est l'irruption de Roland Dumas dans cette enquête qui est décisive. Ministre d'Etat, chargé des Affaires étrangères, au moment des faits, président du Conseil constitutionnel, c'est-à-dire cinquième personnage du pays, aujourd'hui, il modifie la nature même de cette équipée judiciaire. Avocat flamboyant, politique insubmersible, passionné d'art, Dumas est un personnage digne des romans de son homonyme Alexandre. Sa fidélité à François Mitterrand, l'édification de sa fortune personnelle et son parcours de séducteur suffiraient à nourrir une saga. Mais c'est un scandale des plus graves dont Roland Dumas sera le triste héros si les faits que lui reproche la justice sont, demain, avérés.

Le Conseil constitutionnel était, jusqu'à l'affaire Dumas, un sanctuaire. Les remugles qui corrompent l'atmosphère politique depuis dix ans ont pénétré tous les palais du pouvoir. La révélation du prêt de Roger-Patrice Pelat à Pierre Bérégovoy a affaibli en 1992 un Premier ministre en exercice. Avec le scandale des écoutes téléphoniques, notamment, l'Elysée fut copieusement aspergé d'accusations sous la présidence Mitterrand. Les parlementaires condamnés ne se comptent plus, Sénat y compris. Enfin, presque tous les partis politiques ont eu maille à partir avec la justice. Le Conseil constitutionnel, lui, semblait hors d'atteinte, non parce que ses hôtes disposent d'une quelconque immunité, mais justement parce qu'ils en sont dépourvus. Quand on est l'un des neuf sages, on n'a pas besoin de protection : on est d'évidence au-dessus de tout soupçon. Même le gaulliste Roger Frey, ministre aux méthodes contestées, fut un président du Conseil constitutionnel exemplaire. « Il faut en déduire que la fonction et l'institution révèlent l'homme ou le changent », en concluait le politologue Guy Carcassonne, en 1996, dans son édition commentée de la Constitution (Points Essais).

Aujourd'hui, le risque est réel de voir un président changer, bien malgré lui, l'institution. Car le coup qui la frapperait, si les accusations portées contre Dumas se confirmaient, serait gravissime. Le Conseil, c'est la quille du bateau institutionnel mis à flot en 1958. Il doit assurer au régime la stabilité dans le temps, en garantissant la pérennité de sa loi fondamentale, et lui offrir la sérénité dans l'instant, en validant les lois et les élections, ces battements de cœur de la démocratie. Avec l'affaire Dumas, sérénité et stabilité sont toutes deux menacées.

Depuis les perquisitions du 27 janvier dans deux domiciles et un bureau de Dumas, le Conseil constitutionnel semble « énervé », comme l'a montré son attitude face aux élections législatives sensibles qu'il lui a fallu valider ou non. Ce fut notamment le cas lorsque les neuf sages ont confirmé l'élection de Jean Tiberi tout en énumérant des « faits graves et répétés de nature à accréditer l'existence d'une manœuvre ». De même, pour juger de la victoire à Paris de l'UDF Laurent Dominati, le Conseil s'est enlisé. Dumas absent (il préside l'Institut François-Mitterrand, où travaille Dominique Bertinotti, l'adversaire socialiste de Dominati), les sages se sont divisés en deux moitiés exactes : pour en finir, ils ont failli avoir recours au tirage au sort ! Que serait leur travail quotidien si Dumas s'abstenait longuement de siéger ?

En fait, le Conseil constitutionnel est une institution particulièrement fragile. Ses membres sont nommés par le pouvoir politique, dont ils se doivent ensuite d'être indépendants ; sa légitimité ne peut être mise en question mais ne repose, pour autant, ni sur une élection ni sur une ratification. En faisant entrer le soupçon Rue Montpensier, Roland Dumas a ébréché cette légitimité et mis en péril le fonctionnement même de la République. C'est donc rien de moins qu'une crise de régime qui peut être déclenchée par l'affaire Dumas, si le président du Conseil constitutionnel est mis en cause plus avant et s'acharne à rester en poste. Le Conseil, notamment, veille à l'équilibre vital des pouvoirs, entre l'exécutif – il valide l'élection du président de la République –, le législatif – il peut annuler la désignation des parlementaires – et le judiciaire – on lui soumet nombre de lois et toutes les lois organiques. Si la justice discréditait ou affaiblissait le Conseil constitutionnel à travers son actuel président, elle déboîterait la clef de voûte des institutions ! Les frégates militaires vendues à Taïwan auraient fait, par ricochet, une victime inattendue : Montesquieu... Avec des hommes politiques mal aimés et une cohabitation qui, même si elle plaît, n'est pas dans l'esprit originel du régime, que resterait-il de la Ve République si le Conseil constitutionnel était frappé ?

L'affaire n'a pas encore pris ces proportions, même si des accusations sérieuses pèsent sur Dumas : emploi de complaisance attribué par son intermédiaire à son amie Christine Deviers-Joncour, montage juridique contesté pour l'achat de l'appartement de celle-ci, mouvements de fonds suspects sur le compte bancaire de l'ancien ministre, jusqu'à l'achat de cette paire de chaussures payée 11 000 francs par Christine Deviers-Joncour à l'aide d'une Carte bleue d'Elf. Si la crise de régime est encore loin, la déflagration politique est déjà là. Les dizaines d'affaires dites « politico-judiciaires » ont mithridatisé l'opinion publique, qui ne s'émeut plus guère, mais se venge toujours dans les urnes. Le FN s'en frotte d'ailleurs les mains : son unique député, le maire de Toulon, Jean-Marie Le Chevallier, a été invalidé il y a peu par le Conseil constitutionnel, qui fournit maintenant, « grâce » à son président, un nouveau couplet à la rengaine lepéniste du « tous pourris ! ».

Une fois de plus, c'est l'arsenal Mitterrand qui livre cette bombe à retardement qu'est l'affaire Dumas. Les divergences des socialistes suffisent à l'établir : seuls les anciens collaborateurs du président défunt – Elisabeth Guigou en tête – sont aujourd'hui solidaires de Roland Dumas. Jospiniste, Dominique Strauss-Kahn lâche l'ex-ministre de Mitterrand : « C'est particulièrement ennuyeux, c'est à Roland Dumas lui-même de trancher cette affaire », a-t-il déclaré sur Radio J. Rocardien, Jean-Paul Huchon dédouane le PS : « Je ne vois pas en quoi cela concerne directement les socialistes. » Le silence de Lionel Jospin, enfin, est éloquent : après le « droit d'inventaire » sur l'ère Mitterrand, le Premier ministre a-t-il proclamé la liquidation des stocks ?

Si Roland Dumas est mis hors de cause, ou s'il démissionne du Conseil, les institutions seront sauves. S'il entre dans un processus judiciaire long, même laissé libre et, bien sûr, présumé innocent, il sera trop affaibli pour piloter le Conseil. L'article 56 de la Constitution, interprété souplement, permet au chef de l'Etat de changer quand il le veut de président et de nommer n'importe quel autre membre, même si Dumas persiste à rester parmi les sages. L'entrée de Valéry Giscard d'Estaing, membre de droit pourvu qu'il quitte ses mandats électifs, changerait aussi l'arithmétique du Conseil. Les institutions possèdent, on le voit, des défenses immunitaires contre les imprévus de la vie politique.

Bérégovoy fut surnommé « l'homme aux chaussettes vertueuses », parce qu'elles tire-bouchonnaient sur ses chevilles d'honnête élu, avant que cette image soit mise à mal par les affaires. Qu'adviendra-t-il de Roland Dumas, l'homme aux chaussures luxueuses ?

C'est l'homme de tous les secrets. Celui qui sait. Personnage à la fois pittoresque et madré, Alfred Sirven n'est pas seulement l'ancien collaborateur de Loïk Le Floch-Prigent chez Elf ou le symbole d'une époque marquée par la corruption et l'argent facile. C'est aussi, à sa manière, un aventurier dont le groupe pétrolier fut l'instrument.

Au fond, ce fils d'une vieille famille toulousaine a toujours eu le goût du large. Témoin, son engagement en 1951, à vingt-quatre ans, dans les bataillons de Corée, où il est couvert de décorations. Témoin encore, le hold-up qu'il commet à Tokyo, le premier de l'histoire du Japon, à l'occasion d'une permission. Lorsqu'il rentre en France, Sirven s'assagit, menant une carrière classique de cadre supérieur chez Moulinex ou chez Mobil. Le pétrole déjà... Jusqu'à son entrée, en 1983, chez Rhône-Poulenc, où il se lie d'amitié avec le P-DG, un certain Le Floch-Prigent. Dès lors, les deux hommes ne se quitteront plus, pour le meilleur et pour le pire.

Le meilleur survient lorsque Le Floch, nommé patron d'Elf en 1989, recrute Sirven comme directeur des affaires générales du groupe, dont il sera très vite le vice-roi. Le pire, lorsque ce dernier se transforme peu à peu en grand argentier occulte d'Elf. Ici, en prélevant allègrement des commissions sur les contrats, là, en distribuant quelques prébendes à des amis politiques, là encore en n'oubliant pas de recruter la maîtresse de Roland Dumas, Christine Deviers-Joncour.

Mais le puissant Alfred n'oublie pas son patron : il règle le montant de la pension de l'ex-épouse de Le Floch-Prigent... 17 millions de francs, payés par Elf. Quant à lui, il s'achète le château de Tilly (Indre) pour près de 4 millions de francs. Ce n'est pas tout : il ouvre des dizaines de comptes bancaires en Suisse – alimentés par Elf –, sur lesquels transiteront 1 milliard de francs. Bon nombre de bénéficiaires de cette manne, qu'il distribua généreusement, ne seront jamais identifiés. Et, en 1996, quand la justice lui demande des explications sur toutes ces dérives, le respectable Alfred Sirven renoue avec l'aventure. Il prend la poudre d'escampette avec sa maîtresse philippine, Vilma Medina. Direction : les faubourgs de Manille, où il mène grand train... toujours grâce à l'argent d'Elf.

Quelques années plus tard, courant 2000, deux journalistes de L'Express, *Marc Epstein et Jean-Marie Pontaut, partent sur ses traces. Au fil de leurs séjours multiples, ils tentent de remonter diverses pistes, et notamment, procédure classique, de « chercher la femme », autrement dit Vilma Medina.*

A partir de l'automne, leur enquête se déroule en parallèle de celle de quatre policiers français présents aux Philippines, avec lesquels ils entretiennent bientôt d'excellentes relations. Sauf que leur but est différent : les enquêteurs veulent arrêter « Sir Alfred », les reporters, l'interviewer ! Jean-Marie Pontaut raconte la suite : « Sur place, nous essayons de faire passer un message à Sirven, sur le thème "Ce serait mieux pour vous de parler avant d'être arrêté". Nous passons pour cela par toutes sortes de gens susceptibles d'être en relation avec lui. Des gens censés appartenir à la famille de Vilma, des petits-cousins... Pour le retrouver, il faut tout essayer. Ainsi, comme nous savons qu'il est amateur de grands vins, nous contactons les rares magasins locaux vendant des crus français. Nous tombons alors sur deux ou trois informateurs peu fiables qui nous donnent des tuyaux bidon ! Nous invitons aussi beaucoup de gens à déjeuner ou à dîner, ce qui ne revient pas très cher dans ce pays. »

Au fil des recherches, les journalistes apprennent que Sirven aurait été hospitalisé sous un faux nom dans une clinique chic de la ville. Un soir, ils débarquent donc chez l'employé qui détient le listing des malades étrangers ayant fréquenté l'établissement. Bingo : une description paraît correspondre ! Hélas, renseignements pris, il s'agit d'un pasteur hollandais...

Au terme d'un épisode tout aussi rocambolesque, les reporters vont tout de même finir par découvrir son identité d'emprunt. « Nous y parvenons en découvrant, dans un endroit où il a vécu, un reçu prouvant qu'il a déposé une demande de titre de séjour aux services de l'immigration de Manille, poursuit Jean-Marie Pontaut. Ce reçu mentionne un nom : Robert Lapierre. Puisque la demande doit être accompagnée d'une photocopie du passeport et aussi d'une photo d'identité, nous essayons de retrouver le dossier complet dans les archives du service de l'immigration afin d'établir avec certitude le lien avec Sirven. Nous nous adressons alors à un responsable important de cette administration, un homme très ouvert qui va devenir notre ami. »

Comme ce fonctionnaire se prénomme Winnie et qu'il est assez corpulent, les deux journalistes le surnomment aussitôt « Winnie l'ourson ». Ce pseudo, qui permet de parler de lui sans prononcer son nom, l'amuse beaucoup. Lui aussi est intéressé par la traque de Sirven, car les autorités de son pays le recherchent. Il va donc aider les reporters de L'Express *au-delà de leurs espérances...*

Le service des passeports n'étant pas informatisé, toutes les demandes sont stockées dans d'énormes sacs de jute conservés dans la... cave ! « Dans ce pays incroyable, on peut tout obtenir ou rien du tout, précise Jean-Marie Pontaut. Ou les fonctionnaires vous refusent tout ou ils vous autorisent à faire des choses impensables en France. C'est ce qui va se passer. Un jour, Winnie nous dit : "Eh bien ! regardez dans les sacs !" Et il les fait monter de la cave... Avec Marc, nous nous retrouvons face à une trentaine d'énormes ballots contenant toutes les demandes déposées par des étrangers. Nous passons plusieurs jours à les éplucher et, un matin, Marco pousse un cri de joie : il vient de trouver la photocopie du passeport avec la photo de Sirven. Le document est bien au nom d'un certain Robert Lapierre. C'est le faux nom de Sirven, et nous avons devant nous le double de son faux passeport, établi en France ! Nous buvons alors le champagne avec Winnie, qui se fait photographier avec nous devant les sacs et le document. Nous appelons L'Express. *A Paris, notre collègue Gilles Gaetner retrouve la famille du vrai Robert Lapierre, qui est en fait décédé. C'est son fils qui a fourni le passeport pour aider Sirven... »*

Les journalistes disposent maintenant d'un élément décisif : ce passeport. Parallèlement, ils mettent la main, à Manille, sur un grand nombre de photos. Ces clichés inédits de Sirven retracent sa vie aux Philippines avec Vilma. On le voit chez lui, dans sa planque, en short, fumant le cigare. Tout cela est excitant, mais il faut bien repartir un jour à Paris. Sans avoir interviewé Sirven, qui reste introuvable...

Marc Epstein et Jean-Marie Pontaut prennent donc l'avion pour la France. Mais à l'escale en Malaisie, des amis de Manille les appellent pour leur dire de revenir d'urgence, car le fugitif a été localisé. Ils alertent bien sûr le journal, qui leur donne son feu vert pour retourner aux Philippines ! En fait, Sirven a été « balancé » par une petite domestique, selon laquelle il se cacherait dans une ville située à côté de Manille, Tagaytay.

« Nos recherches nous conduisent à Tagaytay, reprend Pontaut. De leur côté, les policiers français cherchent aussi. Nous identifions le garde du corps chargé de la protection du couple Alfred-Vilma. Mais Sirven, lui, demeure introuvable. Au bout d'un certain temps, nous décidons donc de rentrer pour de bon en France. Or, quelques jours plus tard, les policiers français et philippins par-

viennent à arrêter le fugitif – à Tagaytay – en suivant justement son garde du corps... »

L'article publié dans les pages suivantes est le fruit de ce travail d'enquête, et de celui mené à Paris par d'autres journalistes de L'Express. *Il raconte la traque de « Sir Alfred ». Un vrai polar.*

Ph. B.

Fin de cavale pour Sir Alfred

Jérôme Dupuis, Marc Epstein,
Gilles Gaetner et Jean-Marie Pontaut

Un précieux agenda, une déclaration solennelle, une puce de portable avalée... De l'arrestation aux Philippines à son arrivée en France, L'Express *retrace le parcours d'Alfred Sirven.* (L'Express *du 8 février 2001.*)

« Je suis pris... » 2 février, 15 heures, dans une maison de Tagaytay, à une soixantaine de kilomètres de Manille. L'homme qui lance ce message de détresse, de son portable, à un proche s'appelle Alfred Sirven. C'est l'ancien homme fort du groupe Elf. L'un des responsables de la police locale, James Tosoc, vient de lui signifier son arrestation, après trois ans de cavale.

Tosoc récupère alors quelques documents précieux. Et, d'abord, un ancien carnet d'adresses pieusement conservé par l'ex-homme fort d'Elf. On y trouve beaucoup de noms connus, rencontrés à l'époque où « Sir Alfred » – c'est ainsi qu'on le surnommait aux Philippines – était au faîte de sa puissance : quelques anciens ministres du gouvernement Balladur, une conseillère de Georges Pompidou, des députés de tout bord, une banquière célèbre et un ancien conseiller de François Mitterrand.

Autre découverte : une étrange déclaration, rédigée sur un ton solennel à la fin de l'année dernière, pour justifier sa fuite. Sirven voulait sans doute la rendre publique à un moment de son choix. Extraits : « Je, soussigné Alfred Sirven, citoyen français, atteste et déclare : j'ai décidé de mon plein gré de partir en exil, avec tous les moyens nécessaires, afin d'assurer ma sécurité et d'éviter toute atteinte à ma vie. Un tel exil était nécessaire, car j'ai été l'objet de plusieurs tentatives d'atteinte à ma vie et d'extorsion de fonds, ainsi que de kidnapping par les agents philippins des forces d'élite et ceux du cabinet Kroll [*cabinet américain de détectives*], financés par un ex-haut responsable français d'Elf [...]. La presse française a publié de nombreux reportages erronés, publié des chiffres exagérés ainsi que des contrevérités afin de laisser croire que j'avais caché une quantité considérable d'argent aux Philippines – toutes choses qui sont fausses [...]. Je suis désolé de ne pouvoir me rendre en raison du fait que ma survie et ma sécurité ne sont pas assurées. »

Ce 2 février, donc, dix minutes après l'intrusion de James Tosoc dans la cache de Sirven, les deux seuls policiers français restés aux Philippines, le commissaire Yves Delabrousse et le commandant Jean-Paul Mounier, arrivent sur place. « Je m'en remets à ces gentlemen », lance, grand seigneur, Alfred, tout en se délectant d'un dernier verre de grand vin. Tout compte fait, il semble soulagé d'être interpellé par des compatriotes.

Pour l'ex-numéro 2 d'Elf se terminent trois ans d'un exil doré. Même si, ces dernières semaines, il a songé à téléphoner à l'ambassade de France pour se rendre. L'homme, il est vrai, qui ne manquait pas d'informateurs et qui suivait, au jour le jour, la procédure des juges français, savait que sa chute était inévitable.

Retour sur une incroyable traque, jalonnée de coups de théâtre. A l'automne dernier, les policiers philippins le ratent de peu. Le 8 octobre 2000, à 4 heures du matin, alors qu'il réside au nord de Manille, 44, Chico Street, Sirven est averti, vraisemblablement par une taupe française de Paris, de l'imminence de son arrestation.

C'est ce ratage in extremis qui pousse les juges Eva Joly, Laurence Vichnievsky et Renaud Van Ruymbeke à mettre sur pied un dispositif destiné à arrêter – enfin – Sirven. Pour ce faire, une mission composée de quatre policiers, fins connaisseurs de l'Extrême-Orient, notamment des Philippines, est envoyée sur place. Elle est dirigée par le commissaire divisionnaire Pierre Goujard, ancien patron de l'antenne de Manille du SCTIP (Service de coopération technique internationale de police). Goujard, qui parle couramment le dialecte philippin, le tagalog, a passé trois ans aux Philippines avant d'être nommé numéro 2 d'Europol, à La Haye. Il souhaite être entouré par deux policiers, naguère en poste à l'ambassade de France à Manille : Thierry Verde, actuellement à la Sécurité publique parisienne, après un détour par Pékin, et Jean-Paul Mounier, de la sous-direction des courses et jeux des RG, qui est passé, lui, par les Seychelles. Cette équipe de choc est rejointe par le commissaire Yves Delabrousse, en fonction à Singapour pour le SCTIP. Ce service va fournir, avec la direction centrale de la PJ, le soutien financier et technique nécessaire à l'équipe. A Paris, la brigade financière centralise et recoupe les informations de Pierre Goujard.

Pendant plusieurs mois, le quatuor tisse un réseau d'informateurs et identifie les proches d'Alfred et de sa compagne philippine, Vilma Medina. Une tâche difficile. Leurs moyens financiers sont faibles. Les Philippins se sentent peu concernés par le *french fugitive*. Mais, surtout, la police locale est divisée, et le ministre de la Justice d'alors, Artemio Tuquero, appartient à Iglesia ni Cristo – l'Eglise du Christ –, une secte puissante qui semble protéger le couple Alfred-Vilma.

Il n'empêche. Les policiers français s'approchent tout près de Sirven. Allant jusqu'à localiser ses différents lieux de résidence. Une dizaine en tout, sur l'ensemble de l'archipel.

A la mi-décembre 2000, grâce à un informateur, les enquêteurs acquièrent la certitude que le couple Alfred-Vilma réside à Tagaytay, une station touristique luxuriante située autour d'un lac, à une soixantaine de kilomètres de Manille. Hélas, malgré plusieurs journées de recherche, pas la moindre trace d'Alfred. Un détail, on le sait aujourd'hui, en est la cause : sa maison, aux murs bleu pâle, entourée d'un potager d'oignons et de carottes, se trouvait, selon le témoignage de l'indic, à proximité d'un chemin de terre. Or, depuis, ledit chemin a été goudronné... Si Alfred échappe pour l'heure aux policiers, sa situation devient de plus en plus inconfortable. Quelques secrets capitaux pour sa survie s'éventent. Ainsi, on apprend que l'ex-directeur des affaires générales d'Elf utilise un vrai-faux passeport au nom de Robert Lapierre, aujourd'hui décédé. Le document lui a été vraisemblablement apporté à Manille par un ami suisse.

A n'en pas douter, notre fugitif, grâce à des réseaux, bénéficie de soutiens amicaux. Ainsi, la semaine dernière, la brigade financière a entendu comme témoin un policier, aujourd'hui à la retraite, de la PJ parisienne, Georges Goubert, un ami d'Alfred. Les deux hommes se sont connus il y a quelques années ;

Goubert avait proposé à Sirven de créer une entreprise de sécurité. Les enquêteurs voulaient savoir pour quelles raisons cet ex-commandant, un temps en poste au 3e cabinet de délégation judiciaire, a rendu visite à quatre reprises, entre 1997 et 1998, à Sirven. Les deux hommes se retrouveront, notamment, à Cebu, une île touristique située au centre de l'archipel, où ils se délasseront en réalisant quelques brasses dans la mer.

La PJ est d'autant plus intriguée par ses lointains rendez-vous qu'elle a appris que l'ancien policier fréquentait la Philippine National Bank à Paris. Là où travaille une amie de Vilma Medina... Aux enquêteurs, Georges Goubert a expliqué qu'il était en affaires avec un Monsieur Garcia, ami philippin d'Alfred Sirven. L'ex-policier, représentant une société française, souhaitait décrocher un marché d'adduction d'eau potable en Asie. Les négociations auraient été rompues avec le mystérieux Monsieur Garcia lorsque ce dernier lui aurait demandé de rendre un service à Alfred Sirven.

Ce n'est pas cette piste étrangement policière qui va conduire les enquêteurs sur les traces d'Alfred, mais une autre, carrément locale : celle d'une de leurs vieilles connaissances, Roberto Arasa, qui n'est autre que le chauffeur-garde du corps de Sirven et du clan Medina. Rapidement identifié, Arasa s'est subitement volatilisé avec le couple, à la fin de l'an 2000. Or, ce fatidique 2 février, la task force philippine fournit à Delabrousse et Mounier un tuyau en or : Arasa doit débarquer, en début d'après-midi, à l'aéroport de Manille, en provenance de Hongkong. Roberto, un solide gaillard légèrement ventripotent, pourrait les conduire à Sirven. Une opération de grande envergure est décidée. Au début de l'après-midi, plusieurs services de la police de Manille attendent Arasa pour le filocher.

Jusqu'à ce coup de théâtre : James Tosoc, prenant tout le monde de vitesse, l'arrête. Prétexte : un homonyme recherché par la police a été condamné à quatre ans de prison pour tentative d'homicide ! Qu'à cela ne tienne, on embarque le bon Roberto. Il est sous le choc. Et proteste, à juste titre, de son innocence. Tosoc justifie une vague vérification d'identité et, avec deux de ses hommes, le pousse dans sa voiture. Destination : son bureau au siège du NBI (National Bureau of Investigation). Suivi par les deux enquêteurs français, Jean-Paul Mounier et Yves Delabrousse, Tosoc engage la conversation avec Arasa. Extraits édifiants.

« Au départ, raconte Tosoc à *L'Express*, il hésitait à me donner des détails. J'ai alors fait monter la pression en lui disant que d'autres services de police pourraient le prendre pour le contraindre à parler. Puis, le travail fait, ils le liquideraient. » Arasa prend peur. Pleure à chaudes larmes. Et finit par craquer : « Si je vous dis où se cache Sirven, promettez-vous de m'aider ? Avez-vous une voiture rapide ? Car il faut se rendre tout de suite à Tagaytay. Si Vilma et Sirven apprennent que j'ai été arrêté à l'aéroport, ils prendront la fuite sur-le-champ. » Arasa, coopératif, dessine un croquis de la maison. « Il y a une palissade élevée, prévient-il, et le portail est fermé en permanence. Il n'y a pas de garde armé. Mais il faudra faire vite. Dès que Sirven vous verra, je crains qu'il ne se tue. »

Après une courte halte au siège du NBI, le temps de coordonner l'action avec les autres policiers, Tosoc et Arasa démarrent en trombe vers Tagaytay. Semant légèrement les policiers français.

Au bout d'une heure et demie de route, Tosoc et son « otage » arrivent sur place. Le long d'une ruelle, non loin de la route principale, ils découvrent un pavillon de deux étages, coquet sans être luxueux. Tosoc, après avoir écarté une jeune femme se trouvant sur le pas de la porte, entre dans la maison. Surprise : il découvre un Sirven paisiblement installé dans un fauteuil en train de lire un magazine. Il est en short et porte une chemise à manches courtes. Atmosphère détendue. « Bonjour, Monsieur Sirven, je suis James Tosoc. — Ah ! c'est vous ! — Vous connaissez mon nom ? — Oui. »

Soudain, l'un de ses quatre téléphones portables sonne. Sirven parle en français. Tosoc ne retient qu'une phrase : « Je suis pris. » Il raconte encore : « Quand la conversation s'est terminée, j'ai vu qu'il tentait de démonter l'appareil d'une main. Le temps que je m'en empare, il avait retiré la carte SIM. Et il l'a avalée ! J'étais tellement surpris que j'ai simplement dit : "You swallowed it !" (Vous l'avez avalée !) » Et Sirven, furieux, de tonner : « Je suis un homme, pas un traître. Je ne parlerai jamais. Je préfère aller en prison que de livrer mes amis. »

Quelques minutes plus tard arrivent Jean-Paul Mounier et Yves Delabrousse. S'engage alors une course contre la montre pour ramener Sirven en France. Le dernier avion d'Air France pour Paris est à 19 h 40. Il est prévu que « l'homme le plus recherché de France » embarque sur ce vol. Les Français ont en effet obtenu l'assurance des autorités thaïlandaises qu'Alfred ne descendra pas à l'escale de Bangkok. Il sera donc bien sur le territoire français le samedi 3 février. Hélas ! le plan capote. A la fois par manque de temps, et aussi parce que certains policiers philippins traînent les pieds...

Sirven, suivi comme son ombre par Jean-Paul Mounier, est ramené dans les locaux du ministère de la Justice, où le nouveau ministre, Hernando Perez, très fier de l'arrestation, tient une conférence de presse. Toujours vêtu de sa chemise à carreaux bleus et blancs et d'une casquette de base-ball, Sirven y participe. Répondant même aux questions des journalistes, il commence à se justifier : « Mon travail chez Elf ? Il s'est mélangé à la politique, et ça, c'est jamais bon. » « Les personnes que j'ai aidées ? Je pourrais balancer des centaines de noms... mais cela ne m'intéresse pas. » Enfin, se considérant comme un « témoin d'Etat », il menace : « Si on me contraint à parler, cela sera aux risques et périls de ceux qui le feront... »

Quelques instants plus tard, changement de lieu : Sirven se retrouve au NBI, situé non loin du ministère de la Justice. Or le temps passe vite. Il est déjà 21 heures. Sirven a raté l'avion d'Air France. Pour les policiers français, l'ex-numéro 2 d'Elf doit à tout prix partir ce 2 février au soir. Lui, voit qu'en restant aux Philippines il a des chances de s'en sortir. Alors, il joue la montre. Il appelle Vilma de son portable. Et lui annonce son arrestation. Puis lui enjoint de contacter un avocat.

Devant la molle coopération de certains policiers philippins, enclins à retarder le départ de Sirven, Jean-Paul Mounier s'impatiente. L'atmosphère s'alourdit. Que faire ? Le dernier avion disponible pour l'Europe décolle ce soir à 23 h 15. C'est un appareil de la Lufthansa qui se rend à Francfort. Il est 22 h 30. Delabrousse, déjà à l'aéroport, appelle Mounier : « Amène M. Sirven. » Mais ce dernier, encore coopératif il y a quelques heures, ne veut plus rien entendre. Il explique qu'il est malade. Qu'il veut revoir Vilma. Jusqu'à cette colère : « Vous me harcelez, Mounier, je ne suis pas une pucelle ! » Coup de gueule du policier, qui réussit à le faire grimper dans une voiture. Direction : l'aéroport. Sirven pense qu'il va louper – opportunément

– le vol Manille-Francfort. Surprise : sur la piste, l'avion est toujours là, attendant l'illustre passager... Yves Delabrousse a demandé, quelques heures plus tôt, à l'ambassade d'Allemagne d'intervenir pour retarder le vol.

23 h 57. La cavale est terminée. Définitivement. Sirven, accompagné de Mounier et d'un responsable de l'immigration philippine, Winnie Quidato, qui a beaucoup aidé les policiers français, embarque pour Francfort.

A Paris, dans les sphères gouvernementales, la nouvelle de son arrestation est accueillie avec soulagement. Que n'a-t-on entendu : « Sirven est l'homme le moins recherché de France ! » Dans quelques heures, pense-t-on, il sera présenté à la juge Eva Joly. Un avion du Glam a déjà quitté Villacoublay pour se poser à Francfort, d'où il ramènera, samedi, Alfred Sirven. L'avion français se positionnera bord à bord avec le 747 de la Lufthansa... Et Sirven n'aura plus que quelques mètres à faire pour rejoindre l'appareil français.

Patatras ! A l'aube, rien ne se déroule comme prévu. Arrivé samedi 3 février, à 4 h 53, sur le tarmac de Francfort, Alfred Sirven est immédiatement interpellé par les autorités allemandes. Pour deux raisons. D'abord, parce que, se trouvant dans l'espace judiciaire européen et sous le coup d'une mesure d'expulsion, Sirven doit bénéficier des garanties d'une extradition en bonne et due forme. Et dire si, oui ou non, il accepte de quitter le territoire allemand pour la France. Ensuite, parce que la venue de l'ancien homme fort d'Elf intéresse les Allemands : il est, en effet, présenté comme le dispensateur des commissions versées à l'occasion de la reconstruction, en 1992, de la raffinerie de Leuna, dans l'ex-Allemagne de l'Est. Or, une partie d'entre elles, via deux intermédiaires, auraient financé la CDU [*Union chrétienne-démocrate*], le parti du chancelier d'alors, Helmut Kohl.

La nouvelle de la rétention de Sirven par les Allemands suscite l'incompréhension du côté du gouvernement français, en particulier à Matignon, où Lionel Jospin s'impatiente. Et déclenche également quelques commentaires acerbes du côté de la droite. Certains avocats présents lors du procès Dumas-Deviers-Joncour n'hésitent pas à parler de « farce judiciaire ».

Les autorités allemandes, à la fois formalistes et pragmatiques, ont tout de même des questions importantes à poser à Alfred Sirven. C'est ainsi que le BKA – l'équivalent de notre police judiciaire – l'interroge sur le sort de l'ancien secrétaire d'Etat à la Défense Ludwig-Holger Pfahls, aujourd'hui introuvable. Réfugié, dit-on, en Extrême-Orient, Pfahls, vieille relation de Hans-Dieter Holzer, qui aurait perçu une substantielle commission dans le cadre de la reconstruction de la raffinerie de Leuna, connaît bien ce dossier explosif. Sirven refusera de parler. Il agira de même devant un juge de Francfort.

Finalement, après ce léger coup de froid entre Berlin et Paris, et quatre jours de détention provisoire à la maison d'arrêt de Darmstadt, au sud de Francfort, Sirven, qui a reçu la visite de ses deux avocats, Mes Eric Turcon et Pierre Haïk, devait regagner la France mardi 6 février dans la soirée, à bord d'un Falcon du Glam, et passer sa première nuit de détention en France, à la Santé, dans la cellule 132. Avant de se retrouver rapidement dans le bureau des trois juges.

Bien évidemment, le retour en France de Sirven bouleverse totalement l'ensemble du dossier Elf, instruit depuis 1994. Et pour cause : il comporte cent mille pages dans lesquelles figure, presque à chaque ligne, le nom d'Alfred Sirven. De nouvelles auditions, suivies de confrontations avec les autres acteurs, sont inévitables. D'autant plus que certains d'entre eux – il a suffi d'assister au procès Dumas-Deviers-Joncour, suspendu lundi 5 février, mais qui devait reprendre mercredi – ont lourdement chargé l'ex-directeur des affaires générales d'Elf. Certes, ce dernier a clamé, ces derniers jours, haut et fort, qu'il resterait muet. Mais il a confié en même temps craindre la prison. « J'ai soixante-quatorze ans, avoue-t-il. Ma vie peut se terminer n'importe quand. Je peux mourir à tout instant. Je sais qu'ils veulent me garder dix ans. »

Comment réagira ce personnage singulier, tout à la fois hâbleur, sympathique, astucieux, secret et grande gueule ? C'est une évidence : à défaut « de faire sauter vingt fois la République », phrase qu'il nie aujourd'hui avoir prononcée, l'ancien numéro 2 d'Elf, plus que jamais, fait peur. Il a en mémoire toutes les opérations auxquelles il a participé sous la présidence de Loïk Le Floch-Prigent, de 1989 à 1993. Il pourra, par exemple, confirmer et décrire le cheminement des énormes commissions versées par le groupe pétrolier. Que ce soient les 300 millions de francs évaporés à l'occasion du rachat, en 1991, du raffineur espagnol Ertoil. Que ce soient les 256 millions rétrocédés à l'homme d'affaires allemand Hans-Dieter Holzer, proche de Kohl, et à l'ancien colonel de la DGSE Pierre Lethier, lors de la reconstruction de la raffinerie de Leuna. Que ce soient encore les dizaines de millions de francs généreusement alloués – via la filiale suisse d'Elf, EAI, présidée par Sirven – sous la forme d'emplois de complaisance à des proches, notamment, de François Mitterrand et de Charles Pasqua. Sans oublier les 240 millions de francs en liquide rapatriés de Suisse par un passeur prénommé Oscar.

Quoi d'autre encore ? Alfred Sirven n'ignore rien du « vrai travail » fourni par Christine Deviers-Joncour pour obtenir le fameux marché des frégates. Il connaît aussi les véritables raisons qui l'ont poussé à offrir le superbe appartement de la rue de Lille, à Paris – 17 millions de francs –, à l'ancienne amie de Roland Dumas.

Dans ce monde où l'argent coulait sans discontinuer, l'ancienne éminence grise de Le Floch-Prigent ne s'est pas, non plus, oubliée. En témoignent ses dizaines de comptes bancaires – alimentés par Elf – ouverts en Suisse, aux noms de code pittoresques : Nersiv (son anagramme), Aston, Miou ou encore Vegetal, Mineral, etc. Sur ces comptes transiteront, selon l'enquête du juge genevois Paul Perraudin, environ 1,5 milliard de francs. Un pactole réservé tantôt pour divers contrats du groupe, tantôt pour ses obligés, tantôt pour des cadres dirigeants d'Elf et aussi pour son exil philippin en compagnie de la dévouée Vilma Medina.

A Paris, les rencontres de Sirven avec les juges risquent d'être rudes. En effet, Eva Joly, Laurence Vichnievsky – et Renaud Van Ruymbeke, qui s'est joint à elles récemment – connaissent le tentaculaire dossier Elf dans tous ses recoins. Ce qui devrait leur permettre de progresser rapidement et de poser à Sirven les questions essentielles. Comment se dérouleront les face-à-face successifs avec ces magistrats si différents ? Sirven livrera-t-il la clef d'un autre secret sur lequel on s'attarde peu : l'anarchie comptable qui a régné pendant des années chez Elf, entreprise publique, soumise à la tutelle de l'Etat ? Comment les dirigeants de la compagnie ont-ils laissé faire ? Etaient-ils aveugles, incompétents ou complices ?

Absent, Alfred était le bouc émissaire idéal. De retour en France, avec sa faconde et sa mémoire, il redonnera à cette affaire sa vraie dimension : celle de la plus importante entreprise de corruption de la Ve République.

Alfred Sirven, condamné à cinq ans de prison en 2003, est mort en février 2005 à l'âge de soixante-dix-sept ans. Devant le tribunal comme devant la cour d'appel, il a reconnu sa culpabilité, tout en refusant de donner les noms de responsables politiques français ayant bénéficié de la caisse noire d'Elf. Parmi les principales personnes condamnées, citons également l'ancien P-DG du groupe pétrolier Loïk Le Floch-Prigent (cinq ans ferme), son adjoint André Tarallo (sept ans ferme) et le « Monsieur Afrique » de la compagnie, André Guelfi, alias « Dédé la sardine » (trois ans, dont dix-huit mois ferme). Toutes ces peines ont été assorties de fortes amendes. L'ancien ministre des Affaires étrangères Roland Dumas, poursuivi dans l'un des volets de ce scandale tentaculaire, a été condamné en première instance mais relaxé en appel. Son ex-maîtresse, Christine Deviers-Joncour, a écopé de dix-huit mois de prison, dont douze avec sursis.

2001

Les multiples affaires Chirac

En 2001, le président de la République et son entourage sont confrontés aux révélations de *L'Express* sur leur train de vie. Un premier article, publié début janvier, révèle que Jacques Chirac a payé en liquide un très coûteux voyage à New York, le 14 juillet 1993, à l'époque où il était encore maire de Paris. Un autre article, diffusé cette fois sur le site Internet de l'hebdomadaire le 24 juin 2001, révèle qu'une vingtaine d'autres voyages, vers des destinations lointaines, auraient été réglés de la même manière.

Alors que la justice tente de déterminer la provenance de cet argent, et se demande s'il n'est pas issu du financement politique, l'affaire inquiète à la fois le chef de l'Etat et certains de ses proches, bénéficiaires de ces largesses. Dans une longue enquête datée du 12 juillet 2001, le journal analyse la stratégie de Jacques Chirac et de sa garde rapprochée face aux accusations dont ils font l'objet. Des accusations qui ne se limitent pas à quelques billets d'avion... De la Mairie de Paris au RPR, c'est bien le « système Chirac » qui est ici en cause.

Ce système, quelques initiés pourraient le faire exploser s'ils décident de parler devant la justice. Ainsi, l'ex-élu de Clichy (Hauts-de-Seine) Didier Schuller connaît sans doute les secrets de ce département considéré comme le fief du RPR et de Charles Pasqua. De retour d'exil après une rocambolesque cavale, Schuller est à la une de l'actualité politique en ce début d'année 2002. L'article que lui consacre *L'Express* le 7 février 2002 montre bien comment, peu à peu, les affaires (marchés publics, billets d'avion...) finissent par cerner Jacques Chirac et nuire à l'image des hommes politiques, de droite comme de gauche. Encore quelques mois, et ce sera le 21 avril 2002, le triomphe de Jean-Marie Le Pen (Front national) au premier tour de l'élection présidentielle.

Ph. B.

☆☆☆

Le clan Chirac face aux juges

Christophe Barbier, Jérôme Dupuis,
Eric Mandonnet et Jean-Marie Pontaut

C'est tout le premier cercle, famille et proches collaborateurs, qui est déstabilisé par l'affaire des billets d'avion payés en liquide. L'audition de l'entourage du chef de l'Etat risque d'ébranler la forteresse de l'Elysée. (L'Express *du 12 juillet 2001.*)

Un jour de 1996, lors d'une réunion élyséenne consacrée – déjà – aux affaires, un conseiller de Jacques Chirac se jette à l'eau et dit : « Monsieur le Président, demandez à être entendu par le juge. » Silence. « Du regard, le chef de l'Etat a fait le tour des participants pour savoir si j'étais fusillé sur-le-champ ou plus tard », raconte ce collaborateur, qui n'a eu qu'un seul tort, avoir raison trop tôt. Depuis que le procureur de la République de Paris, Jean-Pierre Dintilhac, a estimé que « rien ne s'oppose » à ce que le président Chirac soit entendu comme témoin assisté dans l'affaire des billets d'avion payés en liquide, la stratégie de l'Elysée a changé.

Que des proches du président – et pas n'importe lesquels : épouse, fille, chef de cabinet, conseiller de toujours – soient interrogés par les juges modifie, en effet, complètement la donne. Cette fois, ce n'est pas la personne du président ni son camp politique qui sont la cible : c'est le clan Chirac, l'aréopage qui exerce la réalité du pouvoir autour du chef de l'Etat. Du coup, l'Elysée doit « bouger les lignes ». La défense en forteresse, dogme judiciaire depuis 1995, commence à s'ébrécher, au profit d'une possible offensive. Comment retourner l'épisode à l'avantage du président ou, au moins, limiter les dégâts ?

Si cette correction de tir est nécessaire, c'est parce que l'assaut judiciaire a changé de nature. Jusqu'alors, Jacques Chirac était visé comme responsable, plus ou moins direct, d'activités présumées délictueuses. Qu'il s'agisse des affaires de la ville de Paris – HLM ou Sempap (imprimerie municipale) – ou de celles du RPR (caisses noires ou emplois fictifs), il avait beau jeu de condamner ces pratiques et d'expliquer que la basse intendance ne relevait pas de ses fonctions de maire ou de président de mouvement politique. La mairie et le parti lui servaient en quelque sorte de boucliers institutionnels. « Cette fois, confie un habitué du "château", il s'agit de billets de banque et de la famille. C'est tout à fait différent. »

Une seule fois le fumet de l'argent noir a effleuré Jacques Chirac, dans une affaire où sa participation personnelle à des faits précis était évoquée : quand Jean-Claude Méry affirma, dans un témoignage vidéo posthume, révélé en septembre 2000, avoir remis, en 1986, 5 millions en espèces à son conseiller Michel Roussin, en la présence de celui qui était alors Premier ministre. La tempête qui s'ensuivit obligea le président, en décembre 2000, à s'expliquer à la télévision. « Stupéfait » et « profondément blessé », il évoqua, devant Patrick Poivre d'Arvor, « une certaine idée de l'éthique, de la morale, incompatible avec ce genre de choses », avant d'en appeler à son image dans le peuple : « Si vous interrogez les gens qui me connaissent en Corrèze ou à Paris [...], vous n'en trouverez jamais qui disent que je suis un homme d'argent. »

Mais c'est une chose d'être « un homme d'argent » et une autre d'être imprudent avec l'argent. L'affaire des billets d'avion jette une ombre sur cette vertueuse déclaration, car elle souligne les avantages matériels que le clan Chirac a pu retirer de son passage à l'Hôtel de Ville. Les auditions de cette semaine et les déclarations du président, le 14 Juillet, permettront d'en connaître l'ampleur exacte. En tout cas, Jacques Chirac est confronté à la crise personnelle la plus grave qu'il ait connue depuis son installation à l'Elysée. Une crise d'autant plus inattendue qu'elle chemine quasi clandestinement dans les couloirs de la justice depuis quatre ans.

Ce sont curieusement quelques pilotes d'avion de l'ex-société UTA qui sont, aujourd'hui, à l'origine des malheurs du président. Mécontents de la fusion avec Air France, ce collectif d'UTA porte plainte, le 1er octobre 1997. Ironie de l'histoire : sa plainte, déposée par Me Jean-Paul Baduel, vise plutôt des socialistes. Le collectif dénonce, en effet, les gaspillages d'Air France et, en particulier, l'existence de « salariés fictifs » issus de cabinets ministériels ou de la présidence de la République, sous François Mitterrand. Parmi eux, Gérard Colé, Paul Guimard, Michel Vauzelle et, à droite, Dominique Tiberi. Le juge parisien Jean-Pierre Zanoto est saisi du dossier, après un parcours judiciaire tortueux.

Le 24 décembre 1999, Me Baduel dépose un curieux cadeau de Noël dans le cabinet du juge. Dans un courrier, il lui demande de « s'intéresser au fonctionnement de l'agence Gondard Voyages, 41, rue Ybry, à Neuilly-sur-Seine. Il serait utile de vérifier le billet 2057 350 394 8256/5 et les conditions de règlement de ce titre de transport [...]. » Visiblement, l'avocat a une petite idée sur l'identité du passager. Le 28 mars 2000, Michel Gondard est entendu par la brigade financière. Il révèle le nom du prestigieux client : « Le voyageur est M. Jacques Chirac. » Le maire de Paris a passé un week-end à New York avec sa fille Claude et son garde du corps, M. Morin, du 15 au 18 juillet 1993. Le voyage a été effectué en Concorde. Au total, la facture s'est élevée à 119 339 francs, « payée en espèces », précise Michel Gondard. Celui-ci indique, enfin, que le dossier a été traité à l'agence de voyages par un collaborateur, Maurice Foulatière, « consultant, propriétaire de ses clients ».

Quinze jours plus tard, la brigade financière interroge donc M. Foulatière. Celui-ci, qui organise depuis de très longues années les déplacements privés de Jacques Chirac, apporte quelques précisions : « J'ai été contacté par le secrétariat de Jacques Chirac pour organiser ce voyage. [...] De faux noms (Bernolin et Pierac) ont été portés sur la facture pour des raisons de confidentialité [...]. Le montant m'a été apporté à l'agence de Neuilly, en espèces, par un des chauffeurs de M. Chirac. » Et de conclure : « C'est la seule fois où M. Chirac nous a réglé un voyage de la sorte en espèces. »

L'avenir nuancera quelque peu cette pieuse déposition... Elle va pourtant reposer de longs mois dans le cabinet d'instruction du juge Zanoto. Le 24 novembre 2000, quelques jours avant de prendre de nouvelles fonctions, le magistrat transmet le dossier Paris-New York aux juges Marc Brisset-Foucault et Armand Riberolles, qui instruisent l'affaire des marchés d'Ile-de-France. Une transmission directe par une « ordonnance de soit-transmis ». Le 8 janvier 2001, l'avocat Jean-Paul Baduel fournira même aux magistrats, par courrier, une photocopie couleur du coupon d'Air France de Jacques Chirac sur le Concorde.

En quoi ce billet d'avion peut-il intéresser les deux collègues du juge Zanoto ? Les juges Brisset-Foucault et Riberolles, bientôt rejoints par Renaud Van Ruymbeke, traquent les versements d'espèces à la Mairie de Paris. Ils ont démontré que des commissions, pour un total de 600 millions de francs, auraient été distribuées à tous les partis politiques au conseil régional d'Ile-de-France, sur le marché de la rénovation des lycées. Hypothèse – audacieuse – des magistrats : l'argent des billets d'avion pourrait provenir de ces versements. Mais comment le prouver ?

Le 15 juin dernier, tout s'accélère : des enquêteurs de la PJ perquisitionnent à l'agence Gondard, qui a déménagé, entre-temps, dans des sous-sols de l'avenue Charles-de-Gaulle, toujours à Neuilly. Très rapidement, ils mettent la main sur une série de factures, la plupart établies sous de faux noms, datées de 1992 à mars 1995, et toutes réglées en espèces. L'opacité et les noms de code utilisés rendent difficile l'interprétation des documents – même s'ils semblent tous concerner Jacques Chirac. Pour les décrypter, il faut entendre l'homme qui les a rédigés : Maurice Foulatière. Mais ce dernier est introuvable. Il ne répond pas à son domicile de la banlieue parisienne, ni à l'agence de voyages de Saint-Lazare où, malgré ses quatre-vingts ans, il continue à travailler. Ce n'est, finalement, que le jeudi 21 juin que les policiers l'interrogent. En raison de son âge, ils le raccompagnent le soir à son domicile et reviennent le chercher le lendemain matin.

Le voyagiste ne peut que confirmer l'existence de billets d'avion réservés par Jacques Chirac. Au total, pour 2 429 304 francs. Destinations : Etats-Unis, Japon, île Maurice, Syrie, Salzbourg, mais aussi Quiberon ou la station de ski d'Auron, dans les Alpes-Maritimes... Les bénéficiaires sont tous des proches du chef de l'Etat : outre lui-même, on trouve son épouse, Bernadette (mentionnée sous son nom de jeune fille, Chodron), la mère de celle-ci ; sa fille Claude (qui apparaît sous le nom de son mari, décédé, Habert) et son compagnon de l'époque, le judoka Thierry Rey ; Claude Pompidou, épouse de l'ancien président (désignée, lors d'un voyage avec Bernadette Chirac, sous le nom de code commun « Pompichac ») ; le sénateur Maurice Ulrich, ancien directeur de cabinet de Jacques Chirac à Matignon, et sa famille ; Annie Lhéritier, ancienne collaboratrice à l'Hôtel de Ville, plus particulièrement chargée des relations avec la Corrèze et, aujourd'hui, chef de cabinet à l'Elysée ; enfin, quelques secrétaires... Chaque fois, les factures sont réglées en espèces, la plupart du temps par un chauffeur de l'Hôtel de Ville, qui remet l'argent sous forme de billets de 500 francs dans des enveloppes kraft.

Maurice Foulatière était, à sa manière, un proche du président. Il se rendait même parfois, a-t-il confié à *L'Express* en décembre 2000, dans le bureau du maire de Paris, pour lui remettre, en main propre, les billets d'avion et lui détailler les prestations. Le président l'appelait « Cher ami »... Le voyagiste a d'ailleurs raconté aux enquêteurs qu'après sa première audition, en avril 2000, Jacques Chirac lui avait téléphoné pour savoir comment s'était déroulé l'interrogatoire. Le président lui a même donné le numéro du téléphone mobile de Jean-Claude Antonetti, qui n'est autre que son conseiller pour les affaires de justice. Les policiers ont retrouvé ce numéro griffonné par le voyagiste sur un dossier à son domicile.

Le nom de Louise-Yvonne Casetta, souvent présentée comme la trésorière occulte du RPR, a également été cité par M. Foulatière à propos d'un voyage du RPR en Extrême-Orient. Jacques Chirac lui aurait demandé de s'adresser à elle pour le règlement. Les policiers ont été d'autant plus intéressés par ce détail que Mme Casetta est déjà mise en examen dans l'affaire des marchés truqués d'Ile-de-France. Un lien direct paraissait ainsi établi avec l'affaire des billets d'avion. Mais ce voyage n'avait, semble-t-il, pas de rapport avec un déplacement de Jacques Chirac et, en tout cas, il aurait été réglé par chèque.

Devant l'importance de ces révélations, les trois juges envisagent plusieurs hypothèses. Ils peuvent soit demander à entendre Jacques Chirac directement, soit se déclarer incompétents en raison du statut pénal du président de la République, qui relève de la Haute Cour, soit, enfin, attendre que la Cour de cassation se prononce sur l'immunité présidentielle (ce qui devrait être le cas à l'automne, dans l'affaire de la Sempap). Prudents, les magistrats se tournent, le 22 juin, vers le procureur de Paris, Jean-Pierre Dintilhac : ils l'informent qu'ils souhaitent entendre Jacques Chirac comme « témoin assisté », un statut hybride entre simple témoin et mis en examen, qui s'applique à une personne contre laquelle il existe des « indices rendant vraisemblable qu'elle ait pu participer comme auteur ou complice à la commission des infractions ». Le 2 juillet, coup de tonnerre judiciaire, le procureur estime que « rien ne s'oppose en droit à ce qu'un président de la République en exercice, pour des faits qui n'ont aucun lien avec ses fonctions, puisse être entendu comme témoin assisté ». Mais, lui aussi prudent, Jean-Pierre Dintilhac assortit cet avis de conseils aux magistrats : en l'occurrence, l'audition de Jacques Chirac n'est pas « indispensable dans l'immédiat, alors que n'ont pas encore été entendues ni les personnes qui ont procédé aux versements en liquide de ces voyages ni davantage celles qui en ont bénéficié et que n'a encore été effectuée aucune investigation sur l'origine de ces fonds ». En clair, entendez d'abord l'entourage de Jacques Chirac avant de vous attaquer au président lui-même...

Enfin, ultime précaution, avant de répondre aux juges, le procureur réclame, à son tour, l'avis de son supérieur hiérarchique, le procureur général Jean-Louis Nadal. Lundi, celui-ci a estimé qu'en l'état l'audition de Jacques Chirac lui paraissait « discutable ». « En l'absence de décision de la Cour de cassation, écrit-il, l'argumentation soutenue me semble en contradiction avec le statut pénal du président de la République [...] et avec le régime juridique applicable au témoin assisté. » En clair, le procureur général demande aux juges d'attendre la décision de la Cour de cassation, saisie à propos d'une procédure concernant l'imprimerie de la Ville de Paris, dans laquelle Jacques Chirac est mis en cause.

Le procureur général se montre, par ailleurs, attentif à tout dérapage, rappelant « les risques d'irrégularité que pourrait encourir cette procédure ». Et de conclure : « Je ne manquerai pas, le cas échéant, de mettre en œuvre les voies de droit qui permettraient à la chambre de l'instruction ou à la Cour de cassation de se prononcer sur cette question. »

Cette bataille de juristes sur le statut pénal de Jacques Chirac n'empêche donc pas les trois juges d'enquêter sur l'entourage du président. Car la question centrale demeure toujours : d'où vient l'argent qui a servi à payer les billets ? Et comment prouver qu'il provient bien des marchés truqués d'Ile-de-France ? Une démonstration difficile. Dans sa réponse aux premières révélations de *L'Express*, l'Elysée avait avancé plusieurs explications sur l'origine des fonds en espèces : « Ces règlements provenaient de primes perçues par Jacques Chirac en sa qualité de ministre et de Premier ministre et d'argent personnel et familial. » Une référence transparente aux fonds secrets, qui a entraîné une violente polémique sur leur utilisation. Lionel Jospin a même demandé un rapport à ce sujet à la Cour des comptes. Au passage, un autre ancien Premier ministre, Michel Rocard, a reconnu avoir pioché dans ces « primes » pour un « voyage en bateau »... La droite, elle, a réclamé lundi la suppression pure et simple des fonds spéciaux.

La stratégie de l'Elysée devrait s'affiner au fur et à mesure des investigations et des auditions. Les collaborateurs du président épluchent la liste des voyages pour tenter de séparer les séjours réellement privés et les déplacements officiels. Ainsi, un voyage de Claude Pompidou et Bernadette Chirac aurait été réalisé à l'occasion d'un dîner de gala de la Fondation Pompidou ; et les voyages de certains collaborateurs ou secrétaires auraient été offerts comme récompense... Surtout, plusieurs bénéficiaires (comme Maurice Ulrich, pour un voyage avec sa famille à l'île Maurice, pour plus de 300 000 francs) pourraient expliquer qu'ils ont payé de leur poche les voyages ; mais, dans un souci de discrétion, ils auraient utilisé de l'argent liquide et les services de Maurice Foulatière. Pour le reste, il s'agirait, selon l'entourage du président, de fonds secrets qui proviendraient de Matignon, entre 1986 et 1988. Ils auraient, ensuite, été gérés à l'Hôtel de Ville par Maurice Ulrich, son ancien directeur de cabinet.

Cette défense tiendra-t-elle ? On le sait, plusieurs juges ont déjà buté contre le paravent des fonds secrets. Rien de plus difficile, pour des magistrats, que de remonter la piste de l'argent liquide. Pour mesurer l'utilisation d'espèces à l'Hôtel de Ville, le juge Brisset-Foucault a entendu, le 4 juillet, Georges Quémar, ancien directeur général de l'administration municipale. Celui-ci a raconté que la questure de la Ville, chargée de gérer les dépenses des élus, disposait de 20 millions de francs en liquide, par an, dans les années 1980. Cette ligne de budget est votée officiellement et le comptable de la ville débloque, au coup par coup, ces sommes en liquide. Georges Quémar se souvient avoir vu des élus recevoir des liasses de billets ; en revanche, il n'a jamais aperçu d'espèces entre les mains de Jacques Chirac.

Les récentes investigations des juges prouvent leur détermination dans cette affaire. Vont-ils, après avoir interrogé ses proches, persévérer et demander à entendre le président comme témoin assisté, quitte à négocier une audition à l'Elysée ? Ou vont-ils, prudemment, attendre quelques mois que la Cour de cassation statue enfin sur l'immunité pénale du président de la République ? On imagine mal, pour l'instant, Jacques Chirac accepter de répondre aux questions de ces trois magistrats : outre le risque d'être convoqué par d'autres juges, cela serait contraire à toutes ses prises de position. Mais peut-il laisser sa famille et ses proches sous les feux de la justice sans réagir lui-même ? Réponse dans les jardins de l'Elysée, à l'occasion de la traditionnelle interview, ce 14 Juillet.

C'est samedi, en effet, que les explications officielles du président sur ces voyages sont données aux Français. Cela devient une habitude : à chaque intervention télévisée, le chef de l'Etat doit désormais se justifier. L'Elysée travaille au contenu de cet entretien, susceptible d'être modifié jusqu'à la dernière minute. « Nous sommes des ruminants », explique un conseiller du président. Les grandes lignes de défense sont néanmoins déjà esquissées. Ainsi, l'évocation des fonds secrets a, depuis dix jours, parfaitement rempli son rôle de rideau de fumée. Alors que l'origine des fonds demeure mystérieuse, la version fonds secrets est presque devenue vérité incontestée... En réalité, les fonds spéciaux sont à cette affaire ce que l'article 68 de la Constitution, sur la responsabilité présidentielle, était aux précédents dossiers impliquant Jacques Chirac : il s'agit d'élever le débat en généralisant le problème, ce que l'on reproche au président éclairant les carences de la République.

Par la suite, si Jacques Chirac accepte ou est contraint de répondre aux juges, il tentera de retourner à son profit cet événement unique dans les annales politiques du pays. Affichant la loyauté du citoyen qui aide la justice, la transparence de celui qui a la conscience nette ou la « repentance » du bénéficiaire de fonds secrets, le président peut espérer traverser l'épisode sans dégâts, voire avec un certain bonus, prime au courage ou au mea culpa. « 70 % des Américains pensaient que Bill Clinton avait menti dans l'affaire Monica, rappelle un sondeur régulièrement consulté par l'Elysée. Et 70 % le considéraient comme un bon président. » De fait, les malheurs judiciaires de Jacques Chirac n'entament en rien, pour l'heure, son capital électoral en vue de 2002 – au contraire.

Toutefois, l'impact de cette affaire n'est pas nul. Ainsi, selon le sondage réalisé par l'Ifop pour *L'Express*, l'image du président s'est abîmée auprès de 19 % des Français – un sur cinq. Et, si l'on considère qu'une partie des 76 % de sondés qui ne changent pas d'opinion sur Jacques Chirac était déjà circonspecte sur ses rapports avec l'argent, l'autoportrait brossé par le président, en décembre 2000, à la télévision, est sérieusement écaillé. En tout cas, avec 1 % seulement des sondés qui éprouvent plus de sympathie pour lui depuis cette affaire, Chirac ne peut espérer d'effet martyr immédiat.

« Victimisation, victimisation maximale ! » exhorte néanmoins un responsable du RPR. De Clinton à Tiberi, en passant par le Chirac de 1994 trahi par les siens, les exemples abondent. Que la fille du président et, qui sait, son épouse, respectée et populaire, soient convoquées devant les juges l'aidera peut-être à gagner la sympathie de l'opinion. C'est là l'ultime service que le chef de l'Etat pourrait obtenir du petit groupe qui l'a aidé tout au long de sa carrière : le clan Chirac.

« Des esprits intolérants, des partis qui veulent tout, des clans, des bandes » : lorsqu'il annonce sa décision de se représenter à la présidence de la République, le 22 mars 1988, François Mitterrand tape avec une violence inouïe sur son Premier ministre d'alors, Jacques Chirac. Il dénonce un comportement qui fut longtemps celui du RPR, hérité de l'époque où les gaullistes se vantaient de « chasser en meute ». A cette manière de faire, marquée du sceau de son mouvement politique, Chirac a ajouté une touche plus personnelle. Comme le président socialiste, il a choisi de traverser la vie politique entouré d'un nombre restreint d'hommes et de femmes auxquels il a accordé toute sa confiance.

Mais, si Mitterrand multipliait les cercles, constitués à différentes périodes de sa vie, sans relation les uns avec les autres,

Chirac s'appuie plutôt sur un seul cénacle. Des réunions de l'UDR [*Union pour la défense de la République*], au début des années 1970, au cours desquelles on refusait de lui serrer la main, au combat fratricide de 1995, quand les amis supposés quittaient le navire sans vergogne, il a vu la nature humaine dans tous ses états, déformée par le pouvoir, tiraillée par l'ambition, remodelée par la petitesse. Lui-même a trahi plus souvent qu'à son tour. Alors, depuis qu'il est sur le devant de la scène, Chirac a toujours privilégié le rôle de chef de tribu : c'est, pendant la vingtaine d'années qui ont précédé son accession à l'Elysée, avec quelques personnes qu'il a dirigé le RPR ou qu'il a régné sur l'Hôtel de Ville de Paris.

Dans le passé, certains de ces hommes de l'ombre, Père Joseph ou Raspoutine des temps modernes, ont pris une telle importance que Bernadette Chirac décréta, visant Marie-France Garaud et Pierre Juillet, gourous des années 1970 : « C'est eux ou moi. » La famille ou le clan. Avec le temps, Chirac tranchera le dilemme à sa manière : ce sera la famille dans le clan. Celui-ci permettra de reconstituer des liens qui pouvaient se trouver distendus au sein de celle-là.

C'est pourquoi, en mettant en cause Bernadette et Claude, l'épouse et l'une des filles, l'affaire des billets d'avion frappe au cœur du système de pouvoir Chirac. Ces deux femmes ont, en effet, des rôles politiques clefs. Il y a quelques semaines, Mme Chirac dîne en province avec des amis et laisse percer ses regrets de ne pas aller plus souvent dans leur demeure corrézienne de Bity : « Une maison de famille sans famille, ce n'est pas possible. Mon mari ne vient plus. »

Longtemps, pendant ce septennat, l'épouse du chef de l'Etat eut l'impression de ne pas trouver sa place. Toujours présente, certes, mais souvent en retrait. Le 23 novembre 1996, les cendres d'André Malraux entrent au Panthéon. L'ancien ministre du général de Gaulle Maurice Schumann, presque aveugle, délaisse ses notes pour se lancer dans un discours émouvant. Chirac hésite. Il se penche vers sa femme : « Après cela, je ne peux lire un texte. » Bernadette sait mieux que personne que le président n'aime pas improviser : « Vous prenez votre texte ! » Elle joue pleinement son rôle, mais reste tapie dans l'ombre.

Alors qu'elle a partagé, une vie durant, tous les aléas de la vie politique de son mari, qui a connu autant de bas que de hauts, elle dut attendre la récente campagne des élections municipales pour apparaître en pleine lumière et voir ses talents reconnus. Le 22 mai, sur TF1, en même temps qu'elle annonçait pratiquement la nouvelle candidature du chef de l'Etat, elle assurait : « Je partage la vie d'un homme qui a donné l'essentiel de son existence au service de l'Etat, au service public, au service des autres, avec une très grande générosité, beaucoup de rigueur. »

Ce soir-là, la mise en garde d'un conseiller de la présidence prononcée quelques mois plus tôt – il fallait veiller à ne pas envoyer Bernadette partout, car, avec elle, un dérapage ne pouvait être exclu – semblait dater de la nuit des temps. Ce conseiller méfiant, c'était Claude Chirac, qui se garda bien de donner son avis à son père – à « Chirac », comme elle dit.

Pendant la dernière campagne présidentielle, la cadette des deux filles du chef de l'Etat avait annoncé la couleur : en cas de victoire, elle se retirerait du jeu. Elle n'a pas décroché et devient conseillère officielle à l'Elysée, en 1995. Après la défaite présidentielle de 1988, elle assistait aux séances d'entraînement de son père, qui apprenait à apprivoiser la caméra dans un appartement du boulevard Saint-Germain, au-dessus du Flore. C'était l'époque où Nicolas Sarkozy lui demandait encore de servir le café.

Depuis la mort du conseiller en communication Jacques Pilhan, en juin 1998, devenue une vraie professionnelle, elle règne seule sur l'image du chef de l'Etat. Elle le suit dans la quasi-totalité de ses déplacements, présence apaisante malgré son caractère, qu'un conseiller qualifie, sous couvert d'anonymat, d'« anxiogène ». Aucune critique ne s'élève publiquement contre elle : tous les chiraquiens ont appris à le savoir, ils ne peuvent négocier sa présence à la droite du père. Ou plutôt à la gauche. En février 2000, Chirac visite, dans la Mayenne, une entreprise qui a créé sept cents emplois et dont le propriétaire est installé dans un joli château. « Ce sont tout de même des gens un peu typés », remarque Claude dans l'hélicoptère qui ramène l'équipe présidentielle à Laval. Le maire de cette ville, François d'Aubert, désapprouve : « J'aimerais qu'il y ait plus de gens comme ça qui créent autant d'emplois ! » Le président rigole : « Le problème, c'est que ma fille est un peu gauchiste ! »

Ancienne chef de publicité dans une agence de communication, Claude porte, à trente-huit ans, un regard iconoclaste sur la classe politique. Aucune image télévisée ne lui échappe, puisqu'elle se veut à l'affût de la moindre tendance : qu'elle voie la députée de Paris Françoise de Panafieu se balader dans la capitale à rollers, et elle s'interroge aussitôt sur la perception d'une telle image ; que l'élu RPR Jean-Luc Romero, après avoir révélé son homosexualité, soit interrogé un matin à la télévision, et elle lui passe un coup de téléphone.

Son statut de fille de président ne lui donne pas pour autant gain de cause sur tous les sujets. En juin 2000, elle plaide pour que Jacques Chirac assume publiquement son changement de position sur le quinquennat, sans être suivie. C'est une discipline essentielle qui prévaut dans l'esprit de bande : accepter sans broncher d'être désavoué.

Le père, la mère, la fille : ce trio politiquement sûr, à l'abri de la trahison électorale, n'a trouvé sa cohésion qu'en se fondant dans un clan – un clan sans lieu géographique propre, puisqu'il n'existe aucun Solutré chiraquien : si on le retrouve réuni aux quatre coins du monde, au gré des vacances, c'est parce que sa seule unité se forme autour de la personne de Jacques Chirac, lequel ne veut plus séjourner dans sa résidence secondaire de Bity ; un clan dont la gestion du temps, aussi, reste singulière : le chef de l'Etat travaille souvent le week-end, surtout depuis qu'il est à l'Elysée, et ne s'échappe que pour oublier. Il conçoit les vacances comme un moment où il part, exténué, au bout du monde – les séjours à l'île Maurice correspondent à cet état d'esprit.

A l'approche du dernier combat de sa carrière, le président a reconstitué sa petite caste, celle qui a partagé tous ses secrets, des moins avouables aux plus futiles. En juin 2000, Jérôme Monod, qu'il avait croisé pour la première fois en 1963, est revenu à son côté. Il était déjà son directeur de cabinet à Matignon il y a vingt-six ans, puis son secrétaire général au RPR. Annie Lhéritier, citée dans l'affaire des billets d'avion, n'a, elle, jamais quitté Chirac. Depuis sa première fonction, chargée de mission à l'Hôtel de Ville en 1977, elle est de tous les combats, un pied en Corrèze, l'autre dans la capitale. Que Chirac retourne à Matignon en 1986, et elle le suit immédiatement. Qu'il entre à l'Elysée, et elle devient son chef de cabinet. Entre-temps, elle est retournée à la mairie, chargée des « affaires réservées ».

C'est le propre des grands hommes politiques d'engendrer ainsi des fidélités qui résistent au temps. Avec ce président s'ajoute une autre dimension, qui relève de sa psychologie : il s'habitue à des paysages humains qu'il ne modifie jamais avec plaisir. « Chirac aime travailler avec les gens de son entourage, en qui il a confiance, avec lesquels il plaisante, plutôt que de recevoir des gens inconnus qui vont le solliciter pour tel ou tel service », décrit un collaborateur. L'arrivée d'un nouveau conseiller entraîne, la plupart du temps, un petit séisme en « Chiraquie » : c'est l'une des raisons qui expliquent l'hostilité à l'égard de Dominique de Villepin, après sa nomination comme secrétaire général de l'Elysée, en 1995. Lui connaissait certes Chirac depuis le début des années 1980, mais il n'avait jamais appartenu au cercle de l'Hôtel de Ville.

Encore aujourd'hui, à l'Elysée, sur les dossiers sensibles, il y a ceux qui savent et ceux qui sont laissés dans l'ignorance. Certains conseillers n'ont appris que le président allait intervenir à la télévision, le 14 décembre 2000, pour s'expliquer sur les affaires, que la veille, alors que la décision avait été prise depuis plusieurs jours.

Les proches qui ont été tentés de prendre d'autres chemins en ont rarement eu la liberté. Une règle d'or s'impose aux intimes : on ne quitte pas « Loft Chirac ». Claude a dû la respecter la première, en 1995. Maurice Ulrich présenta sa démission après l'échec de l'opération qu'il avait tenté de lancer : l'élection du sénateur Jean-Paul Delevoye à la présidence du RPR. Il avait aussi confié, un temps, qu'il abandonnerait son bureau de l'Elysée le jour de ses soixante-quinze ans, le 6 janvier 2000. Lui qui fut le directeur de cabinet de Chirac lors de son deuxième passage à Matignon, puis son conseiller à la Mairie de Paris entre 1990 et 1995, est toujours en fonction à l'Elysée. A la demande expresse de son locataire.

Ceux qui se sont éloignés du cercle le plus restreint le regrettent encore. Parmi les hommes politiques, Nicolas Sarkozy, jadis si influent, ne retrouvera plus, quoi que lui réserve l'avenir, l'intimité qu'il connut autrefois. Parmi les collaborateurs, l'histoire de Michel Roussin est la plus édifiante. Avant les élections législatives de 1993, il occupe les fonctions de directeur de cabinet à la Mairie de Paris, quand lui prend l'envie de changer d'air. Chirac l'en empêche : il veut le garder à ses côtés. Pendant des semaines, il refuse de lui accorder une circonscription, avant de céder. Et Roussin finira ministre d'Edouard Balladur.

Car du clan, comme de l'ambiguïté, on ne sort qu'à son détriment. Chirac n'est pas près d'abandonner son clan, ce que personne ne lui reprochera ; un devoir, en revanche, l'attend dès le 14 Juillet : se départir de l'ambiguïté dans laquelle le plonge l'affaire des billets d'avion et sortir de cette épreuve délicate sans avoir abîmé son image, pour préserver ses chances dans sa quatrième compétition électorale élyséenne.

Le danger Schuller

Christophe Barbier, Jérôme Dupuis, Elise Karlin,
Eric Mandonnet et Jean-Marie Pontaut

Le retour d'exil de l'ancien élu des Hauts-de-Seine, accusé de financement occulte du RPR, et le livre à paraître du juge Halphen, qui avait instruit l'affaire, arrivent au pire moment pour le président candidat. Récit d'une fin de cavale « abracadabrantesque ». (L'Express *du 7 février 2002.*)

Valéry Giscard d'Estaing garda le silence pendant de longues semaines, puis évoqua l'« affaire » à la télévision : « Je ne suis pas à la disposition de ceux qui utilisent vis-à-vis de moi l'attaque ou la calomnie. [...] C'est quelque chose qui tient à mon caractère et à l'idée que j'ai de ma fonction. Il faut laisser les choses basses mourir de leur propre poison. » Puis il replongea dans le mutisme. Dix-huit mois et quelques articles du *Canard enchaîné* plus tard, Valéry Giscard d'Estaing quittait l'Elysée : les « diamants de Bokassa » ne furent pas sans importance dans cette défaite.

Trois septennats plus tard, les affaires sont encore là, et le président est toujours muet. Certes, il n'y a rien à voir entre les plaquettes de joaillerie d'un despote africain et les ultimes dégorgements du système de financement du RPR des Hauts-de-Seine. Certes, les dossiers politico-judiciaires sont désormais inscrits dans le paysage des Français et, par là même, banalisés. Mais rien ne prouve que les dégâts causés à la candidature de Jacques Chirac par le retour, spectaculaire, le 5 février, de

Didier Schuller et ses déclarations à venir ne lui seront pas, à terme, fatals. Sans oublier le livre du juge Halphen, à paraître le 6 mars.

Bien sûr, si les affaires s'accélèrent et se multiplient à l'approche du scrutin majeur de la République, des diamants de Giscard aux HLM des Hauts-de-Seine en passant par l'affaire Luchaire, ce n'est pas grâce à une célérité soudaine de la justice : elles font partie de l'arsenal électoral clandestin. Opérations et récupérations politiques sont souvent leur arrière-plan. Il faut donc chercher à qui profite le crime, ou plutôt à qui profitent les déballages.

Dans ce jeu à somme nulle – car aucun camp n'est exemplaire –, la double affaire Schuller-Halphen est à part. D'abord, parce qu'elle allie, par d'étranges hasards du calendrier, un élu ripou en cavale et un juge en rupture de ban, et non plus des dictateurs exotiques ou de sombres mafieux : elle est donc particulièrement symptomatique de la crise actuelle de la démocratie. Ensuite, parce qu'elle confronte à distance deux hommes, Lionel Jospin et Jacques Chirac, dont la stratégie est marquée par l'ombre de François Mitterrand. Le premier s'inspire de son ancien mentor pour tenir la posture de la probité candide vêtue de lin blanc, laissant d'autres se jeter dans la mêlée, comme Mitterrand lors de ses deux septennats, qui furent la féconde saison des affaires. Le second se réfère à son prédécesseur pour attendre, en de muettes hauteurs, de se déclarer candidat le plus tard possible, comme Mitterrand le fit, le 22 mars 1988. Enfin, dernière particularité, Eric Halphen et Didier Schuller, véritables missiles anti-Chirac, sont des revenants.

Il y a sept ans, à la veille de l'élection présidentielle, ils étaient ennemis. L'homme politique Didier Schuller, proche de Charles Pasqua, avait tenté de discréditer le juge Eric Halphen, coupable de s'intéresser de trop près aux affaires du RPR dans les Hauts-de-Seine. Aujourd'hui, les deux hommes constituent curieusement les principaux rouages d'une machine qui menace directement le candidat Chirac. Le premier, après sept ans d'exil dans les îles des Caraïbes, s'est finalement décidé à se rendre et à rentrer en France. Le second, après avoir enquêté sur l'affaire des HLM de Paris, souhaite mettre sa carrière de magistrat entre parenthèses et annonce un livre brûlot. Deux bombes à retardement qui se retrouvent sur le chemin du président de la République à soixante-quinze jours du premier tour des élections. Coïncidence ? Coup préélectoral ? Ou désir, pour ces deux hommes, de dire enfin leurs vérités ? Histoire de deux destins croisés.

La vie de Didier Schuller a basculé, au début de 1995, lorsqu'il a décidé de fuir clandestinement la France avec sa compagne, Christel Delaval, et leurs deux petites filles. Jusque-là, cet énarque issu d'une riche famille alsacienne semblait promis à un brillant avenir. Conseiller dans plusieurs cabinets ministériels durant les années 1970 – Boulin, Messmer... –, radical de gauche, puis candidat UDF [*Union pour la démocratie française*] malheureux contre Jean-Pierre Chevènement, lors des législatives de 1978, à Belfort, il s'occupe, auprès de Maurice Charretier, ministre du Commerce et de l'Artisanat de Valéry Giscard d'Estaing, du problème des grandes surfaces... Avec le retour de la droite, en 1986, il s'implante dans les Hauts-de-Seine, grâce à l'appui de Patrick Balkany et de Charles Pasqua. Nommé directeur général de l'office HLM du département, il est finalement élu conseiller général de Clichy.

C'est alors que tout bascule. Le juge Halphen, soupçonnant un financement occulte, perquisitionne, en décembre 1994, au siège de sa permanence et à celui de son journal électoral, *Le Clichois,* dirigé par son amie. Survient la rocambolesque affaire Schuller-Maréchal : le beau-père du juge Halphen, le Dr Maréchal, réclame 1 million de francs pour « neutraliser » son gendre ; sautant sur l'occasion, Schuller, avec la bénédiction de Charles Pasqua, monte un véritable traquenard contre le magistrat à coups d'écoutes téléphoniques et de flagrant délit à l'aéroport de Roissy. Mais l'affaire tourne court.

Craignant d'être arrêté, Didier Schuller décide de prendre la fuite en pleine campagne présidentielle, en février 1995. Après un bref passage par la Suisse, il disparaît. Ses avocats, Mes Szpiner et Gibault, proposent alors aux juges Vandingenen et Portelli de faire rentrer leur client, s'il a la garantie d'échapper à la prison. Les magistrats refusent. Des proches de l'ancien conseiller général des Hauts-de-Seine auraient soigneusement choisi son lieu de villégiature en fonction des conventions d'extradition et de l'ensoleillement. Ce seront les Bahamas, à quelques encablures des côtes de Floride. Des vacances d'autant plus dorées que Didier Schuller aurait pris la précaution de mettre à l'abri 3 millions de dollars en Suisse, chez un gestionnaire de fortune, Jacques Heyer. Mais ce financier genevois, qui gérait également l'argent de stars du tennis et du show-biz, a fait faillite. Ce qui oblige au fil des ans Didier Schuller à solliciter l'aide pressante de ses « amis ». Plusieurs d'entre eux se cotiseront pour lui faire parvenir quelques subsides. Outre l'amitié, beaucoup préfèrent le savoir silencieux aux Bahamas que bavard à Paris...

Mais, par un incroyable concours de circonstances, une Française reconnaît les deux filles de Didier Schuller sur leur petite île des Caraïbes. Le voilà repéré. Il accorde, le 21 décembre 1997, une première interview au *Monde,* dans laquelle il se défend d'avoir détourné le moindre centime de l'office HLM des Hauts-de-Seine. Puis il s'évanouit à nouveau dans la nature. Seuls ses amis restent en contact avec lui. Malgré un mandat d'arrêt international, son sort ne semble guère préoccuper les autorités françaises.

D'ailleurs, c'est non pas de la justice, mais de sa propre famille, que viendra le coup fatal. A la fin de 2001, son fils, Antoine, va le dénoncer. Ce jeune homme, issu d'un premier mariage, a vécu de longs mois auprès de son père en fuite. Or Didier Schuller supportait mal ce fils oisif qui menait grand train. Réexpédié à Paris, sous l'influence d'un étrange psychothérapeute et de la comédienne Marie Laforêt, il se lance dans une croisade tous azimuts et décide de révéler que son père « vit comme un nabab » à Saint-Domingue, toujours dans les Caraïbes.

En décembre 2001, Antoine Schuller prend contact avec un commissaire des Renseignements généraux. Le 19 décembre, celui-ci rédige une note, ironiquement intitulée « La solidarité des accidentés de la politique ». Faisant allusion aux déboires judiciaires de Pasqua et de Balkany, elle révèle que Lauren, l'une des filles de Didier Schuller, devait retrouver son père pour Noël en République dominicaine. Elle était censée lui apporter 80 000 francs et des lettres de soutien de la part d'un élu des Hauts-de-Seine. Etrangement, cette note explosive n'attire pas l'attention du ministère de l'Intérieur.

Du coup, Antoine Schuller donne une interview fracassante au *Parisien.* Tout y est, jusqu'au plan du lotissement où habite son père. Acculé, traqué par la justice française, qui demande son extradition, Didier Schuller se terre dans un endroit secret de l'île et se confie dans le numéro du *Monde* mis en vente le jeudi 31 janvier. Surprise : l'ancien conseiller général des Hauts-de-Seine change de stratégie. Il reconnaît avoir participé à un

« système RPR » de financement occulte alimenté par les entreprises qui voulaient obtenir des marchés. Un système conçu au-dessus de lui, ajoute-t-il. Il avoue enfin avoir connu deux protagonistes essentiels de l'affaire des HLM de Paris, Georges Pérol et Jean-Claude Méry. Sur France 2, il indique : lors d'un accident d'avion, on met en cause l'appareil ou le pilote, mais jamais le chef de cabine... « Or je n'étais que le chef de cabine. Il n'est pas difficile d'imaginer qui était le pilote... »

Deuxième coup de théâtre : on apprend que Didier Schuller a changé d'avocat. Il abandonne Francis Szpiner, avocat d'Alain Juppé et proche de l'Elysée, pour Jean-Marc Fedida, plutôt connu pour avoir ferraillé contre le RPR et Jacques Chirac dans l'affaire des HLM de Paris. Ce jeune avocat, qui s'était fait connaître lors de l'affaire de la profanation du cimetière de Carpentras, défend également Démocratie libérale et son trésorier, l'ancien juge Thierry Jean-Pierre. Il connaît bien l'affaire des HLM de la ville de Paris (Opac), instruite par Eric Halphen, dans laquelle il défend François Ciolina, un ancien dirigeant de l'Opac. C'est d'ailleurs l'un de ses camarades de promotion, Arnaud Montebourg, qui, devenu député PS, lui a transmis ce dossier. Ironie de l'histoire : François Ciolina était auparavant, lui aussi, défendu par Me Szpiner...

Ces derniers temps, Ciolina s'est subitement décidé à mettre en cause Jacques Chirac. Fort de ce précédent, beaucoup, à droite, craignent que Didier Schuller ne suive la même voie. Et croient deviner, derrière l'irruption de Jean-Marc Fedida, l'ombre d'Arnaud Montebourg, qui avait inlassablement tenté de traduire Jacques Chirac devant la Haute Cour, et du *Monde*, soupçonné par l'Elysée de mener campagne contre le président de la République.

Comment Jean-Marc Fedida, craint comme la peste par le RPR, est-il devenu le défenseur de Didier Schuller ? Un mystérieux intermédiaire l'aurait contacté au début de 2001, lui demandant s'il accepterait de défendre l'ancien élu des Hauts-de-Seine au cas où celui-ci rentrerait en France. L'avocat aurait donné un accord de principe. Puis il aurait été en contact, épisodiquement, avec le fugitif, qui lui aurait révélé l'endroit où il se trouvait. Les déclarations soudaines d'Antoine Schuller, en janvier 2002, qui ont profondément affecté son père, auraient précipité les événements. Me Fedida s'envole très discrètement pour Saint-Domingue afin de rencontrer son client, qui vit dans des conditions de plus en plus précaires. Schuller lui confirme son désir de rentrer en France. Son seul souci reste d'épargner sa compagne, elle aussi sous le coup d'un mandat d'arrêt international. Il souhaite absolument lui éviter la prison.

Selon la droite, le retour de Schuller, à soixante-quinze jours de l'élection présidentielle, aurait été soigneusement prémédité. Jean-Marc Fedida le nie fermement, assurant qu'il n'a fait que son travail d'avocat. Son entrée dans le dossier avait été gardée secrète. Seul élément troublant : dès le mardi 29 janvier, soit trois jours avant que la nouvelle soit rendue publique, un responsable du PS proche de Lionel Jospin détient l'information. Le lendemain, il en fait même part à un collègue à l'Assemblée nationale. Interrogé par *L'Express*, ce hiérarque socialiste explique que c'est un journaliste qui lui a confié ce « scoop »... Au juge Philippe Vandingenen, qui instruit l'affaire Schuller, de reconstituer l'histoire de cette cavale et de creuser le dossier des HLM. Nul doute que les déclarations du fugitif viendront pimenter la campagne présidentielle. D'ores et déjà, elles sont une menace de fragilisation de Jacques Chirac, qui voit les intentions de vote en sa faveur se dégrader depuis que l'affaire Schuller a rebondi.

Autre épisode explosif déjà programmé dans ces élections agitées : la publication, le 6 mars prochain, de *Sept Ans de solitude,* le livre-confession du juge Halphen. Ce magistrat va raconter les déboires qui, sept ans durant, ont jalonné son enquête sur les HLM de la Ville de Paris. La matière ne manque pas : tentative de déstabilisation par le biais de son ancien beau-père, le Dr Maréchal ; perquisition mouvementée à l'appartement des Tiberi ; convocation adressée à « Chirac Jacques » ; enfin, dessaisissement du dossier des HLM, confié au juge Armand Riberolles... En avant-goût, Eric Halphen a donné une longue interview au *Parisien* : « Ici, on a un président qui est soupçonné d'avoir fait bénéficier son parti d'argent public pendant des années et on dit que vous ne pouvez pas enquêter sur lui... » Ses détracteurs, eux, y compris parmi ses collègues de la magistrature, lui reprochent ses instructions désordonnées, ses erreurs de procédure, qui ont permis de nombreuses annulations, ou sa rapide mise en examen de Michel Roussin, ex-directeur de cabinet de Jacques Chirac à la Mairie de Paris, qui s'est soldée par un non-lieu...

La date de publication de cet ouvrage, à sept semaines du premier tour, n'est évidemment pas innocente. Pourtant, les conditions du départ de la magistrature d'Eric Halphen ne sont pas réglées. Le juge a annoncé à grand fracas qu'il « quittait » la magistrature « pour défendre son honneur ». Après ses années passées à Créteil, le magistrat venait d'être promu vice-président du tribunal de grande instance de Nanterre, un poste moins exposé. Quelques jours après avoir pris ses fonctions, le 10 janvier, il a demandé une mise en disponibilité « pour convenances personnelles », souhaitant que celle-ci prenne effet au 1er mars. Cette disposition permet aux magistrats de quitter momentanément la magistrature pendant trois ans. Elle est renouvelable une fois. Mais elle est soumise à l'autorisation d'une commission qui examine les motifs invoqués. Ainsi, il y a quelques années, une magistrate du parquet financier de Paris, souhaitant rejoindre un grand groupe, s'est vu opposer un refus : elle a donc choisi de démissionner définitivement de la magistrature. Les projets d'Eric Halphen semblent plus flous : outre son livre, il aurait en projet une collaboration avec France Culture. L'équipe de Jean-Pierre Chevènement lui a fait un appel du pied, auquel il n'a pas donné suite pour l'instant.

Quel sera le sort réservé à la demande de mise en disponibilité d'Eric Halphen ? *L'Express* peut révéler que son supérieur hiérarchique, le premier président de la cour d'appel de Versailles, Vincent Lamanda, a adressé un courrier pour le moins circonspect à la garde des Sceaux, Marilyse Lebranchu, à ce sujet : « J'observe que ce magistrat [...] n'indique ni la durée de la mise en disponibilité qu'il sollicite, ni l'activité à laquelle il envisage de se livrer pendant celle-ci. Interrogé sur ce point, le président du tribunal de grande instance de Nanterre m'a précisé que M. Halphen avait l'intention d'écrire un livre et de vivre des droits d'auteur. Dans la longue interview qu'il a donnée dans un quotidien [...], il mentionne qu'il va chercher du travail, sans plus de précision, sa mise en disponibilité semblant pour lui d'ores et déjà acquise. Mme Petit [*présidente du tribunal de Nanterre*] m'a d'ailleurs confié que le souhait de M. Halphen d'interrompre temporairement ses fonctions était connu de la chancellerie dès avant le projet de nommer ce magistrat à Nanterre et que sa requête pouvait vous être transmise en l'état. » En clair, s'interroge ce magistrat de Versailles, la chancellerie a-t-elle accordé un blanc-seing au juge Halphen pour écrire un brûlot contre le président de la République ? Contactée par *L'Express*, la chancellerie indique qu'elle se borne à attendre l'avis du Conseil supérieur de la magistrature, que le juge Halphen a saisi pour obtenir sa mise en disponibilité.

Ce livre, en tout cas, édité dans la collection « Impacts » de Denoël, qui a déjà publié un ouvrage d'Arnaud Montebourg et l'intégrale de la cassette Méry, fait peur à la droite. Au point que, lors de la fameuse réunion des ténors de l'opposition invités par Jacques Chirac à l'Elysée, le 26 janvier, Jean-Louis Debré a exhorté le président à tenir compte, pour le choix de sa date d'annonce de candidature, du jour de parution du livre du juge Halphen. D'autant que l'Elysée a appris que le magistrat-écrivain en ferait la promotion, le 5 mars, au journal de 20 heures.

Le retour spectaculaire de Schuller et le livre d'Halphen contraignent les amis de Jacques Chirac à élaborer une stratégie de riposte. « Toutes ces affaires sont non pas des causes, mais des conséquences de la situation présente. Elles n'ont d'importance que parce qu'elles révèlent l'immobilisme de notre candidat. Du coup, n'importe quelle étincelle fait un feu. » Nicolas Sarkozy n'en finit plus de maudire l'attitude de la droite. Face aux affaires, la riposte fut d'abord faible – sur le départ d'Halphen – puis grossière – sur le retour de Schuller. Si l'on « remue la merde », c'est que la situation n'est pas propre. Alain Juppé a-t-il dérapé ? La gauche veut plutôt croire qu'il a agi par tactique. « La droite a fait ce qu'elle avait de mieux à faire, à savoir jeter un doute, reconnaissait lundi un ministre socialiste. Nous devons nous garder de moraliser ces histoires et laisser les affaires marcher seules. »

Après la dramatisation de l'actualité suscitée par les attentats du 11-Septembre, suivie, un mois plus tard, de la pacification du climat engendrée par l'arrêt de la Cour de cassation, qui rendait impossibles les poursuites contre le chef de l'Etat pendant son mandat, l'Elysée a pu croire en l'épilogue du feuilleton. Son image ne semblait pas avoir été affectée par l'affaire des billets d'avion révélée par *L'Express*, en janvier et juillet 2001. Or la campagne électorale de Jacques Chirac ressemble désormais, sur un point, à sa présidence : elle doit se caler sur le rythme des affaires. Certains, parmi les fidèles du président, se demandent s'il n'a pas intérêt à déminer le terrain avant son entrée en campagne. « S'il est aussi efficace que le 14 Juillet, ça peut aider », note un visiteur régulier de l'Elysée.

Une priorité s'impose en tout cas : sortir du « faux plat » actuel, trouver une « dynamique », selon les termes – et les inquiétudes – d'un chiraquien. Mais l'exemple ne vient pas d'en haut. Depuis le début de l'année, les ratés se sont succédé jusqu'au week-end des réunions dans « le clair-obscur fatal » (dixit Philippe Séguin) à l'Elysée : « Un lancement de campagne pour dire que nous ne sommes pas en campagne, une présence qui est un silence », comme le note un participant.

Il y a une dizaine de jours, un vieux compagnon du président est venu lui rendre visite : « Jospin est la pire bête politique que j'aie connue, l'a-t-il alerté. C'est peut-être à cause de sa formation, mais il va toujours jusqu'au bout. » Un avertissement, tant cet ancien ministre avait l'impression que Chirac s'était un peu laissé endormir par son Premier ministre en pensant avoir pris sa mesure. « Il m'arrive d'avoir des doutes sur son instinct, quand je l'entends sortir tous les trucs des sondages. Son discours sonne alors faux », confiait-il après son rendez-vous.

Chirac a l'habitude d'être sous-estimé avant le début du combat. Le choix judicieux du maire du Havre, Antoine Rufenacht, comme directeur de campagne prouve qu'il lui reste de bons réflexes. Mais d'autres questions se révéleront plus cruciales. La date de la déclaration de sa candidature, il la choisira seul ou presque. En 1994, pratiquement personne n'était au courant. Même son directeur de campagne n'apprit sa déclaration que par une indiscrétion, dans les heures qui la précédèrent. Le 27 janvier, le chef de l'Etat disait à la trentaine de parlementaires réunis à l'Elysée : « On peut trouver des tas de dates symboliques pour entrer en campagne, la fin de la session parlementaire [*le 22 février*], le sommet de Barcelone [*les 15 et 16 mars*], etc. » Mais il ne dévoila rien d'important devant ses interlocuteurs venus en nombre. Peut-être, même, agita-t-il quelques leurres... La veille, il donnait raison à ceux qui insistaient sur l'importance de la qualité de la campagne plutôt que sur la date de démarrage.

Avec l'un de ses anciens ministres, Chirac a longuement évoqué le précédent de 1981. Les partisans de Valéry Giscard d'Estaing, président candidat à sa propre succession, avaient fondé toute leur stratégie sur une thèse : le jour venu, les Français allaient voir ce qu'ils allaient voir. Et ils ne virent ni rupture de style, ni changement de ton, ni renouvellement de projet. Chirac veut à tout prix éviter ce piège. « Vivre dans les palais nationaux peut consoler du manque d'audace », prévient néanmoins l'un de ses partisans.

D'ici au 23 février, et le rendez-vous de l'Union en mouvement à Toulouse, le futur candidat doit trouver un moyen de bouger, une manière de rassurer, une occasion de parler, s'il veut rebondir. « En une semaine, nous n'avons pas progressé, constate un fidèle du chef de l'Etat. On ne peut pas rester comme cela trois semaines de plus. » Dans les soixante-quinze jours à venir, les meilleurs atouts du président peuvent se révéler ses pires handicaps. Chirac côté pile – « énergie et expérience », définit Nicolas Sarkozy ; ou Chirac côté face – « menace et usure ».

C'est donc un délicat compte à rebours qui s'engage pour le président, dont le tic-tac se mêlera à celui de deux bombes politico-judiciaires lancées contre lui : les déclarations de Didier Schuller, les écrits d'Eric Halphen.

Dans l'affaire dite des « HLM de Paris », Didier Schuller a finalement été condamné à trois ans de prison, dont un an ferme, 150 000 euros d'amende et cinq ans de privation de ses droits civiques, civils et familiaux. Son pourvoi en cassation a été rejeté en novembre 2007 par la Cour de cassation. Jacques Chirac, lui, n'a pas été poursuivi.

Quand Jacques Chirac était aux « affaires »

Pascal Ceaux, Eric Pelletier et Jean-Marie Pontaut

En octobre 2009, l'ancien chef de l'Etat, longtemps épargné pour cause d'immunité présidentielle, est renvoyé devant le tribunal correctionnel de Paris pour un dossier d'emplois fictifs remontant à l'époque où il était maire de la capitale. C'est la première fois, dans l'histoire de la Ve République, qu'un ex-président subit un tel affront. Cet événement marque un tournant important. Voici Jacques Chirac rattrapé par les « affaires » alors qu'il profite de sa retraite et savoure sa popularité auprès de ses compatriotes,

visiblement disposés à pardonner les incartades passées. Dans un article intitulé « Quand Chirac était aux affaires », L'Express *exerce tout de même son droit d'inventaire et dresse le bilan des nombreuses procédures où son nom est apparu.*
Quelques mois plus tard, une polémique éclate quand Le Canard enchaîné *révèle que l'ex-président a proposé au maire socialiste de Paris, Bertrand Delanoë, d'indemniser la Ville à hauteur de 2,2 millions d'euros pour qu'elle renonce à ses poursuites contre lui. L'UMP est semble-t-il prête à verser une partie de cette somme. Soutenu par les socialistes parisiens, Delanoë a accepté la proposition, qui constitue, pour Jacques Chirac, une manière de reconnaître enfin sa responsabilité. L'accord en question, validé en septembre 2010 par le conseil de Paris, ne remet pas en cause le procès, mais il allège la menace pesant sur cet éternel équilibriste de la politique qu'est Jacques Chirac.* (L'Express *du 5 novembre 2009.*)

Ph. B.

Il s'en est fallu de quelques lignes dans une loi d'amnistie pour que rien de tout cela n'arrive. Au lendemain de sa réélection à la présidence, en 2002, Jacques Chirac reçoit de son avocat, Me Francis Szpiner, le conseil d'en finir avec les affaires. Le juriste propose que, à l'instar de la gauche en janvier 1990, la majorité parlementaire, largement acquise au président réélu, vote une loi taillée sur mesure. Mais son entourage le dissuade d'agir ainsi. Dominique de Villepin, secrétaire général de l'Elysée, considère la manœuvre inutile. A ses yeux, le pouvoir n'est plus menacé après la large victoire contre Jean-Marie Le Pen. Quant à Claude, la fille de Jacques Chirac, elle redoute une faute politique et une entorse aux principes. Une telle initiative tendrait à hérisser le poil de l'opinion contre une opération d'autoblanchiment des politiciens. Finalement, le chef de l'Etat renonce à l'amnistie.

Erreur fatale ? Jusque-là épargné pour cause d'immunité présidentielle, il est aujourd'hui en passe, à soixante-seize ans, de comparaître devant un tribunal correctionnel pour « détournement de fonds publics » et « abus de confiance ». Le voici en première ligne, lui qui s'était contenté, jusque-là, d'observer de loin les malheurs de ses ex-collaborateurs. La justice le soupçonne d'avoir fait bénéficier des personnalités telles que Marc

Blondel, ancien secrétaire général de Force ouvrière, ou Jean de Gaulle, petit-fils du Général, d'emplois fictifs.

Faute d'amnistie, Jacques Chirac est donc redevenu un justiciable ordinaire, rattrapé par son passé de maire de Paris (1977-1995). Cet épisode, particulièrement douloureux pour un homme à la carrière politique exceptionnelle, vient conclure dix années de bataille judiciaire marquées par la convocation devant des juges d'instruction – voire la condamnation – de quelques compagnons de route. Ce défilé de fidèles a dévoilé les ressorts d'un « système » tout entier dévoué à la réussite du leader de la droite et au financement de ces activités à une époque où les partis, confrontés au vide législatif, se « débrouillaient » à leur manière pour emplir les caisses.

Affaire des emplois fictifs de la Mairie de Paris et de ceux du RPR (Rassemblement pour la république), marchés publics d'Ile-de-France, HLM de la Ville de Paris, billets d'avion, « frais de bouche » à l'Hôtel de Ville... Ce tourbillon mêle personnalités de premier plan, membres du cercle familial et divers acteurs, parfois cocasses, d'un financement occulte, jusqu'à mettre en cause celui qui est soupçonné d'en avoir été le principal bénéficiaire.

« Vingt et un emplois retenus pour dix-huit années de mandat, alors que quatre cent quatre-vingt-un ont été vérifiés un par un, s'indigne toutefois Me Jean Veil, défenseur actuel de l'ancien chef de l'Etat. Tout cela démontre que la notion de "système Chirac" est complètement inadéquate ! » En outre, aucun des proches mis en cause par la justice n'a dénoncé la responsabilité de l'ex-maire de Paris.

Pour certains, les dégâts ont néanmoins été lourds. Parmi les grands accidentés du feu judiciaire figure ainsi l'ancien Premier ministre Alain Juppé. Grand espoir du chiraquisme, il a été condamné à quatorze mois d'emprisonnement avec sursis et un an d'inéligibilité ; une décision qui l'a contraint à mettre un temps entre parenthèses sa carrière politique et à s'envoler pour le Canada. De fait, l'actuel maire de Bordeaux occupait une place très exposée : il cumulait les fonctions d'adjoint aux finances à la Ville de Paris et de secrétaire général du RPR. Il lui a été reproché d'avoir fait payer par la Ville les traitements de sept permanents du parti gaulliste.

Autre cible privilégiée : l'entourage immédiat du maire. Si la plupart des collaborateurs directs ont réussi à éviter le couperet judiciaire, cela n'a pas été le cas de Michel Roussin. Celui-ci a longtemps joué auprès de Chirac le double rôle de confident et de préposé aux missions délicates. Les deux hommes s'étaient connus en 1974 lors du premier passage de Chirac à la tête du gouvernement. Surtout, Roussin a été chef puis directeur du cabinet du maire. C'est d'ailleurs cette position qui lui a valu d'effectuer un bref séjour en prison et d'être condamné en appel dans l'affaire des marchés publics d'Ile-de-France, pour complicité et recel de corruption, à quatre ans d'emprisonnement avec sursis et cinq ans de privation de droits civiques. Cette sanction avait blessé l'ancien militaire et lui avait donné le sentiment désagréable de payer pour un autre. En clair, Jacques Chirac.

A côté des personnages publics, le feuilleton judiciaire a mis en lumière des hommes et femmes de l'ombre. A commencer par le promoteur immobilier Jean-Claude Méry, membre du comité central du RPR. « Méry de Paris », comme il était surnommé à l'Hôtel de Ville, n'était a priori pas destiné à devenir la vedette d'un retentissant scandale. Trois ans avant son décès d'un cancer, en juin 1999, il avait pourtant enregistré sur une cassette vidéo un entretien d'une heure, où il racontait notamment ses missions secrètes de collecteur de fonds et la remise d'une somme de 5 millions de francs en espèces à Jacques Chirac, en octobre 1986. Après la publication du contenu de la cassette, dans *Le Monde*, en septembre 2000, Jacques Chirac avait qualifié cette accusation d'« abracadabrantesque ». Les déclarations de Méry n'ont toutefois pas été corroborées par l'enquête judiciaire.

Le cas de Louise-Yvonne Casetta n'est pas moins pittoresque. Surnommée « la Cassette », cette femme discrète au tempérament de fer fut secrétaire puis intendante au RPR de 1984 à 1997. Ce poste aux contours flous la mettait en relation avec de nombreux chefs d'entreprise suspectés d'entretenir la pompe à finances chiraquienne. En dépit de sa condamnation, en appel, à deux ans d'emprisonnement avec sursis, dans l'affaire des marchés publics d'Ile-de-France, elle n'a jamais dit un mot contre son ancien « patron ».

La famille elle-même n'a pas échappé à l'intérêt des juges. Certes, ni Bernadette Chirac ni sa fille Claude n'ont été poursuivies, mais cette dernière a tout de même été entendue dans l'enquête sur des billets d'avion payés en liquide, dont elle avait elle-même profité. Le train de vie du couple à l'Hôtel de Ville a lui aussi été observé à la loupe à la suite d'une plainte déposée par la nouvelle municipalité, à majorité socialiste. Cette fois, l'enquête a tourné court.

Aujourd'hui, Jacques Chirac avance donc vers une comparution devant un tribunal. D'autant qu'un autre dossier, instruit cette fois à Nanterre (Hauts-de-Seine), menace sa tranquillité. Un premier procès pourrait avoir lieu à l'automne 2010 à Paris, promesse d'un tableau inédit : un ancien président de la République assis sur le banc des prévenus, tandis que défilent à la barre les seconds rôles d'un « système » disparu.

Les emplois fictifs de la Mairie de Paris. Le 30 octobre 2009, la juge d'instruction parisienne Xavière Simeoni a ordonné le renvoi de dix personnes devant le tribunal correctionnel, contre l'avis du parquet. Jacques Chirac devrait donc être jugé pour « détournement de fonds publics » et « abus de confiance ». Il est soupçonné d'avoir été « le concepteur, l'auteur et le bénéficiaire d'un dispositif » de vingt et un emplois de complaisance lorsqu'il était maire de Paris. Parmi les mis en cause, Marc Blondel, ancien secrétaire général de Force ouvrière, dont le garde du corps a été salarié de la Ville. Jacques Chirac dit « assumer la totale responsabilité de ces recrutements », estimant que chacun d'eux était justifié. Le procès devrait avoir lieu en mars 2011.

Les emplois fictifs du RPR. C'est la deuxième affaire qui menace l'ex-président de la République. Elle concerne sept employés permanents de son parti, le RPR (Rassemblement pour la république), dont les salaires étaient pris en charge par la Mairie de Paris. En décembre 2004, l'affaire a valu à Alain Juppé une condamnation en appel à quatorze mois d'emprisonnement avec sursis et un an d'inéligibilité pour « prise illégale d'intérêt » en tant que secrétaire général du RPR. Jacques Chirac a été entendu comme témoin assisté en juillet 2007. Le juge Jacques Gazeaux, en poste à Nanterre (Hauts-de-Seine), l'a mis en examen le 18 décembre 2009 pour « prise illégale d'intérêt ». [...]

Les HLM de Paris. Pots-de-vin, corbeau, déstabilisation du juge d'instruction... Le dossier des HLM de Paris, un vaste système de fausses factures au détriment de l'Opac (Office public d'aménagement et de construction), fut l'un des plus rocambolesques de la « Chiraquie ». Malgré de forts soupçons (dans une vidéo posthume, rendue publique en 2000, le promoteur Jean-Claude Méry mettait en cause Jacques Chirac), les investigations n'ont pas démontré l'implication de l'ancien maire de Paris. En 2006, après dix années d'instruction, trente-sept prévenus, dont l'ancien directeur général de l'Opac, Georges Pérol, ont été condamnés. Parmi eux, aucune personnalité politique.

Les marchés publics d'Ile-de-France. Entre 1989 et 1997, les grands partis politiques français (RPR, PR, PS, PCF) ont mis en coupe réglée les marchés d'entretien et de rénovation des lycées d'Ile-de-France : selon ce pacte de corruption, ils se répartissaient 2 % du montant des contrats accordés à des entreprises du BTP (3,7 milliards d'euros). [...] Les juges d'instruction s'étaient déclarés « incompétents » pour entendre Jacques Chirac.

Les billets d'avion. En 2001, lors d'une perquisition dans une agence de voyages de Neuilly-sur-Seine, les policiers tombent incidemment sur des billets d'avion réglés en espèces pour Jacques Chirac, sa fille Claude ou son épouse, entre 1993 et 1995. [...] L'Elysée désamorce l'affaire en parlant d'un reliquat de « fonds secrets » datant de l'époque où Jacques Chirac se trouvait à Matignon. La justice abandonnera toute poursuite.

Les frais de bouche à la Mairie de Paris. En 2002, la municipalité socialiste de Paris transmet à la justice un rapport révélant des « frais de bouche » somptuaires du couple Chirac. Plus de 2 millions d'euros furent affectés aux dépenses alimentaires et aux réceptions entre 1987 et 1995. Le non-lieu délivré par le juge Courroye est finalement confirmé par la cour d'appel de Paris en novembre 2004 : les magistrats estiment que les faits sont prescrits. Le dossier est définitivement clos.

Le procès de Jacques Chirac et de neuf autres prévenus se tient finalement à Paris du 5 au 23 septembre 2011. Le tribunal correctionnel examine alors le volet « emplois fictifs » de la Ville de Paris. Les faits, qui portent sur vingt-huit emplois, remontent à la période 1990-1995, époque à laquelle Jacques Chirac était maire de la capitale.

Dès le début du procès, il apparaît que ce dernier, désormais âgé de soixante-dix-huit ans, n'assistera pas aux audiences en raison de la dégradation de son état de santé. Alors que cette absence suscite une polémique, ses avocats avancent un rapport médical concluant à des troubles neurologiques « sévères » et « irréversibles ».

Parmi les autres prévenus, figurent le petit-fils du général de Gaulle Jean de Gaulle, l'ex-secrétaire général de FO (Force ouvrière) Marc Blondel, l'un des fils de l'ex-Premier ministre Michel Debré, François Debré, et deux anciens directeurs de cabinet, Michel Roussin et Rémy Chardon. Poursuivi pour « prise illégale d'intérêts », « abus de confiance » et « détournement de fonds publics », Jacques Chirac encourt jusqu'à dix ans de prison et 150 000 euros d'amende. « Votre responsabilité morale et politique est immense », lance au tribunal l'un de ses avocats, Me Georges Kiejman. « Votre jugement sera la dernière image donnée de Jacques Chirac », souligne-t-il, plaidant la relaxe. Jacques Chirac, qui a toujours récusé les faits reprochés, affirme, dans une déclaration lue par son autre avocat, Me Jean Veil, « n'avoir commis aucune faute pénale ou morale ». Le parquet, pour sa part, demande la relaxe de tous les prévenus, dont Jacques Chirac lui-même.

Trois mois plus tard, le jeudi 15 décembre au matin, le président de la 11e chambre, Dominique Pauthe, prononce un jugement historique : Jacques Chirac est condamné à deux ans de prison avec sursis. Il est déclaré coupable pour dix-neuf des vingt-huit emplois concernés. C'est la première fois, dans l'histoire de la République, qu'un président est sanctionné de la sorte. Seuls deux des neuf autres prévenus sont relaxés : l'ancien directeur de cabinet Michel Roussin et Pierre Boué, un proche des milieux sportifs. Une dispense de peine est accordée à Marc Blondel (FO). Les six autres écopent de peines comprises entre deux et quatre mois de prison avec sursis.

Aussitôt la classe politique réagit. La gauche voit là un « bon signe pour la démocratie française ». Le candidat socialiste à la présidentielle de 2012, François Hollande, ajoute que la justice « devait passer, pour que ne s'installe pas un sentiment d'impunité ». Le député de Corrèze, berceau de la famille Chirac, exprime cependant « une pensée pour l'homme, Jacques Chirac, qui connaît en plus des ennuis de santé ». La droite, de son côté, critique ce jugement. En voyage au Brésil, le Premier ministre, François Fillon, déclare ainsi qu'il arrive « vraiment trop tard, plus de vingt ans après les faits ». Le président de la République, Nicolas Sarkozy, assure pour sa part que « ces circonstances ne doivent pas faire oublier l'engagement constant de Jacques Chirac au service de la France, ce qui lui vaut et lui vaudra encore l'estime des Français ».

Dans son jugement, le tribunal estime que ce dernier « a manqué à l'obligation de probité qui pèse sur les personnes publiques ». Les attendus sont sans aucune équivoque à ce propos. En voici les principaux extraits :

« Attendu que la responsabilité de Jacques Chirac, maire de Paris, découle du mandat reçu de la collectivité des Parisiens ; qu'elle résulte également de l'autorité hiérarchique exercée par lui sur l'ensemble du personnel de la Ville de Paris et singulièrement sur ses collaborateurs immédiats au premier rang desquels son directeur de cabinet ;

« Attendu que le dossier et les débats ont établi que Jacques Chirac a été l'initiateur et l'auteur principal des délits d'abus de confiance, de détournement de fonds publics, d'ingérence et de prise illégale d'intérêts ;

« Que sa culpabilité résulte de pratiques pérennes et réitérées qui lui sont personnellement imputables [...]

« Qu'en multipliant les connexions entre son parti et la municipalité parisienne, Jacques Chirac a su créer et entretenir entre la collectivité territoriale et l'organisation politique une confusion telle qu'elle a pu entraîner ses propres amis politiques ;

« Que le gain en résultant [...] a pu prendre la forme soit d'un renforcement des effectifs du parti politique dont il était le président soit d'un soutien à la contribution intellectuelle pour l'élaboration du programme politique de ce parti ;

« Attendu que par l'ensemble de ces agissements, Jacques Chirac a engagé les fonds de la Ville de Paris pour un montant total d'environ 1 400 000 euros ;

« Attendu que l'ancienneté des faits, l'absence d'enrichissement personnel de Jacques Chirac, l'indemnisation de la Ville de Paris par l'UMP et Jacques Chirac, ce dernier à hauteur de 500 000 euros, l'âge et l'état de santé actuel de Jacques Chirac, dont la dégradation est avérée, ainsi que les éminentes responsabilités de chef de l'Etat qu'il a exercées pendant les douze années ayant immédiatement suivi la période de prévention, sont autant d'éléments qui doivent être pris en considération pour déterminer la sanction qu'il convient d'appliquer à son encontre ;

« Attendu que ces éléments ne sauraient occulter le fait que, par son action délibérée, en ayant recours au cours de ces cinq années à dix-neuf emplois totalement ou partiellement fictifs, Jacques Chirac a manqué à l'obligation de probité qui pèse sur les personnes publiques chargées de la gestion des fonds ou des biens qui leur sont confiés, cela au mépris de l'intérêt général des Parisiens ;

« Que dans ces conditions, le recours à une peine d'emprisonnement avec sursis dont le quantum sera fixé à deux années apparaît tout à la fois adapté à la personnalité du prévenu ainsi qu'à la nature et la gravité des faits qu'il a commis. »

Dans les heures suivantes, l'entourage de Jacques Chirac fait savoir qu'il ne fera pas appel, mais diffuse un communiqué où ce dernier « conteste catégoriquement le jugement ». « Je prends acte du jugement du tribunal de Paris, écrit l'ancien président. Je me réjouis, comme je l'avais toujours demandé, que mes collaborateurs de l'époque ne soient pas pénalement sanctionnés. J'étais le maire. C'est à moi et à moi seul d'assumer. Mais, sur le fond, je conteste catégoriquement ce jugement. Sur près de quatre cent soixante-dix emplois examinés, il n'en reste, après des années de procédure, que dix-neuf qui me sont imputés et encore partiellement.

« Surtout, je l'affirme avec honneur : aucune faute ne saurait m'être reprochée.

« Pour autant, je ne ferai pas appel. Je n'ai plus hélas toutes les forces nécessaires pour mener par moi-même, face à de nouveaux juges, le combat pour la vérité. J'ai conscience aussi que ce qui est en jeu ce n'est pas seulement l'honneur d'un homme, mais la dignité de la fonction présidentielle que j'ai assumée depuis. Et je crois qu'aujourd'hui le respect de nos institutions exige que l'apaisement vienne. Je m'en remets au jugement des Parisiennes et des Parisiens qui, par trois fois, m'ont choisi pour être leur maire. Je m'en remets à mes compatriotes qui savent qui je suis : un homme honnête qui n'a jamais eu d'autres exigences et d'autres combats que la cohésion entre tous les Français, la grandeur de la France et l'action pour la paix. Par-delà la blessure et la tristesse profonde que m'inflige ce jugement, c'est cette exigence, qu'une dernière fois, je veux porter. »

1988-1997

Le scandale des marchés publics

Le 21 mars 2005, s'ouvre à Paris le procès dit des « marchés publics d'Ile-de-France », une affaire concernant les travaux de rénovation des lycées. L'événement est exceptionnel : le tribunal correctionnel doit se plonger dans le financement de plusieurs partis politiques. Les représentants du RPR, du Parti républicain (PR) et du Parti socialiste vont devoir s'expliquer ensemble devant la justice.

Ce procès résume, à lui seul, les grands scandales politico-financiers de la décennie précédente. Il est en effet reproché à ces partis d'avoir ponctionné les entreprises attributaires des marchés de réfection des quatre cent soixante et onze lycées de la région Ile-de-France. Pour la seule période 1990-1995, le RPR a reçu, selon le juge d'instruction, 53 millions de francs de plusieurs groupes (Bouygues, Eiffage...). Le PS arrive en deuxième position, avec 46,7 millions, suivi du PR (32,6 millions) et du Parti communiste (21 millions). Soit, au total, un peu plus de 150 millions de francs.

Ph. B.

☆☆☆

Le scandale des marchés publics d'Ile-de-France

Gilles Gaetner et Jean-Marie Pontaut

L'affaire concerne aussi bien la droite que la gauche. A l'approche du procès, L'Express *décrypte ce circuit de financement, avec ses secrets, ses dérives et ses différents acteurs.* (L'Express *du 14 mars 2005.*)

L'hydre était trop fertile. Alors, les partis, tous les partis, RPR, PR, PS et PC, se sont servis. Copieusement. En un peu moins de dix ans, ils ont mis la main sur un trésor de 300 millions de francs (près de 50 millions d'euros), répartis de la façon suivante : 1,2 % pour la droite, 0,8 % pour la gauche. Le hold-up du siècle. On se frotte les yeux. 30 milliards de centimes provenant d'une dîme prélevée sur l'un des plus gros marchés jamais passés en France : la réhabilitation de quatre cent soixante et onze lycées de la région Ile-de-France, qui a coûté la bagatelle de 24 milliards de francs entre 1988 et 1997.

Pendant près de dix ans, grands patrons, petits chefs d'entreprise, élus, trésoriers de parti, intermédiaires en tout genre et hauts fonctionnaires ont fait fi de la morale et des lois sur le financement politique. Comme si tous ces responsables, frappés d'amnésie, oubliaient les dégâts causés dans l'opinion publique par les différents scandales politico-financiers qui ont secoué notre pays ces vingt dernières années.

Aujourd'hui, l'heure des comptes est venue. Le tribunal correctionnel de Paris, présidé par Jean-Louis Kantor, juge, à partir du 21 mars, les responsables présumés – désignés dans l'ordonnance de renvoi du juge Armand Riberolles – de cette ahurissante dérive.

La justice aura pour mission de répondre à ces deux questions capitales : comment un tel système si consensuel a-t-il pu perdurer en toute impunité ? Quels en ont été les maîtres d'œuvre et les bénéficiaires ?

Ce procès, qui devrait durer jusqu'au début de l'été, permettra aux quarante-deux prévenus – trente-sept hommes, cinq femmes – de s'expliquer enfin sur une affaire qui ressemble – c'est en tout cas l'avis des chefs d'entreprise – à du racket institutionnalisé et généralisé au profit de tous les partis.

Qui sont donc ces quarante-deux prévenus ? On y trouve pêle-mêle des patrons, les généreux donateurs ; des élus ou anciens élus, comme Michel Roussin, ex-directeur de cabinet de Jacques Chirac, à la Mairie de Paris, Jean-Pierre Thomas, ancien trésorier du Parti républicain, Gérard Longuet, ancien président de ce parti... Et l'ancien président du conseil régional d'Ile-de-France, Michel Giraud, qui apparaît, pour certains, comme l'un des personnages clefs de l'affaire, tout comme sa fidèle collaboratrice, Christine Lor, elle aussi renvoyée devant le tribunal.

Qui d'autre encore ? Des intermédiaires comme Gérard Peybernes, un temps trésorier de l'Association de financement du PS, ou encore Gilbert Sananès, patron de Patrimoine-Ingénierie, le bureau d'études qui trustait tous les marchés. Enfin, on retrouve l'inévitable Louise-Yvonne Casetta, banquière officieuse du RPR, déjà présente dans l'affaire des emplois fictifs de la Mairie de Paris.

Tout commence en 1988, lorsque le conseil régional, chargé de l'entretien des lycées, conformément à la loi de décentralisation de 1982, décide de procéder à un grand toilettage des quatre cent soixante et onze établissements de son ressort. Le président du conseil régional de l'époque, Pierre-Charles Krieg – aujourd'hui décédé –, met au point un système d'entente, qui permet aux entreprises – toujours les mêmes – de se partager le gâteau. Et d'en restituer une part aux partis politiques !

Au départ, le système est plutôt artisanal, la remise d'argent s'effectuant parfois en espèces. Michel Elbel, alors président de la commission d'appel d'offres, s'en souvient encore. Entre la fin de 1989 et le début de 1990, une collaboratrice de Krieg lui remettra, de la main à la main, 1 million de francs... pour les bonnes œuvres de son parti, le CDS [*Centre des démocrates sociaux*]. Une façon de faire simple, mais risquée. En effet, le parti attendra dix-huit mois avant de toucher le magot. Et pour cause : Elbel avait gardé l'argent par-devers lui. Il faudra toute l'insistance d'un des dirigeants du parti, Claude Goasguen, pour que Michel Elbel daigne restituer le fameux million, pour une moitié au CDS national, pour l'autre à la fédération de Paris.

Ce n'est que peu à peu, en raison de ce dérapage, que le système se rode pour éviter tout règlement en liquide. Les remises de chèques deviendront la règle. Dans ce dispositif, deux personnes vont jouer un rôle clef : Christine Lor, proche du président Krieg, et Gilbert Sananès. Ce dernier, avec son frère, a fondé, en 1985, Patrimoine-Ingénierie, un bureau d'études qui sélectionne les entreprises candidates, puis les recommande à la commission d'appel d'offres du conseil régional. Naturellement, lesdites entreprises sont toujours gagnantes. Et

Sananès empoche, à chaque dossier traité, une commission de 12 000 francs.

Mars 1992. Michel Giraud est élu président du conseil régional. Les ententes se perpétuent. Et pour cause : Sananès dispose d'un allié de poids en la personne de Christine Lor, d'abord employée à la direction des affaires scolaires avant d'intégrer le cabinet de Giraud.

C'est elle, en effet, selon l'ordonnance de renvoi du juge Ribeprolles, qui décide, in fine, des marchés attribués aux entreprises. En l'espèce, 70 % pour les grands groupes (Bouygues, Eiffage, Spie-Batignolles, Léon Grosse, Générale des eaux notamment) et 30 % pour les petites entreprises.

Preuve que cette fonctionnaire zélée veille au grain : le 24 novembre 1992, elle adresse une note confidentielle à Michel Giraud, consacrée aux marchés de réhabilitation des lycées ou établissements techniques de Sarcelles, de Brétigny, de Jouy-le-Moutier et de Cesson. La commission d'appel d'offres, écrit-elle, se réunit le 18 décembre. Aussi propose-t-elle « comme par le passé, un panachage entre les entreprises de taille nationale et les PME ». La réponse ne tarde pas : dans les quinze jours qui suivent, Giraud, *via* son directeur de cabinet, donne son feu vert à ce 70-30.

Cette pratique sera confirmée au juge par Gilbert Sananès, responsable de Patrimoine-Ingénierie. Il reconnaîtra avoir organisé des réunions avec différents chefs d'entreprise, dans un hôtel des Champs-Elysées, « afin d'envisager toutes les stratégies possibles d'entente »...

Bruno Boulay, directeur général de Dumez, confirme ses dires : « Des accords de répartition des marchés ont été conclus », avoue-t-il. Allant jusqu'à reconnaître « avoir eu des contacts téléphoniques avec ses concurrents pour se mettre d'accord sur les modalités de ces répartitions ». Même aveu du côté du directeur commercial de Nord-France, Michel Nautin.

La concertation porte ses fruits, puisque cette entreprise obtient, entre 1990 et 1995, la réfection d'une cascade d'établissements : les lycées Ader et Marcel-Pagnol à Athis-Mons (Essonne), les lycées Jacquard à Paris, Saint-Hilaire à Etampes (Essonne) et Bartholdi à Saint-Denis (Seine-Saint-Denis). Montant du marché : 300 millions de francs.

Le groupe Dumez, également bien servi, mais « dans des conditions frauduleuses », rafle les marchés de rénovation à Pontoise, à Trappes, au Raincy et à Saint-Maur-des-Fossés. Spie-Batignolles n'a pas lieu de se plaindre : elle gagne des contrats à Saint-Ouen-l'Aumône, Créteil, etc.

Ce système si juteux ne fonctionne que grâce à la mise en œuvre d'une nouvelle procédure d'appel d'offres. Les METP (marchés d'entreprises de travaux publics). Le principe est simple : dès l'obtention du marché, l'entreprise trouve un financement grâce à un prêt et se fait rembourser dans un délai de dix ans par le conseil régional.

Si l'avantage est incontestable – une trésorerie immédiate permettant de démarrer illico les travaux –, le recours aux METP porte en lui deux graves inconvénients : d'abord, il revient cher au conseil régional, qui doit supporter le surcoût des travaux lié au taux de l'emprunt, compris entre 11 et 13 %. Ensuite, et surtout, il favorise les ententes. En six ans, de 1991 à 1997, cent un METP seront conclus, pour un montant de 13,3 milliards de francs.

La société Sicra, filiale de la Générale des eaux, s'en félicitera : elle obtiendra sept marchés METP qui lui rapporteront 1,2 milliard de francs, entre juin 1992 et avril 1994. Gâtée aussi, l'entreprise Fougerolle, qui aura droit à sept METP, pour un montant de 6 millions de francs. De quoi réjouir son directeur général adjoint, Jean-Jacques Lefebvre : « Les marges d'exploitation réalisées grâce aux METP ont été très satisfaisantes, puisqu'elles ont largement dépassé les 10 % pour certains d'entre eux. »

Mais la palme revient aux Grands Travaux de Marseille, qui réalisent une marge de 16,3 % lorsqu'ils remettent en état un lycée à La Courneuve, et 12,2 % à Sartrouville. D'où ce constat sans appel du juge : « [...] Ces taux de marge, nettement supérieurs à ceux réalisés dans un contexte concurrentiel dynamique, témoignent du coût financier faramineux de ces pratiques pour la Région. »

Finalement, les METP, poule aux œufs d'or pour les entreprises, seront jugés illégaux par la chambre régionale des comptes d'Ile-de-France. A tel point que cette pratique n'existe plus dans le nouveau Code des marchés publics.

Bien évidemment, toutes ces faveurs accordées aux entreprises ont une contrepartie : leur contribution au financement des partis politiques. Sur chaque marché conclu, l'entreprise leur verse une dîme de 2 %, selon la clef de répartition suivante : 1,2 % au RPR et au Parti républicain ; 0,8 % pour le PS et le PC.

Cet œcuménisme conduit les chefs d'entreprise à agir en toute discrétion, encore que les astuces utilisées pour y parvenir apparaissent comme de grosses ficelles. C'est ainsi que, dans la comptabilité de la société Sicra, une opération de financement, pour la période 1991-1995, est enregistrée sous la rubrique PQVS... Ce qui signifie « Pour qui vous savez ». Jugé trop transparent, ce sigle sera vite remplacé par les initiales HCR, pour Honoraires, commissions, redevances...

Pour le lycée de Bezons (Val-d'Oise), l'entreprise Sicra réserve, au titre des HCR, la somme rondelette de 1,1 million de francs. Pour celui de Coulommiers (Seine-et-Marne), les Grands Travaux de Marseille se montreront plus généreux en prévoyant, en avril 1995, une somme de 4,9 millions au titre ironique... d'« aléas économiques ». Le marché, il est vrai, était colossal : 278 millions de francs. Quand ils restaurent le lycée de Chelles (Seine-et-Marne), GTM utilisent un terme plus transparent, celui de « royalties ».

Ce financement est-il légal ? A priori, oui. La loi du 15 janvier 1990, votée sous la gauche, autorise les entreprises à financer les partis. A hauteur de 500 000 francs. Seulement voilà : les grands groupes contournent la loi en opérant plusieurs versements de 500 000 francs, via leurs filiales. Mais, surtout, leurs dons ne sont ni libres ni spontanés. Ce qui s'apparente, ni plus ni moins, à du racket.

Témoin, l'aveu de Jacques Durand, directeur commercial de GTM : « J'ai rencontré Gilbert Sananès et Christine Lor, qui m'ont indiqué que, pour avoir le droit de concourir, il fallait montrer patte blanche. » Témoin encore, l'aveu d'Henri Becq, directeur général de Campenon-Bernard : « La connivence affichée par les partis pour réclamer ces 2 % était ressentie comme une pression et laissait planer une menace pour la suite de l'activité de la société. » Et Becq de laisser échapper sa colère : « Notre société n'aurait pas consacré 20 à 25 millions de francs en cinq ans au financement des partis si ces dons avaient été librement consentis. »

C'est là qu'intervient l'incontournable Christine Lor. Elle met en contact les entreprises et les financiers des partis. Ces derniers jouent alors les démarcheurs avec une certaine brutalité – verbale, s'entend. Ainsi, Louise-Yvonne Casetta, au nom du RPR, n'oubliait jamais de relancer sèchement par téléphone ou par lettre les retardataires. Jacques Bonnaud, directeur général adjoint de GTM, en sait quelque chose, lui qui traînait les pieds avant de remettre ses chèques à celle que l'on surnommait méchamment « la Cassette ». Sa constance sera récompensée. Sous sa houlette, les entreprises cracheront au bassinet : plus de 40 millions de francs entre 1993 et 1996 !

Le trésorier du PR, Jean-Pierre Thomas, sous des dehors affables, manifeste tout autant de fermeté, en 1993, en rappelant Jacques Bonnaud à l'ordre : « Vous êtes en déficit par rapport aux cotisations que vous me devez. » Une amertume bien compréhensible, le PR était le parent pauvre de ce financement occulte. « Nos amis du RPR se moquent un peu de nous. Nous sommes la dernière roue du carrosse », se plaint, au début des années 1990, Jean-Pierre Thomas à son président, Gérard Longuet. Lequel lui lance : « Allez voir Roussin ! » Message entendu. Selon Thomas, le directeur de cabinet du maire de Paris l'aurait rassuré. En substance, « votre parti peut lui aussi bénéficier d'un financement politique légal, tout comme le RPR ou le PS ».

Pour ce dernier parti, c'est un vieux routier, adhérent du PS depuis 1974, qui doit collecter les dons auprès des entreprises. Agé de soixante-sept ans, Gérard Peybernes, qui cultive à l'excès la discrétion, apparaît dans différentes affaires qui ont secoué le PS : les fausses factures de Marseille, dans les années 1990, et, tout récemment, l'affaire Destrade.

C'est Henri Emmanuelli, alors trésorier du PS, qui le recrute, en mai 1991, comme directeur financier de l'AFPS (Association de financement du PS) en raison de sa parfaite connaissance des milieux professionnels du BTP. Et pour cause : Peybernes a été directeur des relations extérieures de la SAE (Société auxiliaire d'entreprises). En quatre ans, Peybernes va récolter 40 millions de francs. Les principaux donateurs ont nom : Bouygues (plus de 10 millions de francs), Eiffage (9,3 millions) et, surtout, la Générale des eaux, qui verse très exactement 16 736 500 francs... soit 200 000 francs de plus qu'au RPR. Pourtant, Peybernes reste amer, déplorant n'avoir recueilli que 40 millions de francs pour le parti. « Si la règle de répartition avait été appliquée, j'en aurais obtenu 160 ! » Et Peybernes de poursuivre : « Certains financements ont emprunté d'autres voies que les officielles. »

Quant au Parti communiste, bien discret dans ses relations avec les entreprises, il n'a pas été oublié. Loin s'en faut. Témoin, les 21 millions qu'il reçoit de Bouygues (3,9 millions), d'Eiffage (9,3 millions), de la Générale des eaux (6,3 millions) entre 1990 et 1995. Pourtant – les dirigeants du PC seraient-ils plus malins que les autres ? – aucun de ses membres ne sera présent au palais de justice de Paris ce 21 mars.

Qu'on ne s'y trompe pas : Casetta, Thomas, Peybernes sont trois soldats qui ont agi dans l'intérêt de leur mouvement. Certes, ils ne sont en rien des victimes. Mais méritent-ils pour autant l'opprobre de leurs pairs ? Plus personne ne connaît Louise-Yvonne Casetta au RPR, chargée de tous les maux par les anciens trésoriers du mouvement gaulliste. Thomas a abandonné la vie politique pour se reconvertir dans la banque et n'a plus de contact avec ses anciens amis. Quant à Peybernes, le voici qualifié de traître et de balance par les socialistes.

Il n'en demeure pas moins que ni Casetta, ni Thomas, ni Peybernes ne sont les initiateurs de ce système. Seulement de fidèles exécutants perpétuant des pratiques en vigueur depuis fort longtemps. Et connues, sinon encouragées, selon Christine Lor, par Michel Giraud.

Dès son élection en mars 1992, le président du conseil régional a été informé du vaste système d'entente mis au point depuis des années. Tout comme il a été informé que lesdites ententes avaient pour corollaire le financement des partis. Témoin, par exemple, ces trois notes adressées par Christine Lor à Giraud, le 24 novembre 1992, dans lesquelles elle décrit « les procédés illégaux de présélection des entreprises ». Or, dix jours plus tard, le président du conseil régional donne son feu vert pour la présélection d'entreprises... Christine Lor, toujours elle, aura même cette phrase assassine à l'encontre de son ancien patron : « Il était au courant des 2 % pour les partis. Lorsque j'ai évoqué cette question avec lui, il n'a émis aucune objection à ce que les choses continuent comme avant. »

Le directeur général des services du conseil régional, Jean Chevance, le dit sans ambages : « Michel Giraud ne pouvait ignorer le système de répartition des marchés, bien que l'on soit dans le non-dit. »

Ces témoignages, Michel Giraud les réfute. Catégoriquement. Certes, il admet avoir eu des soupçons dès les premiers mois de son mandat, sur des pratiques d'entente profitant aux partis, mais sans en connaître précisément les détails. Pour sa défense, il plaide avoir pris des mesures. En mettant un terme aux « marchés par vague », source d'opacité. Et, surtout, en écartant progressivement l'omniprésent Gilbert Sananès, de Patrimoine-Ingénierie. Lequel, en 1995, n'obtenait plus aucun marché. Enfin, sur le financement des partis, Giraud se montre formel : « Je pensais qu'il était légal. » Sur ce point, son directeur de cabinet, Pierre Pommelet, apporte un bémol. « Michel Giraud m'a confié, à la fin de 1992, affirme-t-il, que 2 % du montant des marchés étaient reversés à tous les partis politiques. » Il ajoute : « Giraud était personnellement favorable à des mesures plus rigoureuses, mais il héritait d'un système mis en place dès 1989 par la Mairie de Paris. »

La Mairie de Paris, alors dirigée par Jacques Chirac, serait-elle le réacteur nucléaire de cette énorme machine de guerre ? Un des fidèles de longue date se retrouve en première ligne : son directeur de cabinet, Michel Roussin. Christine Lor, qui rencontrera Roussin à trois reprises, laisse clairement entendre que celui-ci n'ignorait rien du financement mis en place au conseil régional. Louise-Yvonne Casetta aura également des contacts avec Michel Roussin. Notamment une fois, à l'Hôtel de Ville, à Paris, où était présent également un entrepreneur, Jean-Pierre Génin. Au cours de cette rencontre, Roussin aurait sollicité ce dernier, à hauteur de 500 000 francs. Devant son refus, le montant de la dîme aurait été ramené d'abord à 300 000, puis à 200 000 francs. Payables en espèces. « C'est vrai, j'étais bien présente à ce rendez-vous, admet volontiers la "banquière", mais jamais Michel Roussin n'a fait allusion à un paiement en liquide. »

Un versement qui paraît absurde au directeur de cabinet de Chirac, toujours formel sur un point : il n'a jamais eu connaissance de ce qui se passait au conseil régional. Et pour cause : le financement des partis relevait des trésoriers. Quelques francs-tireurs gourmands, en 1992-1993, ont, cependant, tenté de les doubler en créant des circuits parallèles. Le plus célèbre ? Jean-Claude Méry, mort aujourd'hui avec ses secrets... Fort mécontentes de ce parasitage, Christine Lor et Louise-Yvonne Casetta viendront se plaindre au cabinet du maire de Paris.

Du coup, les deux magistrats instructeurs, Armand Riberolles et Marc Brisset-Foucault, verront en Roussin – il a quitté la Mairie, en février 1993, pour préparer les législatives – un verrou à faire sauter pour accéder au secret du financement du RPR. Les deux juges tentent le tout pour le tout, le 1er décembre 1994, en plaçant sous mandat de dépôt Michel Roussin, démissionnaire, deux semaines auparavant, de son poste de ministre de la Coopération. Sans résultat. Roussin reste muet et, cinq jours plus tard, quitte la prison de la Santé, libéré par la chambre d'accusation de Paris.

Au même moment, pratiquement le même jour, a lieu un événement important : Claude-Annick Tissot, élue du XIe arrondissement de Paris, jolie brune pleine de tonus, préside, pour la première fois, la commission d'appel d'offres du conseil régional. Elle a succédé au printemps à Marie-Thérèse Hermange, devenue députée européenne.

Cette ancienne collaboratrice de Michèle Barzach découvre des pratiques qu'elle ne soupçonnait pas. Que ce soit l'ouverture des plis des entreprises candidates... avant que la commission se réunisse, ou des prix bidouillés. Mme la présidente le fait savoir haut et fort. Elle s'énerve carrément quand elle découvre qu'un marché de réhabilitation d'un lycée des Hauts-de-Seine se révèle entièrement truqué. Le cabinet de Giraud tente de la calmer. « Vous vous prenez pour un tribunal », lui dit-on.

En novembre 1995, nouvel accès de fièvre. Claude-Annick Tissot annule deux marchés. Cette fois, c'est trop. Giraud diligente un rapport d'inspection. Tissot réagit illico : « Si tu me désavoues devant mes collègues, je mets tout sur la place publique. » Le président n'en a cure. Claude-Annick Tissot révèle alors dans la presse les dysfonctionnements du conseil régional. C'est le début du scandale... Tant et si bien que, se trouvant dans une situation intenable, elle finit par démissionner en mars 1996.

Ulcérée d'avoir été ainsi lâchée par les siens, Claude-Annick Tissot n'en veut pas moins poursuivre sa carrière politique. Mais la tâche est difficile. En effet, elle est écartée des listes de son propre parti pour les régionales de 1997. A l'occasion des vœux, elle s'en plaint au président de la République. Lequel lui rétorque, dans un grand éclat de rire : « Tu les as tellement emmerdés ! »

Jacques Chirac ne se trompe pas. C'est bien pour partie grâce à Claude-Annick Tissot – témoin capital au procès – qu'une information judiciaire est ouverte à la fin de 1996. Grâce, aussi, à trois élus Verts et à un rapport accablant de la chambre régionale de la Cour des comptes.

Plus de huit ans après le début de cette instruction, l'heure des comptes est venue. Ce procès permettra-t-il de disséquer cet immense scandale, qui met en cause tous les partis ? Il pourrait déboucher sur quelques coups de théâtre meurtriers.

Michel Giraud devra répondre aux accusations de son ancienne collaboratrice, Christine Lor. Il devra dire si, oui ou non, il était informé des pratiques d'entente ayant cours au conseil régional. Il devra également – autre épine dans le pied, mais d'une autre nature – s'expliquer sur ses relations avec un élu écologiste, membre de la commission d'appel d'offres, François Donzel. Lequel aurait reçu, en 1995, 2 millions de francs de Giraud, retrouvés sur un compte au Crédit suisse de Genève. Nom de code : Bois des rêves. Propriétaire : Donzel, évidemment. A quoi ont servi ces 2 millions prélevés sur un marché ? Selon Donzel, à acheter son vote pour le budget du conseil régional... Ce que nie Giraud.

Mais ce dernier n'est ni le promoteur ni l'inventeur de ce racket, qui a pourri le fonctionnement du conseil régional d'Ile-de-France. Foin d'hypocrisie, ce racket a reposé, des années durant, sur un pacte conclu au plus haut niveau entre les différents chefs de parti. Or, mis à part Gérard Longuet et Jean-Pierre Thomas, respectivement président et trésorier du « petit » Parti républicain, aucun trésorier officiel, aucun responsable du PS, du RPR et du PC n'a été poursuivi. Certains prévenus risquent d'être las de porter le chapeau. Diront-ils toute la vérité et livreront-ils le nom des responsables ? De tous les responsables, au risque de dynamiter la vie politique française ? C'est l'enjeu de ce procès.

Post-scriptum. En marge du financement politique, le juge n'a pas déterminé la destination de 45 millions de francs... Un exemple troublant : une grosse entreprise du BTP a versé, entre 1993 et 1995, plus de 2 millions de francs sur les comptes de sociétés offshore, à Panamá, Dublin, Vaduz et Genève.

A l'issue de ce procès, la plupart des prévenus ont été condamnés. Parmi les principaux, Michel Giraud (quatre ans avec sursis) a renoncé à faire appel, de même que Christine Lor (deux ans avec sursis), Guy Drut (UMP, quinze mois avec sursis) et Gérard Peybernes (PS, quinze mois avec sursis). Quant à Gérard Longuet (PR), il a été relaxé, à la différence du trésorier de son parti, Jean-Pierre Thomas (quinze mois avec sursis). Michel Roussin, ex-directeur de cabinet de Jacques Chirac, s'est vainement battu jusqu'en cassation. Le 20 février 2008, la Cour de cassation a définitivement validé la peine prononcée à son encontre, à savoir quatre ans de prison avec sursis, 80 000 euros d'amende et une interdiction des droits de vote et d'éligibilité de quatre ans. Divers chefs d'entreprise avaient désigné Michel Roussin comme le pivot du système de corruption. La cour a également rejeté les pourvois de cinq autres condamnés, dont l'ancienne intendante du RPR, Louise-Yvonne Casetta, et l'ex-conseiller régional écologiste d'Ile-de-France François Donzel.

1993-1997

L'Angolagate

De l'argent, des armes, des « stars »... L'Angolagate est une histoire dont on fait les romans. Elle commence de manière plutôt banale, en 2000, à Paris, par une enquête sur un blanchiment d'argent au profit de deux hommes d'affaires aux parcours d'aventuriers : le sulfureux Arcadi Gaydamak et son associé Pierre Falcone. En menant leurs investigations, deux juges parisiens spécialisés dans les affaires financières, Isabelle Prévost-Desprez et Philippe Courroye, découvrent peu à peu les ramifications d'un dossier qui mêle politique et trafic d'armes au profit de l'Angola, un pays africain qui fut longtemps en proie à une terrible guerre civile. Au fil de leur enquête, les magistrats mettent au jour ce qu'ils pensent être un vaste système de corruption. Le premier article repris dans ce livre, daté du 22 février 2001, décrit les rouages de ce système. Le second, daté du 2 octobre 2008, permet de résumer les faits reprochés aux uns et aux autres à la veille du procès en première instance. En attendant la suite, c'est-à-dire le procès en appel, prévu en 2011.

Ph. B.

☆☆☆

Angolagate
Corruption à la française

Jérôme Dupuis et Gilles Gaetner

Jean-Christophe Mitterrand, Paul-Loup Sulitzer et bien d'autres encore... L'homme d'affaires Pierre Falcone est soupçonné d'avoir distribué des dizaines de millions de francs pour vendre des armes à l'Angola. (L'Express *du 22 février 2001.*)

Une liasse de 9 000 dollars retirée à l'UBS (Union de banques suisses), à Genève, et retrouvée dans une annexe du RPF [*Rassemblement pour la France*], le parti de Charles Pasqua ; 496 000 francs en espèces découverts dans le bureau d'un général joliment surnommé « Panurge » ; un mystérieux « M. Albert » qui remet quelques centaines de milliers de francs, toujours en liquide, dans des cafés proches des Champs-Elysées, au célèbre écrivain Paul-Loup Sulitzer ; ou 10 millions de francs versés sur un compte suisse à Jean-Christophe Mitterrand ; et bien d'autres encore... Ils sont légion, à droite comme à gauche, dans le monde des affaires ou du show-biz, à avoir reçu de coquettes sommes d'argent d'un richissime « mécène », Pierre Falcone. Spécialisé dans les ventes d'armes internationales, cet industriel entretenait des liens aussi bien avec le fils de l'ancien président de la République qu'avec un proche de Charles Pasqua, le préfet Jean-Charles Marchiani.

Tout ce petit monde se trouve dans le collimateur des juges Philippe Courroye et Isabelle Prévost-Desprez, qui instruisent une affaire de vente d'armes vers l'Angola. Au-delà des circuits compliqués qui vont de la Slovaquie à la Suisse en passant par la Russie et le Brésil, ces contrats mirifiques pourraient mettre au jour, en France, des complicités au cœur même de l'Etat. Autopsie d'une gigantesque entreprise de corruption.

Luanda, 1992. Le président angolais Eduardo Dos Santos et ses troupes sont encerclés par les rebelles de l'Unita, dirigés par Jonas Savimbi. La situation est dramatique : Dos Santos doit trouver d'urgence des vivres, des médicaments et, surtout, des armes, sous peine de capituler. C'est alors qu'entre en scène Pierre Falcone : après deux ans de Sciences po à Aix, ce piednoir, né en Algérie en 1954, a d'abord créé une petite société de vente d'escargots. Reconverti dans le négoce international, il partage son temps entre Rio de Janeiro et un ranch en Arizona, dont le président des Etats-Unis, George Bush Jr, est un hôte régulier. Il a fondé une société à Paris, Brenco International, et propose ses services au président angolais. Mais où trouver des armes ? Falcone se tourne alors vers un étonnant personnage, Arcadi Gaydamak, qui a bâti sa fortune sur les décombres de l'ex-empire soviétique. La quarantaine, parlant six langues, possédant quatre nationalités – angolaise, israélienne, française et russe –, il débute comme traducteur à la Régie Renault avant de se lancer dans les affaires, au début des années 1990. Quand il n'est pas à l'étranger, Arcadi Gaydamak mène grand train à Paris : il habite avenue Foch et roule en Jaguar. Ses contacts à l'Est en font vite un « honorable correspondant » de la DST, le contre-espionnage français.

Falcone-Gaydamak : voici le tandem qui va livrer des armes au régime angolais. Pour ce faire, ils prennent de facto le contrôle d'une société, ZTS Osos, basée en Slovaquie. Deux contrats sont signés avec l'Angola, l'un le 7 novembre 1993, pour 47 millions de dollars, l'autre le 22 avril 1994, pour 463 millions de dollars. Les armes – tanks, fusils d'assaut, hélicoptères, véhicules de transport de troupes... – sont toutes de fabrication russe. Les négociations sont menées à Paris et l'argent transite sur un compte Paribas de la capitale.

On n'aurait sans doute rien su de cet « Angolagate » si l'assistante de Pierre Falcone, Isabelle Delubac, avait scrupuleusement suivi, en juillet dernier, les consignes de son patron : détruire un lot de vingt-six disquettes informatiques recelant tous les secrets de la société Brenco, soupçonnée d'être au cœur du trafic d'armes. Mais la fidèle secrétaire a oublié... Une aubaine pour les enquêteurs, qui ont saisi les précieuses disquettes.

On y voit défiler des centaines de millions de francs sur des comptes codés – « Cascade », « Galilée », « Colorado », « Edsaco », « Essante » – tantôt à l'UBS en Suisse, à la banque Leumi à Tel-Aviv, ou à la banque Rothschild à Monaco. On y trouve aussi, pêle-mêle, des bons de commande à Fauchon pour remercier des amis souvent célèbres, un modèle de lettre au président de la République française, le texte d'une allocution de Charles Pasqua à l'Unesco [...] On y découvre encore le nom d'autres bénéficiaires, parfois connus : Jean-Christophe Mitterrand a ainsi perçu, sur un compte de la banque genevoise Darier, 680 000 dollars le 21 octobre 1997, 120 000 le 17 novembre, 500 000 le 7 mai 1998 et à nouveau 500 000 le 4 juin de la même année. A ce total de 1 800 000 dollars viennent s'ajouter quelques menus cadeaux, dont des billets d'avion et une montre estimée à 10 000 francs. Ses avocats, Mes Jean-Pierre Versini-Campinchi et Rémy Wilner, expliquent : « Jean-Christophe a convaincu Falcone de jouer la carte Dos Santos et lui a servi de sherpa politique dans les Etats du golfe de Guinée. » Et les deux avocats de préciser que leur client n'a jamais été interrogé sur un trafic d'influence ou d'armes.

Mais l'examen des comptes bancaires de Jean-Christophe Mitterrand a fait apparaître d'autres sources de revenus : dix-sept virements de 50 000 francs sont passés par l'ancienne Banque scandinave de Genève, entre le 6 mai 1992 et le 31 août 1993 ; ils ont été effectués par le Cres, une émanation d'Elf. Du coup, la juge Eva Joly, en charge de l'enquête sur le dossier Elf, a adressé à son collègue suisse Paul Perraudin une commission rogatoire pour tenter d'y voir plus clair. Le fils de l'ancien président a toujours affirmé avoir réalisé des prestations réelles. L'ex-patron du Cres, Patrick Gantès, devrait fournir à la justice des attestations en ce sens. Jean-Christophe Mitterrand aura, en revanche, plus de mal à justifier les 336 000 francs qu'il a perçus dans le même temps des Assedic en France, comme l'a révélé *Le Canard enchaîné*...

Autre nom célèbre : Paul-Loup Sulitzer. Très introduit dans le monde des affaires, l'écrivain rencontre Pierre Falcone en 1995. Impressionné par le carnet d'adresses – et les œuvres – de Sulitzer, Falcone souhaite que l'écrivain l'assiste dans un projet d'installation de panneaux publicitaires en Chine [...]. Montant annuel des honoraires de « Paul-Loup » : 600 000 francs. « Pour Falcone, explique l'écrivain, cela ne représentait pas grand-chose. Il se vantait de payer 700 000 francs pour un simple voyage en avion. »

L'écrivain touchera une première fois, en 1997, 200 000 francs, en billets de 500 francs. Par la suite, il recevra encore 1,2 million de francs. C'est un certain « M. Albert », la soixantaine et les cheveux blancs, qui lui remettait, dans des enveloppes kraft, ces liasses de billets, tantôt au bar de l'hôtel Raphaël, tantôt dans un café près du Fouquet's. Ce qui a valu à l'écrivain d'être mis en examen par le juge Courroye. Pourtant, le contrat avec la Chine tombe à l'eau. L'auteur de best-sellers a également présenté à Pierre Falcone l'ancien patron de la Compagnie immobilière Phénix, Jean-Marc Oury. Ce dernier était accompagné d'un homme considéré comme l'un des collecteurs de fonds du PS et mis en examen dans l'affaire des marchés des lycées d'Ile-de-France : Gérard Peybernes. Le projet en question : une vente de camions au Congo. Projet qui, là encore, n'a pas abouti...

Une autre personnalité a bénéficié elle aussi des largesses de Falcone et écopé d'une mise en examen. L'ancien patron de Radio Monte-Carlo Jean-Noël Tassez, animateur depuis 1997 de la société Astorg conseil, spécialisée dans la stratégie d'entreprise, aurait perçu plus de 1 million de francs en espèces. Un prêt destiné, selon Tassez, à rembourser d'importantes dettes de jeu.

Jacques Attali a, lui aussi, été rémunéré par Brenco. Sa société ACA (Attali consultants associés) a perçu 110 000 dollars, en juillet 1998, puis 50 000 dollars en janvier 1999. L'ancien conseiller de François Mitterrand, entendu comme témoin, a remis au juge Courroye d'épais documents concernant les « microcrédits » en Angola, attestant la réalité de son travail. Le carnet de messages d'Isabelle Delubac fait du reste état de plusieurs coups de fil de « Jacques A. », comme en gardent trace deux « mémos ».

Décidément, l'Afrique demeurera toujours un eldorado pour des réseaux naviguant entre diplomatie et affaires « politiques ». Cette piste intrigue le juge Courroye, qui a déjà entendu comme témoins Charles Pasqua et Jean-Charles Marchiani. A vrai dire, ce n'est guère une surprise : en 1993-1995, Charles Pasqua, ministre de l'Intérieur, et son conseiller pour la sécurité, Jean-Charles Marchiani, s'étaient beaucoup intéressés au sort de l'Angola. Le juge Courroye a d'ailleurs saisi un courrier, adressé en novembre 1994 par Charles Pasqua au président Dos Santos, peu avant la visite du ministre français à Luanda. Jean-Charles Marchiani a, lui, accompli une bonne demi-douzaine de voyages en Angola depuis 1993. Nombre d'entre eux ont été effectués dans l'avion privé de Pierre Falcone. Et, le 14 juillet 1996, c'est le préfet Marchiani, en grand uniforme blanc, qui remet l'ordre du mérite à Arcadi Gaydamak, à la préfecture du Var, pour son rôle dans la libération des pilotes français en Bosnie. Une somptueuse réception, à laquelle assiste Paul-Loup Sulitzer, réunit tous les convives dans une magnifique villa du cap d'Antibes, achetée 59 millions de francs par l'homme d'affaires russe...

Une fois de plus, c'est le fameux listing de Brenco qui a aiguillé les enquêteurs dans cette direction. Le document fait plusieurs fois référence à un certain « Robert ». Or les numéros de téléphone de ce mystérieux « Robert » mènent soit au domicile parisien de Marchiani, soit à la préfecture du Var, soit sur son portable. Le listing fait état de deux versements à « Robert », l'un en novembre 1997, de 300 000 dollars, le second, au début de 1999, de 450 000. Interrogé le 30 novembre 2000 sur d'éventuelles rétributions de Pierre Falcone, le préfet se montre catégorique : « Jamais je n'ai reçu de fonds de Brenco ou de Falcone. »

Pourtant, à la question : « Que signifie le mémo "Cash-Robert-Luanda-nov. 97-300 000 US D." ? », Isabelle Delubac répond : « Cela voulait dire qu'il y avait des espèces. » Interrogé à son tour, le 30 novembre, sur les 450 000 dollars perçus par « Robert », Pierre Falcone précise : « Il s'agit d'une avance qui venait des fonds angolais [...] payée en plusieurs fois. »

Mais pourquoi « Robert » aurait-il reçu de l'argent ? Dans un long courrier adressé par Falcone au président Dos Santos, au début de 1999, au point 7, intitulé « Robert », on peut lire : « Un accord politique a été passé. Nous avons avancé à titre personnel 450 000 dollars. [...] Ils en attendraient encore 6 ou 7 millions de francs, soit environ 1 à 1,2 million de dollars. [...] Nous croyons savoir que cet argent devrait, dans sa totalité, être utilisé pour la campagne pour les élections au Parlement européen. Il serait donc très important de faciliter le déblocage de ces fonds, car cela nous assurerait le début d'un vrai lobby immédiatement opérationnel auprès du Parlement européen. »

Questionnée à nouveau sur le sens de ce mémo, Isabelle Delubac finit par lâcher : « Après réflexion, je pense avoir tapé cela. A la lecture de ce document, on peut effectivement en déduire qu'on demandait à l'Angola de financer un parti. » Certains versements n'ont-ils pas été effectués à des fins personnelles ? Jean-Charles Marchiani conteste formellement avoir été financé par Pierre Falcone ou l'Etat angolais. Charles Pasqua, pour sa part, nie que le RPF ait reçu le moindre centime du duo Falcone-Gaydamak.

Les investigations de la police judiciaire, tant au siège du RPF que dans des locaux d'associations proches de ce mouvement, ou au conseil général des Hauts-de-Seine où une perquisition a eu lieu le 9 février, ont pourtant révélé quelques faits troublants : ainsi, ces 9 000 dollars en liquide provenant d'un très récent retrait à l'UBS de Genève, découverts dans le coffre d'un responsable du RPF, à la fin 2000 ; ou ce 1,5 million de francs virés, le 12 juillet 1996, sur le compte de l'association France-Afrique-Orient. Autre découverte : une note intitulée « Dépôt total UBS Locarno », saisie dans les locaux professionnels de Jean-Charles Marchiani, rue de Berri à Paris ; à son domicile, les enquêteurs ont également trouvé trace de dépôts à sa banque, en billets de 500 et 200 francs, d'un total de 80 000 francs. « Des économies de ma belle-mère », a expliqué le préfet...

Du coup, le juge Courroye, désireux d'éclaircir les conditions de financement de la liste de Charles Pasqua aux européennes, ne fait ni une ni deux : il saisit ses comptes de campagne. Philippe de Villiers, un temps numéro 2 du RPF, et aujourd'hui brouillé avec son ex-ami, enfonce le clou en venant témoigner « à charge » chez le juge. Il est vrai que le financement du RPF apparaît parfois un peu exotique : ainsi, une inconnue de trente et un ans, dirigeante du PMU à Libreville (Gabon), Marthe Mondoloni, alloue un prêt de 7,5 millions de francs à la liste Pasqua-Villiers. Elle ne figure pourtant qu'en cinquante-cinquième position... Jean-Charles Marchiani, quant à lui, avance 3 millions de francs sur ses deniers personnels, grâce à deux autorisations de découvert émanant de la Société générale et de la banque Barclays.

Ayant dépassé la barre des 5 %, le RPF sera remboursé de ses frais de campagne, à hauteur de 25 millions de francs, en janvier 2000. Les candidats récupèrent alors leur apport personnel. Mais le RPF a dû faire face à de nouvelles dépenses, notamment pour l'organisation de son premier congrès. C'est alors Charles Pasqua qui engage personnellement 4 millions de francs, grâce à deux chèques datés du 13 novembre et du 3 décembre 1999. Comment a-t-il réuni cette somme ? Grâce à deux généreux prêts, l'un d'un chirurgien de Marseille figurant sur la liste, Robert Assadourian, qui avance 1 million de francs ;

l'autre de l'inévitable Marthe Mondoloni, qui apporte 2,5 millions ; enfin, Pasqua lui-même verse 500 000 francs provenant de ses économies. Dans un mémoire détaillé, envoyé le 19 janvier aux deux juges, Charles Pasqua reconnaît que ces prêts n'ont pas été remboursés à ce jour. Ils devraient l'être, assure-t-il, lorsque le RPF percevra l'aide publique de l'Etat.

Face à ces opérations financières alambiquées, le juge Courroye s'interroge sur les éventuels liens existant entre « Robert », l'Angola, l'énigmatique donatrice du Gabon et le RPF. Mais, pour l'heure, les deux juges, même s'ils poursuivent leurs auditions – Jean-Christophe Mitterrand, le 31 janvier, et Pierre Falcone, toujours détenu, le 8 février –, attendent une décision importante pour la suite de leur instruction, le 23 février. Quelques avocats, dont Mes Gilles Goldnadel, Guillaume Weill-Raynal et Michel Konitz, ont en effet demandé l'annulation d'une partie de la procédure devant la chambre de l'instruction de Paris. Ils contestent, surtout, la qualification de « trafics d'armes ». A leurs yeux, en vertu d'un décret-loi du 18 avril 1939, les poursuites ne pouvaient être engagées que sur plainte du ministère de la Défense. Ce qui n'a été fait que très récemment par le ministre Alain Richard. Quelle que soit la décision du 23 février, l'enquête sur le trafic d'armes devrait donc suivre son cours.

D'autant que Gaydamak et Falcone ont bien réalisé leur montage financier, en France, grâce à Paribas. Dès décembre 1996, le fisc, considérant que la société ZTS Osos avait son activité réelle en France, a estimé à 323 734 057 francs le montant de la fraude. Arcadi Gaydamak a, lui, déjà été condamné à treize mois de prison avec sursis par la cour d'appel de Paris pour n'avoir pas déclaré ses revenus de 1992. [...]

L'ingénieux financier d'origine russe n'est visiblement pas pressé d'affronter la justice française. Convoqué une première fois par la brigade financière, en novembre 2000, Gaydamak a sollicité le report de son audition. Celle-ci devait avoir lieu le 6 décembre. Trop tard ! Opportunément rappelé sous les drapeaux en Israël, au début de décembre, Gaydamak s'est envolé pour Tel-Aviv. Il a « hébraïsé » son nom et s'appelle désormais Arie Barlev. Sa période militaire s'achève le 1er mars.

Gaydamak n'est pas le seul acteur de ce dossier à s'être réfugié en Israël : Sam Mandelsaft, un septuagénaire identifié sous le pseudonyme de « Galilée », considéré comme le convoyeur de fonds de Pierre Falcone, résiderait lui aussi dans ce pays. Se présenteront-ils un jour dans le cabinet du juge Courroye ? Outre Falcone, ces deux personnages détiennent en effet de précieux secrets : l'identité des titulaires des comptes bancaires à l'étranger, des bénéficiaires des remises en espèces et, bien sûr, les dessous des ventes d'armes vers l'Angola. Des secrets qui donnent le vertige. Et qui ont conduit Isabelle Delubac à faire cet aveu lourd de sens devant les juges : « Aujourd'hui, tout ce que je perçois dans ce dossier est terrifiant... »

Angolagate : le grand déballage

Pascal Ceaux, Gilles Gaetner, Jean-Marie Pontaut

Le procès de cette affaire qui mêle politique et ventes d'armes propose un « casting » digne des meilleurs films. Il permet également de savoir ce qui est finalement reproché aux uns et aux autres après des années d'enquête. (L'Express *du 2 octobre 2008.*)

Le fils d'un ancien président de la République. Un ex-conseiller de ce même président. Un ancien ministre de l'Intérieur. Un préfet. Un écrivain à succès qui connut son heure de gloire. Telles sont quelques-unes des personnalités – elles seront quarante-deux – qui se retrouveront à partir du 6 octobre – jusqu'au 4 mars 2009 – pour le procès de l'Angolagate, devant la 11e chambre correctionnelle de Paris.

Les faits reprochés aux prévenus ? Avoir reçu quelque argent ou bénéficié de libéralités à l'occasion de la livraison d'armes, entre 1993 et 1999, à l'Angola, présidé par Eduardo Dos Santos. Ce marché de 790 millions de dollars avait pour objectif de lutter contre les rebelles de l'Unita, dirigés par Jonas Savimbi. Une question capitale reviendra au cours des débats : la qualification de « commerce illicite » d'armes vers l'Angola tient-elle juridiquement ? Autrement dit, Falcone et Gaydamak, les initiateurs du trafic, ont-ils commis un délit en ne sollicitant pas l'autorisation du ministère de la Défense pour vendre des armes à l'Angola ?

Cette affaire, selon Me Gilles-William Goldnadel, le conseil de Gaydamak, « ne concerne que la Russie – fournisseur des armes – et l'Angola, pays acheteur. En aucun cas la France ».

Les armes n'ont pas transité sur notre territoire. Une analyse que fait sienne le ministre de la Défense, Hervé Morin, qui l'a fait savoir dans une lettre adressée, le 11 juillet 2008, aux avocats de Pierre Falcone, Mes Pierre-François Veil et Emmanuel Marsigny.

Ce point de vue, depuis le début de l'instruction, en 2000, le juge Courroye ne l'a évidemment jamais partagé, estimant que ce commerce illicite concernait bien la justice française, puisque les ordres de paiement donnés par Falcone partaient de Paris.

L'Express dresse le portrait des principaux acteurs d'une histoire qui a jeté un froid sur les relations entre la France et l'Angola, jusqu'à une récente visite de Nicolas Sarkozy à Luanda.

Pierre Falcone – Le marchand d'armes. Pierre Falcone, pied-noir d'origine napolitaine, démarre sa vie professionnelle au milieu des années 1970 au Brésil, où il exploite des bananeraies, la continue à Paris, en compagnie de son père, avec Brenco, société spécialisée dans la construction d'autoroutes, d'hôpitaux, d'écoles pour les pays en voie de développement. En 1990, c'est la reconversion dans la vente de matériel militaire. En 1993, il se lance, en compagnie de Gaydamak, dans l'aventure angolaise, qui lui rapporte beaucoup d'argent. Personnage de plus en plus influent, Pierre Falcone s'introduit dans les sphères du pouvoir… grâce à sa générosité. En cinq ou six ans, il versera plus de 15 millions de dollars à diverses personnalités, tels Jean-Christophe Mitterrand ou Paul-Loup Sulitzer. Mais Falcone a une manie : demander à son assistante d'enregistrer sur disquettes les bénéficiaires de ses largesses. Une imprudence qui permettra au juge Courroye d'identifier les acteurs de l'Angolagate.

Jean-Christophe Mitterrand – Le fils de… Privé de passeport pendant huit ans, il n'a pratiquement pas travaillé. Le juge Courroye le soupçonne d'avoir mis en relation Jean-Bernard Curial, militant du Parti socialiste, et Pierre Falcone, afin de livrer des armes à l'Angola. Une intervention grassement rémunérée, puisque Falcone versera en 1998 plus de 2 millions de dollars à Jean-Christophe Mitterrand, qui se trouve renvoyé en correctionnelle pour complicité de vente d'armes illicite. « Le seul tort de notre client est d'avoir croisé Jean-Bernard Curial sur un trottoir », affirment ses avocats, Mes Jean-Pierre Versini-Campinchi et Rémy Wilner. Et de marteler que les sommes versées par Falcone à Jean-Christophe Mitterrand l'ont été pour des conseils prodigués en matière de géopolitique.

Jean-Charles Marchiani – L'homme de l'ombre. L'ancien préfet du Var est courageux. Témoin, son rôle dans la libération des otages du Liban, en 1988. Mais les hommes de renseignement franchissent parfois la ligne jaune. Aux yeux du juge Courroye, Jean-Charles Marchiani a accepté trop de faveurs de la part de Pierre Falcone.

L'ancien préfet est soupçonné, avec Charles Pasqua, d'avoir usé de ses relations afin que Gaydamak soit décoré de l'ordre national du Mérite. Une manière de récompenser le Russe pour son rôle joué dans la libération de deux pilotes français prisonniers en Bosnie. Pratique banale. Sauf que cette intervention – c'est la thèse de Courroye – semble avoir été rétribuée. Comment ? Par une « subvention » de 1 500 000 francs versée à une association créée par Pasqua en 1988, France-Afrique-Orient (FAO). Le donateur ? Pierre Falcone. L'ancien préfet a toujours affirmé que cette subvention provenait du gouvernement angolais et n'était en rien liée à l'ordre du Mérite attribué à Gaydamak.

Jacques Attali – L'ex-sherpa. Trafic d'influence. Pour l'ancien sherpa de François Mitterrand, cette incrimination pénale est évidemment terrible. Selon l'accusation, il aurait organisé, en septembre 1998, à son domicile, une rencontre entre Hubert Védrine, ministre des Affaires étrangères d'alors, et Me Allain Guilloux, son conseil et celui de Pierre Falcone, ainsi que du gouvernement angolais. Raison avancée pour ce rendez-vous : intercéder auprès de Védrine pour négocier la diminution d'un redressement fiscal de la société ZTS Osos – celle qui est soupçonnée du trafic d'armes – animée par Falcone. Une intervention qui aurait été rémunérée 160 000 dollars.

Selon la défense de Jacques Attali, cette somme constitue le prix réglé, par une banque angolaise, pour une étude sur le microcrédit effectuée par ACA, société de Jacques Attali. La somme a été versée sur un compte français et fiscalisée. Attali, éditorialiste à *L'Express*, conteste formellement avoir commis la moindre irrégularité et dément être intervenu en faveur de Falcone. Les proches de l'ancien sherpa affirment que la rencontre entre l'avocat et Védrine n'avait qu'un objectif : que le premier remette au second une lettre du président angolais, Eduardo Dos Santos.

Arcadi Gaydamak – Le businessman. Il débarque à Paris en 1972. Il a vingt ans et un paquet de cigarettes en poche. Il fera fortune dans l'hôtellerie, la construction d'avions, le commerce alimentaire, le pétrole. Aussi, quand Falcone lui propose, en 1993, d'acheter des armes à la Russie pour les revendre à l'Angola, il n'hésite pas. Pendant six ans, Gaydamak mène grand train. Jusqu'au jour où le juge Courroye, le soupçonnant de blanchiment d'argent, tombe sur l'une de ses sociétés liée au trafic d'armes. Fin de partie (provisoire) pour Arcadi, qui se réfugie, en 2000, en Israël. Une nouvelle vie commence. Le business, toujours. Sous le coup d'un mandat d'arrêt international, il n'est pas sûr qu'il assiste à l'audience.

Paul-Loup Sulitzer – Le romancier. Avec Paul-Loup Sulitzer, tout se termine toujours par un roman : *Le Roi rouge* (éd. du Rocher) raconte, sous une forme à peine déguisée, l'affaire de l'Angolagate, dans laquelle il est poursuivi. Il est soupçonné d'avoir perçu 380 000 euros de Pierre Falcone pour des opérations d'image et de relations publiques (rencontres avec des personnalités du show-business, notamment).

Pour lui, l'instruction a tourné au cauchemar. En 2000, le juge d'instruction saisit le passeport de l'auteur à succès pour empêcher une éventuelle fuite. Huit ans plus tard, Sulitzer ne l'a toujours pas récupéré, malgré les multiples demandes de son avocate, Me Martine Malinbaum. Chacun de ses déplacements en dehors de l'Union européenne doit être validé. « J'exerce le métier de consultant en image dans le monde entier, explique-t-il. Je ne peux pas rencontrer mes clients et je ne vois pas mes enfants, qui ne résident pas en France. » Sulitzer, qui dit avoir perdu 10 millions d'euros dans les méandres de ce dossier, ne reconnaît qu'une simple fraude fiscale. « Et pour ça, j'ai payé », conclut-il.

Le 27 octobre 2009, le tribunal correctionnel de Paris a condamné trente-six personnes (dont une dizaine à de la prison ferme) pour avoir soit participé à l'organisation d'un commerce d'armes « illicite » vers l'Angola, soit bénéficié de « pots-de-vin » distribués par Pierre Falcone et Arcadi Gaydamak. Vingt-quatre personnes ont fait appel de ce jugement. Parmi elles, Pierre Falcone (six ans ferme) et Arcadi Gaydamak (absent du procès, six ans ferme), le sénateur UMP Charles Pasqua (trois ans, dont deux avec sursis) et l'ex-préfet Jean-Charles Marchiani (trois ans, dont vingt et un mois avec sursis). Condamnés à de la prison avec sursis et à des amendes, Jean-Christophe Mitterrand (deux ans) et Paul-Loup Sulitzer (quinze mois) n'ont pas fait appel. Parmi les personnes relaxées figure Jacques Attali, dont le tribunal a estimé qu'il avait fourni un réel travail sur le microcrédit. Le procès en appel, organisé du 19 janvier au 3 mars 2011, aboutit à des décisions très favorables aux principaux protagonistes de ce dossier complexe et contribue même à le « dégonfler » de manière spectaculaire. Le 29 avril 2011, la cour d'appel de Paris prononce en effet la relaxe pure et simple de Charles Pasqua. Pour la cour, il n'y a pas eu de « trafic d'influence » de la part de l'ancien ministre. De leur côté, Arcadi Gaydamak et Pierre Falcone sont relaxés du chef de « commerce illicite d'armes », autrement dit de l'accusation la plus grave pour eux. Selon les juges, ils bénéficiaient bien d'un mandat de l'Etat angolais, et les actes commis dans ce cadre échappent donc à la juridiction française. L'un et l'autre sont en revanche sanctionnés pour une partie des abus de biens sociaux qui leur étaient reprochés : Gaydamak écope d'une amende de 375 000 € et de trois ans de prison ferme ; Falcone doit verser une amende du même montant et subir une peine de trente mois de prison ferme. Compte tenu du temps déjà passé en détention, ce dernier est aussitôt libéré. Dans les semaines suivantes, Gaydamak dépose un pourvoi en cassation qui sera rejeté en 2013.

Ph. B.

2006

L'affaire Clearstream

Voici sans doute l'une des affaires les plus tortueuses de l'histoire de la Ve République, un feuilleton médiatico-judiciaire qui, à partir du début des années 2000, a accompagné la vie politique de Nicolas Sarkozy et celle de son ennemi attitré, l'ex-Premier ministre Dominique de Villepin.

Résumer l'imbroglio Clearstream relève de la gageure. Il faut d'abord démêler le vrai du faux, la rumeur de l'information, éviter les raccourcis hâtifs. Que reste-t-il alors ? Un montage de haut vol destiné à discréditer plus d'une centaine de personnalités – dont Nicolas Sarkozy, futur président de la République – en faisant croire qu'elles possèdent des comptes secrets à l'étranger. Ces fausses listes de fraudeurs, censées être le détonateur d'un immense scandale politico-financier, rassemblent élus, industriels, financiers, policiers, avocats, magistrats, journalistes, mannequins, artistes...

L'article de présentation du procès permet d'aller plus loin et de faire un état des lieux aussi clair que possible avant l'ouverture de l'audience, le 21 septembre 2009, devant le tribunal correctionnel de Paris. L'article suivant est un éditorial de Christophe Barbier. Le directeur de la rédaction de *L'Express* rappelle à quel point Clearstream nous renvoie à une longue tradition d'affaires à la française. A une différence près : celle-là, par sa complexité, a fini par lasser le public. Dans un autre éditorial, publié deux ans plus tôt (26 juillet 2007), Christophe Barbier avait d'ailleurs regretté le manque de réaction de l'opinion devant de telles dérives.

Ph. B.

☆☆☆

Clearstream, le procès VIP

Jean-Marie Pontaut

Des prévenus, des parties civiles, des témoins et des avocats de renom... Le tribunal correctionnel de Paris va réunir un vrai Who's Who. *Pour juger une affaire à énigmes où la haine Sarkozy-Villepin tient la vedette.* (L'Express *du 17 septembre 2009.*)

C'est un dossier hors normes, une histoire qui obsède Nicolas Sarkozy et attise sa colère contre l'un des prévenus, l'ex-Premier ministre Dominique de Villepin. [...] Aux magistrats, désormais, de démêler les fils de cette embrouille mêlant à plaisir manipulations, intox et mensonges.

Face à eux, cinq prévenus : Dominique de Villepin, donc, mais également un ex-responsable de l'entreprise d'aéronautique EADS, Jean-Louis Gergorin, son collaborateur Imad Lahoud, le journaliste Denis Robert et un analyste financier, Florian Bourges. S'y ajoutent deux témoins assistés, en particulier le général Philippe Rondot, spécialiste du renseignement. Sans oublier les « victimes » : quarante et une parties civiles, parmi lesquelles Nicolas Sarkozy, Brice Hortefeux, Laurent Fabius et quatre autres anciens ministres. La liste des témoins confine, elle aussi, au *Who's Who* : le juge d'instruction Renaud Van Ruymbeke, l'ex-directeur des Renseignements généraux Yves Bertrand et, peut-être, l'actuelle garde des Sceaux, Michèle Alliot-Marie, devraient se présenter à la barre. Bref, un parterre de grande première théâtrale, en présence des meilleurs avocats de la place.

Le tribunal fera-t-il pour autant la lumière sur cet imbroglio ? Certes, on sait déjà que l'auteur des fausses listes de fraudeurs est Imad Lahoud, franco-libanais de quarante et un ans, doué pour l'informatique et les maths (il vient de décrocher l'agrégation). Certes, il est établi que son supérieur de l'époque, Jean-Louis Gergorin, a transmis anonymement ces documents au juge Van Ruymbeke, pour qu'il enquête à leur sujet. Certes, on sait également que ce même Gergorin a alerté son ami Dominique de Villepin, alors ministre des Affaires étrangères. Mais il faut maintenant déterminer les motivations des uns et des autres et répondre à plusieurs questions cruciales.

Pourquoi Lahoud a-t-il fabriqué ces faux comptes ? C'est la première énigme de cette affaire à soufflets. Son secret tient sans doute beaucoup à la personnalité et au parcours du jeune homme. Ancien trader, il vient de passer quelques mois en prison pour escroquerie quand il est recruté, en 2002, par Jean-Louis Gergorin chez EADS. Celui-ci est alors le « génie stratégique » de l'entreprise, un énarque et polytechnicien brillant, très proche de son patron, Jean-Luc Lagardère. Il confie à Lahoud la gestion d'un bureau d'études et lui octroie de confortables revenus, près de 300 000 euros en deux ans. Reste à connaître le rôle exact de celui-ci dans l'affaire Clearstream, du nom d'une société de compensation installée au Luxembourg.

Lahoud a d'abord nié toute implication, avant de déclarer récemment, dans une énième version des faits, avoir ajouté le nom de Sarkozy – alors ministre de l'Intérieur – dans les listings à la demande de Gergorin et de Villepin. Entre-temps, il avait affirmé – sans preuves – avoir rencontré le futur président à plusieurs reprises... Seule certitude le concernant : l'expertise de son ordinateur a révélé l'ampleur de ses manœuvres informatiques. Dès le début des investigations, en avril 2005, il a en effet effacé 623 629 fichiers de son disque dur ! Sans se douter que les experts pourraient tout de même récupérer, dans la mémoire de l'appareil, plusieurs noms, dont celui d'un Suisse et de deux oligarques russes mentionnés dans les fameux fichiers.

Qui manipule qui ? C'est une autre énigme soumise au tribunal. Après avoir menti, Jean-Louis Gergorin a fini par reconnaître la paternité des courriers anonymes envoyés au juge Van Ruymbeke en mai 2004. L'énarque affirme désormais avoir été berné par Lahoud, son « mauvais génie ». D'après lui, ce dernier aurait fabriqué seul ces listings et aurait réussi à lui faire croire qu'ils étaient vrais. Gergorin explique sa crédulité par le contexte particulier de l'époque : il est alors persuadé que Jean-Luc Lagardère, décédé le 14 mars 2003, a été assassiné afin que des Russes puissent, grâce à des complicités internes, prendre le contrôle d'EADS. En arrivant avec la liste des supposés « corrompus » de l'entreprise, Lahoud vient en quelque sorte nourrir cette théorie du complot. Son supérieur y croit d'autant plus facilement qu'il lui montre d'autres listes de détenteurs de comptes, parmi lesquels diverses personnalités.

Ces révélations paraissent si graves à l'énarque d'EADS qu'il se précipite chez son vieil ami Dominique de Villepin, ministre des Affaires étrangères. Gergorin reconnaît que lors d'une réunion, le 9 janvier 2004, il a cité, devant Villepin, le nom de Sarkozy, car Lahoud lui avait auparavant parlé d'un compte « Bocsa », référence au patronyme complet de Nicolas Sarkozy et de son père. Dès lors, le cadre d'EADS ne cessera plus – du moins à l'en croire – de rendre compte à son ami du Quai d'Orsay des avancées de cette histoire. Ce dernier lui aurait quasiment ordonné d'aller en parler à un juge. D'après Gergorin, Villepin a cru jusqu'au bout, comme lui, à la véracité des listes. Après la révélation de l'affaire, il lui aurait même confié que l'attitude de Nicolas Sarkozy tendait à faire croire que tout était vrai, car il en faisait « trop » pour n'avoir rien à se reprocher.

Qui a ajouté le nom de Nicolas Sarkozy dans le listing ? C'est la troisième énigme, un mystère qui devrait pimenter l'audience. Première hypothèse : Lahoud l'a fait seul, afin de satisfaire son « patron » Gergorin, soucieux pour sa part de convaincre Dominique de Villepin du sérieux de l'affaire. Deuxième hypothèse, plus piquante : Villepin lui-même, voyant débarquer le duo, aurait demandé à Gergorin d'ajouter le nom de Sarkozy afin de déconsidérer un rival pour la présidentielle de 2007. Ce scénario a les faveurs du président de la République. Persuadé qu'on a tenté de le compromettre en essayant de faire croire qu'il détenait un compte à l'étranger, il mouline sa colère et veut la peau de l'adversaire.

Quelle sera la parade du « Mousquetaire » ? Dominique de Villepin, que Jean-Louis Gergorin et le général Rondot (appelé à la rescousse pour enquêter discrètement) surnommaient « le Mousquetaire », se drape dans la raison d'Etat. Après avoir déclaré aux juges qu'il ne connaissait rien à cette histoire, il a reconnu, confronté aux notes du général, qu'il avait bien eu connaissance des listings. A l'entendre, il n'en aurait pas parlé à la justice, car il souhaitait d'abord faire vérifier ces informations. Il dément les propos qu'il aurait tenus contre Nicolas Sarkozy et assure n'avoir plus rencontré Gergorin en tête à tête après la fameuse réunion du 9 janvier 2004. A l'entendre, Nicolas Sarkozy était depuis longtemps au courant de la manœuvre orchestrée contre lui et exerce aujourd'hui des pressions sur la justice. Interrogé par *L'Express* le 13 septembre, « le Mousquetaire » déclarait ainsi à propos du procès : « Je n'ai jamais mêlé la politique à cette échéance, et je n'ai cessé de dénoncer l'instrumentalisation politicienne de cette affaire. »

Après moult hésitations, le procureur de la République de Paris, Jean-Claude Marin, a demandé que Dominique de Villepin soit renvoyé devant le tribunal pour « faits de complicité calomnieuse ». Les juges d'instruction souhaitent, eux, qu'il soit en outre poursuivi pour « complicité d'usage de faux et recel d'abus de confiance et recel de vol ». Le tribunal tranchera. Quoi qu'il en soit, le jugement sera décisif pour son avenir politique. Il encourt au maximum cinq ans d'emprisonnement et 45 000 euros d'amende. Et peut-être de l'inéligibilité.

L'ancien Premier ministre Dominique de Villepin a finalement été relaxé, le 28 janvier 2010, par le tribunal correctionnel de Paris. Dès le lendemain, le parquet a décidé de faire appel de ce jugement, ce qui a provoqué une polémique sur l'acharnement de Nicolas Sarkozy à vouloir la condamnation de son adversaire. Un deuxième prévenu, le journaliste Denis Robert, a été relaxé en première instance. Trois personnes ont en revanche été condamnées : Jean-Louis Gergorin (trois ans de prison, dont quinze mois ferme), Imad Lahoud (trois ans dont dix-huit mois avec sursis) et Florian Bourges (quatre mois avec sursis). Le procès en appel, organisé du 2 au 26 mai 2011 à Paris, a abouti à la confirmation de la relaxe de Dominique de Villepin. Dans son arrêt, la cour d'appel de Paris a considéré à son sujet que « d'autres autorités de l'Etat détenaient en juillet des informations permettant de conclure à la fausseté des listings et n'ont pas agi pour empêcher que la calomnie continue. [...] En l'état de ces constatations, et alors qu'il n'a pas été démontré d'implication de Dominique de Villepin dans le processus délictueux en amont, le délit de complicité par abstention reproché à celui-ci pour la période de juillet à octobre 2004 n'est pas établi. » D'autres protagonistes, dont les condamnations ont en revanche été maintenues (Imad Lahoud) ou revues à la hausse (Jean-Louis Gergorin), se sont pourvus en cassation. Des pourvois rejetés en février 2013.

Le loup et le renard

Christophe Barbier

Dans son éditorial du 17 septembre 2009, le directeur de la rédaction de L'Express *dénonce la « réalité putride » de l'affaire Clearstream.* (L'Express *du 17 septembre 2009.*)

L'affaire Clearstream, c'est comme au cinéma. On trouve à l'affiche des politiciens à sang froid, un industriel fantasque, un informaticien bidouilleur. On passe d'une banque luxembourgeoise aux activités incompréhensibles à l'incandescence d'une campagne présidentielle ; l'intrigue rebondit de faux coups médiatiques en vrais mensonges, la brume du soupçon enveloppe les méchants comme les victimes, c'est une valse de fichiers falsifiés, de comptes chiffrés et de menteurs patentés. Ministères et services secrets s'embarquent dans la chasse aux corrompus, il ne manque que quelques cadavres, des coups de feu et un peu de sexe pour que le scénario mérite Hollywood.

Hélas, l'affaire Clearstream, ce n'est pas du cinéma, mais la réalité putride et pitoyable d'une classe politique française adepte des coups bas et des coups tordus, où l'on ne recule ni devant le bourrage des urnes quand il faut gagner un congrès, ni devant la calomnie quand il s'agit d'éliminer un adversaire. Les politiciens de ce pays ne sont pas complètement démocrates : le peuple décide, certes, mais il faut l'aider un peu, et si l'on veut porter les uns aux nues, il faut traîner les autres dans le caniveau. Il n'y a pas de débat politique en France, il n'y a qu'un combat. A mort.

Le plus affligeant dans l'affaire Clearstream, c'est qu'elle est normale : pas un présidentiable dans ce pays n'échappe, à tort ou à raison, aux éclaboussures des affaires. Parties fines, diamants, vrai-faux attentat, châteaux et terrains trop bien achetés, actions trop bien revendues, commissions et rétrocommissions... Les salissures du scandale ont valeur d'onction politique : pour compter vraiment, il faut avoir affronté l'épreuve de la boue.

L'affaire Clearstream, c'est enfin, et peut-être d'abord, un duel entre Nicolas Sarkozy et Dominique de Villepin, chapitre ultime de la guerre haineuse entre balladuriens et chiraquiens. Là est l'enjeu le plus excitant, pour les foules, du procès qui s'ouvre lundi : un hallali judiciaire mettra-t-il un terme aux ambitions de l'ancien Premier ministre ? Sans nul doute, Villepin a rêvé de la chute de Sarkozy sous la mitraille des révélations, et accrédité au-delà de toute raison les « listings », jusqu'à ne pas entendre les démonstrations de ceux-là mêmes qu'il avait mandés pour creuser l'affaire, et qui revenaient bredouilles de cette plongée dans la fiction. Mais l'actuel président, averti bien assez tôt de la cabale qui se tramait, a sans ciller parié sur l'effet boomerang. Il a laissé l'accusation avancer sans preuves, s'est drapé dans le lin blanc de l'innocence outragée, puis a attendu de la vérité rétablie un décisif bonus de popularité. Qu'il est pur, le présidentiable que ses ennemis ont voulu salir en vain ! Innocent de tout, puisque innocent de cela.

Dominique de Villepin et Nicolas Sarkozy dans l'affaire Clearstream, c'est « à malin, malin et demi » ; ce n'est pas le loup et l'agneau, c'est le loup et le renard. Villepin, voyant le pétard judiciaire se mouiller chaque jour un peu plus, a tenté de le transformer en bombe médiatique : faire du bruit pour faire des dégâts. Nicolas Sarkozy, trouvant à sa portée un inespéré diplôme de victime, a laissé pourrir la situation, pour que sur cet humus fleurisse mieux sa candidature. Il faut, assure aujourd'hui le président, en finir avec les officines à l'occasion du procès Clearstream. Ne serait-ce pas, en France, en finir avec la politique ?

LES ANNÉES SARKOZY

Quand il succède à Jacques Chirac, au printemps 2007, Nicolas Sarkozy assure incarner une nouvelle manière de diriger le pays. A l'entendre, c'en est fini de la politique à l'ancienne, des manœuvres de coulisse, des scandales de la sulfureuse « France-Afrique », des emplois fictifs et autres magouilles qui ont pu marquer les « années RPR » et le chiraquisme déclinant. Place à l'action, aux décisions fortes, et pas question, pour lui comme pour ses proches, de s'empêtrer dans ces affaires dont la République a le secret. Comme d'autres présidents avant lui, qu'il s'agisse de ce même Jacques Chirac ou de François Mitterrand, le nouveau chef de l'Etat place aux postes importants de justice et de police des hommes et des femmes de confiance, capables de faire remonter au plus vite les informations potentiellement intéressantes – ou dangereuses – pour lui.

Il aura bien besoin de leurs services... Car l'engagement initial d'un quinquennat sans « affaires » vole vite en éclats. Le pays entre au contraire dans une zone de turbulences telle qu'il n'en a pas connu depuis les pires années de l'ère Mitterrand. Les médias, une fois de plus, jouent un rôle décisif dans la révélation et le suivi de ces feuilletons judiciaires. *Le Monde*, *Le Canard enchaîné* ou encore Mediapart – journal en ligne créé, avec succès, par d'anciens journalistes du *Monde* – multiplient les révélations sur des dossiers plus ou moins embarrassants pour Nicolas Sarkozy ou ses proches, en particulier le très influent Claude Guéant, tour à tour secrétaire général de l'Elysée et ministre de l'Intérieur. *L'Express* n'est pas en reste en matière de scoops. L'hebdomadaire, qui se dote d'un service « Enquêtes » à partir de 2009, accorde une large place à ces affaires, brosse les portraits des différents protagonistes, dévoile des informations inédites. Plusieurs de ces articles, repris ici, permettent de comprendre la France de ces années-là.

2007-2012

Bettencourt, saga familiale et judiciaire

Cette affaire tortueuse a empoisonné tout le quinquennat de Nicolas Sarkozy (2007-2012). Elle démarre pourtant très discrètement par une plainte déposée à la fin de 2007 par la fille de Liliane Bettencourt, la richissime héritière du groupe L'Oréal, auprès du parquet de Nanterre (Hauts-de-Seine). Françoise Bettencourt Meyers estime que sa mère, alors âgée de quatre-vingt-cinq ans, est victime d'un abus de faiblesse de la part de l'un de ses amis, le photographe et écrivain François-Marie Banier. L'affaire ne tarde pas à s'ébruiter : la vieille dame est l'une des femmes les plus riches du pays et les dons présumés s'élèvent à plusieurs centaines de millions d'euros. A Nanterre, la procédure aboutit entre les mains du procureur Philippe Courroye, qui ouvre une enquête préliminaire, c'est-à-dire placée sous le contrôle du parquet et non d'un juge d'instruction. Alors que le magistrat envisage un temps de classer l'affaire, Françoise Bettencourt Meyers ne désarme pas et ouvre un autre front judiciaire : une « citation directe » auprès d'une chambre correctionnelle du tribunal de Nanterre dirigée par la juge Isabelle Prévost-Desprez. Dès lors, une sourde guerre s'engage entre cette dernière et Philippe Courroye. Après avoir travaillé ensemble à une époque, les deux magistrats se détestent au plus haut point. Le procureur, réputé proche de Nicolas Sarkozy, est soupçonné de favoriser Liliane Bettencourt, veuve d'un homme politique de droite, au détriment de sa fille. Très vite, Philippe Courroye devient l'un des personnages importants de cette saga. A l'automne 2009, *L'Express* lui consacre un portrait particulièrement fouillé, reproduit dans les pages suivantes.

En 2010, l'affaire prend une nouvelle dimension quand Françoise Bettencourt Meyers remet à la justice des enregistrements clandestins effectués par le majordome de sa mère au domicile de celle-ci. Leur contenu est révélé par Mediapart. L'homme de confiance de Liliane Bettencourt, Patrice de Maistre, que l'on entend sur ces enregistrements, est soupçonné de détournements. Les bandes révèlent aussi qu'il connaît bien Eric Woerth, ministre du Budget de Nicolas Sarkozy, puis trésorier de la campagne présidentielle de 2007. Des soupçons de financement politique illégal commencent à être évoqués. Eric Woerth est entendu par les enquêteurs, ainsi que divers proches de la milliardaire.

Finalement, le dossier fait l'objet d'un tel conflit entre les magistrats de Nanterre qu'il est « dépaysé », comme on dit dans le jargon judiciaire, c'est-à-dire transféré dans un autre tribunal, en l'occurrence celui de Bordeaux, où trois juges sont chargés de l'instruire. Très vite, le magistrat le plus actif du groupe, Jean-Michel Gentil, paraît convaincu que Liliane Bettencourt a bien été victime d'un abus de faiblesse et il n'hésite pas à la soumettre à une expertise. Dans le même temps, il suit la piste du financement politique et soupçonne Nicolas Sarkozy de s'être rendu chez la milliardaire afin de solliciter ou de recueillir des fonds pour la campagne présidentielle de 2007. Le juge va jusqu'à saisir les carnets de rendez-vous de l'ancien chef de l'Etat. Une véritable guérilla judiciaire s'engage entre ce dernier, son avocat, Mᵉ Thierry Herzog, et le magistrat.

Après une première audition de Nicolas Sarkozy qui tourne court à l'automne 2012, le juge et ses collègues le convoquent à nouveau en mars 2013 pour, cette fois, le mettre en examen pour « abus de faiblesse ». C'est le thème de l'article reproduit dans ce livre à la suite du portrait consacré à Philippe Courroye.

J.-M. P.

☆☆☆

Philippe Courroye, un procureur très en cour

Philippe Broussard, Pascal Ceaux,
François Koch et Jean-Marie Pontaut

A cinquante ans, le responsable du parquet de Nanterre, autrefois salué pour son indépendance, fait l'objet de critiques pour sa proximité avec les puissants. (L'Express *du 12 novembre 2009.*)

Ce procureur-là aime les présidents. De gauche, de droite, tous les présidents. Quand il déjeune chez Lipp – brasserie chic de Saint-Germain-des-Prés –, il se place volontiers à la table qu'occupait jadis François Mitterrand. Quand il réunit ses copains lyonnais pour un repas de gaillards, il ne faut pas insister bien longtemps pour le voir se lancer dans une imitation – réussie – de Jacques Chirac. Et quand on lui demande si Nicolas Sarkozy est un ami, son silence gêné vaut réponse positive. Mais ce procureur-là aime aussi les PD-G : Martin Bouygues, dont il est très proche ; Vincent Bolloré, qu'il fréquente parfois ; Jean-Charles Naouri (groupe Casino), qui emploie son épouse ; François Pinault, qui l'a invité dans sa villa varoise, un soir de l'été 2008, en présence, justement, du couple Chirac...

Philippe Courroye serait-il prisonnier des mondanités qu'autrefois il disait fuir ? Ses ennemis l'assurent, ses partisans s'interrogent. Lui, bien sûr, s'en défend, avec le côté « droit dans mes bottes » propre aux hommes de loi et de certitude. « Je déjeune et dîne avec qui je veux », disait-il, en mai, au *Parisien*. « La véritable indépendance, précise-t-il à *L'Express*, c'est de pouvoir discuter avec tout le monde. Pour moi, un magistrat doit être en prise avec l'extérieur et non refermé sur son milieu. Alors oui, j'ai des amis avocats, chefs d'entreprise et, pourquoi pas, politiques. Je ne suis pas de ceux qui pensent qu'ils sont tous pourris. »

Pareille profession de foi ne vaut pas absolution. Si Philippe Courroye quitte le parquet de Nanterre pour celui de Paris, il se rapprochera de l'Elysée et son procès en connivence sera relancé. Resurgira alors l'histoire si blessante du Lyonnais devenu trop parisien, de l'indépendant tombé en allégeance. Ces derniers mois, ce double soupçon s'est ancré chez ses pairs magistrats, nourrissant l'image d'un procureur aux ordres, tenu par son carnet d'adresses.

Pour savoir si l'accusation est fondée, il faut revenir à Lyon, au début des années 1990. A l'époque, cet admirateur de Napoléon est juge d'instruction. Il a une trentaine d'années et un parcours idéal de fils de la bourgeoisie locale : une scolarité lyonnaise, Sciences po Paris, l'Ecole nationale de la magistrature... Sa vie privée est à l'avenant : marié à vingt-quatre ans, père de quatre enfants, catholique pratiquant, amateur de Bach et de Chateaubriand, il se veut discret, pudique, travailleur. Bref, un CV parfait, vite enrichi de succès professionnels. C'est ainsi qu'en 1993 il ose poursuivre le maire, Michel Noir, son gendre Pierre Botton et diverses vedettes médiatiques dans un dossier mêlant copinage et argent facile. Lyon y gagne le scandale de la décennie, Philippe Courroye un portrait sur mesure : le voici érigé en modèle d'intransigeance et de rigueur. « C'est à peine s'il osait aller dans les mariages, de peur d'être vu avec des gens concernés par ses dossiers », se souvient un notable local.

Le juge vit alors en banlieue, à Ecully, dans une maison agréable, mais sans prétention. Son bureau, niché sous les combles du palais de justice, est une nasse redoutée, où il règne en maître, insensible aux bruits de la ville. Son imper mastic lui donne des airs de Columbo, sa silhouette et ses pas d'échassier en font un personnage de polar. Il en joue, il aime ça. Et savoure avec gourmandise, bien qu'il s'en défende, les auditions de stars, les impatiences de leurs avocats. « Au fond, ce monde-là le fascinait, raconte un témoin de l'époque. Il travaillait sérieusement, mais en jubilant comme un gamin dès qu'il sortait de son personnage. »

Ici ou là, certains s'élèvent néanmoins contre ses méthodes, sa dureté. Me François Saint-Pierre, l'un des défenseurs de Michel Noir, monte au front : à ses yeux, ce juge « dénué d'humanisme » est un héritier de la droite maurrassienne des années 1930. L'avocat rappelle aussi qu'il a fait l'objet, en 1990, d'une réprimande du parquet général de la Cour de cassation, pour avoir renvoyé aux assises un homme finalement acquitté après trois ans de détention provisoire. Dans ses conclusions, le parquet pointait des « insuffisances graves dans la recherche de la vérité ».

Philippe Courroye encaisse, mais sans dévier de sa route. Après tout, cette étiquette de solitaire intraitable laisse les gêneurs à distance, préserve son jardin secret. A Lyon, ils sont peu nombreux à y avoir accès : deux ou trois journalistes, une poignée d'avocats, l'expert-comptable Michel Bruyas, qui a décrypté pour lui les finances du duo Noir-Botton. Tous décrivent un autre Courroye : bon vivant, amateur de vin et de bistrots à l'ancienne, capable de fous rires sans fin, un surdoué de l'imitation, adorant singer Pasqua, Chirac ou Mitterrand. Ils le disent ambitieux, exigeant en amitié, rancunier en cas de trahison, mais toujours fidèle. « C'est le seul magistrat à m'avoir soutenu quand j'ai eu un grave ennui de santé », témoigne Me François La Phuong, célèbre pénaliste lyonnais.

Logiquement, sa carrière le mène ensuite à Paris où il officie, de 1999 à 2007, au pôle financier. Les policiers spécialisés apprécient son volontarisme, sa compétence. « Il était vraiment indépendant, y compris vis-à-vis de gens proches de Nicolas Sarkozy quand celui-ci était ministre de l'Intérieur », assurent deux d'entre eux. Angolagate, Pétrole contre nourriture... son palmarès s'étoffe et lui vaut des menaces. De nouveaux pourfendeurs, aussi. Charles Pasqua s'offusque de le voir lui réclamer son portefeuille lors de l'enquête sur les ventes d'armes à l'Angola. Quant à Jean-Christophe Mitterrand, il va jusqu'à lancer : « Ce juge sue la haine. » Le silence de sa hiérarchie le blesse autant que la violence des mots. Sans compter qu'on le suspecte d'être chiraquien, d'étouffer l'affaire des « frais de bouche » de l'Hôtel de Ville de Paris (2004) ou d'avoir été bien indulgent avec Jérôme Monod (Lyonnaise des Eaux). Pour sa défense, il invoque le droit – ici la prescription des faits, là l'absence de preuves – et cite son tableau de chasse à droite : Michel Noir, Charles Pasqua, Alain Carignon (maire de Grenoble), le secrétaire d'Etat Pierre Bédier...

D'année en année, l'image se trouble, mais demeure plutôt positive. En public, le juge fait le dos rond, il feint la sérénité, truffant son propos de mots d'auteur – un jour Montherlant, un autre Borges. En privé, pourtant, il confie ses blessures. « C'est un chêne, mais cela ne veut pas dire qu'il ne ressent pas les coups », confirme Michel Bruyas, l'ami comptable.

Au printemps 2007, il change de fonctions, passe de l'instruction au parquet, de Paris à Nanterre. Un autre métier, plus « politique ». Surtout dans les Hauts-de-Seine, fief de l'UMP et des multinationales. Le Conseil supérieur de la magistrature conteste sa nomination, arguant de son manque d'expérience à ce poste, mais il s'installe au palais de justice de Nanterre, dans un bureau décoré d'un portrait de l'Empereur.

Le voici donc au cœur du « Sarkoland » ouvert à d'autres horizons, plus parisiens. Certaines relations, nouées auparavant, virent à l'amitié, par exemple avec Martin Bouygues ou Me Paul Lombard. Cet avocat aux manières de marquis florentin a de l'entregent, le sens de la négociation et des rencontres fortuites. Il fréquente beaucoup de patrons du CAC 40, sans que l'on sache jamais trop s'il s'agit d'amis, de clients, ou des deux à la fois. « Il a fait basculer Courroye dans un autre monde », estiment plusieurs sources. Un monde où l'on déjeune et dîne entre gens d'influence, sans se soucier du qu'en-dira-t-on.

C'est ainsi qu'au début de 2009, Me Lombard concocte, dans son appartement du Quartier latin, une soirée « théâtre » pour une trentaine de privilégiés. Il a demandé à Christophe Barbier, directeur de la rédaction de *L'Express* et membre d'une troupe amateur spécialisée dans les spectacles à domicile, de jouer la pièce *Le Souper*. Parmi les spectateurs, Philippe Courroye et son épouse, mais également l'actrice Charlotte Rampling et son mari, l'homme d'affaires Jean-Noël Tassez, poursuivi dans… l'Angolagate ! Le tableau a de quoi étonner : entre champagne et petits-fours, alors que Christophe Barbier vient d'interpréter Talleyrand en costume d'époque, Courroye et Tassez discutent comme deux vieilles connaissances !

Autre épisode, plus connu : le déjeuner qu'il organise chez lui avec l'omniprésent Me Lombard, le P-DG de Casino, Jean-Charles Naouri, et le sous-directeur des affaires économiques de la PJ parisienne, Patrick Hefner. La révélation de cette rencontre par *Le Canard enchaîné* du 8 avril va élargir le cercle des anti-Courroye. Pouvait-il ignorer que ce policier supervisait une enquête concernant Casino et qu'il était peut-être malvenu de réunir pareils convives, fût-ce pour un repas « amical » ? Pour sa défense, il avance que l'affaire en question n'était pas traitée par son parquet, mais par celui de Paris – ce qui est exact – et qu'il n'en avait pas connaissance – ce qui amuse les sceptiques.

Un aspect de cette polémique l'a beaucoup affecté : l'évocation du nom de son épouse. Mais là aussi, pouvait-il y échapper ? Ostiane Courroye est chargée des projets de mécénat au sein du groupe... Casino ! A ce titre, elle mène à bien des programmes de nutrition et d'accès à l'éducation dans divers pays. Précisons aussi qu'elle n'est pas une novice en mécénat : du temps où elle vivait à Lyon (jusqu'en 2007), elle était déléguée générale de la Fondation Bullukian, une institution locale richement dotée.

Le « déjeuner Casino », ajouté aux agapes chez les Pinault, est perçu comme l'erreur de trop. L'image de Philippe Courroye n'est plus brouillée : elle vire au négatif. « La déception est à la mesure de son image de chevalier blanc », regrette un collègue. « Sa réaction de surprise laisse supposer qu'il y a eu d'autres repas, et qu'il a fini par ne plus voir le mal », suggère un autre. « Son monde n'est plus le nôtre, résume un ex-compagnon de route au palais de justice de Lyon. Philippe a cherché une double reconnaissance, professionnelle et sociale, et cela peut le fragiliser. Avec le recul, je me demande si cette culture de la mondanité n'existait pas, de façon discrète, quand il était à Lyon, par le biais de son épouse notamment. »

Blessé par ces accusations, il revendique son droit à l'amitié et dit n'avoir aucune leçon d'indépendance à recevoir. Mais rien n'y fait : la critique l'emporte. A Nanterre, en particulier. A tort ou à raison, les reproches s'accumulent. Sur ses « obsessions carriéristes ». Sur la manière dont, en 2007, il a classé l'affaire de l'appartement des Sarkozy à Neuilly. Sur son indulgence à l'égard des banques dans le dossier Moulinex-Brandt. Verdict d'Emmanuelle Perreux, présidente du Syndicat de la magistrature (gauche) : « Il a la main sur les affaires des Hauts-de-Seine, et plus aucune n'aboutit. Pour Sarkozy, il représente le parquet de demain. »

« Demain », justement, Paris l'attend. Et le tir de barrage s'annonce terrible. Pour Christophe Régnard, président de l'Union syndicale des magistrats (majoritaire), cette promotion serait la preuve que « l'institution est de plus en plus noyautée par des proches de l'Elysée ». S'il est nommé, Philippe Courroye avancera donc à contre-courant, plus seul que jamais, contraint de gommer au plus vite son image d'ami des puissants.

Philippe Courroye a quitté ses fonctions à Nanterre en 2012. Il a été auparavant au cœur d'une vive polémique pour avoir fait saisir les fadettes – les factures téléphoniques détaillées – de deux journalistes du Monde *travaillant sur l'affaire Bettencourt. Soucieux de connaître l'origine des fuites dans la presse, il soupçonnait sa « collègue » Isabelle Prévost-Desprez d'en être responsable. Le Conseil supérieur de la magistrature ne l'a pas sanctionné pour cette procédure qui a fait l'objet d'autres actions judiciaires, mais il s'est montré très critique sur sa gestion du parquet de Nanterre. Par la suite, Philippe Courroye a été nommé avocat général près la cour d'appel de Paris, poste qu'il occupait toujours à l'automne 2014.*

Sarkozy-Gentil : duel au tribunal

Pascal Ceaux et Jean-Marie Pontaut

Dans le bureau du juge bordelais, la confrontation qui a débouché sur la mise en examen de l'ancien président a viré à l'affrontement. Coulisses d'une bataille épique. (L'Express *du 27 mars 2013.*)

A ce moment-là, Nicolas Sarkozy et son avocat, Me Thierry Herzog, ont compris que l'ancien président de la République n'échapperait pas à une mise en cause. Au terme de neuf heures de confrontation, le juge d'instruction Jean-Michel Gentil leur demande de se retirer. Il délibère dans son bureau avec ses deux collègues Valérie Noël et Cécile Ramonatxo sur le sort de l'ex-chef de l'Etat, pris dans la nasse de l'affaire Bettencourt. Celui-ci patiente dans des locaux attenants, ordinairement réservés aux vieux habitués du tribunal. Il ne se fait guère d'illusions. S'il était resté témoin assisté, comme lors de son premier interrogatoire (22 novembre 2012), ce pénible suspense lui aurait été épargné.

Trente minutes plus tard, la confirmation tombe : Nicolas Sarkozy est mis en examen pour « abus de faiblesse » commis à l'encontre de la milliardaire Liliane Bettencourt, en février 2007. Pour le vainqueur de l'élection présidentielle de 2007, le coup est rude. Le fait de passer pour un « détrousseur de vieille dame » le rend furieux. Pour lui, c'est l'accusation de trop. Pourtant, dans le camp de l'ex-président, on pensait que le plus dur était derrière. Et que l'épreuve du 22 novembre 2012 avait été couronnée de succès. Ce premier face-à-face entre le juge et le politique semblait avoir tourné à l'avantage du second.

Ce jour-là, Sarkozy a préparé la rencontre comme un match à ne pas perdre. Il surprend même le magistrat par sa connaissance du dossier, surtout lorsque ce dernier en vient au témoignage, à ses yeux déterminant, d'un ex-chauffeur du couple Bettencourt, Dominique Gautier. L'ambiance, jusque-là plutôt courtoise, se dégrade soudain. Le juge Gentil revient sur les déclarations de l'employé, entendu en 2010. Celui-ci dit avoir recueilli une confidence de Nicole Berger, l'ancienne femme de chambre de Liliane Bettencourt. « C'était au téléphone, a affirmé Gautier sur procès-verbal. Mlle Berger m'a dit que M. Sarkozy était venu pour un rendez-vous voir Monsieur et Madame très rapidement et que c'était pour demander des sous... » Invité à préciser la date, le chauffeur indique que c'était pendant la campagne électorale, « peut-être en février ou mars 2007 ».

Confronté à cette accusation, l'ancien président réplique alors : « M. Gautier est parti en 2004 du domicile des Bettencourt, il n'est témoin de rien du tout. » Il pointe également quelques incohérences chronologiques. Décédée en 2008, Nicole Berger aurait recueilli les mots de Liliane Bettencourt entre le 27 mars et le 5 avril, date où elle séjournait chez son ancienne patronne. Or rien, dans cette période, n'atteste une visite de Sarkozy chez la milliardaire. Fort de cet échange, qu'il estime à son avantage, et de son statut de témoin assisté, ce dernier quitte le bureau du magistrat l'esprit d'autant plus soulagé, ce soir de l'automne 2012, qu'aucun élément matériel ne le met en cause. Les autres mis en examen du dossier ont tous reçu des cadeaux somptueux de la milliardaire. Rien de cette sorte ne peut lui être reproché à cette heure.

Un premier signe aurait pourtant dû lui donner l'alerte. Lorsque le juge Gentil l'a raccompagné au seuil de son cabinet, il lui a glissé : « On se reverra. Je vais faire des confrontations. » A peine la porte fermée, le magistrat se lance ventre à terre sur la « piste Berger ». Il cherche également la trace de rendez-vous Sarkozy-Bettencourt en 2007, puisqu'un seul, daté du 24 février, figure à l'agenda de celui qui était alors candidat à l'élection présidentielle. Jean-Michel Gentil soupçonne l'existence d'autres rencontres, qui pourraient avoir abouti à des remises d'argent.

Dès le début du mois de décembre 2012, les auditions se multiplient dans la discrétion. Le juge, plus actif que jamais, semble irrité. Il a le sentiment que l'avocat de Nicolas Sarkozy, Me Herzog, a voulu l'humilier en lui prêtant, dans les médias, une confusion entre les Bettencourt et Ingrid Betancourt, l'otage franco-colombienne des Farc. Une dizaine de personnes au moins sont entendues ou réentendues entre décembre 2012 et janvier 2013. Sans résultat probant. Deux proches parents de Nicole Berger sont ainsi identifiés à partir du carnet de l'ancien chauffeur, Dominique Gautier. Mais ils sont catégoriques dans leurs déclarations aux enquêteurs : l'ex-femme de chambre n'a jamais évoqué devant eux de visite de Nicolas Sarkozy chez la milliardaire.

Le 21 décembre 2012, c'est au tour de Françoise Bettencourt Meyers, la fille de l'héritière de L'Oréal, de pousser la porte du cabinet du magistrat instructeur. Celui-ci veut la voir pour la même question : a-t-elle eu connaissance de cette confidence explosive de sa mère à Nicole Berger concernant une demande d'argent du candidat Sarkozy ? « Je n'étais pas sur place, répond-elle, je n'ai vu personne. Mme Berger ne m'a pas dit cette phrase. » Relancée par le juge, elle insiste : « Je n'ai entendu parler de rien. Je ne suis au courant de rien. Je n'ai été témoin de rien. »

Faute d'éléments décisifs concernant l'argent, Jean-Michel Gentil déplace l'enquête sur un autre terrain. Car il a acquis, de ses nouvelles auditions, la conviction que le candidat Sarkozy s'est rendu au moins deux fois – et non une seule – à l'hôtel particulier des Bettencourt à Neuilly-sur-Seine. Le rendez-vous du 24 février 2007, dont *L'Express* a révélé l'existence en avril 2012, aurait été précédé, d'après le juge, d'une rencontre secrète deux semaines plus tôt, le samedi 10 février. Ce jour-là, André Bettencourt aurait reçu lui-même Nicolas Sarkozy. Le financement de la campagne présidentielle aurait été l'un des sujets de cette conversation extrêmement confidentielle.

C'est ce point décisif – le rendez-vous secret – qui fait l'objet de la confrontation du 21 mars. Ce jour-là, à Bordeaux, l'ancien président se voit opposer quatre témoins : deux maîtres d'hôtel, Pascal Bonnefoy et Bruno Lantuas, une ancienne femme de chambre, Dominique Gaspard, et une aide-soignante, Henriette Youpatchou. Il y a de l'eau minérale sur la table. Plus tard, lors d'une pause, on apportera aussi un café à Nicolas Sarkozy.

Très vite, une forme de crispation s'installe. Quelques échanges piquants fusent entre le juge et Me Herzog. Le client de ce dernier a, en préambule, réaffirmé qu'il ne s'était rendu à Neuilly qu'une fois, le 24 février 2007, pour y voir le seul André Bettencourt, et non son épouse. Le juge est pourtant persuadé qu'il a également rencontré Liliane. Le témoignage des maîtres d'hôtel semble attester l'hypothèse de deux visites, puisque l'un et l'autre disent avoir un jour accueilli le fameux visiteur. Pour conforter cette version, le juge s'appuie sur le tableau de présence du personnel des Bettencourt. Cette note de service indique que Pascal Bonnefoy était absent à l'heure du déjeuner, le 24 février. Il n'aurait donc pas pu voir Nicolas Sarkozy ce jour-là mais lors d'un autre rendez-vous, le 10 février selon le juge. Argument supplémentaire laissant supposer qu'il y a bien eu deux rencontres : les témoins divergent sur la tenue vestimentaire du candidat. L'un l'a vu en costume-cravate, l'autre se souvient d'un col roulé. Au fil de la confrontation, la thèse des deux rendez-vous perd cependant de sa substance. Il apparaît en effet possible que les deux maîtres d'hôtel concernés (Bonnefoy et Lantuas) parlent en fait du même rendez-vous, celui du 24 février. Il est d'usage, chez les Bettencourt, que le samedi matin, jusqu'à 13 heures, deux maîtres d'hôtel assurent le service. En outre, les quatre personnes confrontées à Nicolas Sarkozy affirment toutes ne l'avoir vu qu'une fois, et donc le 24 février, fragilisant la thèse d'une rencontre deux semaines auparavant. L'examen de l'agenda du candidat de l'UMP à la date du 10 février 2007 renforce cette version des faits. Ce samedi matin, Nicolas Sarkozy a plusieurs rendez-vous officiels à la suite, en liaison avec sa campagne. Il déjeune ensuite à 13 heures dans un restaurant célèbre du bois de Boulogne. Il y croise Alain Weill, patron de BFM TV, lequel lui réclame une photo avec ses deux filles. Cet emploi du temps paraît peu compatible avec un détour par Neuilly à l'heure du repas.

La dernière personne à être confrontée à l'ex-président, l'aide-soignante Henriette Youpatchou, reste pour le moins vague. Elle n'a vu Nicolas Sarkozy que de dos, et surtout qu'une fois. Ce témoin est par ailleurs visé dans un autre volet du dossier par une plainte pour faux témoignage déposée à Paris. Elle a accusé le photographe François-Marie Banier d'avoir extorqué, le jour de ses soixante ans, de l'argent à sa patronne Liliane

Bettencourt. Or l'enquête a démontré que, ce jour-là, l'artiste fêtait l'événement chez lui en compagnie des enfants de la comédienne Vanessa Paradis, dont il est le parrain. Celle-ci a même confirmé, par écrit, la réalité de cet anniversaire.

Pour le juge Gentil, les présomptions rassemblées suffisent cependant pour justifier une mise en examen. Dès lors, la confrontation tourne au face-à-face entre l'ex-chef de l'Etat et le magistrat. Ce dernier annonce les yeux dans les yeux à Nicolas Sarkozy qu'il est poursuivi pour « abus de faiblesse » contre Liliane Bettencourt en février 2007. La réplique est immédiate. « C'est une grande injustice », dit Sarkozy. Le juge se cabre en lançant : « C'est injurieux. » « Non, c'est une injustice et j'ai la liberté de dire et de penser ce que je veux », poursuit l'ex-président. « C'est une injure, et maintenant, c'est terminé », conclut Gentil. « Non, ce n'est pas terminé », reprend son vis-à-vis.

Malgré sa violence, cette passe d'armes ne figure pas, noir sur blanc, dans la procédure. Ce n'est pas sur ce terrain que va se développer, désormais, la bataille judiciaire. Pendant que Me Herzog étudie sa riposte, Nicolas Sarkozy a d'abord envisagé de s'expliquer à la télévision, dans un journal de 20 heures. Finalement, il s'est contenté, lundi 25 mars, d'une mise au point sur sa page Facebook.

Le juge Jean-Michel Gentil et l'une de ses collègues bordelaises ont clos leur instruction en octobre 2013. Nicolas Sarkozy a finalement bénéficié d'un non-lieu, ce qui l'a mis à l'abri de toute poursuite dans cette affaire. Les magistrats ont en revanche renvoyé devant le tribunal dix prévenus dont François-Marie Banier, Patrice de Maistre et Eric Woerth. Le procès devrait avoir lieu en 2015.

2008

Claude Guéant : les secrets du « cardinal »

Cet homme-là fut l'un des plus puissants et des plus craints de France. Il incarnait alors le prototype du haut fonctionnaire rigide, rigoureux, désintéressé, ne se souciant que de servir l'Etat. Son *curriculum vitae* le confirme : après son passage par l'ENA, Claude Guéant fut tour à tour préfet, directeur de la police nationale, directeur de cabinet de Nicolas Sarkozy au ministère de l'Intérieur, secrétaire général de l'Elysée auprès du même Sarkozy... Et puis, après la défaite de son mentor en 2012, les foudres judiciaires s'abattent sur lui. Diverses procédures révèlent un autre Guéant. Les juges s'interrogent, par exemple, sur son intervention lors de l'arbitrage favorable à Bernard Tapie dans son conflit avec le Crédit Lyonnais. Ils découvrent également qu'il a bénéficié, quand il était ministre de l'Intérieur, de « frais de police » de l'ordre de 10 000 euros par mois, ce qui lui a permis de régler des factures personnelles en liquide. De même, les juges, enquêtant sur un éventuel financement de la campagne électorale 2007 de Nicolas Sarkozy par la Libye, apprennent que l'achat de l'appartement parisien de Claude Guéant a été financé en 2008 grâce à la vente de deux tableaux lui appartenant. Des œuvres d'un peintre hollandais peu connu qu'un mystérieux acheteur malaisien, avocat de profession, aurait acquises pour 500 000 euros. *L'Express* parvient à identifier ce généreux collectionneur et tente de le rencontrer à Kuala Lumpur. Son comportement pour le moins fuyant renforce les soupçons autour de cette vente miraculeuse.

Après son départ de l'avant-scène politique, en 2012, les activités de Claude Guéant sont passées au crible par la justice. A l'heure où nous bouclons ce livre, l'ancien ministre n'a pas été mis en examen. Dans l'article qui suit, le journal revient sur la carrière et l'incroyable destin de ce personnage qui paraît tout droit sorti d'un roman de Balzac.

J.-M. P.

☆☆☆

La part d'ombre de Claude Guéant

Pascal Ceaux, Eric Pelletier, François Koch,
Jean-Marie Pontaut, Vincent Hugeux

Placé en garde à vue dans l'affaire des frais de police, attendu au tournant d'autres dossiers judiciaires, l'ex-pilier du sarkozysme doit lutter sur plusieurs fronts. Coulisses d'un parcours qui transforme un grand commis de l'Etat en homme de réseaux très secrets. (L'Express *du 24 décembre 2013.*)

Hier encore, il pouvait tout ou presque. Et le voici désormais justiciable comme tout un chacun. Le marathon judiciaire de Claude Guéant a commencé le 17 décembre, à 8 heures. Pour cette première étape, l'ex-bras droit de Nicolas Sarkozy à l'Elysée a dû s'expliquer sur les frais de police, des sommes destinées aux fonctionnaires qu'il aurait indûment perçues entre 2002 et 2004.

Même s'il est sorti libre, il sait que d'autres dossiers pointent déjà à l'horizon 2014 : affaire Tapie, vente suspecte de tableaux à un avocat malaisien pour financer l'achat de son appartement parisien... Des dossiers où affleure la part d'ombre d'un homme public dont on croyait, à tort, connaître tous les contours.

Le vide du pouvoir perdu, Claude Guéant a eu le temps d'en prendre la mesure depuis la défaite de Nicolas Sarkozy, en mai 2012. Il n'est plus qu'un avocat discret dont le cabinet, situé dans le Paris des beaux quartiers (avenue George-V), affiche une sobriété monacale : des murs presque nus, pas de secrétaire ni de collaborateur, un unique téléphone qui ne sonne guère et qu'il décroche lui-même.

Lorsqu'il ne travaille pas, il se consacre à ses quatre petits-enfants, avec lesquels il s'offre des voyages, en Espagne et en Grèce, plus récemment en Hongrie. Certains de ses amis, naguère empressés, détournent le regard, ou s'interrogent sur son train de vie.

L'ancien président de la République s'est lui-même soucié auprès d'un proche des conditions d'achat, en 2008, d'un 100 mètres carrés situé dans le XVIe arrondissement : « Dis-moi, l'appartement de Claude, tu l'as vu ? » a-t-il demandé. « Claude » inquiète certains de ses anciens collaborateurs. Son image autrefois si lisse, presque terne, de serviteur de l'Etat aux costumes stricts et impeccables résiste mal aux expertises, judiciaires et médiatiques, et à l'époque nouvelle. S'il avait une seconde vie, une vie où tourbillonnaient l'argent et les fréquentations inattendues, elle tarde à livrer tous ses secrets, publics ou intimes.

Bien sûr, on le voit, de temps à autre, dîner au Stresa, table très courue du VIIIe arrondissement, en compagnie d'un dernier carré de fidèles, mais lui-même semble un peu perdu, menant le combat sur plusieurs fronts, tiraillé entre hier et aujourd'hui, entre le Guéant qu'il fut et celui qu'il est devenu. « Jamais, dans ma vie, je ne me suis rendu coupable de la moindre malhonnêteté », s'indignait-il, en novembre dernier, dans un entretien à *Paris Match.* La justice semble en douter.

Ce destin tourmenté oblige d'abord à revenir à la source. A Vimy, la commune du Pas-de-Calais où ce fils d'une institutrice et d'un employé d'une entreprise de transport voit le jour le 17 janvier 1945. De cette enfance modeste, riche en succès scolaires, il garde le goût de l'effort, un profond respect pour « la France qui se lève tôt », louée bien plus tard par un certain Nicolas Sarkozy.

Il en conserve aussi une forme d'affection indulgente pour les audacieux, les persévérants, capables d'aller à contre-courant. D'où son admiration pour un Bernard Tapie, sulfureux risque-tout dont il affirme qu'il « sent le peuple », ou sa fidélité à Rachida Dati, qu'il a souvent soutenue dans l'adversité. Il fut même un temps, aujourd'hui bien lointain, où il était capable de solliciter de vive voix la clémence d'un journaliste sur le point de publier un portrait de l'ex-ministre de la Justice...

De Vimy à Paris, son parcours suit la courbe des Trente Glorieuses. Avec, au passage, un détour par le Minnesota, Etat de l'Amérique laborieuse, où son accessit au concours général d'anglais lui vaut de séjourner un an. De retour à Paris, il s'ouvre les portes du temple de la méritocratie républicaine : l'ENA. Sur la photo de la promotion Thomas-More (1971), il apparaît plein centre, et tout sourire.

A ses côtés, un futur gouverneur de la Banque européenne (Jean-Claude Trichet), de futurs ministres tels Jean-Louis Bianco ou François d'Aubert, qui ne garde aucun souvenir de lui... Son profil tranche un peu dans cette distribution un rien vieille France. Il est moins « fils de » que beaucoup d'autres, peut-être aussi plus discret. Et plus légitimiste : quand certains de ses condisciples signent, dans *Le Monde,* une pétition en faveur d'une jeune gauchiste condamnée après un raid chez le traiteur de luxe Fauchon, il refuse de s'associer à la fronde.

Sorti dix-septième de l'ENA, il opte pour la préfectorale. « J'avais le goût du concret et de la province », explique-t-il. A trente-deux ans, il effectue un premier passage au ministère de l'Intérieur des années Giscard, puis enchaîne les affectations. A droite comme à gauche, sa force de travail séduit. Avec quelques réticences, néanmoins...

En 1988, alors qu'il pilote le secrétariat général de la préfecture des Hauts-de-Seine, sa route croise celle d'un autre ministre de l'Intérieur, le socialiste Pierre Joxe. En visite à Nanterre, ce dernier juge un peu raide ce quadra que l'on dit si prometteur. Le courant ne passe pas. « Il m'avait fait mauvaise impression », confirme Joxe. Selon un ancien collaborateur du ministre, il estime alors Guéant « trop à droite ».

Il faut attendre l'arrivée Place Beauvau de Philippe Marchand (1991) pour que l'énarque soit titularisé préfet. En présentant sa candidature à François Mitterrand, Marchand aurait confié, embarrassé : « Bien sûr, il est de droite... », « Depuis quand est-ce un défaut ? » aurait rétorqué le chef de l'Etat.

Guéant aurait pu, dès lors, voler de préfecture en préfecture, se fondre parmi les cadres discrets de la nation pour gérer ici la reprise d'une entreprise en péril, ailleurs des manifs d'agriculteurs. Mais la victoire de la droite aux législatives de 1993 et surtout la nomination de Charles Pasqua à l'Intérieur donnent un élan décisif à sa carrière. Le virus de l'action, inoculé par la répétition des crises (prise d'otages de la maternelle de Neuilly en 1993, détournement d'un avion Alger-Paris en 1994, attentats islamistes en 1995 et 1996...), ne le lâchera plus. Promu directeur général de la police nationale, il est au cœur de la machine, au plus près des dossiers chauds, corses notamment. Les hommes de terrain, souvent méfiants à l'égard des préfets, comprennent vite que celui-ci n'a rien d'un technocrate en transit, malgré ses bonnes manières et ses lunettes cerclées.

L'un d'eux se souvient : « Un jour, alors que je suis dans le bureau de Pasqua, on me présente quelqu'un en me disant : "Voilà celui qui transmettra les messages à nos contacts nationalistes." C'était Guéant. » Guéant patron et émissaire. « Jamais je n'ai connu un directeur s'intéressant autant aux détails opérationnels des dossiers, souligne un ancien cadre du SRPJ d'Ajaccio. Il appelait régulièrement pour se tenir informé ou pour réorienter une enquête. »

Son lien avec la galaxie Pasqua et avec la Corse passe notamment par un personnage habitué aux coulisses, Daniel Léandri, un simple brigadier-chef devenu l'éminence grise de son « compatriote » de ministre. Des années plus tard, Guéant interviendra en personne pour faciliter la promotion du fils Léandri, lui aussi policier, au grade de commandant. Comme quoi le sens de la méritocratie n'exclut pas les coups de pouce au destin...

A cette époque, il se méfie encore de la politique. Circonspect, il observe les intrigues de basse police, dont l'époque est friande. Tandis que la guerre Chirac-Balladur fait rage en vue de la présidentielle de 1995, Nicolas Sarkozy, alors ministre du Budget et porte-parole du gouvernement de ce même Balladur, intéresse beaucoup les Renseignements généraux. Il faut dire qu'Yves Bertrand, leur patron, a choisi Chirac. Ses troupes l'abreuvent d'informations sur Sarkozy, perçu comme un traître. « Il n'y a jamais eu autant de notes », se souvient un ancien membre du service.

Claude Guéant, qui ne connaît pas encore Nicolas Sarkozy, reste neutre. Au ministère, il n'a pas l'image d'un idéologue, affilié à un camp plutôt qu'à un autre. On le sait capable de résister au vent du changement, de servir un jour sous Pasqua, le lendemain sous Chevènement.

Même sa vie privée semble obéir aux exigences de la ligne droite : son épouse, Rose-Marie, elle aussi originaire de Vimy, demeure d'une absolue discrétion ; ses deux enfants, Marie-Sophie et François, font leur vie sans tapage dans l'ombre paternelle.

Quant à lui, il n'a pas le temps de les observer grandir. Et cette culpabilité restera longtemps son plus grand fardeau...

L'année 2002 marque une césure dans ce trajet rectiligne. Un homme change le cours de sa vie, lui donnant l'opportunité d'assumer ses idées en politique : Nicolas Sarkozy, dont l'arrivée-surprise au ministère de l'Intérieur préfigure un chambardement à droite. Guéant admire son énergie, la force de ses mots. Sarkozy, lui, sait que les révolutions n'ont pas seulement besoin d'hommes pour prendre d'assaut les citadelles. Qu'il en faut d'autres pour les rebâtir.

Guéant, avec son esprit pragmatique et sa connaissance des rouages policiers, est de ceux-ci. Aucune statistique, aucun responsable de la « grande maison » n'est inconnu de ce directeur de cabinet, dont il écoute les conseils jusque dans les détails de la vie quotidienne. Le ministre, en homme toujours pressé, oublie de saluer les plantons de la Place Beauvau ? « Claude », comme il l'appelle déjà, lui enseigne l'importance de l'affect dans cet univers plus sensible qu'il n'y paraît.

Cette complicité grandissante n'empêche pas l'homme de Vimy de rêver à d'autres horizons, et d'un poste très convoité : préfet de police de Paris. A l'Elysée, Chirac s'y oppose. Pour Guéant, le coup est rude, l'affront blessant. Lors d'un déjeuner au ministère des Finances, son indignation éclate. « C'est injuste », répète-t-il, le teint blême. Des semaines durant, il rumine sa déception.

Passé l'épreuve, sa conviction est faite : le voici à 100 % sarkozyste. En publiant dans *Le Figaro* une tribune de soutien à l'aspirant à l'Elysée, il plonge dans le bain à remous de la politique. Et tant pis si sa nomination comme directeur de campagne de son mentor lui vaut bien des inimitiés. Notamment celle de Brice Hortefeux, ami historique du candidat.

Au QG parisien, l'équipe vit dans un climat cyanuré. On s'épie, on se déchire. Peu habitué à la férocité de ces guerres internes, Guéant en souffrira jusqu'à la fin du parcours. Pour lui, le choc est quasi physique. « Le hoquet ne l'a pas quitté pendant dix jours. Il n'arrivait pas à s'en débarrasser », témoigne l'un de ses collaborateurs.

Arrive le sacre de mai 2007. Promu secrétaire général de l'Elysée, il devient celui sans qui rien ne se décide. Il est à la fois l'ombre et la lumière. Le chef de l'Etat ne jure que par lui.

Bien des rendez-vous présidentiels s'achèvent par ces trois mots lâchés au visiteur : « Vois avec Claude. »

Plus hyperactif que jamais et empêtré dans les affres de sa séparation d'avec Cécilia, Nicolas Sarkozy délègue plus qu'aucun autre chef de l'Etat auparavant, et invente ainsi une fonction qui ne figure pourtant pas dans la Constitution : celle de vice-président de la République. Quand « Claude » parle, on lui obéit. Quand « Claude » manque à l'appel, l'orage menace.

Un jour, à l'occasion d'un déplacement en avion, Sarkozy s'aperçoit à la fermeture des portes que son bras droit manque à l'appel. « Où est Claude ? Où est Claude ? » crie-t-il, exigeant qu'on aille le chercher sur-le-champ. Avant de se rappeler soudain avoir été prévenu, la veille, de cette absence exceptionnelle...

La classe politique, contrainte de se plier à ses desiderata, prend la mesure de sa puissance. « Guéant était toujours disponible, courtois, habillé de la même façon, impavide, raconte Catherine Pégard, une conseillère de Sarkozy devenue présidente de l'établissement public du château de Versailles. Je ne l'ai jamais vu en colère, mais il pouvait être impitoyable sans élever le ton. »

« Il fichait une trouille intense à la moitié de Paris, quand l'autre moitié cherchait par tous les moyens à le rencontrer », s'amuse Camille Pascal, l'un des rédacteurs des discours présidentiels. Pour la première fois, un secrétaire général du palais s'exprime comme un ministre. Parfois même avant le premier d'entre eux...

François Fillon n'a jamais digéré l'épisode humiliant d'un Guéant en roue libre, exposant à la radio la feuille de route de son gouvernement. Ce même Fillon met près de dix-huit mois à obtenir que ses tête-à-tête avec Nicolas Sarkozy se tiennent en l'absence de « Claude ». Brice Hortefeux, sans cesse brocardé, n'échappe pas à la mitraille. « Chaque réunion de cabinet commençait par une pique sur son action de ministre de l'Intérieur », témoignent plusieurs participants.

« Claude » a ses têtes. Il « a sorti un à un tous les baroques de l'Elysée », selon l'expression imagée d'un conseiller. Exit Emmanuelle Mignon, major de l'ENA et catholique intransigeante. Exit Pierre Charon, ce fort en gueule trop proche du président, que ses détracteurs surnomment le « conseiller rire et chansons ».

En coulisse, Guéant hérite d'un sobriquet bien plus terrible : « Maurice ». Comme Papon, le préfet de Vichy... Seul Henri Guaino, autre plume présidentielle, semble pouvoir résister à cet homme omniprésent (7 h 15 - 23 heures), dont le petit rire rentré annonce la « vacherie » qu'il s'apprête à asséner à son interlocuteur.

Son champ d'action s'étend bientôt aux missions mêlant rendez-vous secrets et diplomatie parallèle, au grand dam du ministre des Affaires étrangères, Bernard Kouchner, naufragé de l'ouverture à gauche. Claude Guéant occupe alors ses week-ends à jouer les émissaires dans les pays de l'Orient compliqué. Sollicité par *L'Express,* Kouchner refuse d'évoquer ces temps troublés : « Ce n'est pas une période dont j'ai envie de me souvenir », lâche-t-il.

« Claude » ne veut pas dépendre des seules administrations, et cultive donc son propre réseau, composé d'hommes d'affaires, d'intermédiaires sans frontières. Ces pérégrinations, le plus souvent officieuses, l'amènent à côtoyer de singuliers personnages.

Avec Ziad Takieddine, fils d'un ancien ministre libanais, l'entente est d'emblée cordiale. L'homme est fortuné et a de l'entregent ; il a ses entrées en Arabie saoudite, en Syrie, en Libye. Pareil carnet d'adresses peut favoriser les affaires du pays. Takieddine intervient donc, avec des résultats contrastés, dans des dossiers aussi divers que les contrats d'armement et de matériel de sécurité avec le royaume wahhabite, et la libération des infirmières bulgares détenues en Libye.

« Guéant avait le monopole des relations entre ce pays et la France, précise Takieddine. Je réglais tout avec lui. On se voyait dans un grand hôtel parisien, le Sofitel, de 7 h 50 à 8 h 15. C'est là que nous avons évoqué pour la première fois le sort des infirmières. J'ai effectué plusieurs voyages à Tripoli. Quand j'ai senti que le processus était bien enclenché, je lui ai dit : “Maintenant, il faut y aller !” » A dire vrai, à son arrivée à l'Elysée, le secrétaire général ne connaissait pas grand-chose du continent africain. Il va pourtant en faire l'un de ses terrains de prédilection... « Contrairement à ses prédécesseurs, témoigne Jean-Marie Bockel, ancien secrétaire d'Etat à la Coopération, Nicolas Sarkozy consacrait un temps limité à ses interlocuteurs africains pour aller à l'essentiel. Pour l'aspect relationnel, il s'en remettait à Claude Guéant, qui a occupé une place vide. Il s'est pris au jeu, avec un savoir-faire incontestable. »

L'hyperactivité et les voyages incessants ont un revers : ils laissent une part infime à la vie privée. A ces enfants que l'on voit trop peu. A cette épouse, si indispensable. « Je l'ai rencontrée plusieurs fois chez eux, se souvient Takieddine. C'était son port d'attache. On parlait de tout devant elle. Il lui faisait une entière confiance. »

Au printemps de 2008, ce couple, qui n'a connu pour ainsi dire que des logements de fonction, achète, pour 717 500 euros, un appartement de près de 100 mètres carrés dans le XVIe arrondissement, à deux pas du bois de Boulogne. Mais Rose-Marie Guéant n'y passera que quelques mois. Atteinte d'un cancer foudroyant, elle décède en octobre 2008.

Le lendemain des obsèques, Claude Guéant réunit les membres de son équipe pour les remercier de leurs attentions. Puis, à la surprise de plusieurs participants, il prévient : « Je serai encore plus disponible qu'auparavant », comme s'il ne pouvait se permettre le luxe de céder à la tristesse.

« En privé, il était dévasté, assure un proche. Un changement complet s'est alors opéré en lui. En fait, [son épouse] venait de la même région que lui, elle était détentrice des mêmes valeurs. C'était la gardienne de sa personnalité. Il ne faisait rien sans lui en parler. Du jour où elle est partie, il a dérivé. »

Dans ce contexte douloureux, un homme dont il a fait la connaissance en 2006 gagne son amitié : Alexandre Djouhri, personnage influent – et controversé – des grandes transactions internationales. Issu de la banlieue parisienne, c'est une sorte d'« anti-Guéant », au parcours atypique. Sa jeunesse mouvementée, loin des dorures et des bancs de l'ENA, ne l'a pas empêché de faire fortune en tissant un réseau de relations au Moyen-Orient, au Maghreb, en Russie et en France.

Peu à peu, grâce à son ami « Claude », il monte en puissance, et écarte les concurrents, à commencer par Takieddine, coupable de chasser parfois sur les mêmes terres. Selon l'intermédiaire franco-libanais, c'est à cette époque que l'Elysée et Guéant auraient « mis la France dans les mains du Qatar ». Takieddine, lui, est plus proche de la monarchie saoudienne.

Guéant est fasciné par la personnalité de celui qu'il appelle très vite « Alex ». Interrogé par *L'Express* en 2011, il ne s'en cache d'ailleurs pas : « Il connaît la terre entière. C'est un homme très séduisant. Je l'aime bien. »

Djouhri, de son côté, sait lui offrir des moments de détente, loin de l'atmosphère compassée des ministères. Il sait aussi le faire rire, au risque d'alimenter la rumeur parisienne d'un veuf joyeux découvrant sur le tard les plaisirs de la vie. « Des rumeurs insupportables et fausses », s'indigne Hugues Moutouh, ex-collaborateur et ami de Claude Guéant.

Il n'empêche que les épisodes mêlant relations publiques et connaissances privées se multiplient. Ainsi, une fête organisée en l'honneur d'une collaboratrice de Claude Guéant à l'Elysée voit débarquer deux invités pour le moins particuliers dans un tel cadre : Bernard Tapie et « Alex ».

Dans l'entourage de Nicolas Sarkozy, certains conseillers redoutent une forme d'emprise de la part de ce dernier. L'un d'entre eux affirme avoir averti « Claude », et s'être heurté à une réponse sèche : « Vous avez tort. » Grâce à lui, Djouhri est officiellement reçu à quatre reprises par le chef de l'Etat, comme le démontrent les agendas saisis dans le cadre de l'affaire Bettencourt.

En 2010, le « vice-président » commence à ressentir une certaine lassitude. En dépit de son flegme, il peine à encaisser les colères présidentielles. A chaque fuite embarrassante dans la presse, Nicolas Sarkozy se tourne vers lui, qui n'est pas toujours en mesure de donner la bonne explication. « Il n'était pas demandeur de l'Intérieur, se souvient Brice Hortefeux. Mais il m'avait écrit une lettre en me disant : "J'ai déjà donné." Il briguait en fait les Affaires étrangères ou la Défense. »

Ce sera pourtant l'Intérieur. L'Intérieur par défaut, dans ce bureau qu'occupèrent avant lui Clemenceau, Mitterrand et... Sarkozy. Sitôt intronisé, il opte pour un décor minimaliste : aucune photo personnelle, un policier Playmobil, une casquette de cérémonie, un casque de pompier, une matraque télescopique dans le tiroir. Au mur, deux masques africains, cadeau de départ de l'Elysée.

Sa priorité : gérer la boutique. A quelques mois de la présidentielle de 2012, l'heure n'est pas aux réformes d'envergure. Autant endosser le costume de premier flic de France, à droite toute, dans le sillage de Patrick Buisson, le très écouté conseiller du président. Sa chef de cabinet veille cependant à rendre la silhouette du ministre moins rigide, en lui offrant une veste de chasse Barbour, histoire de rompre avec le sempiternel manteau noir.

Guéant réside alors Place Beauvau, où son rythme ne ralentit guère. Comme au Château, il lui arrive d'appeler ses conseillers à 6 h 30 afin de présenter sa revue de presse et de solliciter leur avis. Pour la première fois au cours de sa vie professionnelle, il s'use.

En juillet 2011, la machine craque : artère coronaire bouchée. Alors qu'il est opéré, ses deux enfants, âgés de trente-neuf ans et trente-six ans, en froid l'un avec l'autre, s'unissent pour s'en prendre au cabinet : « Vous allez le tuer au travail ! » Mais le ministre récupère et remonte rapidement au front. En mars 2012, à quelques semaines du premier round présidentiel, Nicolas Sarkozy l'envoie à Toulouse superviser l'opération contre le terroriste Mohamed Merah.

La séquence politique, commencée dix ans plus tôt à Beauvau, est sur le point de s'achever, toujours à Beauvau. Sarkozy échoue dans sa course à l'Elysée, et Claude Guéant dans sa conquête de la circonscription de Boulogne-Billancourt (Hauts-de-Seine). « On lui en avait proposé une autre, facilement gagnable, assure l'ami Hugues Moutouh. Il nous a expliqué avoir choisi Boulogne parce qu'elle lui paraissait plus légitime. Il y avait vécu, heureux, en famille alors qu'il était secrétaire général de la préfecture des Hauts-de-Seine. »

L'ex-ministre tourne alors le dos à un monde qui n'a jamais été vraiment le sien, et tente une incursion dans celui des affaires. En Jordanie, il conseille, pour 25 000 euros, une entreprise liée à une banque islamique. En Afrique, continent qu'il a parcouru sous toutes les latitudes du temps de l'Elysée, il joue les VRP de luxe.

A l'automne 2012, il s'immisce dans une négociation entre l'entreprise aéronautique Reims Aviation et la Guinée équatoriale. A deux reprises, il accompagne à Malabo le patron de cette société, Serge Bitboul. Officiellement, les voyages ont pour but la vente d'un modèle d'avion. Mais ce sujet, selon un témoin, n'aurait été qu'effleuré. Une rencontre avec le président Teodoro Obiang se révèle infructueuse. Le déplacement se solde cependant par des factures exorbitantes d'un montant d'environ 11 000 euros à la charge de Reims Aviation, en grande difficulté financière. Là encore, la justice enquête...

Pour s'assurer une reconversion et des revenus, l'ex-pilier du sarkozysme devient avocat et prête serment en décembre 2012. Me Guéant partage des bureaux avec son fils et associé. Leur société – Guéant avocats, au capital de 10 000 euros – pratique des honoraires élevés (de l'ordre de 700 euros l'heure, semble-t-il) mais bien éloignés des standards internationaux. Le carnet d'adresses paternel ne suffit pas à trouver des clients. Même en Afrique.

Grâce à l'entremise de son confrère Robert Bourgi, grand artisan de la Françafrique pour le compte des présidents de droite, il met un pied au Gabon. L'homme fort du pays, Ali Bongo, le reçoit chaleureusement, mais sans donner suite à ses propositions. L'ancien ministre découvre à ses dépens que la sympathie des chefs d'Etat africains va d'abord au pouvoir en place...

Du coup, il conseille un groupe belge, Semlex, spécialisé dans la fabrication des documents administratifs biométriques (passeports, cartes d'identité, cartes d'électeur). Cette opération lui rapporte 450 000 euros, versés en trois fois sur son compte bancaire, à Paris.

Quoi qu'il fasse, Claude Guéant peine à rebondir, et plus encore à sortir du maelström judiciaire. Est-il victime, comme il l'affirme, d'un désir de revanche de la nouvelle majorité ? Ou seulement de lui-même ? Policiers et magistrats ne sont pas les seuls à s'interroger sur la métamorphose d'un homme longtemps sans histoire. Un ancien ministre émet une hypothèse : inquiet pour l'avenir de ses enfants, il aurait développé un goût tardif pour l'argent. Il n'est pas certain que les juges se satisfassent d'une simple histoire de famille.

2011

Grandeur et décadence de Dominique Strauss-Kahn

L'image est entrée dans l'Histoire : Dominique Strauss-Kahn, le patron du Fonds monétaire international (FMI), sortant d'un commissariat américain, menottes aux poignets, encadré de plusieurs policiers. Ce dimanche 15 mai 2011, l'information est si stupéfiante qu'elle fait le tour de la planète : cet homme brillant et respecté, probable candidat socialiste à la prochaine élection présidentielle française, est soupçonné d'avoir abusé d'une femme de chambre d'origine guinéenne dans une suite de l'hôtel Sofitel de New York. Très vite, l'affaire vire au feuilleton, entre les déclarations de la jeune femme (Nafissatou Diallo, trente-deux ans), le soutien apporté à DSK par son épouse Anne Sinclair, les procédures complexes de la justice américaine, les thèses fantaisistes sur un supposé « complot » destiné à briser sa carrière politique… Jusqu'à l'épisode final : la mise hors de cause de DSK, qui a su tirer parti des failles de l'enquête et s'extraire de ce bourbier judiciaire à la suite d'un accord financier – resté secret – avec la partie adverse.

Ce livre n'aborde pas cette affaire largement médiatisée. Il nous a semblé plus judicieux de reproduire un long texte évoquant l'autre « dossier DSK », celui qui lui vaudra de comparaître devant un tribunal au début de l'année 2015 : l'affaire dite du Carlton de Lille.

Tout commence également en 2011. Au détour d'une enquête sur un réseau de prostitution gravitant autour de cet hôtel de la métropole nordiste, la police judiciaire découvre que DSK utilise souvent les « services » de plusieurs jeunes femmes. Celles-ci le retrouvent à Paris pour des « parties fines » dans un hôtel, un restaurant ou un appartement privé. Il arrive aussi que certaines d'entre elles se rendent à Vienne ou à Washington pour participer à des soirées avec lui. Lors de certains de ces voyages, dont les frais ont été réglés par une société du bâtiment, elles étaient accompagnées par un... commissaire de police lillois ! Les rendez-vous sont souvent programmés à l'aide de SMS. Au terme d'une instruction mouvementée, Dominique Strauss-Kahn est mis en examen pour « proxénétisme aggravé en réunion » et renvoyé devant le tribunal correctionnel. Dans l'article qui suit, *L'Express* croise son emploi du temps officiel et ses activités libertines. L'enquête, très remarquée au moment de sa parution, permet de décrire l'organisation de ces « soirées libertines » et révèle les témoignages de plusieurs des participantes. L'idée n'est pas de céder au voyeurisme mais de montrer en quoi vie privée et vie publique ont fini par être indissociables pour cet homme qui aspirait à devenir président de la République.

J.-M. P.

☆☆☆

L'effarante double vie de DSK

Philippe Broussard, Eric Pelletier et Jean-Marie Pontaut

Jusqu'où ira « l'affaire du Carlton » ? Les témoignages et les écoutes auxquels nous avons eu accès révèlent l'incroyable agenda 2009-2011 de l'ex-patron du FMI. Où se mêlent, entre ses obligations publiques, des rendez-vous privés avec ses amis lillois et leur escorte de « filles » tarifées. (L'Express *du 16 novembre 2011.*)

L'« affaire du Carlton » a basculé dans une autre dimension. Parties d'une sombre histoire de prostitution mêlant notables lillois et filles de joie, les investigations de trois juges, épaulés par la police judiciaire, révèlent un scandale inédit en France, à la confluence des « réseaux francs-maçons, libertins et politiques », selon les termes des magistrats dans une ordonnance. Même les frasques de certains élus de la IVe République paraissent fades en comparaison du système d'approvisionnement en call-girls mis en place pour satisfaire l'ex-patron du Fonds monétaire international (FMI), Dominique Strauss-Kahn.

Selon les témoignages recoupés, les écoutes et autres textos dont *L'Express* a eu connaissance, ces parties fines n'avaient rien à envier aux « bunga bunga » italiennes de Silvio Berlusconi. Sous couvert de soirées libertines, un groupe, composé notamment d'un policier de haut rang et de deux entrepreneurs, a reconnu avoir « importé » des prostituées sorties des « maisons de débauche » belges.

Mounia, Béa, Jade et les autres ont détaillé, devant les enquêteurs, le comportement sexuel de DSK, jetant parfois un éclairage cru sur ses relations avec les femmes. De ces rencontres, elles conservent des souvenirs contrastés. L'une d'elles décrit un « homme attentionné », quand une autre dénonce sa brutalité. Ce dernier témoignage pourrait fragiliser sa situation aux Etats-Unis, où Nafissatou Diallo, la femme de chambre du Sofitel de New York qui l'accuse de viol, le poursuit toujours devant la justice civile après avoir été déboutée au pénal.

Auparavant, l'ex-leader socialiste devra honorer un autre rendez-vous judiciaire, à Lille, où les enquêteurs veulent l'entendre. Lui-même a d'ailleurs demandé à s'expliquer pour mettre fin à ce que ses avocats, Mes Frédérique Baulieu et Henri Leclerc, assimilent à un « lynchage médiatique ». Il reste à savoir s'il sera convoqué comme simple témoin (en France, les clients de prostituées ne sont pas poursuivis) ou s'il sera mis en examen pour proxénétisme, voire pour recel d'abus de biens sociaux, dans la mesure où les frais de ces soirées étaient pris en charge par diverses sociétés.

En attendant, cette enquête permet, par son extrême précision, de croiser l'agenda privé et les activités publiques de DSK. Au fil du temps, de 2009 à 2011, le scénario d'une étonnante double vie se dessine, soulignant l'inconséquence d'un homme politique surdoué mais gouverné par ses sens. Et finalement perdu par ses pulsions.

Février 2009, Paris. Un incident à L'Aventure. En ce début d'année 2009, DSK est à Paris, où il doit participer au Forum mondial sur la concurrence, programmé par l'OCDE les 19 et 20 février. Profitant de ce séjour, il enchaîne les rendez-vous politiques et médiatiques. Ainsi, le 17 février, il est l'invité de France Inter, où l'humoriste Stéphane Guillon raille son appétit sexuel, ce qui provoque sa colère à l'antenne. Le même jour, *L'Express* révèle l'existence d'une lettre où Piroska Nagy, fonctionnaire hongroise du FMI avec laquelle il a eu une liaison, écrit : « Je crains que cet homme n'ait un problème qui, peut-être, le rend peu apte à diriger une organisation où travailleraient des femmes. »

Le jeudi 19, après son discours à l'OCDE sur « les leçons de la crise pour la politique macroéconomique », DSK change d'auditoire : à l'heure du déjeuner, le voici à L'Aventure, un restaurant du quartier de la place de l'Etoile. Parmi les convives, nul économiste, mais quelques amis et leurs « accompagnatrices ». Un militant socialiste du Pas-de-Calais, Fabrice Paszkowski, joue les entremetteurs. Patron d'une société de matériel médical, il connaît DSK depuis cinq ans. Ce jour-là, il est accompagné d'un ami, David Roquet, patron d'une société spécialisée dans la pose de revêtements routiers (Enrobés du Nord), et du commissaire divisionnaire, chef de la sûreté départementale à Lille, Jean-Christophe Lagarde. Le trio n'est pas venu seul : au moins deux prostituées, débarquées de Belgique, sont du voyage. Une salle fermée du restaurant protège les ébats des convives... Selon plusieurs témoignages, le patron du FMI se montre plutôt entreprenant, jusque dans les toilettes. Son attitude choque même l'une des jeunes femmes, Béa, la compagne d'un proxénète français installé en Belgique, Dominique Alderweireld, alias « Dodo la Saumure ».

Mai 2009, Vienne (Autriche). La tournée des « boîtes ». Le patron du FMI jongle avec son emploi du temps, il orchestre sa vie de « libertin » en fonction de ses obligations publiques. Il dispose pour cela d'une hotline, un téléphone portable fourni par Paszkowski. Les SMS retrouvés par la police trahissent un sens aigu de l'organisation. Ainsi, le 21 avril 2009, DSK écrit à son compère : « J'emmène une petite faire les boîtes de Vienne le jeudi 14 mai. Ça te dit de venir avec une demoiselle ? » De fait, DSK passe bien quarante-huit heures dans la capitale autrichienne. Au menu officiel : une très sérieuse conférence à la Banque centrale. A l'issue du séjour, il déclare à la presse : « Il n'y aura pas de reprise tant que les banques n'auront pas remis de l'ordre dans leurs affaires. »

Janvier 2010, Washington. Les « copines » débarquent. Au début de 2010, les textos fusent par-delà l'Atlantique pour préparer l'arrivée d'une délégation d'un genre particulier. Le 7 janvier, DSK s'impatiente. Il demande par SMS à son ami Paszkowski : « Tu arrives et repars quand exactement ? En dehors de la délégation, des copines ? » Puis, le 23 janvier, à minuit : « Alors, qui auras-tu dans tes bagages ? »

Suit cet échange : « Sylvie, toujours compliqué. Jade, Catherine, certain. Pour la petite nouvelle, elle a envie de te voir, mais en France dans un premier temps... Une soirée belge m'est aussi beaucoup demandée avec new couple. »

Alors qu'il doit participer, deux jours plus tard, au Forum économique mondial de Davos (Suisse), le patron du FMI attend la petite troupe pour le 25 janvier. Au dernier moment, l'un des invités est privé de ce déplacement : à Paris, David Roquet est refoulé, faute de passeport valide.

Fabrice Paszkowski débarque, lui, avec une certaine Jade, présentée comme sa collaboratrice. Le commissaire Lagarde fait également partie du voyage, de même que Jacques Mellick, fils de l'ex-maire de Béthune (également prénommé Jacques) et membre de l'association A gauche, en Europe, à Lille. Pour le policier, le programme est clair : il s'agit d'un « voyage de travail » avec DSK, suivi d'une « soirée libertine ».

La délégation loge dans « un hôtel magnifique, idéalement placé », le W, voisin de la Maison-Blanche. Mais Lagarde joue de déveine : il ne peut pas se joindre aux réjouissances. « Je n'ai pas participé, car j'avais mal au dos », avouera-t-il plus tard aux enquêteurs. Quant à « Jade », elle aurait passé la soirée avec le patron du FMI, avant de se faire photographier avec lui, le lendemain, dans son bureau.

Printemps 2010, Paris. « Petite soirée » au Murano. DSK a fait de l'hôtel Murano, situé près de la place de la République, l'épicentre de ses plaisirs parisiens. Ils sont parfois une douzaine à se presser dans ces « transports en commun », selon le bon mot d'un avocat. Devant les policiers qui l'entendent en octobre dernier, Mounia, l'une des prostituées lilloises, témoigne de ce qui s'est passé ce soir-là, à l'invitation de David Roquet : « [Ce dernier] m'a dit qu'il était un ami de DSK et qu'avec lui, il avait prévu d'organiser une soirée dans un hôtel à Paris et qu'il fallait être très discret. Il m'a expliqué que l'on devait être quatre filles. Il y aurait un buffet et chacune des filles aurait une relation sexuelle avec DSK. » D'habitude, dit-elle, ce genre de soirée est rémunéré 1 500 euros.

Après une heure de TGV en compagnie de Roquet et de deux inconnus, Mounia débarque au Murano. « Après avoir bu un verre au bar, David m'a fait monter avec ses deux amis » dans un duplex avec piscine, où un buffet avait été dressé. « Puis il y a eu deux filles, une brune et une blonde, qui sont arrivées à l'appartement. Elles m'ont dit qu'elles venaient du nord de la France. » Se présente une autre femme, apparemment d'origine algérienne. « DSK est arrivé, poursuit Mounia. Il est allé prendre une douche avec la Maghrébine. Ils sont ensuite revenus en peignoir. Nous avons mangé. Ensuite, j'ai eu des rapports sexuels complets avec DSK dans le duplex. Je me souviens qu'il s'agissait de rapports brutaux avec sodomie. Il ne m'a pas violentée, mais on sentait qu'il aimait les rapports de force. Pendant ce temps, il y a eu également des rapports avec les deux autres hommes, dont je ne connais pas le nom. » Dans le taxi de retour vers la gare du Nord, peu avant 23 heures, David Roquet lui aurait remis une enveloppe contenant seulement 900 euros... Pour justifier la différence avec le tarif promis, il aurait argué, déçu, que c'était une « petite soirée ».

Décembre 2010, Washington. Deux jolies « assistantes ». Le 14 décembre 2010, DSK effectue un voyage officiel au Mexique puis rentre à Washington, où l'attend un programme chargé, à commencer par la gestion de la crise grecque et l'attribution d'un prêt de 22,5 milliards d'euros à l'Irlande. Cette séquence officielle se double, en coulisses, de rendez-vous particuliers. Le 15 décembre, par un froid glacial (- 6 °C), mais sous un beau soleil, se présente à Washington une joyeuse troupe française. Les inséparables Roquet, Paszkowski et Lagarde sont escortés par deux jeunes filles, yeux clairs et cheveux bouclés, Aurélie et Marion, présentées comme secrétaires de la société Enrobés du Nord. Avec eux, également, le supérieur du commissaire Lagarde, Jean-Claude Menault, patron de la sécurité publique du département du Nord.

Ce policier effectue discrètement le voyage afin d'évoquer les problèmes de sécurité avec le futur candidat du PS à la primaire. D'ailleurs, le lendemain, il a l'occasion d'aborder ce sujet lors d'un long déjeuner avec DSK. Mais, le soir, après le dîner, l'ambiance change du tout au tout. Dans leur chambre de l'hôtel W, les prétendues assistantes se mettent à l'aise en présence des hommes. Selon Jean-Claude Lagarde, son supérieur, « gêné », est sorti quand elles ont commencé à se déshabiller : « Il a dit que ce n'était pas son truc. » Sa présence au W, éventée par l'enquête, lui coûtera son poste : il prendra prochainement sa retraite.

2 février 2011. Lille, une enquête pour proxénétisme. Ce jour-là, à Lille, est lancée une enquête préliminaire pour proxénétisme en bande organisée. « Selon plusieurs éléments recoupés », écrivent les policiers, un réseau s'active dans la région. Les enquêteurs visent notamment René Kojfer, personnage haut en couleur, responsable des relations publiques de l'hôtel Carlton. Ils épluchent les milliers de communications passées depuis son portable, ainsi que depuis celui de la call-girl Mounia (20 703 SMS émis et 10 763 reçus !). A ce stade, les policiers ignorent que leur enquête, ciblant des notables locaux (assureur, commerçant, avocat, conseiller municipal, fonctionnaires...), va les conduire à DSK.

Certaines filles proviennent des « maisons de débauche » belges tenues par le fameux Dodo la Saumure, surnommé ainsi en référence à la substance permettant de conserver... maquereaux et morues. Quand les policiers français demandent à leurs homologues belges des renseignements à son sujet, ceux-ci répondent que le réseau s'approvisionnerait notamment en Hongrie. Les enquêteurs belges reprochent aussi à Dodo de se prévaloir d'appuis dans leurs rangs, ce qui a pour effet, écrivent-ils dans leur rapport, « d'effrayer les filles [et] d'entamer la crédibilité des services de police auprès de ces dames ». « Mon client, qui ne connaît pas M. Strauss-Kahn, n'a rien à voir avec l'affaire dite du Carlton », insiste aujourd'hui son avocat belge, Me Etienne Wery. « Il n'a d'ailleurs pas été entendu par la PJ française », ajoute son conseil parisien, Me Sorin Margulis.

Mai 2011, Washington. Dernière nuit au W. Le 11 mai, alors qu'en France la polémique enfle sur son train de vie, DSK reçoit ses amis lillois à Washington. Le lendemain, une soirée échangiste est organisée à l'hôtel W. Florence, une call-girl proche du commissaire Lagarde, y participe. Interrogée par les policiers, elle décrira DSK comme un homme « très attentionné avec les femmes », « jamais violent ». Selon elle, le patron du FMI se serait plaint du « puritanisme hypocrite des Américains ». C'est pourquoi, à l'entendre, il était « content de nous voir, nous, Français, qui assumons nos choix libertins ». Ce jour-là, « Flo » sera défrayée entre 1 000 et 2 000 euros, en espèces. Le vendredi 13 mai, à midi, a lieu une ultime rencontre avec DSK. David Roquet, également présent, note la présence d'une Américaine, blonde, parlant français, car ayant fait ses études à Bruxelles. Le soir, les convives se quittent. DSK part pour le Sofitel de New York et sa fameuse suite 2806...

Mai 2011, Lille. Le choc de l'arrestation. Le dimanche 15 mai, le monde entier apprend l'arrestation du patron du FMI, accusé de viol par une employée du Sofitel. Dans les bordels belges aussi, c'est la stupeur. Dodo la Saumure, que *L'Express* a pu interroger par le biais de son avocat, Me Margulis, se souvient surtout de l'attitude de son ami Kojfer, le collaborateur du Carlton de Lille : « René Kojfer, sortant de grosses libations, m'a téléphoné. Il se vantait de pouvoir mettre tout en œuvre pour faire libérer DSK à New York. J'ai répondu qu'il se mette au Vittel fraise, lui qui n'avait jamais réussi à faire sauter un seul PV ! »

A la même époque, les policiers saisissent une autre conversation entre les deux hommes :

Dodo : T'as vu Strauss-Kahn ?

René : J'suis au courant. J'ai vu l'commissaire qui v'nait, Lagarde, parce que c'est son pote. Et y était à Washington avec lui.

Dodo : C'est pas étonnant. Tu sais, quand j'avais ramené les filles. Tu te souviens qu'il avait voulu b... Béa dans les toilettes ?

René : Ben, je sais, c'est un gros cochon...

Un peu plus tard, René Kojfer appelle un autre ami, policier, prénommé Denis, un ancien de la brigade de répression du proxénétisme.

René : Dis-moi, il y a un gros coup à faire. J'ai deux filles qui témoigneraient contre DSK. L'avocat de Diallo, il cherche des témoins qui auraient été un peu bousculés.

Denis, dubitatif : Ouais...

René : Moi je pensais à Dodo. Les filles qu'il a ramenées. Il y a peut-être un gros coup à toucher. Qu'est-ce que t'en penses ?

Denis : Ouais. Après, il faut partir à l'étranger...

René : Je vais lui faire un courrier comme quoi on est OK.

Denis : Non, moi j'ai une carrière à faire !

Interrogé par *L'Express* sur ce surprenant échange, Me Christophe Snyckerte, l'avocat de Kojfer, assure qu'il faut « prendre tout cela au second degré, comme une plaisanterie de garçon de bains ». « Mon client n'a jamais été proxénète », assure-t-il.

Du côté des prostituées aussi, les nouvelles en provenance de New York suscitent bien des commentaires, ce 15 mai 2011. La PJ, qui enquête alors sur l'affaire lilloise, intercepte ainsi une conversation entre Béa, la compagne de Dodo, et une hôtesse d'un club belge, le Havana. Ce dialogue, digne de Michel Audiard, porte sur l'épisode de L'Aventure, en 2009.

L'hôtesse : J'ai regardé la télé. Ton copain Strauss-Kahn a été arrêté à New York [...]. Et Dominique [Dodo], qu'est-ce qu'il a dit ?

Béa : Ben... On était dans la voiture quand on a entendu ça aux informations. J'ai dit que ça m'étonne pas avec qu'est-ce qu'il avait fait dans les toilettes.

L'hôtesse : Il l'avait fait avec toi dans les toilettes, hein ?

Béa : Non. Il m'a sauté dessus. Mais moi, j'ai pas couché avec lui. J'avais ramené une fille. Mais j'ai dit : ça m'étonnerait pas du tout. Mais c'est dommage pour lui, à un an des élections.

L'hôtesse : Président, c'est fini. Il sera président... de la prison [rires]. »

9 novembre 2011. Le dossier reste à Lille. Depuis le mois d'octobre, le torchon brûle entre le parquet de Lille, favorable à un dépaysement du dossier, et les trois juges Stéphanie Ausbart, Mathieu Vignau et Ida Chafaï, spécialiste de la délinquance financière. Le 9 novembre, la Cour de cassation tranche : l'affaire continuera à être instruite dans le Nord. « Une victoire importante, qui va faire avancer l'enquête », selon Me Frank Berton, avocat du directeur du Carlton.

D'ores et déjà, les magistrats s'attaquent au volet financier de l'affaire. Ils ont établi que trois sociétés réglaient les bons plaisirs de DSK. Ainsi, pour le seul déplacement à Washington de décembre 2010, la société de Fabrice Paszkowski a pris à sa charge les billets d'avion et les chambres pour quatre personnes. Total : 11 888 euros. Quant à David Roquet, il passait la plupart de ces dépenses en notes de frais, inscrivant parfois « DSK » au dos des justificatifs pour sa société. Eiffage, la maison mère, aurait ainsi déboursé près de 50 000 euros entre 2009 et 2011. « Défaillance dans le contrôle des notes de frais », selon le responsable du groupe de construction. « Au mieux, Eiffage a un mauvais comptable, au pis, ils sont au courant, dénonce Me Eric Dupond-Moretti, l'avocat de Roquet. La vertu survient avec la certitude que DSK ne sera pas président. »

Les amis « libertins » de DSK ont-ils agi par simple amitié ou dans l'espoir d'un retour sur investissement ? En cas de victoire en 2012, la sex machine DSK aurait pu se transformer, pour certains, en « cash machine ».

Dès la publication de cet article, en novembre 2011, Dominique Strauss-Kahn porte plainte contre L'Express *pour « atteinte à la vie privée et violation du secret des correspondances et de l'instruction. » Il vise en particulier la reproduction de ses SMS. En mars 2013, la 17e chambre du tribunal correctionnel de Paris donne raison au journal avec des attendus particulièrement fermes contre l'ancien patron du FMI : « La publication de ces messages, en lien direct avec l'information judiciaire ouverte pour proxénétisme, présentait un incontestable intérêt au regard des multiples débats que les affaires judiciaires du demandeur ont suscités quant à la place des hommes politiques dans la société française, leur lien avec la réalité, leur vision de l'autre et, plus spécialement, de la femme. » Dominique Strauss-Kahn n'a pas fait appel de ce jugement.*

Par ailleurs, le procès de DSK et des différents protagonistes de cette affaire devrait se tenir à Lille en 2015.

2012

Soupçons sur le « jackpot » de Bernard Tapie

Les présidents de la République passent, Bernard Tapie reste. De gauche à droite, de François Mitterrand à Nicolas Sarkozy, l'homme d'affaires demeure à l'avant-scène de l'actualité judiciaire. Ainsi, au fil des ans, le public a pu suivre ses démêlés avec le Crédit lyonnais. Convaincu de s'être « fait avoir » par la banque au moment de la revente de sa société Adidas en 1993, il n'a eu de cesse, par la suite, de la poursuivre en justice. En 2008, l'affaire connaît un spectaculaire rebondissement lorsqu'il obtient, au terme d'une procédure d'arbitrage privé, 196 millions d'euros, plus une somme de 45 millions d'euros non imposable au titre du « préjudice moral ». La procédure dite de « l'arbitrage » consiste, pour deux camps en conflit, à désigner trois personnalités chargées de régler leur litige. Si cette pratique est courante dans le monde du « business », elle est plus rare lorsqu'un particulier s'oppose à l'Etat. Or, dans ce cas, l'adversaire de Bernard Tapie est bien l'Etat puisque ce dernier s'est substitué au Crédit lyonnais, emporté par une faillite retentissante au cours des années 1990.

Le versement de cet argent a été validé par le ministère des Finances, avec l'accord de l'Elysée, mais les sommes sont jugées si exorbitantes que la polémique éclate. En 2012, après l'arrivée de la gauche au pouvoir, trois juges d'instruction, Serge Tournaire, Guillaume Daïeff et Claire Thépaut, commencent à enquêter sur les coulisses de l'arbitrage, notamment sur la nature des relations Tapie-Sarkozy. Dans l'un des articles repris ici, *L'Express* révèle que les agendas de l'ex-président, saisis par les magistrats, font mention de dix-huit rendez-vous avec

Bernard Tapie entre janvier 2007 et novembre 2010, donc avant et après l'arbitrage contesté.

De la même manière, les enquêteurs s'interrogent sur la légalité de cette décision et sur le comportement du trio chargé de la rendre : Pierre Mazeaud, Jean-Denis Bredin et Pierre Estoup. Celui-ci, ancien premier président de la Cour d'appel de Versailles, semble avoir joué un rôle prépondérant en faveur de Tapie. Or les juges découvrent qu'il a déjà travaillé pour l'avocat de l'homme d'affaires ! Mieux : alors que les deux hommes assurent ne pas se connaître, *L'Express* démontre, dans un autre article repris dans ce livre, qu'il n'en est rien puisque Bernard Tapie a dédicacé chaleureusement l'un de ses livres à Pierre Estoup. L'hebdomadaire profite de ce scoop pour s'intéresser au parcours de ce personnage étonnant, alors âgé de quatre-vingt-six ans.

J.-M. P.

☆☆☆

Tapie-Sarkozy, les liaisons dangereuses

Pascal Ceaux et Jean-Marie Pontaut

Assoupi depuis deux ans, le dossier de l'arbitrage de l'affaire dite « Adidas » resurgit. Nicolas Sarkozy est-il intervenu dans la décision qui a rapporté 241 millions d'euros à Bernard Tapie ? (L'Express *du 26 février 2013.*)

On devrait toujours se méfier de ses agendas. Car, c'est bien connu, les écrits restent. Nicolas Sarkozy avait-il oublié l'adage presque aussi vieux que l'alphabet ? L'ancien président de la République avait en tout cas l'habitude de conserver méticuleusement la trace de tous ses rendez-vous. Sa secrétaire particulière, la même depuis ses débuts à la mairie de Neuilly, notait les noms, les heures. Tout était consigné. Ce répertoire fastidieux s'est transformé en trésor, en 2012, lorsqu'il a été saisi par les policiers dans le cadre de l'enquête Bettencourt. Le juge bordelais Jean-Michel Gentil, chargé de l'instruction sur les abus de faiblesse dont a été victime la vieille dame milliardaire, a d'abord exploité les documents pour son compte. Puis, bon collègue, il a transmis une copie des pièces aux trois magistrats parisiens plongés dans une autre affaire complexe : l'arbitrage dans le conflit opposant depuis des années Bernard Tapie au Crédit lyonnais.

Les juges ne se sont pas privés d'exploiter ce riche matériel. Depuis plusieurs semaines, ils ont également conduit une série de perquisitions chez les personnages clefs de la négociation : Bernard Tapie lui-même, les trois arbitres ayant pris une décision favorable à ses intérêts (Pierre Mazeaud, Jean-Denis Bredin, Pierre Estoup), mais aussi Stéphane Richard, directeur du cabinet de Christine Lagarde du temps où elle dirigeait le ministère de l'Economie, et, plus surprenant, chez les avocats des parties en conflit, Mes Maurice Lantourne et Gilles August. Les juges s'interrogent sur la légalité de la sentence et sur la répartition des rôles dans le processus qui a abouti, en juillet et en novembre 2008, à un arbitrage positif pour l'homme d'affaires. En toile de fond, une question : Nicolas Sarkozy est-il intervenu dans la décision qui a rapporté 241 millions d'euros à Bernard Tapie ?

Comme *L'Express* a pu le constater à la lecture des fameux agendas, les deux hommes se rencontraient régulièrement, surtout en 2007, année où s'est dénoué ce contentieux. Ainsi, avant l'élection présidentielle, entre le 8 janvier et le 28 avril 2007, pas moins de six rendez-vous sont mentionnés. Une fois à l'Elysée, le nouveau chef de l'Etat reçoit Tapie à douze reprises entre le 15 juin 2007 et le 21 novembre 2010. Parfois, ces rendez-vous recoupent étrangement le calendrier des discussions autour de l'arbitrage. Prenons ainsi la date du 16 novembre 2007. Ce jour-là, un compromis est passé entre les protagonistes, d'un côté le Consortium de réalisation, créé pour le règlement des contentieux du Crédit lyonnais, de l'autre le liquidateur du groupe Tapie. Tous deux acceptent pour la première fois, après des mois de discussions parfois houleuses, le recours à l'arbitrage. Le lendemain, un samedi, en fin d'après-midi, Bernard Tapie est reçu à l'Elysée. Difficile de penser que le sujet, obsédant et décisif pour lui, n'ait pas été évoqué.

Malgré leurs différences, l'éternel cadet de la droite et le jongleur de millions, autrefois chouchou de François Mitterrand, apprécient quelque chose de l'autre. Un proche collaborateur de l'ex-président de la République se souvient de quelques

« déjeuners étonnants » où la délicate question de l'arbitrage était évoquée, ainsi que « beaucoup d'autres sujets ». « Il y avait une séduction réciproque, se rappelle-t-il. Tapie disait : "Voilà les arguments que j'utiliserais sur tel ou tel dossier". Sarkozy trouvait qu'il sentait bien les aspirations populaires. » Quelques amitiés communes rapprochent aussi l'ex-chef de l'Etat et l'ancien patron de l'Olympique de Marseille. Ce dernier fréquente le fidèle d'entre les fidèles, Brice Hortefeux. Il est aussi très lié à Patrick Le Lay, ex-P-DG de TF1, la chaîne de Martin Bouygues, un intime de Nicolas Sarkozy.

Celui-ci ne peut ignorer qu'un duel à mort oppose Tapie et le Crédit lyonnais. L'homme d'affaires mène campagne sans trêve pour rétablir ce qu'il estime être ses droits. Il clame par monts et par vaux avoir été floué lors de la revente d'Adidas, et frappe à toutes les portes. L'épisode remonte aux dernières années du mitterrandisme. Fin 1992, la gauche semble promise à un désastre aux élections législatives. A l'époque, le gouvernement de Pierre Bérégovoy tangue dangereusement dans les roulis d'une rigueur impopulaire et François Mitterrand sort de sa poche l'un de ses derniers atouts : Tapie. Il mise sur la popularité de cette figure très médiatique. Seulement voilà, pour basculer en politique, le fringant et tout frais ministre de la Ville doit en finir avec ses affaires. Il décide donc de céder Adidas, entreprise allemande acquise en 1990. Un mandat est confié au Lyonnais. Ce dernier, par l'intermédiaire de CityStar, une filiale offshore d'une banque américaine, s'assure d'abord la propriété du géant du sport. Celle-ci le revend ensuite à Robert Louis-Dreyfus, très riche homme d'affaires international, dans des conditions qui permettront au Crédit lyonnais d'empocher un bénéfice de 1,6 milliard de francs, un an plus tard.

A la découverte de cette plus-value imposante, Bernard Tapie estime s'être « fait avoir ». Evidemment, la banque ne partage pas ce point de vue : à entendre le Lyonnais, Adidas affichait une petite santé économique à la fin de l'ère Tapie, et le redressement spectaculaire de l'entreprise appartiendrait au seul Louis-Dreyfus. Il n'empêche, comme l'ont conclu toutes les procédures judiciaires et administratives, un dédommagement est bel et bien dû à Bernard Tapie. La guerre porte sur son montant, d'autant plus que c'est l'Etat qui doit régler la note. En effet, à la suite des difficultés d'un Crédit lyonnais au bord de la faillite, une structure ad hoc, sous l'égide des pouvoirs publics, a été constituée en 1995, le Consortium de réalisation (CDR). Sa mission : le règlement des contentieux de l'établissement financier, notamment celui qui l'oppose à Tapie.

Lorsqu'il arrive au ministère de l'Economie et des Finances, en 2004, Nicolas Sarkozy doit affronter ce dossier complexe. Très vite, il se laisse convaincre de la nécessité d'en finir avec un tel imbroglio. Alors que tous ses prédécesseurs ont choisi de laisser faire la justice, il défend l'option d'un accord à l'amiable et favorise donc la mise en place d'une médiation. « Ce que nous souhaitions, rappelle l'un de ses collaborateurs directs, c'était en sortir au plus vite, à un moindre coût pour l'Etat. » Des documents émanant des services du ministère viennent encourager une médiation reposant sur un accord entre les parties. Ils alertent en effet sur le « risque financier » lié à la procédure judiciaire et sur le « manque de transparence » des opérations de la banque. A cela s'ajoute une note de Claude Guéant, à l'époque directeur du cabinet du ministre Sarkozy. Elle s'inspire d'une étude juridique du parquet général de la Cour d'appel de Paris, alors dirigé par Jean-Louis Nadal. Celle-ci se prononce sans ambiguïté pour la recherche d'un accord.

Le processus de médiation est lancé le 12 novembre 2004. Pour trouver un terrain d'entente entre les parties est désigné l'ancien procureur général près la Cour de cassation, Jean-François Burgelin. Réputé proche de la droite, ce haut magistrat, tout juste à la retraite, est connu pour sa rigueur. Il sait aussi jouer au mieux des subtilités des codes juridiques. La confrontation avec Tapie ne manque donc pas de rudesse. Après une exploration en profondeur du dossier, la solution retenue ne laisse à l'ancien ministre de la Ville que la moitié de ses biens après leur vente. Au terme des six mois prévus pour la négociation, les deux parties tombent d'accord... pour refuser la médiation. Bercy ne fait aucun commentaire public. Le dossier revient dans le champ judiciaire pour une durée indéterminée. A la justice « ordinaire » de trancher. Les efforts de Nicolas Sarkozy n'ont servi à rien.

Quand la cour d'appel de Paris rend son arrêt, le 30 septembre 2005, Tapie peut croire à une victoire par KO : les juges lui donnent raison et reconnaissent la faute du Crédit lyonnais. Ils lui attribuent à titre provisoire 135 millions de dommages et intérêts, une somme considérable au regard des pratiques habituelles. Mais le résultat n'est pas définitif. Dernière étape de ce très remuant steeple-chase judiciaire, l'adversaire, le CDR, se pourvoit en cassation. Un nouvel épisode cocasse ajoute alors au pittoresque de cette histoire hors du commun. Les projets d'arrêts du conseiller rapporteur – le magistrat chargé de proposer deux avis d'arrêt à la Cour – se retrouvent très inopportunément sur Internet, avant la décision. Erreur ou coup tordu destiné à favoriser Bernard Tapie ? L'incident inédit provoque une petite tempête dans le sanctuaire de la magistrature française. Finalement, la Cour casse l'arrêt le 9 octobre 2006 et renvoie l'affaire devant une juridiction d'appel, à la surprise de la défense de Tapie. « Cette décision nous paraissait d'autant plus étonnante, se souvient l'un d'eux, Me Olivier Pardo, que la nouvelle cour d'appel désignée pouvait accorder des dédommagements encore plus importants. » Bref, le marathon continue.

Tapie, lui, ne décolère pas. Est-ce à moment-là qu'il pense sérieusement à l'arbitrage, solution peu connue du public, mais en général très efficace dans les affaires ? Toujours est-il qu'à la fin du quinquennat de Jacques Chirac il sonde diverses personnalités proches du pouvoir, ainsi que des hauts fonctionnaires. Les liquidateurs du groupe Bernard Tapie, chargés de ses intérêts depuis la faillite prononcée en 1994, finissent par proposer au ministre de l'Economie, Thierry Breton, le recours au tribunal arbitral.

Ce dernier, après réception d'une note de ses services, sans ambiguïté, du 23 février 2007, ne donne pas suite : « Il apparaît contraire aux intérêts du CDR et de l'Etat, est-il écrit dans ce document, d'accepter la proposition des liquidateurs du groupe Tapie de régler l'ensemble des contentieux dans le cadre de la procédure arbitrale, eu égard aux risques évidents qu'une telle procédure présenterait pour le CDR. »

Tant pis pour cette fois. Mais l'idée n'est pas pour autant abandonnée du côté de Bernard Tapie. Pendant la campagne présidentielle, entre le 8 janvier et le 28 avril 2007, il rencontre donc à six reprises Nicolas Sarkozy, président de l'UMP et favori des sondages. Fort du précédent de 2004, quand ce dernier officiait à Bercy et se déclarait favorable à un arbitrage, il peut espérer une oreille attentive. De fait, le changement opéré à l'Elysée redonne vie à cette option. Comme au son des trompettes de Jéricho, les murs tombent. Tous les obstacles jusque-là édifiés devant la désignation d'arbitres s'effacent les uns après les autres. A l'automne 2007, le CDR lui-même tourne casaque. Il se prononce par quatre voix contre une en faveur de l'arbitrage, auquel il s'était toujours refusé avec constance. Quelques semaines plus tard, un compromis est passé. Trois personnalités sont désignées comme arbitres : un ancien président du Conseil constitutionnel, Pierre Mazeaud, l'avocat et académicien Jean-Denis Bredin et l'ancien premier président de la Cour d'appel de Versailles, un professionnel de l'arbitrage, Pierre Estoup.

Au cœur de l'affaire, un homme observe ces revirements d'un œil narquois. Charles-Amédée de Courson n'est pas n'importe qui. Député de la Marne depuis 1993, ce centriste au caractère entier appartient à une très vieille famille française. Chez les Courson, on naît noble depuis le Moyen Age. Mais on aime aussi la république. L'un des aïeux n'a-t-il pas voté la mort de Louis XVI ? Le grand-père maternel, Léonel de Moustier, s'est distingué en 1940 en étant l'un des quatre-vingts députés à refuser les pleins pouvoirs à Philippe Pétain. Plus modestement, Charles de Courson est l'un des parlementaires chargés de la supervision du CDR. Mais il ne manque pas d'ardeur. Au fil des ans, il s'est découvert un ennemi avec lequel il n'hésite jamais à croiser le fer : Bernard Tapie. Pour lui, le recours à l'arbitrage reste une absurdité. « A ce moment-là, explique-t-il à *L'Express*, on met en place un ensemble de gens sûrs pour favoriser cette solution. » Il n'est pas difficile de deviner de qui il parle. Plusieurs de ses cibles gravitent autour de l'Elysée : Claude Guéant, secrétaire général de la présidence, Stéphane Richard, directeur de cabinet à Bercy, et un avocat proche de ce dernier, Me Gilles August.

Charles de Courson s'associe alors au dirigeant du MoDem, François Bayrou, et au responsable du groupe socialiste à l'Assemblée nationale, Jean-Marc Ayrault, pour porter la contradiction devant le Conseil d'Etat. La tentative tourne court. Charles de Courson comprend vite combien son activisme dérange... Quelques jours plus tard, il compte parmi les invités du président de la République à l'Elysée. Nicolas Sarkozy reçoit un groupe de parlementaires de la majorité. Comme à son habitude, il a un petit mot pour chacun. « Lorsque est arrivé mon tour, se rappelle Charles de Courson, il ne m'a pas serré la main, il m'a juste apostrophé en me montrant du doigt et en répétant à la grande surprise de mes collègues : « Tu as perdu ! Tu as perdu ! » Le député y voit la confirmation que le dossier est suivi de près à l'Elysée.

Les trois arbitres peuvent donc continuer leur travail. La voie est de plus en plus dégagée pour eux. Le CDR va jusqu'à écarter de sa défense son conseil historique, Mᵉ Jean-Pierre Martel, au profit de Gilles August. Et pour cause : Mᵉ Martel a toujours été hostile à une solution autre que judiciaire. La rapidité des discussions entre arbitres bat des records. Il est vrai que les représentants du CDR ne sont pas très loquaces... Au total, Mazeaud, Bredin et Estoup ne se concertent que cinq fois, ce qui est fort peu dans un dossier d'une telle importance pour l'Etat. « Tout s'est fait à un rythme totalement anormal, confirme Mᵉ Martel. Cela ressemblait à un escamotage. » En outre, à y regarder de plus près, ni Bredin, ni Mazeaud ne connaissent les rouages de cette procédure complexe, faute de pratique. Seul Pierre Estoup maîtrise les ficelles de l'arbitrage, pour en avoir fait son activité principale.

Un dernier bastion d'opposants à la négociation résiste au ministère de l'Economie. La haute administration freine des quatre fers, à coups de notes alarmistes. Ainsi, l'Agence des participations de l'Etat (APE) se distingue par sa constance : dans un avis du 1ᵉʳ août 2007, elle rappelle à la ministre Christine Lagarde que l'APE a « formellement déconseillé » la procédure arbitrale. Car celle-ci, ainsi que l'APE le précisait un peu plus tôt, est « susceptible de rouvrir des marges d'incertitude ». La patronne de Bercy passe outre. Assistée de son directeur de cabinet, Stéphane Richard, lui-même en liaison avec l'Elysée, elle apporte un soutien sans faille à la négociation.

L'arbitrage est finalement rendu le 28 juillet 2008. Il accorde à l'ancien propriétaire d'Adidas 196 millions d'euros net de boni et 45 millions d'euros de préjudice moral, non imposables. Hasard ou non, le président du tribunal arbitral, Pierre Mazeaud, est reçu le jour même par Nicolas Sarkozy, à l'Elysée, à 14 h 30. Le 28 novembre, une deuxième décision complète la sentence initiale. Pour Bernard Tapie, cette ultime victoire est presque totale. Il reçoit du CDR 85 % du maximum qui avait été fixé à l'origine du compromis. Un montant de dommages sans précédent. Le nouveau multimillionnaire peut être d'autant plus satisfait que l'ensemble n'est pas susceptible d'appel. Seule possibilité : une décision en nullité. Personne n'y croit alors. Et, après quelques hésitations et consultations de juristes, Christine Lagarde renonce à déclencher ce couperet.

La bataille va pourtant reprendre sur le terrain politique. L'opposition a un argument tout trouvé : les 45 millions de préjudice moral concédés à Tapie et à son épouse. La somme choque jusqu'au président du CDR, Jean-François Rocchi, qui, selon un témoin direct, en est « consterné ». La commission des Finances de l'Assemblée nationale, présidée par le député socialiste Jérôme Cahuzac (actuel ministre du Budget[1]), se saisit alors du dossier. Elle transmet des conclusions féroces à la Cour des comptes, dont le rapport tourne, du coup, au réquisitoire contre la décision d'arbitrage. « En fait, conteste, Me Yves Repiquet, avocat de Christine Lagarde, il y avait une tromperie. Ce qui avait été transmis à la Cour des comptes n'était autre que les conclusions des socialistes, pas celles de la commission des Finances en son entier ! »

La ministre vacille néanmoins sous le feu des critiques. Car la Cour des comptes éveille les soupçons quant à l'impartialité de l'un des arbitres, en l'occurrence le plus expérimenté d'entre eux, Pierre Estoup. Une facture d'environ 12 000 francs et des rencontres révèlent qu'il est déjà intervenu dans le passé, à la demande de Me Maurice Lantourne, avocat de Tapie, pour le compte de ce dernier. Or il n'en a pas fait mention lors de sa désignation, comme l'y oblige la loi. L'information sème le trouble, y compris parmi les deux autres arbitres. « Nous n'étions pas au courant, assure aujourd'hui Pierre Mazeaud. Jamais Jean-Denis ni moi n'avons émis de doute sur Estoup. » Pour les partisans de Tapie, le lien entre Estoup et Lantourne était occasionnel et n'avait pas à être signalé.

La suspicion est nourrie par des spécialistes des questions d'arbitrage. Professeur de droit à l'université de Saint-Quentin-en-Yvelines, Thomas Clay s'est toujours battu contre la sentence arbitrale. « La découverte des liens d'Estoup avec Me Lantourne autorisait la ministre à demander la récusation de cet arbitre, affirme-t-il, d'autant plus facilement qu'à ce moment-là le tribunal

1. Ecrit en 2013. Voir plus loin le chapitre « Le mensonge de monsieur Cahuzac ».

arbitral était encore constitué. Elle pouvait donc effectuer cette démarche qui avait 100 % de chances de réussir. Or, elle s'en est bien gardée ! »

Tout n'est pourtant pas fini. En mai 2011, un énième coup de théâtre relance l'intérêt pour une pièce que l'on croyait jouée. L'acteur principal de ce nouvel épisode est une vieille connaissance : Jean-Louis Nadal. On se souvient qu'il s'était déjà manifesté en 2004, lors de la tentative manquée de médiation. A l'époque, il occupait le poste prestigieux de procureur général de la Cour d'appel de Paris. Dans un rapport, il s'était déclaré en faveur d'une négociation. Sept ans plus tard, ce haut magistrat promu entre-temps au rang de procureur général près la Cour de cassation a fait évoluer sa réflexion. A quelques semaines de la retraite, il rédige un document assassin contre Christine Lagarde et saisit de son cas la Cour de justice de la République (CJR), apte à juger les ministres. Selon lui, l'ancienne patronne de Bercy s'est rendue coupable d'un abus d'autorité et doit être poursuivie. Ce contre-pied judiciaire suscite l'ire du président de la République, Nicolas Sarkozy. Selon nos informations, ce dernier convoque Jean-Louis Nadal à l'Elysée. Les murs tremblent comme les mains du haut magistrat, mis plus bas que terre par le chef de l'Etat. Trop tard. La colère présidentielle n'y peut rien. La machine de la Cour de justice est lancée.

Un incident bien dans le ton de l'incroyable feuilleton rompt les ultimes hésitations de la CJR. En juillet 2011, une de ses membres demande sa récusation, alors que la Cour s'apprête à rendre sa décision concernant Christine Lagarde. Laurence Fradin, épouse à la ville de l'ancien ministre socialiste Pierre Joxe, a déjà eu à traiter du dossier Tapie lorsqu'elle exerçait à la Cour des comptes. Elle ne s'estime donc pas en mesure de participer à la décision de la CJR. Ce départ imprévu provoque un report d'un mois, jusqu'au 4 août. La veille, les magistrats découvrent sur le site Mediapart l'information selon laquelle Pierre Estoup vient lui-même d'être récusé dans un arbitrage international pour ses liens avec l'avocat de Tapie ! Plus rien, désormais, ne retient les membres de la CJR. L'enquête est donc ouverte.

En quelques mois, le triomphe qui paraissait promis à Bernard Tapie est menacé. La défaite de Nicolas Sarkozy en mai 2012 a sonné comme une mauvaise nouvelle supplémentaire pour le tout nouveau patron du journal *La Provence*. Car trois juges d'instruction parisiens mènent désormais l'enquête. Ils recherchent d'éventuels « détournements de fonds publics » et « complicité de faux par détournements d'actes ». En clair, ils tentent de vérifier si l'arbitrage a bien respecté les règles et n'a pas été faussé. Les perquisitions menées tous azimuts, notamment à l'un des domiciles de Pierre Estoup, ont permis la saisie de nombreux documents toujours en cours d'examen. Ces magistrats tiennent dorénavant le sort de l'arbitrage entre leurs mains. En cas de trucage avéré, ils pourraient menacer la sentence arbitrale elle-même. Il serait en effet difficile de ne pas l'annuler et ordonner la restitution des sommes allouées à Bernard Tapie, effaçant d'un seul trait vingt années de bataille. Les combattants devraient alors recommencer la guerre, comme au premier jour.

L'arbitre joue gros

Pascal Ceaux, Jean-Marie Pontaut

Ancien magistrat à la carrière brillante, Pierre Estoup se retrouve sur la sellette. A-t-il favorisé l'homme d'affaires Bernard Tapie dans la décision qu'il a rendue contre le Crédit lyonnais en 2008 ? Selon nos informations, les derniers éléments de l'enquête renforcent les soupçons de proximité entre les deux hommes. (L'Express *du 29 mai 2013.*)

Voici l'homme. Pierre Estoup, quatre-vingt-six ans. Hier inconnu, aujourd'hui à l'avant-scène. En participant à l'arbitrage privé mis en place en 2007 dans le conflit entre le Crédit lyonnais et Bernard Tapie, ce retraité de la magistrature n'imaginait sans doute pas qu'il se retrouverait, six ans plus tard, au cœur d'une telle tourmente. Suspecté d'avoir favorisé l'homme d'affaires, il est l'objet de toutes les attentions de la justice. Une perquisition, effectuée le 14 mai à l'un de ses domiciles, dans l'est de la France, a renforcé les soupçons. Selon nos informations, les policiers ont saisi ce jour-là un livre écrit par Tapie et dédicacé à ce même Pierre Estoup le 10 juin 1998. Ces lignes très chaleureuses, conclues par les mots : « Je vous remercie avec toute mon affection », laissent supposer que, contrairement à ce que prétend Bernard Tapie, ils se connaissaient bien avant le début de la procédure. Ce nouvel élément nourrit un peu plus l'hypothèse d'un arbitrage truqué. Il oblige aussi à s'intéresser à Pierre Estoup, personnage passé plutôt inaperçu jusque-là.

Lorsqu'il nous reçoit, fin avril, dans la bibliothèque d'un avocat parisien, il n'a pourtant pas l'air inquiet. « Monsieur le premier », comme on désigne les présidents de Cour d'appel, sait garder son calme. L'œil vif, le profil mince, tendu comme un fil, élégant comme à ses plus beaux jours, on l'imagine en modèle d'Honoré Daumier, le caricaturiste des notables du XIXe siècle. La sérénité dans la sévérité, ou l'inverse : telle pourrait être la légende du portrait. Bien calé dans son siège, il assure que cette affaire ne lui fait « pas peur ». Il se sent irréprochable. Et s'étend plus volontiers sur un passé dont il se délecte d'un air gourmand.

Rien ne prédestinait ce jeune avocat de vingt-quatre ans, inscrit au barreau de Toulouse, à devenir magistrat, sinon une ambition contrariée. « J'ai vite compris qu'il serait difficile de se faire une place au soleil parmi les ténors toulousains », glisse-t-il sans s'attarder. Il opte donc pour la magistrature, et débarque en 1952 dans une bourgade des environs d'Alger, ville française à l'époque. Entre plaine et montagne, il a autorité sur un vaste territoire, et collabore avec les docteurs du droit musulman, caïds et bachagas. Ces enquêtes le conduisent dans des villages reculés, accessibles à cheval. Son souvenir le plus marquant ? Une histoire tragique dont chaque détail resurgit au fil des mots. Un homme disparaît. Très vite, le juge soupçonne l'épouse. Pour explorer un puits comblé par des fagots, il sollicite les pompiers algérois. La découverte d'un tronc, puis du reste du corps, lui donne raison. La femme avoue le meurtre : son mari la battait, lui infligeait des sévices sexuels. Le lendemain de son incarcération, elle se pend avec un foulard.

En 1955, Pierre Estoup s'envole pour une autre destination exotique : les Antilles. Un bref passage à la Martinique, puis direction Saint-Martin et Saint-Barthélemy. Sur ces îlots accueillants aux grandes fortunes, et dont les résidents sont dispensés d'impôt sur le revenu, il se sent comme un roi. Cette fois, c'est en sloop ou en vedette néerlandaise qu'il navigue d'un tribunal à l'autre, au gré de la météo. De la salle en bois couleur rose bonbon de Saint-Barthélemy au palais de justice de Saint-Martin, où les audiences se tiennent en anglais, le jeune juge jongle avec les problèmes fonciers. Le charme des lieux ne lui échappe pas. Entre la baie de Grand-Case et l'étang aux Poissons, il acquiert un terrain pour y bâtir une maison, où il passe aujourd'hui une partie de l'année avec son épouse, retraitée de l'Education nationale.

L'année 1958 marque le début de sa deuxième vie. Adieu, palmiers et cocotiers, le voici dans l'est de la France. Au pays des hivers rudes et de l'acier alors triomphant, le magistrat découvre la puissance des Wendel. « Ils possédaient tout, dit-il, sauf l'église et le tribunal. » Sa carrière prend un tour « météorique », comme l'affirme un avocat. A Hayange, à Thionville et à Metz, il monte en grade. En Moselle, il préside la cour d'assises, sans jamais prononcer de peine de mort. « Il sait faire travailler les autres et brosse toujours le pouvoir dans le sens du poil. Bref, il améliore les statistiques et rafle la mise », commente un ancien bâtonnier de Nancy. Au tribunal de cette ville, dont il est promu président en 1976, Pierre Estoup se distingue autant par ses résultats que par l'épaisseur de la moquette de son bureau. Mais ce promoteur de l'« abattage judiciaire » est loin de convaincre tout le monde. Ainsi, un duel l'oppose à un magistrat débutant, Gilbert Thiel. Cet homme de tempérament, future vedette de l'antiterrorisme, rechigne aux consignes productivistes d'un président qui voudrait lui imposer des audiences en plus de son travail à l'instruction financière. Sa notation s'en ressent, comme il le racontera dans son livre *On ne réveille pas un juge qui dort* (Fayard, 2002). « J'ai eu le sentiment de me faire estouper, écrit-il avec humour. En gascon, cela signifie « tromper » et même quelque chose d'un peu plus péjoratif. »

En 1983, de retour à Nancy après une étape à Riom comme président de la cour d'appel, « Monsieur le premier » est choisi pour cible par les jeunes avocats locaux. Lors d'un spectacle parodique donné en sa présence, ils le représentent circulant en chaise à porteurs, coiffé d'une couronne et chaussé de palmes qu'ils viennent embrasser en signe d'allégeance. La scène est accompagnée d'une chanson, dont les couplets égratignent le haut magistrat : « Hourra, hourra, Mitterrand a gagné, vive la justice populaire », lui fait-on chanter. « A moi la puissance et la gloire [...]. C'est une grande victoire pour un si piètre juriste. »

Furieux, Estoup quitte la salle en maugréant contre les « petits cons ». Il est vrai qu'on lui prête à l'époque une proximité avec le ministre de la Justice, Robert Badinter.

Quoi qu'il en soit, l'humour acide des avocats n'entrave pas son ascension. En 1984, le magistrat accède au prestigieux poste de premier président de la cour d'appel de Versailles, régnant ainsi sur un territoire judiciaire riche des Hauts-de-Seine, département où siègent de nombreuses sociétés. En marge de ses activités, il trouve tout de même le temps d'écrire un livre intitulé *La Justice française*, préfacé par l'avocat académicien Jean-Denis Bredin, autre futur arbitre du dossier Tapie.

Son souci du rendement n'a pas diminué. Certains apprécient sa « disponibilité », son « engagement ». Un avocat versaillais, à l'époque bâtonnier, loue son « goût de la transparence » : « Je me souviens qu'il avait publié son revenu – 34 000 francs par mois. » Pour autant, Pierre Estoup n'a pas que des adeptes sur ces terres royales. Sa célérité à rendre les arrêts lui vaut le surnom de « président minute ». Lui-même s'en accommode puisqu'il publie un autre livre intitulé *La Pratique des procédures rapides*. A ce moment de sa carrière, il devient aussi un fervent partisan de l'arbitrage, une procédure qui permet à deux entreprises en conflit de trouver un accord par l'intermédiaire d'arbitres qu'elles ont désignés. Ce type d'arrangement sera même au cœur de sa troisième vie...

En 1991, à l'âge de soixante-cinq ans, « Monsieur le premier » quitte en effet la magistrature. Ce départ avant terme surprend ses pairs. Veut-il profiter de sa résidence de Saint-Nom-la-Bretèche (Yvelines), de sa maison de famille de la Haute-Garonne ou de celle des Antilles ? En réalité, il opte pour une retraite à la fois active et rentable. A Versailles, il crée la cour d'arbitrage européenne, structure privée à l'activité intermittente. Dans ce monde feutré réservé aux avocats et aux professeurs de droit, il peine cependant à se faire un nom. Absent des grands arbitrages internationaux, il se replie sur de multiples dossiers lucratifs et discrets, en France et en Afrique. Sa réputation pâlit lorsqu'il intervient, en 2001, dans un arbitrage étrange entre le président gabonais Omar Bongo et un dirigeant d'Elf, André Tarallo, sur la propriété d'un appartement parisien. Les bizarreries de la sentence sont épinglées par le tribunal. Mais cet épisode lui permet de rencontrer pour la première fois l'avocat de Bernard Tapie,

Me Maurice Lantourne. Le conseil d'André Tarallo, Me Francis Chouraqui, les met en relation, à son cabinet. A trois reprises, en 1999, 2001 et 2002, Pierre Estoup et Me Lantourne se côtoient lors d'arbitrages concernant des sociétés dans la métallurgie et l'édition. Cette liaison professionnelle devient dangereuse, cinq ans plus tard, lors de l'arbitrage Tapie. En omettant de révéler sa proximité avec l'avocat, comme la loi l'oblige à le faire, Pierre Estoup se met à la faute. En août 2011, nouvel accroc : il est récusé dans un arbitrage l'opposant au Cameroun où le nom de Me Lantourne apparaît également.

Dans cette affaire africaine, il affirme avoir été victime d'un « piège ». Dans le dossier Tapie-Crédit lyonnais, où il intervenait en théorie pour défendre les intérêts du Consortium de réalisation (CDR), structure créée pour le règlement des contentieux de la banque, sa situation paraît encore plus inconfortable. Car c'est lui, semble-t-il, qui a piloté l'opération, bien davantage que les deux autres arbitres, Jean-Denis Bredin et l'ex-président du Conseil constitutionnel Pierre Mazeaud. Cette mission, rémunérée 333 000 euros, l'a-t-elle pour autant conduit à favoriser Bernard Tapie ? A-t-il trompé ses deux « collègues » en leur faisant endosser une décision arrangée à l'avance ?

Alors que le ministère de l'Economie et des Finances dispose encore d'un délai de quelques jours pour déposer un recours en nullité contre la décision favorable à l'ancien président de l'OM, l'enquête progresse. Bernard Tapie a beau jurer n'avoir « jamais connu de [sa] vie » Pierre Estoup (Europe 1, le 23 mai), la découverte, chez ce dernier, d'un livre dédicacé de sa main le 10 juin 1998 laisse supposer le contraire. *L'Express* est en mesure de révéler que l'homme d'affaires écrit notamment : « Pour le Président Pierre Estoup, en témoignage de mon infinie reconnaissance », et loue son « courage ». Bien sûr, il n'est pas ici question de l'arbitrage, qui interviendra des années plus tard, mais l'existence d'un lien ancien, et amical, entre les deux hommes ne fait guère de doute. L'ex-magistrat se retrouve ainsi dans le rôle, inhabituel pour lui, du suspect n° 1. Quant à Bernard Tapie, il va devoir batailler pour garder les 241 millions d'euros perçus (77 millions, selon lui), et justifier ces quelques lignes chargées d'affection...

Au printemps 2013, les juges ont mis Pierre Estoup en examen pour « escroquerie en bande organisée ». Bernard Tapie, son avocat, Me Maurice Lantourne, mais aussi Stéphane Richard, ancien directeur de cabinet du ministre des Finances (devenu P-DG d'Orange), connaissent le même sort quelques semaines plus tard. Les deux autres arbitres, Pierre Mazeaud et Jean-Denis Bredin, sont placés sous le statut de témoin assisté. La ministre de l'époque, Christine Lagarde, convoquée à plusieurs reprises par la commission d'instruction de la Cour de justice de la République, seule apte à juger un ministre en exercice, est mise en examen un peu plus d'un an plus tard pour « négligence ». Devenue directrice du Fonds monétaire international, elle fait savoir qu'elle ne démissionnera pas de son poste.

En mai 2014, Claude Guéant, placé en garde à vue à la police judiciaire, n'est pas déféré aux juges d'instruction, qui se réservent la possibilité de le convoquer postérieurement. Quelques mois plus tard, le rapport de synthèse de la brigade financière conclut que Bernard Tapie n'a pas été floué lors de la revente d'Adidas en 1993.

A la fin de l'année 2014, l'instruction n'était pas terminée et pouvait encore réserver bien des surprises.

LES ANNÉES HOLLANDE

En mai 2012, plus de trente ans après l'accession au pouvoir de François Mitterrand, la France se dote d'un nouveau président socialiste, François Hollande. Profitant des déboires de Dominique Strauss-Kahn, longtemps considéré comme le candidat naturel de la gauche, le député de Corrèze s'impose en chef de file et l'emporte. D'emblée, il s'affiche comme un président « normal », une manière de se mettre au niveau des électeurs, de rompre avec le côté « bling-bling » des années « Sarko ». D'une certaine manière, il cherche aussi à se démarquer de la période Mitterrand, marquée, nous l'avons vu dans les chapitres précédents, par une série de scandales politico-financiers. « Normal » signifie alors sans « casseroles », sans volonté de tromper la justice ou d'exercer sur elle une quelconque pression. Malgré tout, les affaires s'invitent rapidement à l'agenda présidentiel. En accusant le ministre du Budget, Jérôme Cahuzac, d'avoir eu un compte en Suisse, Mediapart donne le ton dès le mois de décembre 2012, et plombe le début du quinquennat.

La droite, elle aussi, est touchée par le vent mauvais des affaires. Les scandales qui couvaient du temps de Nicolas Sarkozy se complètent de nouveaux éléments, parfois très gênants pour l'ancien président, redevenu un citoyen (presque) ordinaire aux yeux de la justice. Entre 2012 et 2014, *L'Express* revient longuement sur ses ennuis et sur ceux de Claude Guéant, l'homme qui incarne à lui seul les années « Sarko ». Au-delà, l'hebdomadaire tente de décrypter l'affaire Bygmalion, ce scandale financier qui menace de faire exploser l'UMP. Autant de dossiers dont toutes les conséquences ne sont pas encore connues à l'heure où paraît ce livre.

2012

Le mensonge de monsieur Cahuzac

Il n'aura pas fallu longtemps pour que la présidence de François Hollande soit touchée par son premier scandale. En décembre 2012, le site d'information Mediapart accuse le ministre du Budget, Jérôme Cahuzac, de détenir un compte bancaire non déclaré en Suisse. Le lendemain, cet homme politique brillant, volontiers sûr de lui et hautain, intraitable pourfendeur des fraudeurs, affirme devant l'Assemblée nationale : « Je n'ai pas, je n'ai jamais eu de compte à l'étranger, ni maintenant ni avant. » Il y a des mots, en politique, qui tuent autant que les actes...

Dès lors, Cahuzac s'installe dans le déni. Pendant cinq mois, il nie contre vents et marées au risque de provoquer une grave crise politique car il bénéficie alors du soutien de François Hollande et du Premier ministre, Jean-Marc Ayrault. Jérôme Cahuzac réfute les accusations de Mediapart et l'enregistrement mis en ligne, en guise de preuve, par le site d'information. A en croire cet enregistrement, effectué à son insu une douzaine d'années plus tôt, un homme ayant semble-t-il la voix de Jérôme Cahuzac indique posséder un compte à la banque UBS de Suisse et se demande comment s'en débarrasser. Une vive polémique s'engage sur la véracité de cet enregistrement. Un expert, sollicité par *L'Express*, analyse la bande en janvier 2013 et conclut qu'elle n'a pas été trafiquée.

C'est finalement par la justice que la vérité éclate. Le 19 mars, le procureur de Paris ouvre une enquête préliminaire et saisit la police scientifique. Ses techniciens estiment qu'il s'agit très vraisemblablement de la voix de Jérôme Cahuzac. Dès lors, deux juges d'instruction sont saisis, Roger Le Loire et Renaud Van Ruymbeke, qui interrogent les autorités helvétiques. Le ministre est acculé : sans attendre la réponse, il démissionne et passe aux aveux. Le 2 avril, il reconnaît devant les magistrats qu'il possède à Singapour un compte, provenant de Suisse, d'un montant de 600 000 euros.

Le 26 juin, *L'Express* revient sur les dernières découvertes de l'enquête puis décrypte dans un autre article le naufrage d'un homme empêtré dans son mensonge.

J.-M. P.

✰✰✰

Le fraudeur

Pascal Ceaux

Sur son compte en Suisse, Jérôme Cahuzac a aussi viré des chèques. Cette découverte des enquêteurs relance les questions sur l'origine d'un argent auquel le fisc semble avoir tardé à s'intéresser. (L'Express *du 26 juin 2013.*)

C'est un mystère de plus dans une affaire qui n'en manque pas. Le compte suisse de Jérôme Cahuzac aurait aussi été alimenté par des... chèques ! Alors que la justice française vient de recevoir la réponse à la demande d'entraide adressée à son homologue genevoise, cette découverte pour le moins cocasse risque de relancer les spéculations autour de l'origine de l'argent frauduleux. Outre ces chèques, deux sources d'approvisionnement du compte ont d'ores et déjà été identifiées. Trois laboratoires pharmaceutiques ainsi que des clients de la clinique spécialisée dans la chirurgie capillaire, propriété de Jérôme Cahuzac et de son épouse, Patricia, auraient versé l'argent de la fraude, cette fois en liquide.

Les juges viennent de faire une autre découverte : plusieurs retraits, de montants modestes, ont été constatés. Leur existence contredit les premières déclarations de Cahuzac, qui avait évoqué un compte dormant depuis de nombreuses années. Les dates de ces mouvements de fonds laissent penser qu'ils ont sans doute financé des vacances. En revanche, les premières investigations ont confirmé la somme demeurant sur le compte et déclarée par l'ancien ministre délégué au Budget : 685 000 euros environ.

En dépit des avancées de l'enquête, menée par la Division nationale d'investigations financières et fiscales (Dniff), sous l'autorité des juges Renaud Van Ruymbeke et Roger Le Loire, les investigations devraient durer encore plusieurs semaines. Pour démêler l'écheveau complexe de la fraude, notamment le transfert du compte de la Suisse vers Singapour en 2009, les enquêteurs sont tributaires de la demande d'entraide judiciaire effectuée en mars auprès de la cité-Etat. Or, les réponses de la justice singapourienne prennent en général des semaines, voire des mois.

L'opacité persistante de certains pays et banques a-t-elle protégé Jérôme Cahuzac pendant plus de vingt ans ou bien a-t-il profité de graves dysfonctionnements de l'administration ? Car le fraudeur fait ses premières armes dès 1992, un an après un contrôle fiscal sans résultat. A cette époque, son CV politique tient en une ligne : ancien conseiller au cabinet de Claude Evin, chargé de la Santé au sein du gouvernement de Michel Rocard. Malgré les risques, le futur ministre du Budget décide de dissimuler au fisc de l'argent placé en Suisse auprès de la banque UBS, avec l'aide d'un ami avocat lié à l'extrême droite, Me Philippe Peninque. Le secret sera bien gardé jusqu'au 4 décembre 2012 et aux révélations de Mediapart : la diffusion d'un enregistrement d'une conversation téléphonique privée dans laquelle Cahuzac s'inquiète de l'existence de son trésor caché.

Une telle longévité tient presque du miracle, comme en attestent plusieurs éléments des investigations de la justice et de la commission parlementaire présidée par Charles de Courson (UDI). Dès 2001, une alerte fiscale est donnée par un membre de l'administration. Le dossier Cahuzac est alors transféré à Bordeaux, centre régional dont dépend Villeneuve-sur-Lot. Mais il ne donne lieu à aucune note, aucun rapport. « Il n'y a pas eu d'enquête », a expliqué, le 18 juin, un agent du fisc aux députés. Le dossier oublié est retrouvé par hasard en février 2007, à l'occasion d'une séance d'archivage, et aussitôt renvoyé à Paris.

En 2008, toujours le même aveuglement. Cette fois, l'administration fiscale a pourtant de la matière. Elle reçoit, en juin, un mémoire rédigé par un inspecteur des impôts, Rémy Garnier, en conflit depuis des années avec sa hiérarchie. L'homme, visé par une procédure disciplinaire, connaît Cahuzac pour avoir exercé à Villeneuve-sur-Lot. Il sait aussi tout de l'enregistrement explosif où est mentionné le compte suisse. Un courrier détaillé, dans lequel il évoque explicitement des soupçons de fraude, est expédié par ses soins à Bordeaux et transmis à Paris, notamment à l'adjoint du directeur général des finances publiques, Philippe Parini. Ce dernier explique que ces informations capitales ne figuraient pas dans la note de synthèse remise par ses services. Il n'empêche : alors qu'une dizaine de personnes sont au courant de la dénonciation, Cahuzac n'est pas même interrogé. Aussi, lorsque le pot aux roses très épineuses est enfin dévoilé par Mediapart, le ministre tient bon. Et nie en bloc et en détail. Il revendique l'appui du président et du Premier ministre. Son entourage diffuse l'idée que ses malheurs proviennent de son divorce, très conflictuel, d'avec Patricia. Le ministre peut-il croire que la fraude va rester cachée ? Après tout, la réponse apportée le 31 janvier par la Suisse à la demande d'entraide fiscale faite par le ministère de l'Economie et des Finances est négative : pas de trace de compte Cahuzac.

Il est cependant trop tard. L'enquête préliminaire, ouverte le 8 janvier par le procureur de la République à Paris, François Molins, est lancée. L'expertise de l'enregistrement ainsi qu'une dizaine de témoignages vont transformer les soupçons en vérité accablante, et les dénégations de l'ex-ministre, en aveux. Le voici devenu l'homme du compte en Suisse, celui qui ne reculait pas devant les petits arrangements. Ainsi, on lui reproche d'avoir employé au noir, de 2003 à 2004, une Philippine sans papiers à 250 euros par mois, payés en liquide, pour quarante heures hebdomadaires. Cette fois, le député s'en était sorti avec une dispense de peine et sans inscription au casier judiciaire...

Le réprouvé

Elise Karlin, avec Tugdual Denis, Corinne Lhaïk,
Anne Vidalie et Marcelo Wesfreid

Du 4 décembre 2012 jusqu'à ses aveux, le 2 avril dernier, Jérôme Cahuzac s'est enfermé dans son mensonge. Il paye aujourd'hui le prix de cet incroyable déni. Récit d'une descente aux enfers. (L'Express *du 26 juin 2013.*)

« Je me souviens de lui avoir demandé – plusieurs fois, d'ailleurs – si les allégations de Mediapart étaient fausses. Il m'a immédiatement répondu que oui. » C'était le 3 décembre 2012, à quelques heures des révélations sur l'existence d'un compte en Suisse détenu par Jérôme Cahuzac. Dans l'Hémicycle, en plein débat sur le budget, le ministre vient de mentir à Amélie Verdier, sa directrice de cabinet. Elle en témoignera le 21 mai devant la commission d'enquête parlementaire consacrée aux dysfonctionnements de l'Etat dans cette affaire : « Dans l'après-midi, un journaliste de Mediapart a cherché à joindre le ministre. [...] J'ai été informée de ce contact. J'étais en effet assise derrière le ministre. [...] Il était soucieux de savoir de quoi il retournait et s'interrogeait sur l'opportunité de rencontrer ce journaliste. » Les députés ont bien noté que, ce soir-là, sur les bancs du gouvernement, leur interlocuteur n'est pas à son ordinaire, agité, accaparé par son portable. En niant l'existence de ce compte, l'accusé vient d'asséner le premier d'une longue série de mensonges.

Il dément, il assure, il affirme, il jure. « Sur la tête de mes enfants », confie-t-il aux amis et aux membres de son cabinet dont il implore la confiance. Comment douter ? Ses trois enfants, c'est ce que Jérôme Cahuzac a de plus cher – il en est si fier... La voix qu'on entend sur l'enregistrement diffusé par Mediapart ? Là encore, le ministre invoque quelqu'un qu'il chérit : « J'ai fait écouter la bande à mon frère, raconte-t-il alors. Il dit que ce n'est pas moi : "Jérôme ne bute pas sur les mots." » Au fil des conversations, il lui arrive aussi de glisser que Dominique Strauss-Kahn lui envoie des paroles gentilles. Cahuzac sait à quel moment jouer des sentiments, avec qui se montrer traqué, comment attaquer de front ceux qu'il sent hésitants. Au président et au Premier ministre, il lance, au nom de l'innocence persécutée : « Si vous cédez à la moindre campagne médiatique infondée, c'est tout le gouvernement qui est menacé ! »

Il exige d'être soutenu par ses collègues, tandis que certains de ses collaborateurs proches menacent des pires représailles fiscales ceux qui s'aviseraient d'exprimer publiquement un doute. Furieux du peu d'empressement des écologistes à le défendre, il adresse à Cécile Duflot un SMS de reproche. A tous, élus, ministres, journalistes, il parle des messages de soutien qu'il aurait reçus de François Hollande et de Jean-Marc Ayrault – « Tu tiens le coup ? », « Bon courage ! », « On pense à toi. » Il accrédite l'idée que le sommet de l'Etat ne s'engagerait pas s'il n'était pas innocent. Au vernissage d'une exposition, un peu plus tard dans l'hiver, il se montre violent, plus arrogant que nature : « Entre Edwy Plenel et moi, il va y avoir un mort ! »

En réalité, Jérôme Cahuzac est cerné. Dix fois, vingt fois, devant Pierre Moscovici, le ministre de l'Economie, il revient sur l'enregistrement de Mediapart, se lance dans de longs monologues pour récuser les accusations dont il est l'objet : « Ce n'est pas moi, ce n'est pas ma voix. » A Bercy, le ministre délégué est désormais volontairement tenu à l'écart de ce qui le concerne comme contribuable. Il essaie, en vain, de connaître les termes que l'administration fiscale a employés pour rédiger la demande d'entraide envoyée à la Suisse, afin de savoir si compte il y a ou pas ; il tente, encore en vain, de faire intervenir ses conseils. « Tout ça me ruine ! confie-t-il à un député qu'il croise quelques semaines plus tard, alors qu'il vient de quitter la salle de boxe de l'Assemblée. Tu ne te rends pas compte de ce que je paie pour mes avocats... Après tout, je m'en fous, ajoute-t-il alors en prenant la main de son interlocuteur. Mon honneur n'a pas de prix. »

Lorsqu'il parle de ce qu'il « endure », sa voix se brise. Jamais il ne cache son émotion – au contraire, il s'en sert. Il sait créer l'empathie et susciter la compassion, comme lorsqu'il remercie les militants et les sympathisants socialistes qui assistent à la cérémonie des vœux de son suppléant à Villeneuve-sur-Lot, le député Jean-Claude Gouget, dans la salle des fêtes de Casseneuil, le 13 janvier : « Celui que vous avez devant vous est irréprochable. Je ne souhaite à personne de vivre une épreuve aussi terrible. »

Malgré tout, dans cette épreuve, il n'est pas seul, ainsi qu'il le confie à la terre presque entière : « Je ne pensais pas que cela pourrait m'arriver, à mon âge », avoue-t-il à un ami en évoquant la nouvelle compagne, plus jeune que lui, qui partage sa vie. En ce début d'année 2013, il invite à déjeuner Christian Eckert, rapporteur général de la commission des Finances à l'Assemblée. Pour « parler boulot », pense ce dernier. Pas du tout ! Jérôme Cahuzac sort les clichés de la dame : « Je vis une histoire passionnelle », commente le ministre délégué, qui parle de sa vie privée pendant quasiment tout le repas. La plupart de ses proches l'ont entendu, maintes fois, se vanter d'avoir été choisi par une femme, qui, pour lui, a quitté un richissime mari. Plus qu'un cœur séduit, c'est presque un trophée que semble exhiber Jérôme Cahuzac, éternel conquérant, éternel triomphant. A tout prix, il lui faut encore lire l'envie, la jalousie dans le regard des autres. Exister. Etre admiré.

Et pourtant. Le 8 janvier, une enquête préliminaire est ouverte. Gilles Carrez, président (UMP) de la commission des Finances, croise le ministre. Les deux hommes s'apprécient. Spontanément, Carrez, persuadé de l'innocence de son ex-collègue, lui fait part de son soulagement : « Tu vas pouvoir te défendre ! » Contre toute attente, Cahuzac répond que cette histoire lui fait bien du souci...

Plus schizophrène que jamais, le ministre délégué se montre intraitable avec les fraudeurs. Comme s'il avait effacé sa faute de sa propre mémoire. Le 14 février, il reçoit les responsables de l'association patronale Croissance Plus et les tance : « L'exil fiscal est inadmissible, les chefs d'entreprise doivent faire preuve de civisme et rester en France ! » Malgré l'étau qui se resserre, Cahuzac continue de nier : « Vous ne savez pas ce que j'endure », murmure-t-il au journaliste Jean-François Achilli, venu à Bercy, le 18 mars, pour tenter de le convaincre de participer à l'émission politique du dimanche suivant sur BFM TV. Avant de disserter sur la vie, l'amour et la politique pendant presque deux heures. Même après sa démission, il continue d'y croire : le 20 mars, au téléphone avec Christian Eckert, il évoque son avenir, prépare un retour à l'Assemblée qu'il juge acquis, discute de la commission à laquelle il pourrait appartenir. « Du courage, j'en ai ! » assure-t-il, raide dans son manteau sombre, au comédien Daniel Auteuil, qui vient lui serrer la main et l'encourager à la sortie du restaurant italien parisien où les deux hommes se sont croisés.

Fin mars, Jérôme Cahuzac admet enfin qu'il n'échappera pas à la justice. Il va falloir avouer. Pire encore qu'au juge, il va devoir parler à tous ceux qu'il a trompés. Son nouvel avocat, Jean Veil, le convainc d'anticiper la convocation et d'être à l'initiative de la confession. A quelques heures du rendez-vous, « Cahu », comme l'appellent encore ses amis du PS, se résout à laisser un message sur le répondeur du téléphone portable du chef de l'Etat. Avec Jean Veil, qui l'accueillera plus tard dans sa maison de campagne, et avec Anne Hommel, ex-directrice de la communication de Dominique Strauss-Kahn quand il était directeur général du Fonds monétaire international, ils rédigent le texte posté sur son blog. Ensemble, ils préparent sa fuite, planifient quelques rendez-vous dans des gares SNCF pour échapper aux photographes.

La pression médiatique est encore plus violente que prévu. L'ancien ministre devient un paria, l'incarnation du félon. Mais, pour un ami qui lui refuse l'hospitalité, nombreux sont ceux qui acceptent de l'héberger : « Viens, tu es chez toi », lui répond le sénateur centriste Aymeri de Montesquiou, en lui proposant sa maison du Gers alors que lui-même est encore à Paris. « Il faut que l'endroit soit isolé, je ne dois pas être reconnu », répète le fuyard. Plus il se sent épié, écouté, traqué, et plus il téléphone. Suspendu à son portable, aux discussions qui s'éternisent avec des journalistes, aux SMS qu'il envoie, le jour, la nuit. « Pardon pour le mal que je t'ai fait », s'excuse-t-il la plupart du temps. « Plus le temps passait, moins je pouvais dire la vérité », explique-t-il parfois. Il oscille entre la fureur et le désespoir, l'indignation et l'abattement, anéanti par tout ce qui se dit, tout ce qui s'écrit.

Le déferlement d'anathèmes le blesse au cœur. « Quelqu'un de répugnant », dit de lui, sur RTL, le journaliste Alain Duhamel, dans sa chronique du 3 avril ; Cahuzac est indigné par le mot, qu'il ressasse devant tous ses interlocuteurs pendant presque deux mois. Il le dira d'ailleurs à son auteur le 21 mai, ayant à dessein choisi RTL pour évoquer l'élection législative partielle de Villeneuve-sur-Lot : « Je crois même avoir été qualifié d'être répugnant, souligne-t-il au micro de Jean-Michel Aphatie en jetant un œil vers Alain Duhamel, présent dans le studio. Si je suis répugnant, comment qualifie-t-on un violeur, assassin d'enfant, comment qualifie-t-on Marc Dutroux ? » « C'est votre mensonge que j'ai qualifié ce jour-là », le reprend Duhamel lors du petit déjeuner qui suit l'interview. Le lendemain, 22 mai, l'éditorialiste évoquera à l'antenne « un homme brisé », qui contraste avec « le type flamboyant » de la vie d'avant.

Jérôme Cahuzac n'est pas seulement brisé, il est dévasté. La mort brutale de son ami intime Guy Carcassonne le laisse anéanti, même si, comme souvent, il ramène les événements à lui : « C'est ma faute », assure-t-il à l'un ; « J'aurais dû partir le premier », lance-t-il à l'autre. Le jour des obsèques, contre la volonté de la famille du constitutionnaliste, il s'impose parmi les intimes, mitraillé par tous les photographes présents, avant de s'éloigner : « J'ai senti que je dérangeais. » A Manuel Valls, venu le réconforter, il dit : « Merci d'avoir pris le risque de me tendre la main. »

Ce statut d'exclu, il ne le rejette pas – au contraire, il s'en drape, il s'en pare, il paraît s'en délecter. « N'approche pas, ne te compromets pas ! » répond-il au député socialiste Jean-Jacques Urvoas, qui s'avance pour le saluer entre les tables du restaurant parisien Chez les Anges. « Tu ne sais pas ce que je subis », lui lâche encore Cahuzac. « C'est pire que si j'avais tué des centaines de personnes », affirme-t-il à un autre élu PS, Philippe Martin, avec qui il discute dans le train vers Agen, le 14 juin. « Je peux rester derrière et te laisser descendre en premier », propose-t-il à l'arrivée.

Il s'exaspère aussi des cris d'orfraie qui ont ponctué les révélations de ses liens avec des personnalités très proches de l'extrême droite, liens qu'il dissimulait pourtant soigneusement à ses amis socialistes. A ceux qui lui en font le reproche, il rétorque en rappelant la permanence des relations entre François Mitterrand et René Bousquet, l'ancien secrétaire général de la police de Vichy, ordonnateur de la rafle du Vél' d'Hiv', en juillet 1942.

Habitué à être obéi, craint aussi, habitué à décider et à imposer, Jérôme Cahuzac ne supporte pas que sa vie échappe à son contrôle. Il refuse longtemps de voir la force de la détestation dont il est l'objet, il n'admet pas que le mensonge d'aujourd'hui pour une affaire vieille de vingt ans efface le temps des succès et des honneurs. « Le pouvoir l'a rendu mégalomane, égocentrique, narcissique, résume un proche. Même ceux qui croyaient le connaître ne le comprennent plus. » Ecrire le livre de sa déchéance ? D'accord, mais il en veut le prix : « L'histoire de Cahuzac par Cahuzac, ça vaut beaucoup d'argent ! » affirme-t-il à ses amis, un peu ébahis. Villeneuve-sur-Lot ? Le ministre déchu a mis du temps à admettre qu'il ne pouvait pas être candidat à sa propre succession de député. Convaincu d'être le meilleur, il lui est insupportable de tourner la page politique de sa vie. Il veut continuer à écrire l'Histoire : « Vous allez tous gicler ! » promet-il par SMS aux socialistes de son ancienne circonscription, qu'il harcèle de ses appels tour à tour injurieux et désespérés.

Le 26 juin, Jérôme Cahuzac est auditionné par la commission d'enquête parlementaire, présidée par le député UDI Charles de Courson. Elle a pour but non pas de faire la lumière sur le compte suisse de l'ancien ministre – ça, la justice s'en occupe –, mais de détecter les « éventuels dysfonctionnements dans l'action du gouvernement et des services de l'Etat, entre le 4 décembre 2012 et le 2 avril 2013, dans la gestion d'une affaire qui a conduit à la démission d'un membre du gouvernement ». En clair, de savoir ce que François Hollande savait réellement, si la demande d'entraide fiscale initiée par Bercy auprès des Suisses a été correctement formulée, et pourquoi l'administration helvétique répond par la négative quand, un peu plus tard, la justice établit l'existence du compte.

Ce 26 juin, donc, Cahuzac a rendez-vous à l'Assemblée. Beaucoup de questions, peu de sentiments. Au moins une marque d'amitié : l'UMP Gilles Carrez s'est promis de venir saluer son ancien collègue pour lui souhaiter bon courage. Et lui conseiller de rester calme.

2014

La bombe Bygmalion

Sur le front des affaires, l'actualité ne s'arrête jamais. Au cœur de l'hiver 2014, alors que la gauche est au pouvoir depuis plus d'un an et demi, c'est à droite qu'éclate un scandale retentissant. L'affaire Bygmalion, du nom d'une société de communication très liée à l'UMP, devient le feuilleton du premier semestre. *Le Point* ouvre le bal en suspectant Jean-François Copé, alors président du parti, d'avoir favorisé cette société fondée par deux de ses proches. Celui-ci conteste les soupçons d'enrichissement personnel, promet une contre-attaque, mais peine à résister aux informations qui sortent ici ou là, notamment dans *Libération*, dévoilant des pratiques financières pour le moins déroutantes.

Le 26 mai, la polémique prend une autre ampleur quand l'avocat de Bygmalion, le très expérimenté Patrick Maisonneuve, déclare que, si la société a dû surfacturer à l'UMP certaines prestations, c'est en fait pour masquer l'explosion des comptes de campagne du candidat Sarkozy à la présidentielle de 2012. L'affaire Bygmalion devient ainsi « l'affaire des comptes de campagne », ce qui est bien plus gênant pour l'ancien chef de l'Etat. Jérôme Lavrilleux, directeur de cabinet de Jean-François Copé pendant dix ans, dédouane ce dernier et confirme, à la télévision (BFM TV), l'existence d'un système visant à faire payer à l'UMP des dépenses en réalité imputables à la campagne de Nicolas Sarkozy. Le scandale vire à la guerre de tranchées et aux règlements de comptes entre les différentes factions du parti. L'UMP est menacée d'implosion, Bygmalion de disparition.

Alors que Jean-François Copé est contraint de quitter la présidence de l'UMP, *L'Express* publie de nombreux articles sur cette affaire. Trois d'entre eux sont reproduits ici. Le premier aide à y voir plus clair dans les liens entre ce même Copé et Bygmalion. Le deuxième, riche en informations exclusives, montre comment cette société a su se rendre indispensable auprès des élus nationaux et locaux de l'UMP. Le troisième donne la parole à l'un des personnages clefs du dossier, Eric Cesari, un fidèle de Nicolas Sarkozy.

Tandis que plusieurs juges, dont Renaud Van Ruymbeke, sont chargés, à partir du 27 juin 2014, d'enquêter sur les comptes du parti et ceux de la campagne 2012 de Nicolas Sarkozy, la droite française demeure, pour longtemps, sous la menace d'un scandale majeur.

Ph. B.

☆☆☆

Bygmalion-UMP : coulisses d'un mariage forcé

Pascal Ceaux et Anne Vidalie

La sulfureuse histoire de fausses factures destinées à masquer des frais de campagne du candidat Sarkozy révèle les liens exclusifs noués entre la société de communication et le parti alors dirigé par Jean-François Copé. Qui savait quoi ? Les enquêteurs cherchent à identifier les responsables. (L'Express *du 4 juin 2014.*)

C'est un petit objet qui pourrait rapporter gros. Lors d'une longue perquisition effectuée les 26 et 27 mai au siège de Bygmalion, à Paris, les policiers n'ont pas seulement saisi l'ordinateur du principal dirigeant de la société (Guy Alves), ainsi que deux cartons et un sac de documents comptables. Selon nos informations, ils ont également fait une copie d'une clef USB contenant, sous forme de tableaux très précis, les comptes des événements organisés par la société de communication pour l'UMP en 2012. « Tout est là », aurait lâché un cadre de Bygmalion, en désignant cette clef. Si elle n'ouvre peut-être pas toutes les portes de l'affaire, elle devrait au moins fournir aux enquêteurs des précisions sur les contrats passés entre Bygmalion et le parti, alors présidé par Jean-François Copé. Cette très onéreuse collaboration – plus de 23 millions d'euros pour la seule année 2012 – a donné lieu à de nombreux mouvements financiers. Ainsi, lors de la même perquisition, les policiers ont récupéré des dossiers concernant les différents meetings du candidat Sarkozy pour la dernière campagne présidentielle. Qu'il s'agisse de « simples » devis ou de factures, les chiffres donnent le vertige : 2 millions d'euros pour un meeting parisien, 40 000 euros de drapeaux...

Il faudra sans doute des semaines pour décrypter ces documents et les croiser avec ceux trouvés au siège de l'UMP. En toile de fond, deux questions essentielles : qui était informé de l'existence d'un système de fausse facturation ? Y a-t-il eu, à un moment ou à un autre, enrichissement personnel ? Le 26 mai, le directeur du cabinet de Jean-François Copé, Jérôme Lavrilleux, a lui-même avoué, sur BFM TV, que des dépenses effectuées pour le compte de la campagne de Nicolas Sarkozy avaient été indûment facturées par Bygmalion à l'UMP. Un tour de passe-passe comptable uniquement destiné, selon lui, à rester dans les « clous » des dépenses autorisées par la loi. Jean-François Copé, désormais « président démissionnaire » de l'UMP, affirme n'avoir jamais été informé de ces manœuvres. Idem pour Nicolas Sarkozy, dont l'entourage jure qu'il n'a « rien à voir » avec cette affaire. Ce sont pourtant bien leurs noms, et ceux des divers cadres du parti, que les enquêteurs cherchent dans les documents saisis. Leur objectif : identifier les donneurs d'ordres. Ces investigations obligent notamment à décrypter les liens entre Jean-François Copé et Bygmalion.

Les fondateurs de l'entreprise, Guy Alves et Bastien Millot, accompagnent le maire de Meaux (Seine-et-Marne) dès ses premiers succès, et deviennent ainsi d'indéfectibles fidèles. Le 28 octobre 2008, ils tournent tout de même le dos à cette vie de conseillers pour créer une société de communication baptisée Bygmalion. Les débuts sont modestes. En 2009, dernier bilan publié à ce jour (ceux des années suivantes n'ont pas été déposés), le bénéfice annuel s'élève à 40 000 euros. L'arrivée de Copé à la tête de l'UMP, d'abord comme secrétaire général (2010), puis en tant que président élu (2012), favorise le développement de la société. Dorénavant, la majorité des marchés passés par l'UMP bénéficie à Bygmalion. Au risque de vider les caisses du parti.

Prenons l'exemple de la formation des élus, autrement dit le dispositif mis en place par l'UMP pour renforcer leurs compétences en gestion des collectivités. Cette mission revient à l'Association nationale pour la démocratie locale (ANDL), présidée par une proche de Copé, la députée Michèle Tabarot. L'ANDL agit pour le compte de l'UMP, parfois directement, parfois en faisant appel à des sous-traitants. Or, selon un témoin direct interrogé par *L'Express*, « ordre a été donné à l'ANDL de travailler avec Bygmalion, alors que jusque-là, [elle n'avait] jamais eu recours à ses services ». Faut-il y voir un lien de cause à effet ? En 2010, l'ANDL fait l'objet d'une procédure d'alerte de la part des commissaires aux comptes, en raison de son déficit. En clair, l'association, privée de ses missions de formation, aurait vu ses recettes diminuer, notamment au profit de Bygmalion.

Un autre cas illustre la « bygmalionite » aiguë qui frappe alors l'UMP. A l'automne 2010, le parti souhaite organiser neuf conventions thématiques. L'objectif est de préparer le programme pour l'élection présidentielle de 2012. Alors que le Code des marchés publics ne l'y contraint pas – les partis politiques sont dispensés de cette obligation –, le secrétaire général de l'UMP, Xavier Bertrand, lance un appel d'offres. Cinq sociétés sont retenues. Finalement, Agence Publics emporte le contrat, d'un total de 1 million d'euros. Le 9 novembre 2010, un premier événement est consacré à l'éducation, à la Cité des sciences, à Paris. Mais Bertrand est nommé au gouvernement cinq jours plus tard. Copé lui succède au secrétariat général. Dans la foulée, comme l'a révélé *L'Express*, Agence Publics est écartée au profit d'Event & Cie, la filiale événementielle de Bygmalion...

A l'approche de l'élection, la frénésie des dépenses s'accélère. Si Nicolas Sarkozy n'est pas encore officiellement candidat, ses intentions confinent au secret de Polichinelle dans les rangs de l'UMP. En avril 2011, une réunion informelle se tient à l'Elysée en présence de Jérôme Lavrilleux, l'homme de confiance de Copé. Le président confirme alors sa volonté d'entrer en lice. Le plus tard possible, précise-t-il, soit au début du mois de mars. Cela n'empêche pas de planter des banderilles ni d'engager quelques dépenses... Ainsi, le 1er décembre 2011, Sarkozy s'exprime devant 5 000 personnes à Toulon, en tant que chef de l'Etat. Le Conseil constitutionnel estimera que cette sortie très politique aurait dû être imputée aux comptes de campagne. Une enquête préliminaire, toujours en cours, a été ouverte pour

« détournement de fonds publics », à la suite de la plainte du militant écologiste Raymond Avrillier.

Le 15 février 2012, quand Nicolas Sarkozy déclare ses intentions, avec une quinzaine de jours d'avance, le parti est pris de court. « C'était un peu le foutoir, se souvient un membre de l'équipe de direction. On ne sentait pas une immense confiance entre l'Elysée et les copéistes. Nous avons donc dû organiser à la hâte les événements. Ils nous ont forcément coûté plus cher. » A la tête de l'UMP, la tension monte parfois. Jean-François Copé ou, plus souvent, le fidèle Lavrilleux se heurtent au directeur général du mouvement, Eric Cesari. S'il n'a rien contre Copé, l'élu de Courbevoie (Hauts-de-Seine) se revendique d'abord comme sarkozyste. C'est d'ailleurs le chef de l'Etat lui-même qui l'a nommé à son poste en 2008. Copé, lui, semble vouloir tout contrôler : il n'a pas donné à Cesari délégation de signature pour les factures. Comme si les questions financières devaient rester de son ressort, ou de celui de ses proches.

A plusieurs reprises, au cours de cette période, le voyant rouge des dépenses excessives clignote dans les coulisses de l'UMP, et jusqu'à l'Elysée. Ainsi, en février 2012, Eric Cesari reçoit une note émanant de la direction informatique du parti. Celle-ci l'alerte sur le coût particulièrement onéreux d'un contrat, dont Bygmalion n'est pas le bénéficiaire, concernant le volet numérique de la campagne, dont Lexpress.fr a dévoilé l'existence. Le montant atteint 878 000 euros hors taxes, un prix bien supérieur à celui de 2007 pour le même service, et porte la signature de Copé. Pourquoi ne pas renégocier à la baisse, afin d'éviter les risques de dépassement du plafond de dépenses autorisées ? suggèrent plusieurs membres de la direction générale du parti. Eric Cesari alerte lui-même l'Elysée et le président candidat. Sans succès, semble-t-il : Nicolas Sarkozy ne veut pas entendre parler de ces questions financières. Finalement, il est décidé de ne rien changer.

A l'époque, le système de « fausses factures » évoqué par Lavrilleux est déjà en place, avec la complicité de Bygmalion.

Comme *Libération* l'a révélé en mai, des conventions « fantômes », censées aider à la préparation du programme du candidat Sarkozy, donnent lieu à des facturations bidon. « C'était absurde, souligne un témoin interrogé par *L'Express*. En 2012, il ne pouvait y avoir de réunions de ce type, puisqu'elles avaient eu lieu l'année précédente, sous la responsabilité de Bruno Le Maire, pour peaufiner le projet présidentiel soumis au vote des militants en janvier 2012 ! » Quelques-unes de ces conventions sont pourtant bien réelles, telle celle sur l'Afrique, à la mi-avril 2012. Ce jour-là, la location de la prestigieuse salle Gaveau, à Paris, coûte à elle seule 17 000 euros. Au total, l'addition s'élèvera à 680 000 euros pour l'UMP. « Il n'y avait guère de monde, se souvient un participant, et l'événement n'a pas duré plus de trois heures. On peut se demander où est passé cet argent. A moins que les chaises n'aient été en or massif... »

Pour les responsables de l'UMP, et peut-être Nicolas Sarkozy lui-même, les mois à venir pourraient ressembler à une longue séance d'explication. Les enquêteurs voudront déterminer qui savait quoi. S'il a dédouané Copé et Sarkozy, Jérôme Lavrilleux a dit qu'il n'avait pas été le seul artisan des manœuvres. De leur côté, les enquêteurs semblent toujours soupçonner – sans preuve formelle à ce jour – des enrichissements personnels.

Les vrais comptes de Bygmalion

Pascal Ceaux et Renaud Revel

UMP, parlementaires, élus locaux, micro-parti de Copé, France Télévisions, Dassault... Tous les clients de l'entreprise de communication apparaissent dans les livres saisis par les enquêteurs. L'Express *a pu les consulter intégralement. Un carnet d'adresses éloquent.* (L'Express *du 9 juillet 2014.*)

Chaque fois qu'un téléphone sonne, les visages se crispent. Presque toujours, c'est le signe d'une mauvaise nouvelle : un client annonce son départ. Ce matin-là, c'est l'Union nationale des professions libérales (UNAPL) – près de 460 000 euros de contrats en quatre ans. Et il faut raccrocher, un peu plus accablé.

Au siège de Bygmalion, le groupe de communication devenu le cauchemar de l'UMP, il y a des semaines que les jours se ressemblent. Entre ces murs discrets et chics d'un hôtel particulier parisien, employés et patrons tentent de supporter le poids des aveux. Le 26 mai dernier, Me Patrick Maisonneuve, avocat du groupe, dévoile l'arrangement illégal passé entre Bygmalion et l'UMP : plus de 17 millions d'euros de frais de réunions publiques dus par le candidat Nicolas Sarkozy à l'élection présidentielle de 2012 ont été « sortis » des comptes officiels de la campagne et payés par le parti, pour éviter des sanctions liées aux dépassements. Depuis, la justice s'est saisie de l'affaire et les révélations se multiplient, valant à Bygmalion les peu glorieux surnoms de « Bigmillion » ou de « bande à Copé », du nom de l'ancien président de l'UMP, proche des fondateurs du groupe, Guy Alves et Bastien Millot.

L'examen des comptes officiels de 2008 à 2013, saisis sur une clef USB lors d'une perquisition et que *L'Express* a pu intégralement consulter, ne fait pas apparaître a priori d'irrégularités comptables. Celles-ci, à ce stade des investigations, sont le seul fait d'Event & Cie, filiale à 75 % de Bygmalion et organisatrice d'une quarantaine de meetings de la campagne présidentielle de Nicolas Sarkozy. Mais la lecture des grands livres de l'entreprise phare du groupe apporte un éclairage édifiant sur la société. Ces centaines de feuillets dévoilent l'intégralité des clients et des fournisseurs. Des noms attendus, quelques-uns plus insolites et, surtout, des millions d'euros. L'UMP y est omniprésente. Dès sa création, en 2008, par deux des collaborateurs de Jean-François Copé à la mairie de Meaux (Seine-et-Marne) et dans les ministères, Bygmalion doit sa prospérité au groupe UMP de l'Assemblée nationale. Les députés sont des clients fidèles et réguliers. Beaucoup connaissent Guy Alves et mieux encore Bastien Millot, le plus politique du duo. Pour l'entreprise, l'environnement est idéal : jusqu'en 2010, Copé dirige lui-même le groupe parlementaire, puis lui succède un proche, Christian Jacob.

Les documents ne précisent pas toujours la nature des travaux effectués. Pour l'essentiel, il s'agit de la production et de l'entretien de sites Internet, newsletters, revues de presse, colloques, vidéos, bilans de mandat ou surveillance de l'e-réputation. Quelques opérations sortent de l'ordinaire. Ainsi, en 2009, le groupe de communication crée pour 35 210 euros un site consacré à la souffrance au travail. En 2009, 2011 et 2012, il assure des hébergements de sites de députés au tarif unique de 3 588 euros. En un peu moins de cinq ans (de 2008 à 2013), les parlementaires UMP ont ainsi rapporté 5 418 695 euros à Bygmalion. En 2012, année record, le montant s'est élevé à 1 271 136 euros.

Au-delà des « troupes » parlementaires, Bygmalion a également ses entrées au sein du parti. L'arrivée de Jean-François Copé au secrétariat général, en 2010, puis son élection controversée à la présidence, en 2012, en font un partenaire privilégié. Selon une source interne désireuse de rester anonyme, les élus étaient vivement incités à recourir aux services du duo Alves-Millot, y compris pour des missions de formation jusque-là dévolues à l'Association nationale pour la démocratie locale (ANDL). En juin 2012, la campagne des élections législatives offre un nouveau marché. Au moins une quinzaine de candidats UMP deviennent clients de Bygmalion : parmi eux, pour 35 791 euros, le chef d'entreprise Charles Beigbeder, aspirant malheureux à un siège dans la 8ᵉ circonscription de Paris.

Faut-il y voir une énième illustration du vieil adage « On n'est jamais mieux servi que par soi-même » ? Génération France, le club de réflexion de Jean-François Copé, a eu recours aux services de Bygmalion. De 2008 à 2013, il dépense 479 724 euros pour la mise à jour de son site, les *Cahiers* de Génération France, l'envoi d'« infolettres » pour les élections, ainsi que pour des « brochures fondateur » ou « présentations fondateur », en référence au maire de Meaux. Il est vrai que l'un des créateurs de Bygmalion, Guy Alves, a été étroitement associé à la naissance du club copéiste à l'automne 2006. Alors collaborateur du ministre, il en dépose lui-même les statuts et occupe un temps la fonction de trésorier. Cette proximité a alimenté les soupçons d'une caisse noire constituée au profit de Jean-François Copé.

Concentré sur l'UMP et les médias, le carnet d'adresses des fondateurs de Bygmalion déborde rarement sur d'autres terrains. Après le parti, les élus locaux fournissent l'essentiel de la clientèle. Ce sont en majorité des maires UMP qui paient le plus souvent pour des conseils et accompagnements en communication, tel Patrick Balkany à Levallois-Perret. En 2013, l'élu des Hauts-de-Seine a versé 166 543 euros dans les caisses de l'entreprise. Le Cannet (Alpes-Maritimes), Coulommiers, Montereau et Melun, trois villes de Seine-et-Marne, sont autant d'autres clients.

Un autre pilier de la réussite s'appelle France Télévisions. Ce groupe verse en cinq ans 1 864 696 euros à l'entreprise. L'activité porte notamment sur la gestion du courrier et des e-mails des téléspectateurs, sur l'e-réputation et l'accompagnement stratégique (17 940 euros en 2010). L'année 2013 marque toutefois une rupture nette. Le nombre des contrats est réduit à deux par le président de France Télévisions, Rémy Pflimlin. Le montant total s'élève à 110 630 euros, au lieu de 399 464 l'année précédente.

Est-ce parce qu'affleure un soupçon d'irrégularités ? L'audiovisuel public traite-t-il trop généreusement Bastien Millot, qui fut son n° 3 de l'été 2005 à l'automne 2008, époque à laquelle il est parti fonder Bygmalion ? En avril 2014, le juge Renaud Van Ruymbeke met en examen pour favoritisme celui qui fut président de France Télévisions de 2005 à 2010, Patrick de Carolis. Entre 2008 et 2010, sous son autorité, la société de Millot et d'Alves obtient ses meilleurs résultats dans le groupe audiovisuel, avec 1 139 940 euros de contrats. Redevenu producteur et animateur après son départ de la présidence, en août 2010, Patrick de Carolis apparaît à plusieurs reprises dans les comptes en son nom personnel, à titre de fournisseur. Au 31 décembre 2010, il est destinataire de deux versements de 20 000 euros sous la rubrique « Honoraires ». En 2012, il reçoit la somme de 143 520 euros en six versements de 23 920 euros, sous la même mention.

A la lecture des documents, les incursions dans le monde de l'économie demeurent limitées. Le grand-livre des comptes de 2010 porte ainsi la trace d'un contrat avec Dassault (37 315 euros). Plus cocasse, en 2013, Bygmalion empoche 35 880 euros pour la gestion du site du club de football d'Auxerre, l'AJA. L'explication est sans doute à trouver dans l'identité du propriétaire du club, l'homme d'affaires Emmanuel Limido, par ailleurs actionnaire de Bygmalion. S'il ne dispose pas de pouvoirs opérationnels, il a investi 1,2 million d'euros à la création de l'entreprise. De 2008 à 2011, la société de communication travaille aussi avec une concurrente : Com1+. Son dirigeant ? Guillaume Peltier, l'un des animateurs du courant la Droite forte au sein de l'UMP. En 2009 et 2010, celui-ci loue des bureaux à Bygmalion. En 2011, il apparaît comme le fournisseur de cartes de circonscriptions électorales. Dans les deux cas, les montants engagés ne dépassent pas quelques centaines d'euros.

Le train de vie des dirigeants et de l'entreprise ressemble à celui d'une société prospère dans la communication : 15 963 euros de frais de réception en 2010, 17 426 euros en 2012. En 2008 et

2009, Guy Alves et Bastien Millot s'accordent un salaire mensuel d'environ 12 000 euros. Après, le montant de leurs émoluments disparaît des comptes.

Aujourd'hui, Bygmalion tourne au ralenti. Millot a quitté l'entreprise en août 2013 pour devenir avocat, mais possède toujours 23,5 % des parts de la société. Guy Alves se débat dans les tracas judiciaires, dans l'attente d'une probable mise en examen. Et, dans les locaux parisiens, un appel téléphonique est toujours perçu comme un mauvais présage.

« L'œil de Sarko » n'a rien vu

Pascal Ceaux

Fidèle de l'ancien président, Eric Cesari, l'ex-directeur général de l'UMP, est l'un des personnages clefs du dossier Bygmalion. Mais il jure à L'Express *qu'il n'a pas été informé des dérives financières de la campagne 2012... et désigne le clan Copé.* (L'Express *du 9 juillet 2014.*)

Il aurait sans doute préféré ne jamais sortir de l'ombre. Et le voici en pleine lumière. Au détour de l'affaire Bygmalion, l'ex-directeur général de l'UMP, Eric Cesari, s'est vu propulsé sur le devant des scènes médiatique et judiciaire. Un comble pour un homme qui a fait de la discrétion une seconde nature, et voit révéler au grand jour ses liens avec Nicolas Sarkozy. « Œil de Moscou », « œil de Sarko », quels que soient les surnoms dont on l'affublait au siège du parti, tous disent sa proximité avec l'ancien président de la République. Car c'est bien lui, Nicolas Sarkozy, qui l'a fait nommer à la tête de l'administration de l'UMP en 2008. De là à imaginer qu'Eric Cesari a joué un rôle dans l'arrangement illégal entre le parti et la société de communication Bygmalion, il n'y a qu'un pas que beaucoup ont déjà franchi.

Comment cette double comptabilité destinée à masquer une inflation des comptes de campagne de Sarkozy en 2012 aurait-elle pu échapper à cet habitué des coulisses de la politique ? Sous-entendu : si lui en était informé, comment son « mentor » ne pouvait-il pas l'être ?

Lorsqu'il entre dans le café parisien où il nous a donné rendez-vous, il a déjà l'œil brillant du combattant. Il ne va pas se défendre. Il va asséner sa vérité. « Je ne suis pas l'intime de Nicolas Sarkozy, lance-t-il d'emblée. Vous remarquerez que je n'ai pas été nommé conseiller à l'Elysée. Je ne le vois pas tous les jours. Je ne lui dois aucun traitement de faveur. Il m'a simplement décoré de la Légion d'honneur en même temps que le président de la SNCF, Guillaume Pepy, et l'ex-patron des patrons, Ernest-Antoine Seillière. Dans toute cette affaire, je ne suis qu'un prétexte pour lui nuire. »

Fidèle, donc. Et prêt à reprendre à l'ex-président la thèse du complot antisarkozyste. Dans le viseur : les ennemis de l'intérieur. « Jean-François Copé [alors président de l'UMP] et ses proches se sont toujours méfiés de moi, puisque j'avais la réputation d'être l'homme de Sarko, poursuit-il. Je n'ai donc participé à aucune réunion consacrée aux comptes de campagne. La seule fois où j'ai été saisi des problèmes financiers de l'UMP, c'est au moment de la démission du trésorier Dominique Dord, en juillet 2012. »

La seule fois ? Jérôme Lavrilleux, le directeur de cabinet de Copé à l'UMP, n'a pas les mêmes souvenirs. Ainsi évoque-t-il une réunion au printemps 2012, sans en préciser la date, au cours de laquelle le système de ventilation des dépenses de la campagne, aujourd'hui mis en cause, aurait été arrêté en présence d'Eric Cesari. Comme tous les autres participants présumés à cette réunion, celui-ci conteste l'existence même d'un tel rendez-vous. « Je tiens à la disposition de la justice mon agenda électronique où sont consignés tous mes rendez-vous. Les enquêteurs ne trouveront aucune trace de celui-là. Et pour cause ! Il n'a jamais eu lieu. » Dans la foulée, il récuse aussi toute relation suivie avec Franck Attal, directeur d'Event & Cie, la filiale de Bygmalion, choisie pour l'organisation de la plupart des meetings de Nicolas Sarkozy. « Regardez, dit-il, en montrant l'écran de son téléphone portable. Je n'ai eu que deux échanges de SMS avec lui. Il me souhaitait ses vœux de bonne année en 2012 et 2014. Il n'avait pas besoin de moi. Il traitait directement avec Lavrilleux. Moi, je n'ai jamais été dans le circuit. »

Un léger accent corse perce chez ce quinquagénaire qui a fait ses gammes en politique auprès de Charles Pasqua, dans les Hauts-de-Seine. Aujourd'hui adjoint au maire de Courbevoie, il est originaire de l'un des plus beaux villages de l'île, Piana, loin, très loin de la guerre qui, depuis des mois, déchire l'UMP. Eric Cesari ne remonte au front qu'à regret, pour répondre aux autres soupçons pesant sur lui. Selon une source interne à l'administration du parti, l'ancien directeur général aurait été alerté dès le mois de février 2012, par une note, d'un risque d'explosion des dépenses liées à la campagne présidentielle. Il aurait alors pris l'initiative d'alerter l'Elysée. Sans succès. « Je n'ai jamais vu le président à ce sujet, rétorque-t-il. La seule chose dont je me souvienne, c'est un mail adressé à Guillaume Lambert [directeur de la campagne de Sarkozy]. Je lui demandais de me donner le feu vert plus tôt pour la programmation des meetings. Mon rôle dans la campagne n'était pas d'organiser la logistique des réunions publiques, mais de gérer l'entrée du candidat dans la salle et la musique. Il n'y a rien eu d'autre. »

Et les signatures de contrat ? Plusieurs documents comptables, des devis par exemple, portant son paraphe, ont été publiés dans la presse, notamment par *Libération*. Un accord avec un institut de sondages pour des enquêtes d'opinion figure aussi au nombre des pièces alimentant la suspicion. « En sept ans, j'ai dû signer en tout et pour tout une dizaine de documents, assure Eric Cesari. C'était lors des rares fois où aucune des personnes qui avaient la délégation de signature n'était présente. Au cours de la campagne présidentielle, j'ai ainsi signé le contrat pour la musique lors des meetings. Le montant était de 4 000 euros. Et, de toute façon, comme je l'ai rappelé à Jean-François Copé dès que l'affaire a éclaté sur la place publique, je n'avais moi-même la signature dans aucune des quatre banques de l'UMP. En clair, je ne pouvais pas donner d'ordre de paiement. »

Pour mieux défendre son innocence, Eric Cesari détaille le processus mis en place au sein du parti en cas d'engagement de dépense. « Pour obtenir la validation, il faut recueillir quatre signatures, toujours dans le même ordre. En premier, apparaît celle du demandeur, puis celle de la directrice financière, puis la mienne, et enfin celle de Jérôme Lavrilleux. C'est donc lui qui, en dernier ressort, au nom du président, avalise la dépense. En aucun cas je n'ai été le décideur. »

Toujours calme dans la conversation, l'ancien DG de l'UMP ne s'énerve que lorsqu'on évoque les soupçons d'enrichissement personnel entourant le dossier Bygmalion. « Ce n'est pas chez moi que l'on découvrira cet argent, clame-t-il. En raison de la profession de mon épouse, nos déclarations fiscales sont obligatoirement visées par des experts-comptables. Les enquêteurs pourront le constater eux-mêmes. » Et puis, ces jours-ci, Eric Cesari a d'autres soucis. Dès l'arrivée à la tête de l'UMP du triumvirat composé d'Alain Juppé, François Fillon et Jean-Pierre Raffarin, il a été suspendu sans traitement. Il est sous la menace d'un licenciement, qu'il prévoit de contester devant la justice prud'homale. L'UMP n'a pas fini d'entendre parler d'Eric Cesari.

2014

Sarkozy dans la tourmente

Le 5 mars 2014, en début de matinée, *L'Express* dévoile sur son site Internet une information potentiellement embarrassante pour Nicolas Sarkozy : une enquête « contre X » pour « trafic d'influence » est actuellement en cours à Paris et vise à décrypter les relations que l'ancien président de la République et son avocat, Me Thierry Herzog, entretiennent avec un haut magistrat, Gilbert Azibert, avocat général près la Cour de cassation. Les auteurs de l'article indiquent que des perquisitions ont été menées, la veille, à Paris et sur la Côte d'Azur, aux domiciles et dans les locaux professionnels de MM. Azibert et Herzog. La justice cherche à savoir si Nicolas Sarkozy et Me Herzog ont tenté d'obtenir des informations confidentielles auprès de ce magistrat alors que la Cour s'apprête à rendre un arrêt très attendu dans le cadre de l'affaire Bettencourt.

Ce scoop de l'hebdomadaire est suivi d'un autre, deux jours plus tard, dans *Le Monde* cette fois. D'après le quotidien, Nicolas Sarkozy et son conseil ont été placés sur écoute dans ce dossier, un fait sans précédent dans l'histoire de la République. L'ancien président (redevenu un citoyen « ordinaire » aux yeux de la loi) s'insurge, dénonce une opération politique orchestrée selon lui par le gouvernement. La garde des Sceaux, Christiane Taubira, affirme maladroitement avoir pris connaissance des écoutes par la presse ; et s'attire les foudres de la droite persuadée qu'elle en a été informée bien plus tôt par ses plus proches collaborateurs.

Malgré tout, la justice suit son cours et accumule les éléments à l'encontre du trio Sarkozy-Herzog-Azibert. Dans son édition du

2 juillet 2014, *L'Express* publie un article qui aide à comprendre leurs rôles supposés dans cette affaire.

Ph. B.

☆☆☆

Le haut magistrat, l'avocat et l'ex-président

Pascal Ceaux et François Koch

Nicolas Sarkozy a-t-il, avec l'aide de son ami Me *Thierry Herzog, cherché à jouer de l'influence d'un membre de la Cour de cassation ? L'enquête sur cette embarrassante affaire s'accélère.* (L'Express *du 2 juillet 2014.*)

C'est un caillou supplémentaire sur un chemin judiciaire déjà parsemé d'embûches en tout genre. Est-ce lui qui va faire trébucher Nicolas Sarkozy ? En proie à la tourmente Bygmalion, qui met en cause la régularité du financement de la campagne présidentielle de 2012, l'ancien chef de l'Etat voit se rouvrir un front très embarrassant. Il est désormais soupçonné de trafic d'influence dans une enquête de l'Office central de lutte contre la corruption et les infractions financières et fiscales (OCLCIFF) menée sous la conduite des juges parisiennes Patricia Simon et Claire Thépaut. Et son avocat de toujours, Me Thierry Herzog, se retrouve lui aussi dans la ligne de mire.

Dans ce dossier pour le moins insolite, le hasard et la Libye sont à l'origine des ennuis de l'ex-président. Depuis le mois d'avril 2013, deux magistrats parisiens, Serge Tournaire et René Grouman, enquêtent sur un éventuel soutien financier du régime du défunt colonel Kadhafi à Sarkozy en 2007, lors de sa campagne victorieuse. Dans ce cadre, ils ont ordonné des écoutes judiciaires visant l'ancien chef de l'Etat et son avocat. Le 28 janvier, ils sont alertés par une conversation intrigante. Sarkozy y demande à Me Herzog si « notre ami » – ainsi désigne-t-il un haut magistrat de la Cour de cassation, Gilbert Azibert – peut lui livrer une information liée à un autre dossier, l'instruction Bettencourt. En clair, il veut savoir si Gilbert Azibert confirme que le réquisitoire du parquet général est favorable à la restitution de ses agendas saisis lors de l'enquête sur les abus de faiblesse dont aurait été victime la milliardaire Liliane Bettencourt. Un détail supplémentaire attire l'attention des juges. Les deux téléphones mobiles utilisés par Nicolas Sarkozy et Thierry Herzog ont été enregistrés sous un faux nom, celui de Paul Bismuth. Plus tard, l'enquête révélera qu'il s'agit du patronyme d'un camarade de lycée de l'avocat, qui n'a rien à voir avec cette affaire.

Deux autres écoutes, les 30 janvier et 5 février, dont le site Mediapart a dévoilé le contenu, donnent du poids au soupçon. Dans la première interception, Me Herzog annonce une bonne nouvelle à son célèbre client : il lui indique que Gilbert Azibert a obtenu l'avis confidentiel du rapporteur. Les juges sont extrêmement surpris. Car cette information sensible est soumise au secret de l'instruction. Un avocat général, comme Azibert, n'a en aucun cas le droit d'y avoir accès. La seconde écoute, plus renversante encore, laisse comprendre que le magistrat ami a rendez-vous avec l'un des douze conseillers de la chambre criminelle de la Cour de cassation concernés par la décision. Selon le contenu de l'écoute, Azibert se fait fort de « bien lui expliquer » le point de vue de Nicolas Sarkozy.

A la même période, apparaît, dans une conversation entre Me Herzog et Gilbert Azibert, l'hypothèse d'une contrepartie, pouvant matérialiser dans l'esprit des juges le trafic d'influence. Le haut magistrat souhaite en effet obtenir un poste dans la principauté de Monaco. L'avocat lui promet à demi-mot le soutien de l'ancien président.

Très vite, le scénario s'emballe et devient public. Le 17 février, les juges Grouman et Tournaire saisissent la procureur du tout nouveau Parquet national financier, à Paris. Nommée depuis trois semaines, Eliane Houlette décide, le 26 février, d'ouvrir une information judiciaire pour « trafic d'influence et violation du secret de l'instruction ». Dès le 4 mars, les juges Simon et Thépaut ordonnent une série de perquisitions à Paris et à Bordeaux. Sont visés les domiciles et les adresses professionnelles de Gilbert Azibert et de Thierry Herzog. Ce dernier voit son téléphone mobile et son ordinateur saisis.

Pour la première fois depuis 1804, année de la création de la Cour de cassation, le bureau d'un magistrat de la juridiction suprême est visité de fond en comble par la police. De quoi stupéfier ce monde de fins juristes, où les bonnes manières et la civilité sont de rigueur. Bertrand Louvel, chef de file de la chambre criminelle et futur président de la Cour, n'en croit pas ses yeux : au cinquième étage, celui des parquetiers spécialisés dans le droit civil, il croise des policiers à l'œuvre dans le bureau de son collègue Azibert.

A l'extérieur du palais de justice, la polémique fait bientôt rage. De nombreux ténors du barreau parisien apportent un soutien à leur confrère Thierry Herzog par le biais d'une pétition et d'une demande de rendez-vous au président de la République, François Hollande. Selon eux, le secret professionnel, qui protège les conversations entre un avocat et son client, a été bafoué, portant atteinte aux droits de la défense.

Le 20 mars, trois jours avant les élections municipales, c'est au tour de Nicolas Sarkozy de prendre la plume. Il publie une tribune dans *Le Figaro,* écrite au vitriol. Pour évoquer le sort qui lui est réservé, l'ex-chef de l'Etat fait référence à la Stasi, police politique du régime communiste de l'ex-Allemagne de l'Est, et aux pratiques des dictateurs contre leurs opposants.

Puis l'émotion retombe. Pendant trois mois, d'autres enquêtes font la une, au point de rejeter celle-ci dans l'ombre. Comme si les débats sur la légalité des écoutes avaient réussi à faire oublier le fond du dossier, le trafic d'influence. Pourtant, les juges s'activent. Tour à tour, les douze magistrats de la chambre criminelle de la Cour de cassation qui ont participé au délibéré sur les agendas de Sarkozy sont entendus. Chaque fois, l'audition prend plusieurs heures. Les magistrats sont mis sur le gril de questions auxquelles ils ne veulent pas toujours répondre. Ironie juridique : ils opposent à leurs collègues le secret de leurs délibérés protégé par le serment qu'ils ont prêté !

Selon nos informations, les conseillers sont d'autant plus irrités que les deux juges les interrogent sur leurs opinions politiques. Ils cherchent à identifier ceux qui, proches de la droite, auraient pu accepter une rencontre avec Gilbert Azibert. Echec, sur ce point, comme sur la tentative de prendre connaissance de l'avis du rapporteur. Pour contourner l'obstacle, Patricia Simon et Claire Thépaut écrivent à Vincent Lamanda, alors premier président de la Cour de cassation. Le plus haut magistrat du siège leur répond par une courtoise mais ferme fin de non-recevoir.

Les ultimes rebondissements de l'affaire risquent de mettre en difficulté Nicolas Sarkozy, déjà ébranlé par les contrecoups de l'affaire Bygmalion. Les enquêteurs espèrent en effet dévoiler un système de recueil d'informations confidentielles dévoué à l'ancien président. Il pourrait impliquer d'autres personnes, hauts fonctionnaires, policiers ou avocats, une sorte de toile tissée pour se tenir au courant. Gilbert Azibert et Thierry Herzog sont d'ores et déjà suspectés d'en être les chevilles ouvrières.

Magistrat réputé, ancien directeur de l'administration pénitentiaire, Gilbert Azibert a toujours fait figure d'homme à poigne. Sa carrière s'est accélérée sous la droite. Il s'est rapproché de Nicolas Sarkozy en 2008, lorsque celui-ci a soutenu sa candidature au secrétariat général de la chancellerie. Profondément affecté par les soupçons qui le visent, il vient juste de reprendre son activité à la Cour, après plusieurs mois d'absence. Et semble déterminé à faire entendre sa vérité aux juges.

Il ne pourra en tout cas pas contester une longue amitié avec l'avocat de l'ex-président. Thierry Herzog fréquente Gilbert Azibert depuis vingt-cinq ans. Et défend Nicolas Sarkozy, qu'il a connu à la fin des années 1970, depuis presque aussi longtemps. Du dossier Clearstream à l'affaire Bettencourt, Me Herzog ferraille pour le compte d'un client qui est aussi un ami. A l'occasion de plusieurs interventions publiques, il a contesté toute espèce de trafic d'influence ou de violation du secret de l'instruction. Cette fois plus que jamais, face à la menace qui pèse sur Nicolas Sarkozy, Thierry Herzog occupe la position du dernier rempart.

Le 1er juillet 2014, alors que ce numéro de L'Express *sort tout juste de l'imprimerie, Nicolas Sarkozy est placé en garde à vue dans les locaux de la police judiciaire, à Nanterre (Hauts-de-Seine). Une « première » pour un ancien chef de l'Etat. Tard dans la nuit, il est mis en examen pour « corruption » et « trafic d'influence » actifs, ainsi que pour « recel de violation du secret professionnel ». Sortant de son silence médiatique, il s'exprime dès le 2 juillet au soir, sur TF1 et Europe 1. Mettant en cause l'impartialité des juges, il assure n'avoir rien à se reprocher. L'ensemble de la séquence provoque des remous dans la classe politique, y compris à droite, où l'UMP est déjà secouée par le scandale Bygmalion.*

Un mot sur les auteurs

Jean-Marie Pontaut est rédacteur en chef au service enquêtes de *L'Express* depuis 1996. Il a débuté sa carrière avec Jacques Derogy et est une figure de l'investigation en France. A l'exception d'un bref passage à *Paris Match* et à Europe1, il a fait l'essentiel de sa carrière au *Point* et à *L'Express*. Il est l'auteur de nombreux ouvrages, dont l'enquête sur les écoutes de l'Elysée coécrite avec Jérôme Dupuis, *Les Oreilles du président* (Fayard, 1996), *Règlement de comptes pour l'Elysée : la manipulation Clearstream dévoilée* avec Gilles Gaetner (Oh ! Editions, 2006). *Ce que je n'ai pas pu dire,* entretiens avec Jean-Louis Bruguière (Fayard, 2009), *Affaire Merah : l'enquête,* avec Eric Pelletier (Michel Lafon, 2012).

Philippe Broussard, 49 ans, est rédacteur en chef du service enquêtes de *L'Express* depuis 2009. Diplômé du Centre de formation des journalistes (promotion 1985), il a d'abord été reporter au *Matin de Paris*, puis au quotidien *Le Sport*. En 1989, il rejoint la rédaction du *Monde,* où il sera grand reporter pendant quinze ans avant de codiriger les pages Horizon Enquêtes. En 1993, il reçoit le prix Albert-Londres pour une série d'articles sur la mort de passagers clandestins ghanéens tués par les marins d'un cargo ukrainien. Il entre à *L'Express* en 2005 en tant que grand reporter au service monde. Il devient ensuite rédacteur en chef du service société avant d'occuper son poste actuel. Il est l'auteur ou le coauteur de plusieurs livres, dont *Génération supporter* (Robert Laffont, 1990), *Les Rebelles de l'Himalaya* (Denoël, 1996), *La Prisonnière de Lhassa* (Stock, 2001) et *La Disparue de San Juan* (Stock, 2011).

MIXTE
Papier issu de sources responsables
FSC® C003309

Composition et mise en pages
Nord Compo à Villeneuve-d'Ascq

Achevé d'imprimer par
Dupli-Print à Domont (95)
en Mars 2015

Dépôt légal : janvier 2015
N° d'impression : 2015030945
Imprimé en France